吉林省普通本科高校省级重点教材

中学生心理辅导

姜淑梅　主　编
张文霞　李淑莲　徐华丽　副主编

清华大学出版社
北　京

内容简介

全书共计十二章。首先阐述了心理辅导和学校心理辅导的内涵，介绍了心理辅导的产生与发展，中学生心理发展的基本特点及中学生心理辅导的意义、目标、内容、原则与途径。然后阐述了心理发展的基本理论和常见的心理辅导理论及基本技能，并围绕中学生的自我意识、学习心理、情绪管理、人际关系、网络心理、性心理、生涯管理等内容进行了重点阐述。最后阐述了中学生心理辅导的支持系统和中学教师心理健康的调适。

本书理论与实务相结合，强调实用性。在对中学生心理辅导知识和技能的阐述上，本书配以案例导读、心理测试、知识链接、身边故事、实务训练、案例导读解析、巩固与训练、拓展阅读等内容，有助于应用型人才的培养，具有实用性。目前国内缺少适用于心理学本科生及教师教育专业师范生的应用型心理辅导教材，本书在这方面进行了有益的探索。

本书配套的电子课件、电子教案、习题及参考答案可以到 http://www.tupwk.com.cn/downpage 网站下载，也可以扫描前言中的二维码获取。

本书封面贴有清华大学出版社防伪标签，无标签者不得销售。
版权所有，侵权必究。举报：010-62782989，beiqinquan@tup.tsinghua.edu.cn。

图书在版编目(CIP)数据

中学生心理辅导 / 姜淑梅主编. —北京：清华大学出版社，2023.6
ISBN 978-7-302-63738-7

Ⅰ. ①中⋯　Ⅱ. ①姜⋯　Ⅲ. ①中学生—心理辅导　Ⅳ. ①G479

中国国家版本馆 CIP 数据核字(2023) 第 094974 号

责任编辑：胡辰浩
封面设计：周晓亮
版式设计：妙思品位
责任校对：成凤进
责任印制：杨　艳

出版发行：清华大学出版社
网　　址：http://www.tup.com.cn，http://www.wqbook.com
地　　址：北京清华大学学研大厦 A 座　　邮　编：100084
社 总 机：010-83470000　　邮　购：010-62786544
投稿与读者服务：010-62776969，c-service@tup.tsinghua.edu.cn
质 量 反 馈：010-62772015，zhiliang@tup.tsinghua.edu.cn

印 装 者：三河市龙大印装有限公司
经　　销：全国新华书店
开　　本：185mm×260mm　　印　张：22.5　　字　数：534 千字
版　　次：2023 年 6 月第 1 版　　印　次：2023 年 6 月第 1 次印刷
定　　价：88.00 元

产品编号：100791-01

前言

2021年8月，教育部等五部门印发的《关于全面加强和改进新时代学校卫生与健康教育工作的意见》中明确指出："强化心理健康教育。开展生命教育、亲情教育，增强学生尊重生命、珍爱生命意识。培育学生积极心理品质，保持乐观向上心态，引导学生树立健康理念，自觉维护心理健康，掌握正确应对学业、人际关系等方面不良情绪和心理压力的技能，提高心理适应能力，做到自尊自信、理性平和。"以上文件为我们做好新时代学校心理健康教育工作提供了根本遵循。

随着教师专业化进程的推进和教师教育培养体系的不断完善，以及人们对学校心理健康教育的日渐重视，加强高等院校教师教育专业学生心理咨询与辅导工作能力的训练势在必行。《中学生心理辅导》正是为了适应这一现实需要编写而成。本书紧扣中学教育实际，吸纳中学生心理辅导最新成果，改变以往以理论知识为重点的教材编写模式，理论与实际相结合，强调对学生实际操作能力的训练，体现了教学改革的特色。

本书的特色体现在以下几方面。

1. 理念先进

本书贯彻新时代中国特色社会主义思想进课程教材的重要指示精神，并依据教育部关于推进教师教育课程和教学改革的精神，注重课程思政，体现了以学生为本、关注专业发展的教育理念。本书在传统理论的基础上，引用了新近的研究成果，并紧跟目前中学生心理辅导前沿，选取新时期中学生成长过程中的典型案例，富有鲜明的时代特征。

2. 结构清晰

本书内容安排逻辑性强。前三章内容属于基本理论探讨，第四章到第十章的内容是具体心理问题及辅导，第十一章和第十二章的内容属于心理辅导的支持体系。

3. 体例新颖

本书每章内容均配有内容提要、学习目标、案例导读、知识链接、身边故事、心理测试、实务训练、案例导读解析、小结、巩固与操作、拓展阅读等环节，可以充分调动学生学习的参与性，可以增强学生的学习能力，开拓学生的视野。

4. 内容实用

本书针对中学生在特定发展阶段的常见心理问题，具体介绍了适用于中学生心理辅导的具体方法与技能。此外，本书在内容安排上贴近中小学教师资格考试，在每个章节之后都附有贴近中小学教师资格考试的模拟题，有助于帮助读者在学习知识的基础上提高中小学教师资格考试的通过率，也使读者认识到心理健康教育对于教师的重要作用。

5. 理实融合

本书注重应用型本科及教学型本科教材的理论与实务相结合，既有理论的探讨，也注重实务训练。本书除了介绍基本理论和方法，还配有实务操作，力求让读者能够对知识活学活用，有助于培养应用型人才。

6. 资源丰富

本书与高校省级精品师范课程建设相结合，并配有一系列含有相关资源的教学网站，较好地满足了数字化校园背景下，学校对优质立体化教师教育课程资源的需求。本书提供了心理测试、知识拓展、技能训练等资源，同时提供了配套的电子课件、电子教案、习题及参考答案等教学资源，既为广大教师的教学工作提供了便利条件，又开拓了读者的视野和思考的空间。

本书为省级重点教材建设项目的最终成果，由吉林师范大学教育科学学院姜淑梅教授组织编写并负责最后的统稿和审定。全书共计12章，具体分工如下：姜淑梅负责撰写第一章、第三章和第十二章，李淑莲负责撰写第二章、第六章和第七章，张文霞负责撰写第四章、第五章和第九章，徐华丽负责撰写第八章、第十章和第十一章。

本书在编写过程中，参考了很多同类著作和期刊等，限于篇幅，恕不一一列出，特此说明并致谢。由于水平有限，书中难免存在一些不足之处，恳请同行专家及读者指正。我们的电话是010-62796045，邮箱是992116@qq.com。

本书配套的电子课件、电子教案、习题及参考答案可以到http://www.tupwk.com.cn/downpage网站下载，也可以扫描下方的二维码获取。

编 者

2022年12月

目 录

第一章 心理辅导与中学生心理辅导……1
第一节 心理辅导与学校心理辅导的概念……2
一、心理辅导的概念……2
二、学校心理辅导的概念……6
第二节 心理辅导的产生与发展……8
一、心理辅导的产生……8
二、学校心理辅导的发展及现状……9
三、学校心理辅导的发展趋势……15
第三节 中学生心理发展的特点……18
一、生理变化对心理活动的影响……18
二、心理上成人感与幼稚性的矛盾……20
第四节 中学生心理辅导概述……22
一、中学生心理辅导的含义与意义……22
二、中学生心理辅导的目标与内容……24
三、中学生心理辅导的原则与途径……26
小结……31
巩固与操作……32
拓展阅读……36

第二章 心理发展的主要理论……37
第一节 心理发展概述……38
一、心理发展的内涵……38
二、中学生心理发展的教育意义……40
第二节 认知发展理论……42
一、皮亚杰的认知发展理论……42
二、维果斯基的认知发展理论……49
第三节 人格发展理论……49
一、弗洛伊德的人格发展理论……50
二、埃里克森的人格发展理论……51

小结……57
巩固与操作……58
拓展阅读……58

第三章 心理辅导的理论基础……59
第一节 精神分析学派的心理咨询与治疗理论……60
一、精神分析的基本理论简介……60
二、精神分析疗法的运用……63
三、精神分析疗法的贡献和局限……68
第二节 行为主义学派的心理咨询与治疗理论……68
一、行为主义的基本理论……69
二、行为主义疗法的运用……71
三、行为主义疗法的贡献与局限……75
第三节 人本主义学派的心理咨询与治疗理论……76
一、人本主义的基本理论……76
二、人本主义疗法的运用……77
三、人本主义疗法的贡献与局限……79
第四节 认知学派的心理咨询与治疗理论……82
一、认知疗法的基本理论……82
二、认知疗法的运用……86
三、认知疗法的贡献与局限……90
第五节 后现代心理咨询与治疗理论……91
一、后现代主义疗法的主要观点……91
二、后现代主义疗法的运用……92
小结……98

| 巩固与操作 ································ 98
| 拓展阅读 ································ 100

| 第四章　中学生的自我意识 ········ **101**
| 第一节　自我意识概述 ············ 102
　　一、自我意识的概念 ············ 102
　　二、自我意识的特点 ············ 103
　　三、自我意识的心理构成 ········ 104
　　四、影响自我意识发展的因素 ···· 105
　　五、自我意识的作用 ············ 106
| 第二节　中学生自我意识发展的
　　　　　特点 ···················· 106
　　一、中学生的自我评价 ·········· 107
　　二、中学生的自我体验 ·········· 109
　　三、中学生的自我控制 ·········· 111
| 第三节　中学生自我意识的
　　　　　偏差与调适 ·············· 112
　　一、中学生的自负与调适 ········ 112
　　二、中学生的自卑与调适 ········ 114
　　三、中学生的自我中心与调适 ···· 116
　　四、中学生的逆反与调适 ········ 117
| 小结 ···································· 119
| 巩固与操作 ······························ 120
| 拓展阅读 ································ 120

| 第五章　中学生的学习心理 ········ **121**
| 第一节　中学生学习的特点 ········ 122
　　一、中学教育的定位 ············ 122
　　二、中学生学习特点的表现 ······ 124
| 第二节　中学生的认知过程 ········ 126
　　一、中学生的注意 ·············· 126
　　二、中学生的感知 ·············· 128
　　三、中学生的记忆 ·············· 129
　　四、中学生的思维 ·············· 133
| 第三节　中学生常见的
　　　　　学习心理问题辅导 ········ 134
　　一、中学生的学习困难辅导 ······ 134

　　二、中学生的学习倦怠辅导 ······ 138
　　三、中学生的考试焦虑辅导 ······ 140
| 小结 ···································· 143
| 巩固与操作 ······························ 143
| 拓展阅读 ································ 144

| 第六章　中学生的情绪管理 ········ **145**
| 第一节　认识情绪 ···················· 146
　　一、情绪的定义 ················ 146
　　二、情绪的分类 ················ 149
　　三、情绪的形成与发展 ·········· 150
　　四、情绪对人的影响 ············ 151
| 第二节　中学生的情绪特点
　　　　　及常见的情绪困扰 ········ 152
　　一、中学生的情绪特点 ·········· 152
　　二、中学生常见的情绪困扰 ······ 155
　　三、中学生不良情绪的成因 ······ 162
| 第三节　中学生的情绪调适 ········ 164
　　一、主观方面的调节措施 ········ 165
　　二、客观方面的调节措施 ········ 170
| 小结 ···································· 174
| 巩固与操作 ······························ 175
| 拓展阅读 ································ 175

| 第七章　中学生的人际关系 ········ **177**
| 第一节　中学生人际关系概述 ······ 178
　　一、中学生建立人际关系的意义 ·· 178
　　二、人际交往 ·················· 179
　　三、影响人际关系和人际交往的
　　　　因素 ······················ 186
　　四、人际关系测验方法 ·········· 187
| 第二节　中学生常见的人际困扰 ···· 189
　　一、中学生人际交往的主要特点 ·· 189
　　二、中学生常见的人际困扰 ······ 190
| 第三节　中学生人际交往的艺术 ···· 195
　　一、中学生人际交往的原则 ······ 195
　　二、中学生人际交往的艺术 ······ 197

- 小结···205
- 巩固与操作·······························206
- 拓展阅读·······························206

第八章　中学生的网络心理·········207

- 第一节　中学生上网的现状与利弊···208
  - 一、中学生上网的现状···········208
  - 二、中学生上网的心理原因·····210
  - 三、中学生上网的利与弊·······213
- 第二节　中学生网络偏差行为
  　　　　与调适·······················215
  - 一、中学生网络偏差行为的内涵
  　　及类型·······················215
  - 二、中学生网络偏差行为的
  　　形成原因·····················217
  - 三、中学生的网络偏差行为的
  　　调适策略·····················218
- 第三节　中学生网络成瘾的治疗
  　　　　与预防·······················220
  - 一、网络成瘾概述···············221
  - 二、中学生网络成瘾的类型·····223
  - 三、中学生的网络成瘾的原因···224
  - 四、中学生网络成瘾的治疗与预防···229
- 小结···234
- 巩固与操作·······························235
- 拓展阅读·······························235

第九章　中学生的性心理·········237

- 第一节　中学生性心理概述·······238
  - 一、性的本质·······················238
  - 二、认识性心理·····················239
  - 三、中学生性心理发展特点·····241
- 第二节　中学生常见的性心理问题···242
  - 一、手淫·······························243
  - 二、性早熟·························243
  - 三、青春期性幻想···············243
  - 四、性识别障碍·····················244
  - 五、身体关注·····················244
  - 六、遗精恐怖和初潮焦虑·······244
- 第三节　中学生的性心理辅导·····245
  - 一、性心理健康的标准···········245
  - 二、中学生健康性心理的培养途径···246
  - 三、中学生性心理问题辅导要点···249
- 小结···251
- 巩固与操作·······························251
- 拓展阅读·······························252

第十章　中学生的生涯教育
　　　　与时间管理···············253

- 第一节　职业生涯规划概述·······254
  - 一、职业生涯概述···············254
  - 二、职业生涯规划的阶段·······254
  - 三、职业生涯规划的步骤·······256
- 第二节　中学生的职业生涯教育···265
  - 一、中学生职业生涯教育概述···265
  - 二、中学生职业生涯教育的重要性···266
  - 三、中学生职业生涯教育的现状···267
  - 四、加强中学生职业生涯教育的
  　　对策·······························268
- 第三节　中学生的时间管理·······270
  - 一、时间管理概述···············272
  - 二、中学生在时间管理中
  　　存在的问题·····················274
  - 三、对中学生有效的时间管理方法···275
- 小结···279
- 巩固与操作·······························280
- 拓展阅读·······························280

第十一章　中学生心理辅导的
　　　　支持系统···············281

- 第一节　中学生心理辅导的
  　　　　家庭支持·····················282
  - 一、家长应提高自身素质，
  　　为孩子树立榜样···············282
  - 二、家长要创建温馨的家庭氛围···283
  - 三、家长要有恰当的教育方式···285

四、家长要增强亲子沟通…………288
■第二节　中学生心理辅导的
　　　　　学校支持……………290
　　一、专业辅导人员支持…………291
　　二、教师及班主任支持…………294
　　三、心理辅导的学科渗透………300
　　四、朋友及同伴支持……………302
■第三节　中学生心理辅导的
　　　　　社会支持……………304
　　一、社会大环境支持……………304
　　二、社区小环境支持……………305
■小结………………………………311
■巩固与操作………………………311
■拓展阅读…………………………312

第十二章　中学教师的心理健康………313

■第一节　中学教师的心理辅导职责…314
　　一、教师成为有效心理辅导员的
　　　　重要性……………………314
　　二、有效的心理辅导员
　　　　所必备的特征……………315
　　三、成为有效的心理辅导员
　　　　必备的条件………………317

■第二节　中学教师心理健康的标准…321
　　一、心理健康的含义及标准……322
　　二、教师心理健康的含义及标准…323
　　三、中学教师心理健康的现状……325
　　四、中学教师心理健康的意义……327
■第三节　中学教师常见的心理问题…329
　　一、职业适应不良………………329
　　二、职业行为异常………………330
　　三、人际交往障碍………………332
　　四、人格异常……………………332
　　五、神经症………………………333
　　六、职业倦怠……………………335
■第四节　中学教师心理健康的调适…337
　　一、建立针对中学教师的
　　　　多层次外部支持系统………337
　　二、中学教师要关注自身心理健康，
　　　　做到自我调适………………339
■小结………………………………342
■巩固与操作………………………342
■拓展阅读…………………………343

参考文献……………………………**345**

第一章

心理辅导与中学生心理辅导

▶ **内容提要**

中学阶段是人一生发展中极富特色的阶段，也是容易产生各种心理问题的时期，如何根据中学生身心发展的特点，采取适当的教育措施，促使中学生心理发展达到该年龄阶段的最佳水平，是教育面临的重大课题之一。在大力倡导素质教育的今天，如何提高中学生的心理素质不仅是国家和广大教育工作者关注的重点问题，也是受教育者身心全面成长的基本要求。2012年，《中小学心理健康教育指导纲要(2012年修订)》发布，明确提出"促进学生身心和谐可持续发展，为他们健康成长和幸福生活奠定基础"。开展中学生心理辅导工作，既是学生自身健康成长的需要，也是社会发展对人的素质要求的需要，这已成为世界性的教育共识。

本章从介绍心理辅导和学校心理辅导的内涵入手，从国内外两方面介绍心理辅导的产生与发展，总结近年来我国学校心理辅导所取得的成绩、存在的问题及未来的发展趋势，最后阐述了中学生心理发展的特点，以及中学生心理辅导的含义与意义、目标与内容、原则与途径。

▶ **学习目标**

(一) 认知目标

1. 掌握心理辅导、学校心理辅导、中学生心理辅导的内涵，以及中学生心理发展的特点。
2. 理解学校心理辅导与学校德育之间的关系。
3. 熟悉中学生心理辅导的目标与内容、原则与途径。
4. 了解国内外学校心理辅导产生与发展的历程，以及我国学校心理辅导取得的成绩、存在的问题及未来发展趋势。

(二) 情感目标

1. 联系实际理解中学生心理辅导的重要意义。
2. 体会中学心理辅导教师的责任和使命。

(三) 能力目标

1. 培养根据中学生的心理特点做好中学生心理辅导工作的能力。

2. 有效区分心理问题、心理障碍与心理疾病等概念，以及心理辅导、心理咨询、心理治疗与心理健康教育之间的异同。

【案例导读】

中学生自杀案例回顾

中学生正处在身心发展的重要时期，随着生理与心理的发育和发展，他们在学习、生活、自我意识、情绪管理、人际交往等方面，会遇到各种各样的心理困扰或问题。在社会发展日益迅速、社会竞争日渐增大的情况下，青少年儿童心理健康水平呈现出不断下降的趋势。近年来，中学生自杀现象已经成为一种较为严重的社会问题。仅在2020年4月份就发生了多起学生自杀事件，令人触目惊心。

2020年4月7日，江苏南通，一名15岁的初二男孩从19楼坠落，抢救无效，不幸身亡。

2020年4月12日，陕西商洛，一名初三女生从教学楼三楼跳下，抢救无效，不幸身亡。

2020年4月13日，江苏无锡，一名12岁的女孩在开学第一天跳楼自杀，抢救无效，不幸身亡。

2020年4月26日，安徽某知名高中，一名17岁的高一男生因学习压力太大，跳楼自杀身亡。

2020年4月26日，安徽省郎溪县某中学，一名初一女生在搬宿舍时，突然从四楼阳台上坠落，重伤身亡。

我们每年都会看到许多此类令人目不忍睹、骇人听闻的消息，作为教育工作者，我们不禁要问：校园惨案为何频发？究竟是何事将孩子们压垮？

第一节 心理辅导与学校心理辅导的概念

一、心理辅导的概念

(一) 心理辅导的内涵

辅导(guidance)，是指"引导""辅助"别人。从狭义上说，辅导是帮助一个人自助；从广义上说，辅导是促进个人的发展，即个人凭借在辅导中学会的面对难题和解决难题的原则，全面而均衡地发展自己的人生。

心理辅导(psychological guidance)，是指在一种新型的建设性的人际关系中，辅导人员运用心理学的知识和技术，协助被辅导者认识自己，接纳自己，进而欣赏自己，并克服成长的障碍，改变自己的意识和行为倾向，充分发挥个人潜能，迈向自我实现的过程。简言之，心理辅导是在良好的人际关系中，运用心理学的理论与方法，帮助来访者自立的过程。它包括以下几个基本特征。

第一，心理辅导主要解决来访者心理或精神方面存在的问题。

第二，心理辅导是一种专业的助人行为，而不是一般的帮助活动。

第三，心理辅导强调良好的人际关系气氛。只有在良好的人际关系气氛中，来访者才有安全感和信任感，从而接受辅导员的帮助。

第四，心理辅导是一种学习和人格成长的过程。通过心理辅导，来访者可以从不能自强自立到能够自强自立，从不能正确对待自己到学会正确对待自己，从不善交往或具有交往焦虑到学会与人相处。

（二）与心理辅导相关概念的辨析

1. 心理问题、心理障碍与心理疾病

从问题角度出发，不健康的心理状态依据心理功能受阻的程度可划分为以下3种。

(1) 心理问题(mental problem)，是指一种暂时性的心理失衡状态。例如，一时受挫，或暂时受失败的打击而变得沮丧、情绪低落等。这种不健康的心理状态一般经过自我调节或者别人的帮助很快就能改善。

(2) 心理障碍(mental disorder)，是指一种持续时间较长，反应较为剧烈，患者自身难以克服的，而且会影响个体正常生活的局部心理功能失调。例如，社交恐惧、考试焦虑、神经症等都属于心理障碍。这种状况必须借助一定的外力，通过心理咨询与辅导才能改善。

(3) 心理疾病(mental disease)，是指心理障碍加重并持续较长的时间。心理疾病分为非精神病性的心理疾病和精神病性的心理疾病。非精神病性的心理疾病，是指患有如恐怖症、焦虑症、人格障碍等心理疾病；精神病性的心理疾病，是指患有如精神分裂症、躁狂抑郁性精神病等心理疾病。患有心理疾病的人无法维持正常的学习、工作和生活，而且此类疾病超出了学校心理辅导的范围，要通过精神科医生采用药物治疗，再辅助心理治疗才能逐步缓解。

中学生中常见的不健康心理状态是有心理问题，有心理障碍的中学生是少数，而患有心理疾病的中学生则更少。因此，中学生心理辅导工作主要面对的对象应是前两者。

【心理测试1-1】

你需要心理医生吗[①]

很多人其实能认识到自己有心理问题，但想依靠自己原有的认知力、意志力同心理问题抗争，没想到其结果是越克服越厉害，越抗争越严重，从而导致严重影响了工作、学习和生活；有些还引发了躯体性疾病，最后不得不走进心理咨询室。

不要等心理问题成堆了再解决，要"防患于未然"。自己认为是小毛病的地方，很可能就是已存在心理问题的信号，也是心理咨询师查找心理问题的线索。

[①] 刘春雷，姜淑梅，孙崇勇. 青少年心理咨询与辅导 [M]. 北京：清华大学出版社，2011.

1. 我不知为什么经常感到烦恼，看什么都烦，无心思做事。
2. 我见了生人就脸红心跳，在人多的场合，我说不出话。
3. 我觉得和别人打上一架心里才舒服。
4. 我常把自己锁在房间里独处，不愿出门，总想痛哭一场。
5. 有个人得罪了我，我想狠狠报复。
6. 我经常失眠，惧怕夜晚来临。
7. 我入睡前一定要多次检查房门锁是否锁牢。
8. 我的手好像很脏，洗多少遍都觉得没有洗干净。
9. 我的几个好朋友都先后不理我了，我不知怎么得罪了他们。怎样才能拥有好朋友？
10. 我换了几个单位，总是和领导不对付，我该怎么办？
11. 我和异性在一起就紧张，怎样也感觉不自然。
12. 现有的工作(学科)非常不适合我的性格，我到底是什么样的性格？
13. 我经常不由自主地大发脾气。
14. 当让我拿主意时，我的脑子里就一片空白。
15. 即使别人在谈论天气，我也觉得是在议论我。
16. 我经常无故地感到自己有罪。
17. 我从来就不敢从高处往下看。
18. 我平常聊天很健谈，可在正式场合当众发言就紧张(或口吃)。
19. 我和爱人在一起时经常找不到快感。
20. 快考试了，我又进入了脑子一片空白的状态。
21. 我总是在走路时控制不住地数脚下的地砖。
22. 我一紧张就要到厕所小便，不然就会尿裤子。
23. 我很正派，但一见到异性就不自觉地往"敏感部位"看。
24. 小时候使我不安的事，至今还在困扰我。
25. 其实我已经把事情做得很好了，可是我还是不满意，总是狠狠地自责。
26. 有些很脏的东西，对我毫无用处，可我仍想抚摸。
27. 我总觉得自己很优秀，可从来得不到赏识，因此我常常怨恨他人。
28. 我越是努力要把一件事情做好，效果反而越差，我错在哪里？
29. 我很喜欢通过虐待小动物来寻开心。
30. 与其这样烦恼，还不如死了好。

如果以上有与自己相似的问题，并且在一段时间里困扰着你，那么请咨询一下心理咨询师。

2. 心理咨询、心理治疗与心理健康教育

(1) 心理咨询(psychological counseling)。咨询(counseling)一词来源于拉丁语"consultalio"，意味着"商讨"或"协商"。古汉语中的"咨"有"商量"的意思，而"询"有"询问"之意，"咨询"的意思就是与人商量、征求意见。英语中的

"counseling",具有"协商""商讨""会谈""征求意见""顾问""参谋""辅导""劝告"等含义。因此,心理咨询是指咨询者运用心理学专业知识与技能,通过语言、文字和其他信息传递方式,给来访者帮助、启发和教育,以维护和增进其身心健康,促进其人格完善和潜能发挥的过程。

(2) 心理治疗(psychotherapy)。心理治疗指在良好治疗关系基础上,由经过专业训练的治疗者,运用心理学的有关理论和技术,对来访者进行帮助的过程。心理治疗可以消除和缓解来访者较严重的心理问题和障碍,促进其人格向健康、协调发展,进而帮助其恢复心理健康。

(3) 心理健康教育(psychological health education)。心理健康教育指根据学生生理、心理发展特点,运用有关心理学的理论、方法和手段,预防学生心理问题,增进学生心理健康,培养学生良好的心理素质,促进学生身心全面和谐发展及素质全面提高的教育活动。

3. 心理辅导、心理咨询、心理治疗与心理健康教育四者的区别与联系

1) 四者的区别

(1) 目标不同。心理辅导关注的是对象的未来,重点是预防,根本目标是促进学生形成良好的心理素质,希望学生能从内在的自我约束中做到自我控制,发展个人的合理行为;心理咨询关注的是对象的现在,重点是发展,根本目标是改善学生个体的心理机能,提高其心理健康水平;心理治疗关注的是对象的过去,重点是矫治,根本目标是纠正和治疗学生的心理与行为的失常问题,恢复其心理健康;心理健康教育目标的重点是教育者要主动、超前地根据学生身心发展的特点,有目的、有计划地对学生的心理品质进行培养并使其最优化,使学生的心理潜能得以开发,实现个体全面发展的和谐统一,它更试图从外在的约束中控制学生的行为,使其符合规范。

(2) 对象不同。心理辅导的对象往往是处在转变或转折时期的普通学生,他们的心理健康状况良好;心理咨询的对象是在发展中遇到一些心理困惑,或有轻、中度心理冲突与矛盾的正常学生;心理治疗的对象是心理健康水平较低,或心理机能失调及心理上有严重障碍的学生;心理健康教育的工作对象与心理辅导的工作对象相同,也是以心理正常的学生为主体。

(3) 方式不同。在工作方式上,心理辅导多采用团体辅导与个别辅导相结合的方式;心理咨询常采用个别咨询或小组咨询的形式;心理治疗也以个别治疗为主;心理健康教育通常以团体形式为主。

(4) 方法不同。在方法上,心理辅导有更多的组织、计划和具体方法等结构化成分,如团体心理辅导时,多采用讲授、训练、陶冶等方法,个别心理辅导时多采用关注、接纳、倾听、同感、自我暴露等技术;心理咨询和心理治疗则更加灵活,更富有弹性和针对性,如心理咨询多采用支持、领悟、再教育等方法,心理治疗多采用矫正、领悟、训练及重建等方法;而心理健康教育的工作任务是面向全体学生进行心理健康知识和技能的普及与教育,在方法上以讲授和团体训练为主。

(5) 时间不同。在实施时间上,心理辅导和心理健康教育可以是持续终生的,伴随整个教育过程;相比较而言,心理咨询与心理治疗的时间则可长可短,难以持续终生。

(6) 实施的主动性不同。在实施过程中的积极主动性方面，心理辅导和心理健康教育多表现为辅导员及心理健康教育人员的积极主动过程，实施过程具有超前性特点；而心理咨询与心理治疗实施过程相对被动，要等来访者或患者主动求助，在时效上具有滞后性的特点。

2) 四者的联系

从心理健康教育途径而言，心理辅导、心理咨询及心理治疗都是其中一种重要途径，因此，心理健康教育是属概念，后三者是并列关系，是种概念；从服务的范围广度看，心理健康教育、心理辅导、心理咨询与心理治疗依次是包含关系；从解决问题的深度而言，心理健康教育、心理辅导、心理咨询与心理治疗依次是递进关系；就其共同点来看，四者面对的问题都是个体在成长和发展中遇到的心理问题，都是从心理上帮助人、教育人的过程，采用的理论方法具有高度的一致性，都希望通过与求助者之间的互动帮助其成长和改变，都注重与求助者建立良好的人际关系，以此作为帮助其改变和成长的条件，它们之间具有某种程度的渗透性和一致性。

但从概念的广义上理解，四者的概念有较大的交叉和重叠，如心理辅导可能包括心理咨询和心理治疗，而使用心理咨询与心理治疗这两个概念时，也包括心理辅导和心理健康教育。之所以使用其中一个概念，是因为在开展心理健康教育的过程中，面临的对象、任务、内容、方法、手段等方面的侧重点有所不同。

二、学校心理辅导的概念

（一）学校心理辅导的内涵

学校心理辅导，是指教育者运用心理学、教育学、社会学、行为科学乃至精神医学等多种学科的理论与技术，通过集体辅导、个别辅导、教育教学中的心理辅导及家庭心理辅导等多种形式，帮助学生自我认识、自我接纳、自我调节，从而充分开发自身潜能，促进其心理健康与人格和谐发展的一种教育活动。

（二）学校心理辅导与德育的关系

学校心理辅导工作主要解决学生的心理问题，学校的德育工作主要解决学生的思想问题。心理问题与思想问题是两个不同的问题，但二者又是相互联系的，有时二者可能互为条件，有时又可能组成同一问题的两个侧面或两个层面。因此，学校心理辅导与德育既有区别又有联系。

1. 二者的区别

(1) 主客体关系不同。德育视学生为塑造对象，而自身则是塑造者；学校心理辅导往往把学生视为求助者、当事人，而自身则为服务者、协助者。

(2) 解决问题的层面不同。学校心理辅导注重的是学生心理的发展、调适和矫正，其任务是预防和消除心理障碍，提高学生的心理健康水平和社会适应能力，使每个人的潜能得以充分发挥，旨在塑造个体的完善人格；而德育侧重于学生思想品德的提高、塑造和转变，其任务是有针对性地对学生的意识形态施加影响，以提高他们的思想道德素质，引导他们树立科学正确的世界观、人生观及价值观。

(3) 教育内容不同。学校心理辅导的内容包括心理卫生、学习生活、人际关系、环境适应、性心理教育、职业选择和消除心理障碍等，重视培养学生适应不同环境的能力；而德育的内容主要包括政治方向、思想意识、伦理道德、价值取向等方面的教育，帮助学生树立正确的政治思想观念，以及培养良好的道德品质。

(4) 工作原则不同。德育工作者有明确的政治方向，要求政治正确；学校心理辅导工作者不代替学生做价值判断，而是培养学生的抉择能力，由学生自己做出合理的判断。德育带有公开性肯定、奖励或否定、批评、惩罚；学校心理辅导并不强迫学生接受，较少采用批评和惩罚。德育工作鼓励学生勇于承认错误，学校心理辅导则强调为当事人保密。

(5) 方法不同。德育主要是一个教导过程，常用的方法有谈话、说服教育、批评表扬、榜样示范、环境陶冶、实践锻炼等，具有一定的灌输性，更注重教师的施教，以"说"为主；而学校心理辅导采取的方法有会谈、心理测量、角色转换、行为矫正等，其中有些方法是德育没有的，如宣泄、放松等方法，有很强的专业操作性，同时强调宣泄与疏导，更加注重学生的主动与自愿，以"听"为主，注重倾听与感情沟通。

2. 二者的联系

(1) 学校心理辅导适当补充了德育的目标和内容。学校的德育内容包括政治教育、思想教育和道德法律等行为规范的教育。德育的目标是使学生形成正确的价值取向，它更加关注社会对个人的思想道德和行为规范方面的要求，而对于学生的心理需求，如怎样成功地与人进行交往，如何处理好同异性的关系，怎样调适自身的情绪状态，如何面对生活中的挫折等方面的问题，则不是它的工作重点，但这些内容是学校心理辅导的重要内容。从这一点来说，心理辅导补充了德育内容，它使德育内容更加贴近学生的生活实际，有利于学生健康人格的形成与发展。

(2) 学校心理辅导为有效实施德育提供了心理基础。学生健康的心理是保证德育效果的前提。一个学生要形成优良的道德品质，首先必须能够正确地认识自己，能够成功建立良好的人际关系，能够恰当地表露与控制自己的情绪。如果学生心理不健康，那他就失去了接受道德教育的最重要的条件。有心理问题的学生，在接受道德教育时，会对教育目的、要求、措施等表现出不同程度的消极态度和消极行为。此外，心理不健康的学生通常会产生许多品德不良的问题。因此，对学生仅进行品德教育是不够的，还需要进行心理辅导。

(3) 学校心理辅导为提高德育成效提供了新的方法和途径。学校德育多采用说服教育、榜样示范、环境陶冶等方法，但在具体实施过程中，教育者多采用理论灌输方式，学生往往被动接受，极易使学生产生对抗情绪，虽然学生能熟记行为规范，但不能落实到实际行动上，容易造成知行脱节的局面。而学校心理辅导多采用放松训练、宣泄、心理换位、自由联想、暗示等方法，让学生觉得教育者不是说教者而是协助者，他们会发自内心地自觉接受教育。因此，德育工作者可以借鉴心理辅导的方法来丰富德育的工作途径，这样既能把思想工作做得富有人情味，又能使德育工作富有成效。

第二节 心理辅导的产生与发展

一、心理辅导的产生

(一) 国外心理辅导的产生

国外学校心理辅导的起源可追溯到1900年的美国。当时，由于工业革命的影响，美国纽约和芝加哥等大城市工商业迅速发展，各地移民大量涌入，社会问题与日俱增，给人们的生活带来了许多忧虑和困难。在这种背景下，心理辅导工作应运而生。1907年，美国密歇根中学校长戴维斯(J. B. Davis)受当时美国改良主义教育思想的影响，认为辅导有助于医治美国的社会问题。因此，他在其督学的学区所辖学校的每周英语作文课上，都要求留出一段时间对学生进行职业和道德辅导，这是最早开设的心理辅导课程。

此外，其他早期的心理辅导先驱也纷纷响应当时的社会需要，积极开展心理辅导活动。1908年，帕森斯(F. Parsons)成立了波士顿职业指导局，开始对公立中学的毕业生进行职业指导。第二年，帕森斯出版了《选择职业》一书，对职业选择的三因素理论进行了阐述，这是心理辅导史上的第一个职业选择理论，对今天的职业咨询也具有现实的指导意义。他所创立的"波士顿模型"在当时的美国颇具影响力，他也因此被称为"心理辅导之父"。与此同时，早期职业辅导计划成为一种具有代表性的职业辅导模式，纷纷进入美国大城市的一些学校，职业辅导运动的发展推动了学生心理辅导活动的开展。

这一时期心理辅导的影响在社会上日益扩大，但还没有形成较为规范的职业标准，也没有成熟的职业培训计划。

(二) 我国心理辅导的产生

我国的心理辅导，最初也是从职业辅导起步的。1916年，清华大学校长周诒春开始大力倡导职业辅导工作。1917年，中华职业教育社的正式成立标志着我国的职业辅导已步入专业化轨道。后来，南京、上海、武昌、济南等地纷纷开展了一些职业辅导活动，但由于抗日战争的爆发，职业辅导方面的理论和实践工作被迫停止。直到20世纪70年代，随着我国经济体制改革、社会的变迁及外来文化思潮的影响，有心理问题的学生比例大幅度上升，学校才开始普及心理咨询与心理健康教育工作，心理辅导的重要性重新被认识。

我国台湾地区的心理辅导始于20世纪50年代末，当时华侨返台读书的人数递增，这些人年龄在20岁以下，由于语言障碍，在学习和生活等方面出现许多的不适应。我国台湾地区教育主管部门"侨民委员会"的负责人蒋建白，成立了专门对华侨学生进行针对性辅导工作的"中国辅导学会"，取得了较好效果，这标志着我国台湾地区的心理辅导机构初步建立。

我国香港地区的心理辅导始于20世纪70年代初期，最初的工作由班主任进行策划和推行，后来逐渐取得了专门负责家庭与儿童福利工作的社会工作者的帮助。1979年，我国香港地区的社会福利署颁布了《进入八十年代的个人社会服务》一书，将学校社会工作列为一项重要的教育政策，明文规定了我国香港地区的中学学校社会服务工作完全由专业的社会工作者负责，并设学生辅导主任一职，对每名社会工作者应承担的辅导工作任务也做了相应的规定。

二、学校心理辅导的发展及现状

（一）国外学校心理辅导的发展及现状

随着政府和学校对心理辅导的日益重视，20世纪末，许多国家的心理辅导工作收获了成功经验，形成了比较繁荣的局面。这里以西方的美国和东方的日本为例进行阐述。

1. 美国心理辅导的发展及现状

1) 美国心理辅导的发展

第二次世界大战后，心理辅导在美国逐渐成为一门学术性的学科，心理测验和辅导技巧也日益受到重视。这时，学校的心理辅导内容不仅限于职业和适应问题，而且更加关注个人的全面发展问题。所以在后来逐渐产生的各种辅导模式中，注重个性和人的整体发展的辅导模式，以情感交流为基础的新的辅导方法越来越受到重视。1942年，卡尔·罗杰斯(Carl Ransom Rogers)出版的著作《心理咨询和心理治疗》开创了心理咨询的新纪元，它向传统的以咨询为中心的方法提出了挑战，提出了"以来访者为中心"的辅导模式和"不指示"的辅导原则。受罗杰斯治疗模式的影响，学生心理辅导的重心发生了转移，以职业辅导为主的学生心理辅导转变为以情绪、人格辅导为主的心理辅导，拓展了心理辅导的范围。

自20世纪50年代开始，埃里克森(Christian Erikson)等人提出了毕生发展观，以"帮助学生实现最佳发展，努力排除正常发展障碍"为目标的发展性心理辅导应运而生。发展性心理辅导的代表人物之一布洛克尔(D. Blocker)出版了《发展性辅导》一书，指出发展性辅导关心的是正常个体在不同发展阶段的任务和应对策略，促进了学校心理辅导由适应障碍性辅导向发展性辅导的转化与发展。

2) 美国心理辅导的现状

(1) 辅导内容现状。目前美国的学校心理辅导内容可分为6类：第一，在课业、社会生活等方面个人问题的咨询；第二，就业指导及跟踪性服务；第三，信息服务；第四，为每个学生建立详细而系统的累积性档案，以记录其智力、兴趣、人格特征和测量结果、学业成绩、嗜好、健康状况、家庭历史背景、经济状况、打工经历等内容；第五，磋商性服务，主要指辅导人员与社会、家庭和学校联系与合作；第六，辅助学生治疗心理疾病和矫正不良行为习惯。

(2) 辅导方法现状。美国的学校心理辅导打破学派分立的局面，采取兼容并蓄的方式，力求运用科学的方法、客观性较高的技术和先进的工具，如宣泄法、不良习性矫治法、当事人咨询法、资料收集与分析法、设计良好的标准化测验量表法、各种资料的电子数据处理法等。美国学校心理辅导也非常重视对学校心理辅导工作的评估，通过对辅导方法和测验技术进行研究和鉴定，来验证心理辅导的有效性，从而促进学生自身的不断完善和发展。

(3) 辅导人员现状。自20世纪50年代"美国中小学指导人员协会"和美国心理学会第17分会"咨询心理学分会"成立，20世纪60年代出现专业辅导人员的培养标准和作用的全国性文件以来，一直到1976年，弗吉尼亚州第一个通过立法实行心理咨询执照制度，美国学校心理教育走过了一条逐步专业化的道路。目前，美国大学的咨询心理学是攻读人数众多的一个专业。早在20世纪70年代中期，美国各大院校每年暑假毕业的心理辅导学硕士达96 030人，博士达9071人。现在，多数州要求大约每300名学生应配备一名专职辅导人员。从事学校心理辅导的人员必须达到由美国心理学会(APA)和全美学校心理学家学会(NASP)制定的专业标准，参加这两个机构审批认可的培训计划的培训并取得硕士、博士学位，且持有州政府颁发的资格证书，才可以从事学校心理辅导工作。

2. 日本心理辅导的发展及现状

1) 日本心理辅导的发展

日本的学校心理辅导在亚洲最具有代表性，它起源于1964年的教育改革时期。"二战"结束后，日本开始引入美国的学校心理辅导。日本的教育部门为使学生适应社会生活，有较好的品行并为社会接纳，开始在学校开展学生心理辅导工作。

2) 日本心理辅导的现状

日本的学校心理辅导主要包括两类问题：第一，偏重于认知的问题，心理辅导人员主要针对学生在学习方法、升学、就业等方面存在的问题给予知识性的辅导；第二，偏重于情绪问题，对诸如学习障碍、学校恐怖症、厌学症、人格障碍、校园暴力、自杀等情绪、态度及行为方面的问题进行专业化的心理干预。日本学生心理辅导在学习美国的同时，逐渐形成了自己的特色。

(1) 管理体制方面。日本心理辅导的管理体制比美国的更为严密。日本学校教育法规定，心理辅导由地方教育部门进行管理和监督，初级中学分别设立学生辅导主任与前途辅导主任，前者掌管学生辅导，后者掌管学生选择职业和其他辅导事项。此外，学校均制订周全的辅导计划，包括学生辅导和学业辅导的重点，以及各部门辅导活动的计划等，还有严密的组织网络和专门的学生辅导部。

(2) 人员配备方面。日本的学校心理辅导将中小学教师的兼职辅导和地方心理学家的专职咨询相结合，调动一切力量，尤其重视班主任及生活委员等学生干部的作用。

(3) 辅导方法和技术方面。日本保持和发扬了其民族的优良传统，如采用以日记、作文和信件为线索进行指导的生活作文教育，班主任和学生恳谈法等。同时，日本还批判性地借鉴了别国的方法和技术，除采用罗杰斯的"以来访者为中心"的心理咨询技术外，还采用了精神分析和行为疗法、认知疗法等。

总体来说，日本心理辅导的发展虽然吸收了西方心理学的精华，但在发展过程中避免了全盘西化的倾向，保持了其民族的传统，具有本土性和适应性，为亚洲其他国家的学生心理辅导发展提供了可借鉴的经验。

(二)我国学校心理辅导的发展及现状

1. 我国心理辅导的发展

20世纪80年代中期,我国中、小学心理辅导工作开始迅速发展。与欧美相比,虽然我国的心理辅导还处于发展时期,但随着教育观念的更新及素质教育的全面推进,仍引发了社会各界对心理辅导的高度关注。我国学校心理辅导大约经历了以下4个发展时期。

1) 调查、呼吁阶段(20世纪80年代初、中期)

20世纪80年代初开始,我国一些学者和研究机构开始进行学生心理健康状况调查,并发表了一系列有关报告,在教育界产生了广泛的影响。随后,呼吁重视学生心理健康教育的文章在报纸上集中发表。1986年,班华教授第一次提出心育概念,引起教育界的广泛重视。这一时期,教育行政部门和教育者开始清楚地认识到,学生的心理健康是一个值得着重关注的问题。这为以后学校心理辅导工作的开展积累了舆论准备,奠定了初步的思想基础,并提供了最初的直接动力。

2) 尝试、起步阶段(20世纪80年代中、后期至90年代初期)

1984年,我国少数高校开始建立心理咨询中心,这是一个重要的起步。1985年,中国心理卫生协会重新成立,并设置了心身医学、儿童青少年心理卫生、心理咨询与治疗等专业委员会。1986年12月,中国心理卫生协会在北京召开了首届青少年心理卫生学术交流会,这标志着心理卫生运动向教育界发展。这一时期的工作唤起了人们对学校心理卫生的意识。随着素质教育观念的深入发展,学校心理咨询工作逐步向中小学转移和渗透。20世纪80年代中、后期,北京、上海、湖南、湖北、江苏、河北、辽宁、天津、浙江等一些地区的少数中小学校,开始率先进行具有心理辅导色彩的心理健康教育实践。几年间,在北京、上海、湖南、湖北、江苏、河北、辽宁、天津、浙江、广东、河南、福建、四川、广西、内蒙古、山西、江西、安徽等地,开始出现一些初具心理健康教育雏形的学校,并在当地产生了一定的影响。但由于这个阶段缺乏理论指导,也没有明确的政策依据,因此一些学校开展的这项工作具有自发的特点,并未形成规模。

此阶段的后期,1988年12月中共中央发出《关于改革和加强中小学德育工作的通知》,并提出对学生道德情操、心理品质进行综合培养和训练,这可视为初露政策端倪。1991年,班华教授在《教育研究》发表《心育刍议》一文,并首次系统阐述与心育有关的问题,这可看作这一时期开展心理辅导工作之舆论准备的一个标志。

3) 探索、发展阶段(20世纪90年代)

这一阶段,我国对学校心理辅导工作的关注更加广泛,对学校心理辅导有关问题的探讨逐步展开,党和政府在教育政策上给予了前所未有的重视。这一阶段的主要表现为以下3个方面。

第一,学生心理健康状况备受研究者的关注。一些研究者相继开展了一些调查,指出了中学生各种心理问题的存在及其严重性,使社会各界对学校心理辅导必要性和紧迫性的认识逐渐增强,提高了学校开展学生心理辅导工作的自觉性。

第二,心理辅导的理论和实践研究逐步展开。这一时期,一线教师和领导、地方性教育科研机构专业人员开始参与学校心理辅导的研究工作,一部分心理学工作者也开始转向研究辅导的理论与实务。全国许多省市的许多学校都开展了一系列学校心理辅导的研究试点工作及实践活动，并取得了一定的成效，同时涌现出许多心理健康教育"特色学校"。随着实践活动渐成规模，这一领域的课题研究也呈欣欣向荣之势。原国家教委及地方有关部门规划了许多与学校心理辅导相关的课题，同时发表了大量与心理健康教育相关的论文。这些都为推进学校心理辅导工作发挥了积极的作用。

第三，党和政府在教育政策上给予了高度重视。这一时期，党和政府相继出台了相关文件，为学校心理辅导工作提供政策上的支持。1990年，国务院批准颁布了《学校卫生工作条例》，明确规定要把心理健康教育纳入学校教学计划。1992年，原国家教委制定下发了《中小学生心理健康教育基本要求(试行)》，把心理卫生教育列为8项主要教育内容之一。1993年2月13日，中共中央、国务院印发的《中国教育改革和发展纲要》明确指出，学生的心理素质是受教育者全面发展的标准之一。1994年8月31日颁布的《中共中央关于进一步加强和改进学校德育工作的若干意见》，以及1999年1月13日国务院批转教育部制定的《面向21世纪教育振兴行动计划》中，进一步明确指出要通过多种不同形式对学生实施心理健康教育。1999年6月16日，中共中央、国务院做出了《关于深化教育改革全面推进素质教育的决定》，文中指出，针对新形势下青少年成长的特点，加强学生的心理健康教育，培养学生坚忍不拔的意志、艰苦奋斗的精神，增强青少年适应社会的能力。1999年8月13日，教育部又发布《关于加强中小学心理健康教育的若干意见》，强调中小学心理健康教育是"培养跨世纪高质量人才的重要环节"，同时对中小学开展心理健康教育的基本原则、主要任务、实施途径、师资队伍建设、组织领导及需要注意的问题等提出了指导性意见。

4) 推进、繁荣阶段(20世纪90年代末至今)

以教育部《关于加强中小学心理健康教育的若干意见(1999)》为标志，学校心理健康教育从民间推动向官方主导发展，从基层探索上升到国家有计划地推进。这一阶段的主要表现为以下3个方面。

第一，官方主导进一步加强。2000年12月，中共中央、国务院颁布《关于适应新形势进一步加强和改进中小学德育工作的意见》，文中强调，中小学校都要加强心理健康教育，培养学生良好的心理品质。2001年3月，青少年心理健康教育被写进第九届全国人大四次会议通过的《中华人民共和国国民经济和社会发展第十个五年计划纲要》。2002年8月，教育部印发《中小学心理健康教育指导纲要》，文件从指导思想、基本原则、目标与任务、主要内容、途径和方法、组织实施等方面对中小学心理健康教育提出具体要求。心理健康教育也开始纳入学校评估体系。同时，教育部和全国大部分省市成立了相关组织，加强对心理健康教育的政策制定、业务指导、组织协调、科研培训、检查评估等工作。

第二，研究与实践更加深化，成果丰富。近十年来，学校心理辅导的实践活动蓬勃开展，课题研究形成热潮，大到学校心理健康辅导理论与实践、模式、综合建构等问题的研究，具体到学习困难原因的分析、学习焦虑的指导、青春期性心理辅导，乃至深入各学科、学校工作各层面的心理辅导工作的开展，以及各种措施、方法的实际应用等。到2004年年底，我国已经出版的有关心理辅导的读物或教材有三百余种，而到2008年年底已经翻了近一番。另外，学校心理辅导技术性工具的推陈出新、大型会议及学术活动的频繁举办、各地特色学校的不断涌现，以及《中小学心理健康教育》杂志的创刊等，都彰显了这一时期研究与实践成果的丰富。

第三，心理辅导师资队伍建设得到加强。近年来，各地开始加强学校心理健康教育的师资队伍建设，主要表现在：①部分高校积极申办新专业或调整专业，开始注重为学校心理健康教育培养人才，并认真强化专业化的技能训练；②各地积极开展心理健康教育的师资培训工作；③2002年至今，许多一线教师接受国家心理咨询师职业资格培训并获得资格认证，中国心理学会、中国心理卫生协会等一些国家级学术团体及各地相关学术团体也开展了大量培训工作，这些对心理辅导师资队伍的专业成长起到了一定的积极作用。

2. 我国心理辅导的现状

1) 取得的成就

(1) 学校心理辅导工作引起了党和政府的高度重视。学校心理辅导工作历经三十余年发展，已逐步形成自己的目标体系、内容体系、途径体系和管理体制，这在近年教育部颁布的相关专题文件中都能找到相应的规定和要求。所有这些都说明了党和政府对广大青少年学生心理辅导工作的高度重视。

(2) 教育行政部门加强了对学校心理辅导工作的组织领导。由于党和政府的高度重视，国家教育部成立了中小学心理健康教育咨询委员会，加大了对全国学校心理辅导工作的宏观指导。与此相应，大部分省、自治区、直辖市都成立了由领导、专家和富有实践经验的一线教师组成的学校心理健康教育研究与指导委员会，开展组织协调、政策制定、科研、培训、评估检查等工作，推动了心理辅导工作的广泛深入开展。

(3) 各地积极开展了形式多样的学校心理辅导活动。自20世纪80年代初期以来，北京、上海、湖南、湖北、江苏等省、自治区、直辖市的一些学校，都开展了一系列有关学校心理健康教育的研究试点工作和实践活动，内容和形式丰富多彩，如开展学生心理测量，建立学生心理档案，进行学生心理辅导与心理咨询，开设心理辅导课程，运用多种媒介(如广播、电视、板报、信箱等)宣传心理健康的知识，建立心理辅导室，开设心理辅导热线，等等。

(4) 专家学者注重学校心理辅导的理论和实验研究。近三十年来，我国有一批学者、专家和教师认真开展学校心理辅导的理论和实证研究。此间学生心理辅导的实验研究，成为教育科学、心理科学最为热门的一个领域，且成效显著。这些研究课题内容涉及面广，参与研究人员多，持续时间长，整体效率高，为推进大、中、小学心理健康教育发挥了巨大的作用。目前，这一领域研究的热潮仍在继续。

(5) 各地加强了学校心理辅导师资队伍的建设。近年来，全国各省、市都开始认真抓好学校心理辅导的师资培训工作，举办各级各类心理辅导的长、短期培训班；有关高校还积极配合地方教育发展需要，调整专业或课程，培养专业的心理辅导人才。这些措施对建立一支心理辅导的基本队伍起到了积极的作用。除了教育行政部门、高等院校、科研机构组织的各种教师培训，中国心理学会、中国心理卫生协会、中国社会心理学会、中国教育学会等一些国家级群众学术团体，以及各省市相关群众学术团体也开展了大量的培训工作，为心理辅导师资队伍建设做出了较大贡献。

(6) 专业人士编撰出版了一批学校心理辅导的读物。目前大、中、小学心理辅导的出版物，如专著、教材(包括教师用书、学生用书、家长用书)和科普读物层出不穷，其中质量较高、影响较大的当数一些重大研究课题组编写的理论专著、教材及参考书。例如，吴增强主编的"现代学校心理辅导丛书"(上海教育出版社)和《学校心理辅导活动指南》(高中、初中、小学学生和教师用书，上海科技教育出版社)，江海燕主编的"中小学心理健康教育丛书"(暨南大学出版社)，沃建中主编的"中小学生心理导向丛书"(每本有教师用书，科学出版社)。另外，还有林崇德、郑日昌、刘华山、陈家麟等人撰写的学术专著，等等。这些专著和教材的发行量大，影响范围广，对推动学校心理辅导工作的普及起到了积极作用。

2) 存在的问题

(1) 观念陈旧落后，形式主义严重。时至今日，仍有不少学校的校长、教师、家长对此重视不够，认识片面，坚持升学应试教育是根本，认为素质教育和心理健康教育乃一时形势需要，所以消极等待，简单应付。即便是名义上开展了一些活动(如开设了心理辅导课程)，建立了心理辅导室，举办了学生心理辅导讲座等，但由于忽视了教育者自身思想观念的转变和更新，缺乏正确的认识，最终也只能流于形式。而有些学校，为应付检查、评比或达标，甚至不惜弄虚作假，名不符实地开展一些心理辅导活动，形式主义极为严重。此种倾向是当前至今后影响我国学校心理辅导真正全面开展的最为消极的危害。

(2) 地区间差异大，整体水平偏低。当前，学校心理辅导在我国有些地区如上海、北京等进行了近二十年的研究与实践，积累了许多成功的经验，取得了很好的成效。但是就全国而言，发展极不平衡，差别很大。有相当多的地区对此还很陌生，连最基本的常识和观念也很少了解，违背心理健康教育的行为和事件常常发生。总体来看，大中城市、经济发达地区、东南沿海等地区重视程度高，普及面广，发展速度快。而小城镇、中西部经济不发达地区，特别是广大农村的中、小学，无论是重视程度、普及面还是发展水平都很不理想，二者差距十分显著，特别是占人口多数的农村中、小学，几乎还是空白。这样，就全国来说，学校心理辅导的整体水平则显得偏低。

(3) 师资队伍薄弱，专业人才匮乏。加强师资队伍建设，提高广大教师心理辅导的能力，是保障心理辅导顺利开展的重要条件和关键。当前这一问题突出表现在两个方面。其一，数量不够。在美国，学校心理辅导工作者与学生的比例是1:1500，相对而言，如果我国5000名学生需配备1名专业人员，以全国2亿中小学生来计算，至少要有4万名从事学校心理辅导的专业人才，而目前我国所有的心理学工作者总数也不超过这个数目(大概只有1/10)，况且也不都从事心理辅导工作。然而在美国，每年可毕业的心理辅导学硕士就达96 030人，博士9071人。相比之下，国内外的数量悬殊过于显著。其二，质量不高。据调查，当前从事学校心理辅导的教师大多数是半路出家，有团队干部、班主任、校医、政治课教师等，对心理学知识尤其是心理辅导的基本知识缺乏必要了解和掌握，因此这项工作的科学性和严肃性受到了损害，从而导致学校心理辅导的质量难以很快提高，极个别教师甚至误导了这项工作的发展方向。

(4) 理论水平较低，指导实践不力。目前，学校心理辅导在我国处于起步阶段，属于新生事物，所以在实际开展活动中，特别需要理论的支持和指导。我国学校心理辅导研究面临多方面的研究困境。在理论性研究方面表现为有特色的研究少，高水平的研究少，系列化的研究少，争鸣类的研究少，发展层面的研究少，服务性的研究少等；在实践性研究方面表现为研究对象不具代表性，研究结果不具公正性，分析不具准确性，研究变量失控性，数据统计随意性等。除此之外，理论研究和教育实践脱节，最终必然导致对学校心理辅导活动缺乏有效指导，从而使学校心理辅导的科学研究因脱离实际而毫无价值，使学校心理辅导实践活动因缺乏科学指导而盲目运转。总体上，学校心理辅导的科学研究水准不高，低水平的简单重复现象严重，缺乏系统的学校心理辅导理论体系。例如，有关学校心理健康辅导的出版物是近年来教育心理类最为热门的图书，但除前文所述的几种，绝大多数质量低劣、粗制滥造。作者队伍更是五花八门，甚至有相当数量的作者缺乏最基本的心理学修养，这正是理论水平不高的表现。如此苍白脆弱的理论，不可能有力地指导实践。

(5) 操作缺乏规范，显现消极倾向。由于从业人员的专业化水平较低，特别是缺乏相应行为规范的约束和指导，在实际教育过程中失控现象时常发生，并造成了一些极为负面的影响，如滥用测验量表或其他测验手段，随意解释测验结果，缺乏对测验结果及学生心理问题的保密等。再如，未经加工处理和改造，直接将西方的有关心理咨询与辅导的原理、方法、技术和手段等照搬到文化背景截然不同的我国学校教育活动中，显然是弊大于利。另外，由于多方面的原因，当前学校心理辅导活动出现了一些消极的发展倾向，如重少数轻全体的个别化倾向、重治疗轻发展的医学化倾向、重教学轻活动的灌输化倾向、重德育轻心育的片面教化倾向等，这些显现和潜在的消极倾向，已经给我国学校心理辅导带来不同程度的不利影响。

三、学校心理辅导的发展趋势

（一）欧美国家学校心理辅导的发展趋势

随着学校心理辅导学科的发展和学校心理健康教育的进步，欧美学校心理辅导的发展表现出以下几个趋势。

1. 学校心理辅导工作者资格认定的职业化、高学历化

在学校心理辅导工作者的专业标准方面，欧美国家有大学专门培养计划，测验活动的专业标准、职业道德伦理标准、学校心理干预活动的专业标准等。欧美国家的学校心理辅导工作者，必须拥有执照或资格证书才能正式参加学校心理辅导工作，职业资格要求成为一种必然趋势。

同时，对申请资格的工作者的高学历化取向也不断提升。大部分欧美国家要求专业硕士学位是领取执照或资格证书的最低要求，一项调查显示，欧美国家正在接受学校心理健康教育专业培训的本科、硕士、博士水平的人数比约为5:42:53[1]。

2. 学校心理辅导工作者培养的专业化、实践化与研究化

在学校心理辅导工作者培养方面，欧美国家十分注重辅导人员的专业化。培训课程一般由3部分组成：学科性的心理学课程、测验性课程和干预性课程。训练内容一般涉及：

---

[1] 王宏方. 国际学校心理学现状与展望[J]. 中小学心理健康教育，2002(12): 22.

掌握心理学核心知识，发展专业决策能力，掌握研究与设计技能，加强人际交流技能，了解伦理知识和建立职业价值观等。培养目标由过去的咨询者、干预者转变为现在的专业系统咨询师。

在培养过程中，逐渐把受训者的实习或见习作为一个重要环节。或让实践者直接进入现场情境中工作，或在专家的督导下完成见习，虽然各个国家没有统一标准，但一般在一年以上，这样可以使受训者在获得资格后直接进入学校工作。

此外，学校心理辅导工作者培养的研究化取向也逐渐成为一种新趋势，如在培训期间要求完成课题研究、论文写作等。在实践工作中进行评价、发展新模式和技术内容、反思自己的经验等，均需要学校心理辅导工作者具备一定的科研能力。因此，在培训工作中，注重工作者在学校心理辅导中的创造性、研究性，也成为欧美国家培训的重点。

3. 学校心理辅导的综合化、多样化与整合化

学校心理辅导传统的任务是对"问题"学生进行测验，然后把他们"归类"到不同的特殊教育班。而当今欧美学校心理辅导工作的具体任务，则主要包括咨询、评价、干预、预防、教学指导、研究与策划和健康服务等。其内容涉及：在课业、社会生活等方面个人问题的咨询，就业指导及跟踪性服务，信息服务，建立档案，磋商服务，治疗心理疾病和矫正不良行为习惯等。学校心理辅导内容的综合化取向不断增强，从关注青少年的认知、情感到把他们作为一个"完整的人"来进行教育，通过探索和发现他们的潜力，来促进其健康成长。

此外，欧美学校心理辅导的途径日趋多样化、整合化。学校心理辅导途径由最初所依赖的医学模式逐渐向多样化发展。如缓解危机、援助突发事件等形式的直接服务指导，间接利用学校和社会等途径。当前欧美学校心理辅导的途径又出现了一种形式，即集体的合作。这种集体合作表现为学校和社会人员的合作，以及专家的集体合作。

4. 学校心理辅导的全球化与本土化

随着各国学校心理辅导实践的发展，国际性的专业组织也不断成立，如1982年国际学校心理学协会(ISPA)的建立。欧美国家在学校心理辅导的专业标准、学校心理辅导工作者定义等方面正逐步走向统一，各国学校心理辅导工作者定期进行学术交流和参观访问，这种全球化趋势使欧美国家的学校心理辅导工作相互借鉴、相得益彰。

但是，学校心理辅导一定程度上又受到一个国家的历史、文化、教育和经济的影响，欧美国家在具体的学校心理辅导实践发展中又形成了各自的特色，本土化趋势也日益凸显。

（二）我国学校心理辅导的发展趋势

1. 学校心理辅导将纳入教育机制，使之更加制度化、系统化与规范化

现代社会的发展对人才的要求，使得学生、家长、学校越来越重视学生的心理素质，教育改革也将促使教育行政部门不断采取措施以推进心理辅导的发展。学校心理辅导将渗透到教育观、学生观和人才观之中，成为学校教育的内在要求，同时将成为每个学生追求

身心和谐、健康发展的内在需要。最终国家会将心理辅导纳入教育机制，使心理辅导渗透学校教育的全过程和各方面，成为学校整体工作的有机组成部分，心理辅导会更加制度化、系统化与规范化。

2. 随着教育观念的更新，学校心理辅导将获得广泛而普遍的发展

随着教育观念的更新、文明程度的提高、教育的发展及生活水平的改善，学校心理辅导将会获得更广泛而普遍的发展。一些成功的实践经验将迅速转化为大面积的实践，使心理辅导遍及全国各中小学，贯穿于教育的全过程，特别是要普及推广到一般学校、小城镇和中西部地区，以及广大的农村地区。另外，心理辅导也将由大、中、小学领域延伸至学前教育领域，服务对象也将从学校逐步推广到社会，由对学生的心理辅导扩展到对广大教师、家长及监护人等的心理辅导，使学校心理辅导得到全面实施和普遍发展。

3. 学校心理辅导教师培训体系的形成，使从业者的专业化水平不断提高

学校心理辅导是一项专业性很强的工作，对从业人员的专业要求很高，只有经过专业培养和专门训练的人才能胜任。所以，建立一支训练有素、数量充足的师资队伍，对保障心理辅导工作的科学性和规范性极为重要。在未来的工作中，我国将延长和增加教育者的专业训练时间和频次，使继续教育更加经常化和制度化，国家将制定执教与从业人员的专业标准，逐渐实行资格考核，推行资格证书制度，确保从业人员的专业水准和服务质量。根据我国的实际情况，可以在有心理学储备力量的高校设置学校心理辅导专业，建立博士、硕士、本科和短期在职培训四级网络培训结构。另外，在一般师范院校普遍开设心理辅导课程，制定合理的课程，既可为毕业生拓宽就业渠道，也可建造一支社会、学校全方位的心理辅导兼职、专职师资队伍，提高从业人员的专业化水平。

4. 新的科学技术不断引入，学校心理辅导的技术将日益科技化

当今社会科学技术突飞猛进，特别是信息科学、神经科学和心理科学的发展，为未来学校心理辅导工作的现代化提供了保证。电脑技术广泛应用于辅导领域，学生的心理测量、心理档案的建立及管理可以直接在计算机上完成，不再需要人工处理。计算机可以给学生提供更多的信息，以增加心理辅导的广泛性和适应性。全国甚至更大范围的学校心理辅导网络系统可以互通信息、资源共享，以便对从业者进行大规模专业训练。学校心理咨询与辅导的专家系统、模拟系统将大量涌现，学生可根据自己的情况和需要直接寻求某些专家的援助和指导。此外，随着新的科学技术不断引入，辅导技术也日益多样化。总之，方便、快捷、丰富的现代化技术手段，将使学校心理辅导获得更大、更快的发展。

5. 建立中国化的心理辅导理论体系，学校心理辅导本土化特色将更加显著

在当前西方心理学占据世界心理学主流的情况下，心理学的中国化或本土化不仅仅是一种研究的社会文化取向问题，更是中国心理学未来的发展方向问题。学校心理辅导的理论、技术、方法要适合本国、本民族、本地区的具体情况，要更能反映并适合自己国家和民族，以及民众的心理特征，并推陈出新，形成自己的风格，建立有中国特色的理论体系。未来，学校心理辅导的发展将更适合国情，更能体现华夏文化的特点，更符合中国的

需要，更注重实际教育效果，更能将国外先进的理论同中国的教育及学生的身心发展特点相结合，从而使具有我国特色的学校心理辅导得到长足进步和持续发展。

6. 建立校内外辅导一体化网络，将形成学校、家庭与社区联合辅导模式

未来学校心理辅导的范畴将由学校领域延伸至家庭与社区，充分发挥学校、家庭和社区的合力，建立联合辅导模式。在校内通过建立辅导主任、辅导专业人员、一般辅导教师、学生干部的辅导网络，使学校辅导工作落到实处；在校外要建立家庭成员、社区辅导员、派出所、居委会的辅导网络结构。要求辅导员密切与家长保持联系，经常对青少年成长过程中的一些问题进行磋商，并结合校外支援单位与相关人员，如心理卫生中心、家长委员、管区警察、少年警队及其他社区热心人士，共同为学生提供辅导服务，实现校内、校外网络逐步一体化。

第三节 中学生心理发展的特点

人的心理发展是一个漫长的过程，它贯穿于人的一生。个体从出生、成熟到衰老、死亡，整个心理活动都处在变化和发展中。

一、生理变化对心理活动的影响

随着青春期的到来，青少年在生理上出现了急剧的变化，这必然给他们的心理活动带来巨大影响。这种影响主要来自两方面。首先，青少年由于身体外形的变化，产生了成人感，在心理上他们也希望尽快进入成人世界，希望尽快摆脱童年时的一切，寻找到一种全新的行为准则，扮演一个全新的社会角色，获得一种全新的社会评价，重新体会人生的意义。但是，就在这种新的追求中，他们会感到种种困惑。其次，由于性的成熟，青少年对异性产生了好奇和兴趣，萌发了与性相联系的一些新的情绪体验，滋生了对性的渴望，但又不能公开表现这种愿望和情绪。因此，他们常会感受到一种强烈的冲击和压抑。这些心理变化不是由青春期的生理变化单独带来的，而是受生理变化和社会文化环境相互作用的影响。

（一）生理变化对身体意象的影响

不管男孩还是女孩，青春期的他们在心理上有一点是确定的，即几乎无时无刻不在关注自己的身体。青少年的身体各方面发生了显著的变化，使得中学生发展了对自己身体的个人意象。例如，有的中学生可能每天都会在镜子里观察自己，有时候甚至一次观察长达一个小时，只为了发现自己变化着的身体是否有任何不同。对于个体身体意象的关注贯穿整个青少年期，但是在青春期特别强烈，且此时的青少年比在青春晚期对自己的身体更不满意。新的知觉、面貌和身体比例的出现使得他们对以前熟悉的身体重新进行审视。青少年对于自己身体的感觉存在明显的性别差异。与男孩相比，女孩对自己的身体更感

到不满意，并且有消极的身体意象。随着青春期身体的变化，尤其是身体脂肪的增加，女孩对她们的身体更加不满意。当下，青少年期的女孩最主要动机是想变得更瘦，"以瘦为美"成为青少年期很多女孩的审美需求，甚至为了追求瘦而牺牲健康。相反，当男孩进入青春期时，他们会对自己的身体状况更加满意，这可能是因为他们的肌肉和体力在增加。

（二）生理变化对情绪、行为的影响

青少年的情绪和行为可能与青春期激素水平的变化有关，尤其是荷尔蒙的变化。研究发现，青春早期许多激素，如睾丸激素、雌性激素和肾上腺素等水平的提高，会增强青少年情绪的敏感性、冲动性，进而出现暴力和问题行为。有研究发现，在男孩中，只有当睾酮处于中间剂量时，他们攻击同伴和成人的行为才明显增加。相反，在女孩中，雌性激素处于中低剂量时，他们对同伴和成人的攻击行为最为明显。也有研究表明，激素水平的增加与女孩的抑郁有关，肾上腺雄性激素水平较高的早熟女孩要比其他女孩有更强烈的情绪唤醒和抑郁。值得注意的是，当青春后期激素水平达到较高水平且稳定后，激素的消极影响也会变小。

青少年的行为和情绪并不能仅仅由青春期的激素水平决定。一项研究发现，对于青少年女孩的抑郁和愤怒，社会因素所能解释的变异是荷尔蒙因素解释变异的2~4倍。另一项研究发现，青少年男孩和女孩的睾酮水平与危险行为和抑郁之间几乎没有直接关系，相反，它们与危险行为的联系建立在父母与青少年关系的质量上。当亲子关系质量降低时，与睾酮水平相关的危险行为和抑郁的症状就会增加。因此，荷尔蒙不是单独起作用，它的功能受环境因素的影响，也就是说，青春期激素和环境的交互作用对青少年的行为和情绪产生影响。比如，青春期的生活压力事件，如同伴关系问题、家庭变故、学业失败等，都会和激素水平变化共同作用于青少年的情绪和行为。

（三）早熟和晚熟对心理的影响

青春期发育的时间和节奏(即发育成熟的速率)是有差别的，有的个体较早进入青春期，有的则晚一些，还有的人准时进入青春期。当青少年比其他同伴成熟得早或晚时，他们的心理会有什么样的变化呢？一项纵向研究发现，与晚熟的男孩相比，早熟的男孩认为自己更加积极，并且能更好地与同伴相处。对于早熟的女孩来说，其结果与男孩相似，但并没有这么明显。可见，成熟早晚对青少年的心理会产生不一样的影响，因为生理上与同龄人的差异，会让周围的人对其产生不同的看法和期待。另外，青少年也可能会过度关注自己是否比同龄人更早熟或晚熟。

1. 早熟与晚熟对男孩的影响

前人的研究数据表明，早熟对男孩而言是一种积极的经验。因为早熟男孩比晚熟男孩更高大、强壮，肌肉更发达，协调性也更好，所以他们在运动方面有相当大的优势。因此，他们可能更擅长竞技体育项目，并享受运动技能带来的荣誉和地位。他们在同伴关系中享有更多的优势，更频繁地参与学校的课外活动，并有可能担当领导角色。早熟的男孩

也倾向于对女孩表现出更大的兴趣，并因成熟的外表而受到她们的欢迎。也有研究认为，早熟的男孩比同龄人更容易参与扰乱社会的或者不正常的活动，如旷课、违法、抽烟、喝酒，以及成为问题少年。原因可能是生理上更成熟的男孩更容易与年长的伙伴交朋友，并在这些人的引导下去做一些与年龄不相称的事情。晚熟的男孩又有怎样的心理呢？有研究发现，尽管晚熟的男孩一开始不如早熟的男孩受欢迎，但是在青春期开始到一年后，晚熟者显示出更多的好奇心、探索能力和社交主动性。当晚熟者到了青春期中期的时候，与他们相比，早熟者会有更频繁的愤怒和抑郁情绪。所以从这个角度看，晚熟者也有自己的优势。有研究发现，不论是早熟还是晚熟的男孩，都有较高的犯罪率，可能是早熟的男孩在年龄稍大的同伴怂恿下胡作非为，而晚熟的男孩出现这样的行为则是为了提升自信和获得社会地位。因为青少年都想得到同伴的喜爱和羡慕，他们也希望通过一些补偿性行为以确保他们能够被同伴接纳。或许是否受到他人的接纳决定着早熟或晚熟个体是否会出现一些问题。

2. 早熟和晚熟对女孩的影响

早熟对于女孩的不良影响似乎大一些，会给她们带来更多的情绪问题、更低的自我形象和与此有关的抑郁、焦虑、饮食障碍和惊恐。这些困扰似乎和激素没有直接关系，更可能与早熟者和其他人身体上的差异有关。一项研究发现，早熟使得女孩比同龄人更胖，使她们易对自己的体形、外貌产生负面认知。鉴于这些压力及早熟女孩更可能与年龄较大的男孩一起玩的事实，她们所面临的问题和风险也相对多一些，如出现暴力犯罪，较早发生性行为，以及饮酒、抽烟等不良行为。

晚熟女孩在初中和高中的时候处于劣势，她们看起来像小女孩，而且她们本身也讨厌被这样看待。所以晚熟女孩可能更羡慕发育得很好的女孩子。但是晚熟女孩一般与正常成熟的男孩处于同一水平，因此他们之间有很多共同之处，并能够成为朋友。晚熟女孩的主要弊端是因为身体发育的延迟而导致了社会地位暂时性丧失。

总之，与正常发育的青少年相比，早熟或晚熟都会对青春发育期的青少年产生一定的心理和社会压力。我们需要知道的是，早熟或晚熟这种生理现象本身给青少年带来的直接影响可能不是很大，关键是其所在的社会文化对青少年早熟或晚熟的看法或态度所起的重要作用。

二、心理上成人感与幼稚性的矛盾

青春期少年的心理活动往往处于矛盾状态，其心理水平呈现半成熟、半幼稚性，所以表现出种种心理冲突和矛盾，具有明显的不平衡性。

（一）反抗性与依赖性

青春期少年由于产生了一种强烈的成人感，进而产生了强烈的独立意识。他们对一切都不愿顺从，不愿听取父母、教师及其他成人的意见。在生活中，他们从穿衣戴帽到对人对事的看法，都经常处于一种与成人相抵触的情绪状态。

但是，他们的内心并没有完全摆脱对父母的依赖，只是依赖的方式较过去有所变化。童年期，他们对父母的依赖更多是在情感和生活上；青春期时，他们对父母的依赖则表现为希望从父母那里得到精神上的理解、支持和保护。

（二）闭锁性与开放性

进入青春期的青少年渐渐将自己的内心封闭起来。他们的心理生活丰富了，但表露于外的东西减少了，加之对外界的不信任和不满意，又增加了这种闭锁的程度。

但与此同时，他们又感到非常孤独和寂寞，希望能有人来关心和理解他们。他们不断寻找朋友，一旦找到，就会推心置腹、毫不保留。因此，青春期少年在表现出闭锁的同时，又表现出很明显的开放性。

（三）勇敢与怯懦

在某些情况下，青春期的少年似乎能表现出强烈的勇敢精神，但这时的勇敢会带有莽撞和冒失的成分，具有初生牛犊不怕虎的特点。这是因为：首先，他们在思想上很少受条条框框的限制和束缚，在主观意识中没有过多顾虑，常能果断地采取某些行动；其次，他们由于在认识能力上的局限性，经常不能立刻辨析出某一危险情景。

但在某些情况下，这些少年又常常表现得比较怯懦。例如，他们在公众场合羞羞答答，不够坦诚和从容；未说话先脸红的情况在少男少女中也很常见。这种行为上的局促与他们缺少生活经验，以及这个年龄阶段所特有的心理状态分不开。

（四）高傲与自卑

由于青春期的少年尚不能确切地评价和认识自己的智力潜能和性格特征，很难对自己做出一个全面而恰当的评价，而是凭借一时的感觉轻易对自己下结论，故而导致他们对自己的自信程度把握不当。几次甚至一次偶然的成功，就可使他们认为自己是一个非常优秀的人才而沾沾自喜；几次偶然的失利，便可使他们认为自己无能透顶而极度自卑。在青春期的同一个体身上，这两种情绪往往交替出现。

（五）否定童年与眷恋童年

进入青春期的少年，随着身体的发育成熟，成人意识越发明显。他们认为自己的一切行为都应该与幼小儿童的表现区分开来，力图从各个方面对自己的童年加以否定，从兴趣爱好到人际交往方式，再到对问题的看法，他们都想抹掉过去的痕迹，期望以一种全新的姿态出现在生活的各个方面。

但在否定童年的同时，这些少年的内心中又留有几分对自己童年的眷恋。他们留恋童年时无忧无虑的心态，留恋童年时简单明了的行为方式及宣泄情绪的方式，尤其当他们在各种新的生活和学习任务面前感到惶恐的时候，他们特别希望仍能像小时候一样，得到父母的关照。

第四节 中学生心理辅导概述

中学阶段可分为初中阶段和高中阶段，从11、12岁开始到17、18岁结束。这一时期也可以划分为少年期(11、12岁到14、15岁)和青年期(14、15岁至17、18岁)。这一阶段在人的一生中，无论是生理还是心理上，都是一个急剧变化的关键时期。这一时期是个体接触社会、认识社会、逐渐形成自己的人生观和价值观的初始时期，也是一个青春萌动的特殊时期。长期以来，关注中学生成长的热点大多集中在学业成绩及升学就业等问题上，而与每个学生发展息息相关的心理健康教育问题则相对被忽视，面对时下中学生层出不穷的心理问题，开展中学生心理辅导工作的意义尤为重要。

一、中学生心理辅导的含义与意义

（一）中学生心理辅导的含义

中学生心理辅导是以全体中学生为对象，以促进健康成长、增强学业能力、激发自我潜能、培养健全人格为主要目标，综合运用心理教育和心理咨询等理论与方法，对中学生的心理发展和心理问题进行帮助与指导的教育活动。为进一步加深对中学生心理辅导内涵的理解，需明确以下几点。

第一，辅导对象为全体中学生。因为中学生心理辅导的目标是促进健康成长、增强学业能力、激发自我潜能、培养健全人格，所以中学生心理辅导的对象与心理咨询、心理治疗不同，它不仅限于少数有心理障碍或心理疾病的中学生群体，而是面向全体中学生。它的职责在于帮助全体学生认识和应对中学阶段可能遇到的各种心理问题，指导他们顺利完成中学阶段的各种发展任务。

第二，以发展性和预防性辅导为主，治疗性为辅。中学生辅导的内容强调有助于中学生心理健康发展，以及预防中学生心理问题的发生。因此，中学生心理辅导侧重根据学生的身心发展特点和面临的实际问题，对学生的心理品质培养及潜能开发进行主动、超前的指导，使其心理健康向更高水平发展。

第三，与学校教育协同进行。中学生心理辅导是学校教育的组成部分，与学校的办学目标与培养目标是一致的。中学生心理辅导要想发挥其应有的作用，必须与学校教育的其他组成部分有机结合、协调一致。这种协同表现在：①中学生心理辅导应贯穿学校教育的各个方面和整个教育过程；②中学生心理辅导除了与中学生德育及青春期教育等相关教育内容有机结合，还要针对中学生在发展过程中容易出现的各种心理问题开展专门的教育活动，如专题讲座、心理辅导课、班团队活动等，使中学生掌握心理保健、心理调适的相关知识与方法；③中学生心理辅导要通过建立家庭与学校沟通渠道，引导家长树立正确的教育观念，使他们学会用良好的行为和正确的教育方式影响及教育子女；④中学生心理辅导要为班主任和学科教师提供正确的教育支持，要对有心理问题的学生提供耐心、细致、科学的心理辅导，帮助学生解决各种心理问题。

（二）中学生心理辅导的意义

1. 中学生心理辅导是促进学生身心健康发展的有力保障

当代中学生是跨世纪的一代，大多属于独生子女，正处在身心发展的关键时期。随着社会的发展、竞争压力的加剧、社会阅历的丰富及思维方式的变化，他们在成长的过程中，在学习、生活和人际交往等方面，可能会遇到各种各样的问题，尤其是当代中学生成长的生态环境和社会环境日渐复杂，外界环境给他们提供的不良诱惑越来越多，致使他们的身心发展受到外界不良因素的影响也越来越大。因此，当代中学生的心理健康问题较以前显得更加突出和显著。

2020年，中国科学院心理研究所对我国青少年群体心理健康素养的各维度水平开展调查，结果显示我国青少年心理健康素养达标率为14.24%，其中，心理健康知识、技能和意识的达标率分别为20.4%、65.6%和92.3%[①]。心理健康素养是指综合运用心理健康知识、技能和态度，保持和促进心理健康的能力。高水平的心理健康素养可以增加心理服务资源的利用和心理治疗的利用，有助于提高心理健康治疗效果、心理健康水平和幸福感。上述调查结果表明，我国青少年群体的心理健康素养水平有待提高，心理健康水平不佳。不良的心理健康状况不仅损害中学生的身心健康，而且会严重影响他们的学习成绩、品德发展和社会适应。因心理问题而导致的各种问题，如学习焦虑、厌学、离家出走，甚至自杀、犯罪等，会给社会、学校、家庭及个人带来严重的不良后果。因此，开展中学生心理辅导可以预防、减少中学生心理问题的产生，并帮助解决其在成长中遇到的各种烦恼与困惑，促进其身心的健康发展。

2. 中学生心理辅导是推进素质教育的必然要求

1993年2月13日，中共中央、国务院发布的《中国教育改革和发展纲要》中明确指出："中小学要从'应试教育'转向全面提高国民素质的轨道。"1999年，国务院批转教育部制定的《面向21世纪教育振兴行动计划》，明确提出了"跨世纪素质教育工程"。2012年12月，教育部印发了《中小学心理健康教育指导纲要(2012年修订)》，文中指出，中小学心理健康教育，是提高中小学生心理素质、促进其身心健康和谐发展的教育，是进一步加强和改进中小学德育工作、全面推进素质教育的重要组成部分。2016年，中共中央、国务院印发《"健康中国2030"规划纲要》，明确指出要加大学校健康教育力度，将健康教育纳入国民教育体系，把健康教育作为所有教育阶段素质教育的重要内容。以中小学为重点，建立学校健康教育推进机制。构建相关学科教学与教育活动相结合、课堂教育与课外实践相结合、经常性宣传教育与集中式宣传教育相结合的健康教育模式。2019年，中共中央、国务院印发的《关于深化教育教学改革全面提高义务教育质量的意见》明确指出，建立健全中小学心理健康教育工作机制是中小学的一项重要工作。这些观点都强调了教育的根本目的是全面提高学生的素质。良好的心理素质是素质教育结构中的重要组成部分。中学时期是实施素质教育的关键阶段，这个阶段不仅是个体身心发展最为迅速的时

---
① 傅小兰，张侃，等.中国国民心理健康发展报告(2019—2020)[M].北京：社会科学文献出版社，2020.

期，而且是个体人格和心理素质形成的关键阶段。在此阶段开展心理辅导，能够有效促进学生良好心理素质和优秀人格特征的形成和发展，为实施素质教育奠定坚实的基础，从而推进学校全面素质教育的开展。

3. 中学生心理辅导是加速社会精神文明建设的重要动力

中学生心理健康是通过反映其思想、道德的行为，潜移默化地对社会精神文明建设的效果产生影响的。学校心理卫生学的理论研究与青少年违法犯罪的事实表明，青少年的心理问题不仅对本人和家庭造成不良影响，还会威胁社会的和谐与安定。因为心理问题会导致青少年发生种种越轨行为，甚至诱发违法犯罪行为，从而影响社会主义精神文明建设。因此，加强学校心理辅导，促进青少年心理健康水平的提高，不仅对个人和家庭具有重要意义，还能推动社会和谐进步发展，促进社会主义精神文明建设。

二、中学生心理辅导的目标与内容

（一）中学生心理辅导的目标

《中小学心理健康教育指导纲要(2012年修订)》中指出，心理健康教育的总目标是：提高全体学生的心理素质，培养他们积极乐观、健康向上的心理品质，充分开发他们的心理潜能，促进学生身心和谐可持续发展，为他们健康成长和幸福生活奠定基础。其具体目标是：使学生学会学习和生活，正确认识自我，提高自主自助和自我教育能力，增强调控情绪、承受挫折、适应环境的能力，培养学生健全的人格和良好的个性心理品质；对有心理困扰或心理问题的学生，进行科学有效的心理辅导，及时给予必要的危机干预，提高其心理健康水平。

（二）中学生心理辅导的内容

1. 形成正确的自我意识

形成正确的自我意识具体包括：悦纳自己的生理变化，促进身心的协调发展；了解青春期心理卫生常识，学会克服青春期的烦恼，调控好自己的心理冲动；理解情绪的多样性，学会调控情绪，保持快乐心境；正确面对挫折和逆境，寻找有效的应对方法，养成勇于克服困难和开拓进取的优良品质；有意锻炼自己的个性心理品质，磨砺意志，陶冶情操，养成良好的学习、劳动习惯，形成正确的生活态度；能够客观认识、评价自己的优点和不足，形成比较清晰的自我整体形象。

【身边故事 1-1】

谁还愿意通过这座小木桥

一位心理学家让10个人穿过一间黑暗的房子，在他的引导下，这10个人皆成功地穿了过去。然后，心理学家打开房内的一盏灯。在昏暗的灯光下，这些人看清了房子内的一切，都惊出一身冷汗。原来房子的地面是一个大水池，水池里有十几条大鳄鱼，水池上方搭着一座窄窄的小木桥，刚才他们就是从这座小木桥上走过去的。心理学家问："现在，你们当中还有谁愿意再次穿过这间房子呢？"没有人回答。过了很久，有3个胆大的人站了出来。其中一个小心翼翼地走了过去，速度比第一次慢了许多；另一个颤颤巍巍地踏上小木桥，走到一半时，竟只能趴在小桥上爬了过去；第三个刚走几步就趴下了，再也不敢向前移动半步。心理学家又打开房内的另外9盏灯，灯光把房里照得如同白昼。这时，人们看见小木桥下方装有一张安全网，由于网线颜色极浅，他们刚才根本没有看见。"现在，谁愿意通过这座小木桥呢？"心理学家问道。这次又有5个人站了出来。"你们为什么不愿意呢？"心理学家问剩下的两个人。"这张安全网牢固吗？"两个人异口同声地反问[1]。

很多时候成功就像通过这座小木桥一样，失败恐怕不是因为力量薄弱、智力低下，而是因为周围环境的威慑——面对险境，很多人早就失去了平静的心态，慌了手脚，乱了方寸。因此，引导学生正确认识自我，培养学生良好的心态，是学校心理辅导不可或缺的首要内容。

2. 增强社会交往能力

增强社会交往能力具体包括：学会与父母平等沟通，正确认识父母对自己的关爱和教育，以及可能产生的矛盾，克服"逆反"心理；了解青春期闭锁心理现象及危害，与同学、朋友积极交往，养成热情、开朗的性格；正确认识与异性同学之间的交往，学会用恰当的方式与异性交往；理解教师工作的特点，积极与教师进行有效沟通，正确对待教师的表扬与批评，增进与教师的感情；知道礼貌是文明交往的必要前提，掌握基本的交往礼仪与技巧，养成文明礼貌的行为习惯；理解竞争与合作的关系，能正确对待社会生活中的合作与竞争，养成团结合作、乐于助人的品质。

3. 提高学生的学业能力

提高学生的学业能力具体包括：全面认识学习的意义，树立正确的学习观念；形成认真、踏实、积极的学习态度，养成主动、勤奋、独立的学习习惯；掌握有效学习的方法和技巧，形成适合自己的学习策略，不断提高学习效率；学会调整自己的学习状态，正确对待学习压力，克服考试焦虑，创设良好的学习心理环境；认识自己的能力与潜力，树立切实可行的学习目标和学习志向；创设"最近发展区"，激发学生潜能，不断提高学业能力。

4. 增强社会适应能力

增加社会适应能力具体包括：正确理解从众心理和好奇心，发展独立思考和自控能力，养成良好的行为习惯，杜绝不良嗜好；培养正确的生涯观念，为升学和职业选择做好心理准备；正确认识生活中的困难和挫折，提高心理承受力，保持积极进取之心；正确认识个人、集体与国家的关系，自觉维护集体与国家的荣誉和利益；感受社会生活的发展变化，增进关心社会的兴趣和情感，养成亲社会行为；感受个人情感与民族文化和国家命运之间的联系，提高文化认同感。

---

[1] 姚本先.学校心理健康教育新论[M].北京：高等教育出版社，2009.

【知识链接1-1】

青少年心理健康的标准[①]

对于我国青少年来说，其心理健康的标准应在一般的心理健康标准的基础上反映出青少年个体心理发展的年龄特征，其心理健康判断标准的参照系应该是青少年的同龄人，舍此将失去标准的实际意义。

1. 学习方面的心理健康

时时处处表现出自己是学习活动的主人和积极的探索者；从学习中获得满足感，并从中增强对自己的信心，充分相信自己具有学习的能力；能合理使用大脑，顺应人脑兴奋和抑制的活动规律，注重一定的运动调节，能借助大脑获得智力与能力的更好发展；从小保持与现实环境的接触，幻想有一定的现实基础且在时间上比较短暂，不会妨碍其学习和人际交往；能摆脱消极情绪的困扰，进行合理的调节；会制订学习计划，独立思考，按时完成作业，经常复习、预习功课，长期坚持努力学习，逐渐形成良好的学习习惯。

2. 人际关系方面的心理健康

能了解彼此的权利和义务，既重视别人的要求，又能适当满足自己的需要，使人际关系健康发展；不会以表面印象来评价他人，不将自己的好恶强加于人，而是客观、公正地了解和评价他人；知道良好的人际关系，只有在相互信任、尊重和关心中才能获得发展；不是虚伪地恭维别人，而是诚心诚意地称赞别人的优点，对于对方的缺点也不迁就，而是以合理的方式加以批评，并帮助其改正；对沟通采取积极主动的态度，在沟通中明确地表达自己的想法，并认真听取别人的意见，其沟通方式是直接的，而不是含糊其词，在积极的沟通中增进人与人之间的感情和友谊；能与人和谐相处，亲密合作，但不放弃自己的原则和人格。

3. 自我方面的心理健康

学会正确地评价自我，不被他人的议论所左右，能够一分为二地看问题，从而逐渐成为自信、自尊、自爱、自重的人；会把别人当成自己的一面镜子，能虚心地接受别人的评价，并从中认识自我；能及时而正确地归因；不断扩展自己的生活范围，不断充实自我、超越自我，悦纳新的自我；善于根据自己的能力水平和目标的难易程度，把抱负定在既有一定的实现把握又有可能冒失败风险的层次，以此激发自己努力进取；善于为既定的目标克服困难，迫使自己完成应当完成的任务，抑制自己的不良行为和冲动，遇见挫折不忧郁、不悲愤，镇定对待，分析根源，保持乐观态度。

三、中学生心理辅导的原则与途径

（一）中学生心理辅导的原则

中学生心理辅导的原则是中学学校开展心理辅导工作所必须遵循的基本要求，遵循这

[①] 卢家楣. 青少年心理与辅导——理论与实践[M]. 上海：上海教育出版社，2009.

些原则对做好中学生心理辅导工作具有重要意义。中学生心理辅导必须遵循的原则主要有以下几点。

1. 教育性原则

教育性原则是指学校心理辅导工作者在进行心理辅导的过程中，始终注重培养学生积极进取的精神，引导学生树立正确的人生观、价值观和世界观。

贯彻教育性原则要注意以下几点。

第一，要以马克思主义辩证唯物论的思想和观点为指导，充分考虑中国的实际情况和中华民族的文化特色，有选择地借鉴西方关于学生心理辅导的理论方法和技术，不能照抄照搬。

第二，要把心理问题的解决与道德品质的培养统一起来，使学生的心理素质和道德品质等相互影响、相互促进、协调发展。

第三，要重视正面的启发教育，培养学生积极进取的生活态度和乐观向上的精神，帮助学生树立正确的人生观、世界观及远大的理想。

2. 整体性原则

整体性原则具有3层含义：①学校心理辅导要面向全校所有学生，针对多数学生的共同需要和普遍存在的问题来进行，学校心理辅导的基本立足点和最终目标是提高绝大多数乃至全体学生的心理健康水平和心理素质；②学校心理辅导要注重学生心理活动的完整性，强调心理过程与个性的协同发展，促进学生心理素质的整体发展与全面提高；③学校心理辅导的开展要注重对学生心理问题形成的原因及策略进行综合考察与分析，把客观条件和学生实际存在的问题及需要密切联系在一起，以提高心理辅导的实效性。

贯彻整体性原则要注意以下几点。

第一，学校心理辅导人员要了解和把握学生的共同需要和普遍存在的心理问题。

第二，树立学生全面发展的教育理念，教育活动要时刻关注学生人格的完整和身心素质的全面提高。

第三，全面考虑影响学生心理健康的主客观因素，协同家庭、学校及社会三者的力量共同做好学生的心理辅导工作。

3. 主体性原则

主体性原则是指在学校心理辅导过程中要把学生当作认识和发展的主体，尊重学生的主体地位，充分调动学生的主动性、积极性，引导学生进行自我教育。

贯彻主体性原则要注意以下几点。

第一，学校心理辅导应充分考虑学生的需要，围绕学生的实际问题来进行。教师所选择的事例、安排的活动，要符合学生的发展需要和兴趣爱好，只有这样才能引起他们的注意和重视，心理辅导也才能唤起学生的兴趣，激发学生的主动性和积极性。

第二，心理辅导要注意启发学生的主动性和自觉性。在设计活动时，要注意突出学生的主体地位；在组织各种活动时，辅导人员不可包办替代，要尽量让学生自己当主角；在谈话时，要用商量、鼓励的语气与学生沟通，不可用命令、灌输的口吻。

第三，辅导人员应竭尽全力地全面了解学生。充分了解每个学生，是发挥其主体性的前提和出发点。

4. 尊重性原则

尊重性原则是针对学校心理辅导人员对学生的态度所提出的一项原则。尊重是指尊重学生的人格、尊严与权利，把学生当作独立的个体，承认学生与学校心理辅导人员在人格上是平等的。尊重学生是实现师生交往的基础，也是彼此进行情感交流的最佳渠道。如果心理辅导人员只是一味地将学生当作教育的对象，则特别容易引起他们的不满、反感甚至抵触情绪。

贯彻尊重性原则要注意以下几点。

第一，要尊重学生的个人尊严，用平等、民主的态度对待每个学生。

第二，要关心、理解、接纳学生。

第三，要对学生一视同仁，不管面对什么样的学生，教师都应虚怀若谷、坦诚相待，不能厚此薄彼。

5. 差异性原则

差异性原则是指学校心理辅导人员要关注和重视学生的个体差异，应根据学生的不同需要，开展形式多样、针对性强的心理辅导活动，以提高学生的心理健康水平。每个中学生都有自己的兴趣和个性特点，拥有不同的社会背景、家庭环境、生活经验和价值观念，学校心理辅导要重视这些差异性和独特性，因材施"辅"，有的放矢，使每个学生的心理健康水平得以提高，最终促进全体学生心理素质的提高。

贯彻差异性原则要注意以下几点。

第一，要了解学生的个别差异，如年龄、性别、学习、思想、心理等方面的差异。

第二，要充分考虑学生的年龄特征和个性特征，对待不同的学生，灵活采用心理辅导的不同原理、方法、手段和技术。

第三，要认真做好个案研究，资料积累，总结提炼，以提高个别教育的实效性。

6. 保密性原则

保密性原则是指学校心理辅导工作者在心理辅导过程中，有责任对来访学生的个人情况和谈话内容予以保密，尊重来访学生的名誉及隐私权等。保密性原则是鼓励学生畅所欲言和建立相互信任的心理基础，贯彻这一原则也是学校心理辅导工作者最基本的职业道德规范。

贯彻保密性原则要注意以下几点。

第一，对于来访学生的所有资料和信息，绝对不能以任何形式予以公开，也不能随意供人查阅。

第二，学校咨询与辅导机构必须设立健全的储存系统来确保来访学生档案的保密性，辅导人员不应随便将记录档案带离咨询与辅导机构。但有时为了进行科学研究或保护来访学生及他人的利益，在避免来访学生利益受到损害的前提下，可以进行正当泄密。

【实务训练 1-1】

心理老师的尴尬[①]

小莹，19 岁，某中学高二女生。一天，小莹走进咨询室，在要求老师保密的前提下，诉说心中的秘密：初三第一学期时，小莹认识了大她 5 岁、刚大学毕业参加工作的张小鹏，经过一段时间接触，两人很快坠入爱河、山盟海誓，并多次偷吃了禁果。初中毕业后，小莹离开农村进入城镇高中上学，从此两人见面减少。

高二上学期某天，小莹得知小鹏与同事结婚已一个月。该消息犹如晴天霹雳，小莹万般痛苦，终日泪流满面，脸色憔悴，精神不振。经过一段时间的心理辅导，小莹的心情有所好转，精神痛苦基本解除，但还是不能专心学习，成绩明显下降。父母观察到小莹心情不好、身体瘦弱、成绩骤降和经常进入咨询室，非常焦急，其通过学校领导，采取要挟手段，要求心理教师说出小莹的秘密。

心理教师处于相当被动的两难局面：一方面，领导和家长要求了解实情和秘密；另一方面，如果将秘密透露出去，不但小莹的学习、精神、声誉等将受到伤害，心病将加重，而且小鹏的新家庭可能会受到影响；更严重的是，小莹今后将无法面对生活和未来。

如果你是这位心理老师，你将如何做？

（二）中学生心理辅导的途径

中学生健康心理形成的复杂性，决定了中学生心理辅导工作的开展不仅需要运用多种途径和形式，而且需要把这些途径与形式构成一个完整的心理辅导运行系统。中学生心理辅导的途径主要有以下几种。

1. 开设专门的心理辅导课

随着素质教育和课程改革的深入，在学校开设专门的心理辅导或心理健康教育课程得到了教育界的普遍重视。专门的心理辅导课程是学校心理辅导体系中最核心的组成部分，是学校心理辅导工作最主要的工作内容。学校可以通过课程的形式向学生传授心理保健知识，训练学生的心理素质，陶冶学生的心理品质，从而达到全面提高学生的心理健康水平的目的。专门的心理辅导课程能够促进学生身心健康，以经验为载体，以活动为中介，培养学生形成学习、生活、交往、社会适应与发展的良好技能。专门的心理辅导课程能够以学生发展为基本出发点，极大地调动学生学习的主动性和创造性。

就目前学校教育的实践来看，中学生心理辅导课程的具体实施途径主要有以下3种。

(1) 心理科普讲座。这种实施途径主要通过班级授课的方式对中学生进行较为系统的心理健康知识的普及，并就中学生心理发展中的共性问题及其解决方法进行讲座式的专门指导。

(2) 团体心理辅导。针对中学生成长中普遍存在的共性心理问题，在以小组或班级为单位的团体情景下，采用预设目标、形式、内容、活动、情境的方式，为中学生提供有针对性的心理辅导。

(3) 心理活动课。以有目的、有计划、操作性强的活动为载体(如演讲、辩论、角色扮

[①] 姚本先.学校心理健康教育新论[M].北京：高等教育出版社，2009.

演、小组讨论、游戏、餐会等），以实际生活中的心理发展和心理问题情境为参照，让中学生在活动中体验、领悟、交流、实践，以提高其心理健康水平的原理和方法。

2. 结合学科教学进行渗透

教育部于2000年发布的《关于加强中小学心理健康教育的若干意见》中明确指出："在学科教学、各项教育活动、班主任工作中，都应注重对学生心理健康的教育，这是心理健康教育的主要途径。"这足以说明，学科教学渗透是学校心理辅导的重要途径。因为学校教育的所有工作都包含丰富的心理辅导和心理健康教育蕴意，加之学科教学又是学校教育的主要渠道，因此结合学科教学进行心理辅导的教育渗透，一直是中学生心理辅导的主要形式之一。结合学科教学进行心理辅导的教育渗透，是指教师在学科教学过程中，能够自觉、有意识地运用心理学的理论和方法，在向学生传授相应学科知识与技能、发展其智力与创造力的同时，对维护和促进学生心理健康、形成学生健全人格方面所采取的各种有效措施。

学科本身包含丰富的心理教育资源。语文课为学生认识世界、了解人生、体验情感，提供了色彩斑斓的空间；音乐课可以影响学生的生理变化，促进认知提高，改善情绪状态，调整行为方式；美术课的线条与色彩，能够唤起学生不同的心理感受，对美术作品的鉴赏更能引发学生的审美心理体验；体育课能调控学生情绪，锻炼学生意志，提高学生的适应能力。可见，各学科都蕴含了丰富的心理健康教育内容。因此，学科教师要树立心理教育的意识，充分利用和挖掘自身学科的特点和优势，将心理辅导渗透正常的学科教学，使学生耳濡目染、潜移默化，在学习知识与技能的同时，提高心理素质。

此外，还可在学科教学的过程中开展学校心理辅导工作。学科教学渗透主要通过教学设计、课堂心理环境创设及课堂管理等教学过程进行。教学设计包括目标、内容、方法等的设计。教学设计上，在课程的编制、教材内容的选择等方面，既要符合社会发展的要求，又要符合学生发展的年龄特征。在考虑知识传授的同时，还要注意发展学生的各种心理品质。另外，在课堂教学过程中，教师的教学观、学生观、师生关系、课堂心理氛围、课堂管理及教师对学生的表扬与批评等，都会对学生的心理发展和心理健康产生重要影响。这种潜在的心理教育资源甚至超过了学科课程本身内容资源的影响。

3. 开展个别心理咨询与辅导

学生在学习和交往过程中，会碰到难以解决且不愿让一般人知道的心理问题或心理障碍。在学校建立专门的心理咨询室，通过配备专门的心理咨询与辅导人员，为存在心理问题或出现心理障碍的学生提供个别的心理咨询与辅导，这已经成为中学生心理辅导的普遍需要和发展趋势。

需要注意的是，心理咨询与辅导是一种职业化的助人行为，而不是一般的助人活动。心理咨询与辅导是运用心理学的原理与技术，从心理上为来访者提供帮助的活动，因此，心理咨询与辅导者必须是经过专业训练的职业人员。心理咨询是一种有目的、有意识的职业行为，它重在通过专门的理论与方法，帮助学生分析内心的矛盾冲突，探讨影响其情绪和行为的原因，协助他们自我改变。当然，学校心理咨询不可能解决学生的所有心理问题，它有特定的适用范围。

4. 建立家庭、学校及社区相互沟通的心理渠道

建立家庭、学校、社区心理辅导的相互沟通渠道，优化家庭与社区教育环境是提高学生心理健康水平的重要途径。

家庭教育是教育的起点。了解学生心理问题的成因和对学生心理问题进行辅导、矫治计划的制订与落实，都离不开家长的大力支持与密切配合。科学研究和有关资料表明，学生的心理健康水平离不开家长的言传身教、家庭人际关系及家庭氛围的影响。心理问题比较明显的学生，往往与家长的行为个性有直接关系。如果家长能够重视孩子良好心理素质的培养，就会自觉地创造有利的家庭环境，同时注意自身的言行举止，帮助孩子形成良好的心理品质。因此，家庭教育已成为推进学校心理辅导工作的必然要求。

学校心理辅导工作不仅需要家庭和学校的密切配合，还需要社会各界的大力支持和鼎力协助。而与学生生活联系紧密的社区，是影响学生心理健康的主要社会因素之一。地理环境、生活服务设施、生活方式、生活制度、文化背景及管理机构，成为影响个体心理发展的独特因素。因此，相关的社区心理咨询与辅导活动的开展，会影响学校心理辅导工作的效果。

因此，学校应与家庭、社区积极配合，形成教育的合力，共同做好中学生的心理辅导工作。

【案例导读解析】

本章案例导读的事件并非特殊案例，如果在互联网上搜索"中学生自杀"，电脑会立即显示出几十万条相关信息。相关调查显示，15~34岁人群死亡的第一原因不是医学上让人束手无策的疑难病症，而是自杀，并且自杀者也越来越低龄化。

中学阶段是人生中一个急剧变化的关键时期。从生理上说，他们正处于青春发育期；从心理来说，他们处于尚未成熟的成长期。由于他们身心发展的不平衡，再加上当今社会正处在转型期，激烈的竞争和传播媒介的影响，特别是学校过于强调升学率，导致家长和学校只重视对学生的知识传授和智力培养，而忽视了学生心理健康的发展，尤其是近年来受各种因素影响，孩子和家长长时间相处，造成了原本的矛盾放大，再加上学习压力增大，也可能导致悲剧的发生。现在的中学生基本是独生子女，父母望子成龙、盼女成凤心切，子女的升学、分数成为父母心理平衡的补品，从而导致父母不能客观实际地给孩子制定目标。这些因素的影响使中学生们面临极大的心理压力，因而会造成人格的缺陷和心理的扭曲。当这些心理压力突破心理承受能力的极限时，学生则可能做出意想不到的事情，甚至选择自杀。

小结

大力开展中学生心理辅导工作、加强心理健康教育，已经成为世界性的教育共识。作为心理辅导第一线的教育工作者，教师在传授学生知识技能、促进其智慧才能发展、培养其道德品质、增进其身体健康的同时，还应自觉担负起维护学生心理健康的职责。这就要

求教师应正确理解心理辅导的含义,以及心理辅导与其相关概念之间的关系,了解学校心理辅导产生发展的历史、现状与趋势,熟悉中学生心理发展的特点,掌握中学生心理辅导的含义、目标、内容、原则与途径,深刻理解加强中学生心理辅导的重要意义。

巩固与操作

一、思考题

1. 心理辅导的内涵和基本特征是什么?心理辅导与心理咨询、心理治疗、学校心理健康教育有何关系?
2. 如何区分心理问题、心理障碍与心理疾病?
3. 学校心理辅导与学校德育有何关系?
4. 简述我国学校心理辅导经历的发展阶段及特点。
5. 简述我国学校心理辅导取得的成绩、存在的问题及未来的发展趋势。
6. 简述中学生的心理特点及中学生心理辅导的含义。加强中学生心理辅导有何重要意义?
7. 简述中学生心理辅导的目标和内容。
8. 简述中学生心理辅导的原则与途径。

二、操作题

使用中学生心理健康量表并抽取受试者进行心理测试训练。

测试指导语:下面是有关你近来心理状态的一些问题,请你仔细阅读每个题目,然后根据自己的实际情况认真填写。每个题目没有对错之分。请你尽快回答,不要在每道题上过多思索。每个题目后边都有5个等级供你选择,分别按照程度的高低用1、2、3、4、5来表示。

注意:

(1) 每个题目只能选一个等级,在相应的数字上画圈;
(2) 每个题目都要回答。

	从无	轻度	中度	偏重	严重
1. 我不喜欢参加学校的课外活动	1	2	3	4	5
2. 我的心情时好时坏	1	2	3	4	5
3. 我做作业必须反复检查	1	2	3	4	5
4. 我觉得人们对我不友好,不喜欢我	1	2	3	4	5
5. 我感到苦闷	1	2	3	4	5
6. 我感到紧张或容易紧张	1	2	3	4	5
7. 我学习劲头时高时低	1	2	3	4	5

(续表)

	从无	轻度	中度	偏重	严重
8. 我对现在的学校生活感到不适应	1	2	3	4	5
9. 我看不惯现在的社会风气	1	2	3	4	5
10. 为保证正确，做事必须做得很慢	1	2	3	4	5
11. 我的想法总与别人不一样	1	2	3	4	5
12. 总担心自己的衣服是否整齐	1	2	3	4	5
13. 我容易哭泣	1	2	3	4	5
14. 我感到前途没有希望	1	2	3	4	5
15. 我感到坐立不安，心神不定	1	2	3	4	5
16. 我经常责怪自己	1	2	3	4	5
17. 当别人看我或谈论我时，我感到不自在	1	2	3	4	5
18. 我觉得别人不理解我，不同情我	1	2	3	4	5
19. 我时常发脾气，想控制但控制不住	1	2	3	4	5
20. 我觉得别人想占我的便宜	1	2	3	4	5
21. 大叫或摔东西	1	2	3	4	5
22. 总在想一些不必要的事情	1	2	3	4	5
23. 必须反复洗手或反复数数	1	2	3	4	5
24. 总感到有人在背后谈论我	1	2	3	4	5
25. 时常与人争论、抬杠	1	2	3	4	5
26. 我觉得对大多数人都不可信任	1	2	3	4	5
27. 我对做作业的热情忽高忽低	1	2	3	4	5
28. 同学考试成绩比我高，我感到难过	1	2	3	4	5
29. 我不适应老师的教学方法	1	2	3	4	5
30. 老师对我不公平	1	2	3	4	5
31. 我感到学习负担很重	1	2	3	4	5
32. 我对同学忽冷忽热	1	2	3	4	5
33. 上课时，总担心老师会提问自己	1	2	3	4	5
34. 我无缘无故地突然感到害怕	1	2	3	4	5
35. 我对老师时而亲近，时而疏远	1	2	3	4	5
36. 一听说要考试，我就感到紧张	1	2	3	4	5

(续表)

	从无	轻度	中度	偏重	严重
37. 别的同学穿戴比我好、有钱，我感到不舒服	1	2	3	4	5
38. 我讨厌做作业	1	2	3	4	5
39. 家里环境干扰我的学习	1	2	3	4	5
40. 我讨厌上学	1	2	3	4	5
41. 我不喜欢班里的风气	1	2	3	4	5
42. 父母对我不公平	1	2	3	4	5
43. 我感到心里烦躁	1	2	3	4	5
44. 我常常无精打采，提不起神来	1	2	3	4	5
45. 我在感情上容易受到别人的伤害	1	2	3	4	5
46. 我觉得心里不踏实	1	2	3	4	5
47. 别人对我的表现评价不恰当	1	2	3	4	5
48. 明知担心没用，但总害怕考不好	1	2	3	4	5
49. 总觉得别人跟我作对	1	2	3	4	5
50. 我容易激动和烦恼	1	2	3	4	5
51. 同异性在一起时，我感到害羞、不自在	1	2	3	4	5
52. 我有想伤害他人或打人的冲动	1	2	3	4	5
53. 我对父母时而亲热，时而冷淡	1	2	3	4	5
54. 我对比我强的同学并不服气	1	2	3	4	5
55. 我讨厌考试	1	2	3	4	5
56. 我总觉得有事	1	2	3	4	5
57. 我经常有自杀的念头	1	2	3	4	5
58. 我有想摔东西的冲动	1	2	3	4	5
59. 我要求别人十全十美	1	2	3	4	5
60. 同学考试成绩比我高，但能力并不比我强	1	2	3	4	5

注：此量表由中国科学院心理科学研究所王极盛等人编制。

评定说明：

中学生心理健康量表共60项，分为10个因子，各因子所包括的项目如下。

(1) 强迫症状：包括第3、10、12、22、23、48题共6项。该因子反映受试者做作业必须反复检查，总在想一些不必要的事情，总害怕考试成绩不好等强迫症状。

(2) 偏执：包括第11、20、24、26、47、49题共6项。该因子反映受试者觉得别人占自己便宜，别人在背后议论自己，对多数人不信任，总感觉别人对自己的评价不恰当，别人跟自己作对等偏执问题。

(3) 敌对：包括第19、21、25、50、52、58题共6项。该因子反映受试者控制不住自己的脾气，经常与别人争论，容易激动，有摔东西的冲动等。

(4) 人际关系紧张与敏感：包括第4、17、18、45、51、59题共6项。该因子反映受试者对人际关系缺乏自信，总感觉别人不理解自己、别人对自己不友好等，感情容易受到伤害，对别人求全责备，同异性在一起感到不自在等问题。

(5) 抑郁：包括第5、13、14、16、44、57题共6项。该因子反映受试者感到生活单调，觉得自己没有前途，容易哭泣，责备自己，无精打采等问题。

(6) 焦虑：包括第6、15、34、43、46、56题共6项。该因子反映受试者感到紧张，心神不定，无缘无故地感到害怕，心里烦躁，心里不踏实等问题。

(7) 学习压力：包括第31、33、36、38、40、55题共6项。该因子反映受试者感到学习负担重，怕老师提问，讨厌做作业，讨厌上学，害怕和讨厌考试等问题。

(8) 适应不良：包括第1、8、9、29、39、41题共6项。该因子反映受试者对学校生活不适应，不愿参加课外活动，不适应老师的教学方法，不适应家里的学习环境等问题。

(9) 情绪不平衡：包括第2、7、27、32、35、53题共6项。该因子反映受试者对待老师、同学及父母时情绪不稳定，学习情绪波动大等问题。

(10) 心理不平衡：包括第28、30、37、42、54、60题共6项。该因子反映受试者感到老师和父母对自己不公平，对同学比自己成绩好感到难过和不服气等问题。

根据填完量表后10个因子的因子分评定分数值，即可初步判定受试者哪些因子存在心理健康问题的症状。

根据因子分数评定中学生心理健康状况：
- 2～2.99分，表示该因子存在轻度问题；
- 3～3.99分，表示该因子存在中等程度的症状；
- 4～4.99分，表示该因子存在较重的症状；
- 5分，表示该因子存在严重的心理症状。

根据此量表测试心理健康状况，除用10个因子的得分情况进行判断外，还可用总均分进行总体的评定。总均分的计算方法：把该量表60项各自的分数加在一起除以60，得出的分数便是受试者心理健康的总均分。

根据总均分评定中学生心理健康状况：
- 2～2.99分，表示存在轻度的心理健康问题；
- 3～3.99分，表示存在中等程度的心理健康问题；
- 4～4.99分，表示存在较严重的心理健康问题；
- 5分，表示存在非常严重的心理健康问题。

拓展阅读

1. 伍新春，臧伟伟. 中学生心理辅导[M]. 2版. 北京：高等教育出版社，2022.
2. 陈功香，石建军. 中学生心理辅导[M]. 北京：中国人民大学出版社，2022.
3. 姚本先. 学校心理健康教育概论[M]. 北京：高等教育出版社，2010.

第二章

心理发展的主要理论

▶ 内容提要

本章主要阐述心理发展的主要理论。本章分三部分展开介绍：第一节是学生的心理发展概述，主要阐述中学生的心理发展及其特点；第二节是中学生认知的发展，主要阐述皮亚杰的认知发展阶段论和维果斯基的最近发展区理论；第三节是学生人格的发展阶段，主要讨论两种人们公认的、影响力巨大的人格发展阶段论，即弗洛伊德和埃里克森的心理发展阶段论。

▶ 学习目标

(一) 认知目标

1. 识记心理发展、学习准备、图式、同化、顺应、皮亚杰的认知发展阶段理论、埃里克森的人格发展阶段理论。
2. 理解心理发展的基本特征、心理发展的普遍性与个别差异性、学习准备的内容、最近发展区、弗洛伊德的性心理发展期。
3. 了解泛灵论、弗洛伊德人格理论。

(二) 情感目标

1. 了解学生跟成人时期的区别。
2. 能够从学生的角度出发，理解学生。

(三) 能力目标

1. 根据皮亚杰的认知发展阶段论，能够根据学生认知发展的特点来设定教学目标。
2. 根据维果斯基的"最近发展区"理论，进行教学设计的时候会充分考虑学生的最近发展区。
3. 运用埃里克森的人格发展阶段理论，理解小学生、中学生、高中生每个阶段的发展任务；能够从学生们的发展任务出发，有意地培养学生的相关能力。

【案例导读】

案例1：开学第一周，老师试图教授一年级的学生在课堂上应该怎样做。他说："当我提问时，你应该举起右手，我将会叫你回答。你们能够像我这样举起右手吗？"二十双手举起来了，但都是左手。

案例2：刘老师教的四年级学生对交家庭作业越来越漫不经心，为此，她决定在班上确立一条规矩。她对全班同学说："本周不交家庭作业的同学将不能参加野营活动。"碰巧，一位女生的妈妈在那周生病住院。这位女生因为家中出现此事及对母亲生病的担忧，有一份家庭作业没有完成。刘老师向全班同学解释说，该女生没交家庭作业是个例外，因为她的妈妈病了。但是全班同学都不乐意，他们说："规则就是这么定的。她没有交作业，所以不能参加野营。"

案例3：王老师教八年级的英语课。一天，刚上课时她就很兴奋地宣布："我想告诉你们，咱们班出了一名诗人。小丽写了一首很美的诗，我想读给大家听听。"王老师朗读了那首诗，它的确很美。然而，王老师注意到小丽的脸红了，看上去非常不安。班上有些同学在窃窃私语。后来，王老师问小丽是否愿意再写一首诗去参加全市的诗歌比赛，她说她再也不想写了，因为她真的觉得自己在这方面并不擅长，并且也没有时间写。

1. 案例3中的学生为什么有如此表现？如果你是老师，你该如何鼓励她？

2. 对比三个案例，解释哪个或哪些案例涉及行为的、认知的、社会的、道德的或者生理发展的两难困境，并具体描述这些困境。

第一节　心理发展概述

一、心理发展的内涵

（一）什么是心理发展

心理发展有广义和狭义之分：广义的心理发展包含种系的发展、种族的发展、个体心理的发展；狭义的心理发展仅指个体心理的发展。

1. 种系心理的发展

种系心理的发展是指从动物到人类的心理演变过程，包括动物心理的进化过程和人类心理的进化过程。研究该心理发展的学科领域是动物心理学或叫比较心理学。

2. 种族的发展

种族的发展是指人类历史发展过程中的心理发展，研究的学科领域是民族心理学。

3. 个体心理的发展

个体心理的发展指人的个体从受精卵开始到出生、成熟，直至衰老的生命全程中的心理发生、发展过程。它不仅有量的变化，而且更重要的是质的变化；不仅指向前推进的过程，而且指衰退、消亡的变化。

但是，由于疾病、疲劳、药物等原因导致的心理变化不属于发展的范畴，因为这一类变化只是一种暂时性的变化，可以通过休息或治疗得到恢复。

（二）心理发展的基本特征

1. 连续性与阶段性

个体心理的发展是一个从量变到质变的过程，它既表现出一定的连续性，又表现出一定的阶段性。在一定时期内，个体心理的发展处于相对稳定的状态，只发生一些细微变化，即属于量的积累，体现了发展的连续性；当某些代表新质要素的量的积累达到一定程度时，新质要素取代旧质要素占据主要地位，这时量变的过程就发生了质的"飞跃"，表现出发展中的间断或跳跃现象，意味着新的阶段形成。例如：出生、成熟、衰老、死亡；生、老、病、死；三十而立，四十而不惑，五十而知天命，六十而耳顺，七十而从心所欲，不逾矩。

2. 定向性与顺序性

在正常情况下，个体身心的发展总是指向一定的方向，并遵循一定的先后顺序，而且这种顺序是不可逆的，也是不可逾越的。例如，儿童身体和运动机能的发展按照以下两条法则进行。

自上而下(头尾)法则：头部动作→躯干动作→脚动作，即抬头→翻身→坐→爬→站→行走。

从中心到边缘(近远)法则：动作发展于身体的中部开始，越接近躯干的部位动作发展越早，远离身体中心的部位动作发展越晚。如上肢动作——肩头和上臂→肘腕→手指。

3. 不平衡性

个体在生命全程中的发展不按一个模式进行，也不按相同的速度直线进行，而是表现出不平衡性。

从个体发展的不同方面看，个体神经系统的发展先快后慢，9岁时接近成人水平，而生殖系统的发展则是先慢后快，在青春期前发展缓慢，一到青春期(女童11~12岁，男童13~14岁)则快速发展。

从个体发展的不同阶段看，个体发展的速度是不同的：幼儿前期是第一个加速发展期，然后童年期是一个平稳发展期，而青春期又出现第二个加速期，然后整个成年期是一个少变化期，最后老年期是下降期。

4. 普遍性与个别差异性

一般来说，一个正常儿童的发展总是要经历基本的发展阶段。但同处于正常范围内的个体，在发展速度、最终达到的发展水平、发展的领域等方面总是存在相当大的差异。

1) 个体间发展水平差异表现

(1) 从智力发展速度看,有的儿童早慧,有的大器晚成。

(2) 从智力水平看,有的人智力平平,有的人智力超常。

(3) 从个人的优势领域看,有的儿童语言能力发展得好,有的儿童动作发展得好。

2) 个体间成熟早晚的差异表现

(1) 人才早熟,如李白"五岁诵六甲,十岁观百家";莫扎特3岁时已在钢琴上弹奏简单的和弦,5岁开始作曲,8岁试作交响乐,12岁创编歌剧。

(2) 大器晚成,如姜子牙辅佐周武王,72岁才任宰相;著名画家齐白石40岁才表现出绘画才能。

(3) 绝大多数表现为中年成才。中年是成才和创造发明的最佳年龄,是人生的黄金时代。

3) 个体间优势特点上的差异表现

例如,有人擅长想象,有人擅长记忆,有人擅长思维等。

二、中学生心理发展的教育意义

(一)学习准备

1. 什么是学习准备

学习准备是指原有的知识水平(或心理发展水平)对新的学习的适应性,即学生在学习新知识时,那些促进或妨碍学习的个人生理、心理发展的水平和特点。

2. 学习准备的内容

学习准备是一个动态的发展过程,包括纵向和横向两个方面。

(1) 纵向的学习准备是指从出生到成熟的各个年龄阶段的学习准备。

(2) 横向的学习准备是指每个年龄阶段出现的各种内部因素相互影响、相互作用而形成的一个动力结构。

【知识链接2-1】

格塞尔的自然成熟说

美国心理学家格塞尔曾认为,支配儿童心理发展的因素有很多,但主要是"成熟"。

1. 成熟的含义及其与环境的关系

格塞尔认为,儿童心理的发展过程是有规律、有顺序的一种发展模式。在格塞尔看来,成熟是一个由内部因素控制的过程,这种内部因素决定机体的发展的方向和模式,但格塞尔不排除环境对儿童发展的影响。在他看来,发展的速度最终还是由生物因素所控制。

他把两者关系归纳如下：环境因素对儿童的发展起支持、影响及特定化作用，但并不能产生基本的发展形式和影响个体发展的顺序。只有当结构与行为相适应的时候，学习才可能发生；在结构得以发展之前，特殊的训练及学习收效甚微。

2. 著名的同卵双生子爬梯实验

格塞尔找来一对同卵双生子A和B，A从出生后第48周起接受爬梯及肌肉协调训练，每日练习10分钟，连续6周；B则从出生后第53周开始，仅训练了2周，就赶上了A的水平。由于同卵双生子有相同的基因，故而格塞尔得出结论：儿童生理成熟之前的早期训练对于最终的结果没有多大作用，而一旦在生理上有了完成这种动作的准备，训练就能起到事半功倍的效果。

3. 敏感期及发展形式

格塞尔认为，在个体的发展过程中存在一定的敏感期，在此期内有针对性地对儿童施教会收到良好的效果。他还提出，儿童的成熟不完全是一个渐进的过程，而是从发展的一种水平向另一种水平的突然转变，这种变化不是随意性变化，而是类似周期性变化，周期的波峰与波谷受不同时间的不同成熟机制的影响。

（二）关键期

关键期是个体早期生命中一个比较短暂的时期，在此期间，个体对某种刺激特别敏感，过了这一时期，同样的刺激对其影响很小或没有影响。

1. 劳伦兹的动物印刻关键期实验

奥地利动物心理学家劳伦兹在研究鸟类的自然属性时，发现了"印刻"现象。因此，人类心理发展关键期的研究是从劳伦兹对动物行为发展规律的研究开始的。

劳伦兹首先研究的是鹅的认母行为，1935年劳伦兹在研究刚出生的小鹅的行为时发现，小鹅在刚出生的20个小时以内，有明显的认母行为。它追随第一次见到的活动物体，并把它当成"母亲"。于是，劳伦兹把无须强化的，在一定时期容易形成的反应叫作"印刻"现象。"印刻"现象发生的时期叫作"发展关键期"。

2. 关键期的内涵

人类心理发展"关键期"是指人类的某种行为和技能、知识的掌握，在某个时期发展最快，最容易受影响。如果在这个时期施加正确的教育可收到事半功倍的效果，一旦错过这个时期，就需要花费几倍的努力才能弥补，或者将永远无法弥补。

认识人类心理发展的关键期是重要的，是开发人类潜能培养高素质人才的开始，然而更重要的是要创造设计出一套科学、系统、操作性强、适应性广的针对关键期的训练方法。因为不科学的训练方法，在关键期会造成更大的副作用。世界各国尤其我国，这方面的教训较为深刻。

第二节 认知发展理论

一、皮亚杰的认知发展理论

皮亚杰是瑞士著名心理学家和哲学家,在20世纪60年代初创立了"发生认识论"。他认为,儿童从出生到成人的认知发展不是一个数量不断增加的简单积累过程,而是一个伴随同化性的认知结构的不断再构过程,使认知发展形成几个按不变顺序相继出现的时期或阶段。

(一)皮亚杰的认知发展理论的基本内容

皮亚杰认为,发展是一种建构过程,是个体在与环境的不断相互作用中实现的。所有有机体都有适应和建构的倾向,同时,适应和建构也是认知发展的两种机能。一方面,由于环境的影响,生物有机体的行为会产生适应性的变化;另一方面,这种适应性的变化不是消极被动的过程,而是一种内部结构的积极的建构过程。

皮亚杰认为,个体认知结构的丰富是一个不断发展的过程,一个人的认知结构是一种内在的心理结构,涉及图式、同化、顺应和平衡四个概念。

(1) 图式:动作(外部动作)或活动(思维)的结构或组织。图式最初来自遗传,然后从低级到高级通过同化、顺应两种形式进行。

(2) 同化:将环境信息整合到已有的图式中,加强和丰富原有的知识结构。

(3) 顺应:认知结构不能同化新刺激,而是按新刺激的要求改变原有认知结构或创造新的认知结构,以适应环境需要。

(4) 平衡:通过同化和顺应使主体达到与环境平衡。

(二)皮亚杰的认知发展阶段理论

皮亚杰认为,个体的认知发展存在连续过程中的阶段性,各阶段均有独特的典型特征;各阶段的发展次序固定,各阶段具有连续性(前后衔接);先前的认知结构包含并融合在后继的结构之中。

1. 感知运动阶段(0~2岁)

这一阶段儿童的认知发展主要是感觉和动作的分化,其中手的抓取和嘴的吸吮是他们探索周围世界的主要手段。儿童在9~12个月获得客体永久性。

皮亚杰将感知运动阶段又细分为反射、习惯、视觉与抓握的协调、手段与目标的协调、新手段的发现、顿悟这六个小阶段。儿童对物体的感知经历了先天条件反射和客体永久性阶段。

1) 先天无条件反射

处于这一时期的儿童主要靠感觉和动作来认识周围世界,后期思维开始萌芽。他们这时还不能对主体与客体做出分化,因而"显示出一种根本的自身中心化"(皮亚杰,1981

年)。用皮亚杰的话来说，儿童在这个时期所具有的只是一种图形的知识，即仅仅是对刺激的认识。婴儿看到一个刺激，如一个奶瓶，会做出吮吸的反应。图形的知识依赖于对刺激形状的再认，而不是由推理产生。

从出生到一个月左右，婴儿的行为表现以遗传性反射的图式为特征，以几个简单的先天反射应付所有的刺激，如觅食反射、吸吮反射、游泳反射、眨眼反射、抓握反射、迈步反射。

2) 客体永久性

在婴儿的动作与客体的相互作用中，逐渐产生了动作与由动作造成的对客体影响的结果这两者之间的分化，这意味着因果认识的产生。如图2-1所示，当把婴儿眼前的物体遮挡起来后，婴儿将不再寻找这个物体，似乎认为这个物体已经消失。直到一周岁左右，儿童才会表现出将眼前消失的物体仍然视为存在，这就是皮亚杰所谓的儿童建立了"客体永久性"。如图2-2所示，当实验者把婴儿想要抓取的玩具遮挡起来以后，婴儿会绕过障碍物寻找玩具，因为婴儿已经知道，即使物体不在眼前，这个物体也一直存在。

图 2-1　皮亚杰客体永久性实验(一)

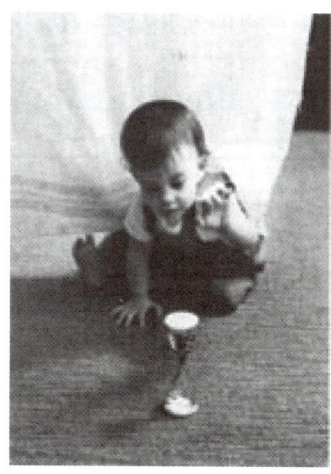

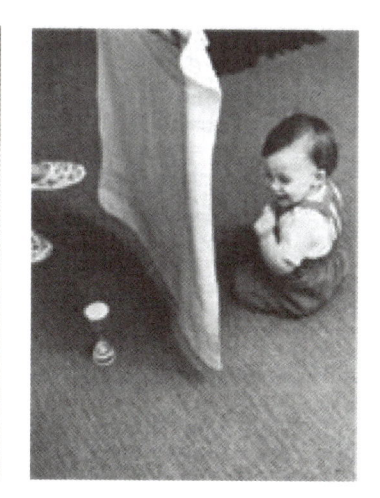

图 2-2　皮亚杰客体永久性实验(二)

2. 前运算阶段(2~7岁)

儿童在感知运动阶段获得的感知运动图式，在前运算阶段开始内化为表象或形象图式。在这一阶段，儿童还存在"万物有灵论"的现象，一切以自我为中心；思维具有不可逆性和刻板性,尚未获得物体守恒的概念。守恒是指物体不论其形态如何变化,其物质总量是恒定不变的。这个阶段的认同认知发展有如下特点。

(1) 泛灵论,即认为外界的一切事物都是有生命的。

【知识链接 2-2】

儿童泛灵论的例子

泛灵论是瑞士心理学家皮亚杰在研究儿童思维的过程中发现的,儿童在心理发展的某个阶段存在泛灵论的特征。这个时期的孩子会把一切事物都看作有生命、有感情的物体,因此,孩子会出现和娃娃讲话、跟玩具谈心等行为。

小时光:女儿还不会说话的时候,有天晚上我带她出电梯,然后她转身对着空电梯拜拜,当时我的头发真竖起来了。

小桃:有一天晚上,我发现我家的娃蹲在餐桌旁对着餐桌底下打招呼说:"你好,你好。"当时我的汗毛都竖起来了,就问她跟谁打招呼,她说:"这个。"我一看是一只小蚊子。

歪歪和孬孬:我们出去旅游,孩子会和房子再见,还说房子自己在家怎么办。

瑾瑾:我家娃对我每次准备扔掉的垃圾说再见。

黄豆包:我儿子每次拉完臭臭,冲厕所时都要跟臭臭再见。

(2) 自我中心思维,指儿童从自己的角度出发看待整个世界,不知道可以变换角度或者意识到他人有不同的观点。此时期的儿童认为所有的人都有相同的感受,一切以自我为中心。皮亚杰通过自己设计的三山实验,证明了此阶段儿童认知发展的自我中心倾向。

该实验的设计是,在桌子上放置三座山的模型,在高低、大小、位置上,三座山之间有明显的差异。实验时,先让一个三岁的幼儿坐在一边,然后将一个布偶娃娃放置在对面(如图2-3所示)。此时实验者要幼童回答两个问题。第一个问题是:你看到的三座山是什么样子?第二个问题是:娃娃看见的三座山是什么样子?结果发现,该幼儿采用同样的方式回答两个问题,只会从自身所处的角度看三座山的关系(如两座小山在大山的背后),不会设身处地从对面娃娃的立场来看问题。皮亚杰选择七岁以下各年龄阶段儿童为对象进行实验,结果发现七岁以下儿童的思维方式都具有自我中心的倾向。

(3) 认知活动具有相对具体性,还不能进行抽象的运算思维。

(4) 思维具有不可逆性。

图 2-3 三山实验

【身边故事2-1】

幼儿的自我中心思维

1. 案例

故事1：小班美术课

今天，小班美术课的主题是自由画，老师让小朋友们自由地画自己想画的东西。他们画完之后，纷纷把自己的作品拿给老师看，还争先恐后地说自己画了什么。老师发现：丽丽画了一只觅食的蚂蚁，可是她把那只蚂蚁画得比旁边的小树还大；乐乐画的爸爸，腿又粗又长，头和胳膊却非常短小；小叶子画的小朋友，身体上有四个大大的圆圈，老师问了才知道，原来那些圆圈是衣服的纽扣。

故事2：3岁的佳佳和叔叔的对话

佳佳："叔叔，它爬上了你的汽车，还用爪子抓车。"

叔叔："什么？"

佳佳把叔叔带出去，指着汽车顶部的一个刮痕说："你看。"

叔叔："佳佳，这是谁干的？"

佳佳："不是我。"

叔叔笑着说："我知道不是你，可是这个刮痕是怎么来的呢？"

佳佳："它爬上了你的汽车，用爪子抓出来的。"

叔叔："谁？"

佳佳望了望四周，指着一只穿越街道的猫说："它在那儿。"

叔叔："哦，是猫啊！那你为什么一开始不告诉我呢？"

佳佳："我说了啊！"

故事3：接电话的安安

家里的电话响了，妈妈在做饭，就让4岁的安安帮忙接一下电话。安安拿起电话，原来是爸爸打过来的："喂，是安安吗？"安安点了点头，没说话。爸爸没有听到说话声，感觉应该是安安，就问："安安，妈妈在吗？"安安又无声地点了点头。爸爸又问："安安，让妈妈接一下电话好吗？"安安再一次无声地点了点头，然后去厨房叫妈妈听电话。

2. 分析

事实上，上述几个小故事中的幼儿具有一个相同的思维特点，心理学上称之为"自我中心"。"自我中心"并非我们通常所说的"自私自利"，而是幼儿心理学中的一个术语，即幼儿常常依赖于自己的想法而非事物的客观特点，仅从自己的角度去观察和认识外部世界，认为每个人看到的世界都和自己看到的一样。

第一个故事中小班的幼儿总是按照自己所看到的形象来画画，例如，丽丽在观察觅食的蚂蚁时，她只关注蚂蚁，而忽视周围其他的东西，因此蚂蚁就是她眼中最重要、最大的形象；乐乐的爸爸工作忙，很少蹲下来陪乐乐玩，矮小的乐乐看到的更多是爸爸的腿走来走去，所以乐乐的画中爸爸的腿占身体的比例特别大；而小叶子知道衣服是穿在身体上的，所以就直接在身体部位画了圆圈来代表纽扣，而且认为其他人也知道这是纽扣。

第二个故事中的对话让我们觉得很奇怪，佳佳和叔叔的沟通似乎存在问题，这是为什么呢？事实上佳佳看到了猫在汽车上抓出痕迹，她设想叔叔也和自己一样知道是猫抓的，所以一开始佳佳只说"它"爬上了汽车，还用爪子抓车，她以为叔叔知道自己在说猫。这也是由佳佳自我中心的思维方式导致的。

第三个小故事中安安的反应也是出于自我中心，因为她在用点头回答爸爸的问题时，没有考虑到爸爸是看不到自己的。这是幼儿自我中心思维的一个典型表现。

3. 给幼儿教师的建议

自我中心是学前期幼儿思维和认知发展的必经阶段。幼儿教师在教学和生活中，要选择适合幼儿思维方式的教学内容和方法，具体建议如下。

(1) 将自我中心的认知问题与道德问题区别开来。
(2) 精心、巧妙地设计教学。
(3) 开展"做中学"的科学活动。
(4) 重视角色游戏和移情训练的价值，帮助幼儿学习换位思考。
(5) 开展集体游戏和团体讨论。

4. 给家长的建议

对于父母来说，幼儿的自我中心既会带来快乐又容易让人生气。快乐来源于孩子的一些可笑的观点；生气是由于孩子对外界的一切思考都围绕他自己进行，无法考虑别人的感受和实际情况。父母需要接受孩子自我中心的思维方式，也要帮助孩子消除因自我中心而产生的行为问题，具体建议如下。

(1) 接受孩子的自我中心思维，以尊重为主、引导为辅。
(2) 转移家庭成员注意的焦点，不要一味地围着孩子转。
(3) 通过随机的移情教育，让孩子感同身受。
(4) 把握要求孩子分享的"度"。
(5) 让孩子体验自我中心的自然后果。

3. 具体运算阶段(7~12岁)

7~12岁这个阶段大体相当于小学阶段。处于这一阶段的儿童正在发展数、关系、过程等概念，表现为能够进行多维思维，思维具有可逆性，思维去自我中心，思维能反映事物的转化过程，具有守恒的概念。

(1) 思维的可逆性。皮亚杰认为，7~8岁这个年龄一般是儿童概念性工具发展的一个决定性转折点。这一阶段儿童的知识可以做出一定程度的推论。例如，我们把一只足球放在一些篮球中间，然后当着儿童的面把足球放在一些排球中间。这个阶段的儿童能够推理，知道这是同一只足球，物体不会因为改变地点而变化大小。在具体运算阶段，儿童只能联系具体事物进行思考，也就是说，思维的内容和形式尚未分离。

(2) 守恒。客体在外形上虽然发生了变化，但儿童能够认识到客体所特有的属性不变。守恒是指物体即使在外观改变的情况下，其特定的自然特征(如数量、质量、长度、重量、面积、容积或体积等)也保持相同。

守恒实验由皮亚杰创设，用来考察前运算阶段儿童(2~7岁)的思维特征。皮亚杰发现，处于前运算阶段的儿童往往不能达到守恒，他们的思维具有几个特征。

第一，片面性，即考虑问题只将注意力集中在物体的另一个方面，而忽略其他方面，顾此失彼，造成对问题的错误解释。

第二，缺乏可逆性，集中注意事物的状态，而忽视事物的转化过程。儿童大概在7岁进入具体运算阶段，能够运用三种形式的诊断达到守恒：①同一性论断，如液体守恒实验中，儿童认为既没有增加又没有拿走水，因此它们是相等的；②互补性论断，如液体守恒实验中，儿童认为宽度的增加补偿了高度的下降；③可逆性论断，如液体守恒实验中，儿童认可将C杯中的水倒回原来的B杯中，因此是相同的。

4. 形式运算阶段(12~16岁)

儿童在11岁左右开始不再依靠具体事物来运算，而能对抽象的和表征的材料进行逻辑运算。皮亚杰认为，最高级的思维形式便是形式运算。形式运算的主要特征是儿童有能力将形式与内容分开，用运算符号来替代其他东西。

本阶段儿童的思维是以命题的形式进行的，能够发现命题之间的关系，能够根据逻辑推理、归纳或演绎的方式来解决问题，能够进行系统思维，思维具有灵活性，不再恪守规则。这个阶段正是初高中阶段，因此他们的认知发展有如下特点。

(1) 假设—演绎思维。进入形式运算阶段以后，儿童的认知能力趋于成熟，可以摆脱具体事物的内容而在纯形式水平上，依据一定的假设进行逻辑推理和命题运算，平常我们称之为科学推理。在假设—演绎的思维活动中，结论首先通过假设的方式而被预先接受，即结论在与现实接触之前，就以可能的方式存在了。在这里，可能性先于现实性。这样，儿童的思维就摆脱现实范围的束缚而大大扩展了。

例如，有"地球是平的"和"地球是圆的"两个命题，要儿童做出是非判断。处于形式运算前的儿童思维受具体事物或知觉资料的支配，他们所看到的地球是平面的，因而无法理解为什么地球是圆的。而一个形式运算阶段的儿童不受眼前具体事物的支配，可依据假设进行推理。他们可能会这样思考：如果地球是平的，那么太阳就不可能每天都从东方升起，在西边降落，只有是圆形的，才能解释这一现象。由这一假设演绎的过程，得出了地球是圆的这一结论。

(2) 抽象思维，指运用符号的思维。达到形式运算阶段的儿童可以解决如 $(a+b)^2 = a+2ab+b$ 这样的代数问题。

(3) 系统思维，指儿童在解决问题时，能分离出所有有关的变量和这些变量组合。

例如，提出问题，根据下列原料能列出多少种不同的食谱。

三种肉：猪肉、鸡肉、鱼肉；三种蔬菜：黄瓜、豆角、西红柿；三种主食：大米、小米、玉米。

形式运算阶段的儿童能系统地列出下列食谱：猪肉黄瓜大米；猪肉黄瓜小米；猪肉黄瓜玉米；猪肉豆角大米；猪肉豆角小米；猪肉豆角玉米……

可是，一个具体运算阶段的儿童却很少能这样系统地说出来，他可能列出一系列自己喜欢吃的食谱。

（三）皮亚杰认为影响儿童心理发展的基本因素

1. 成熟

成熟指机体的成长，特别是神经系统和内分泌系统的成熟。皮亚杰认为，成熟主要在于揭开新的可能性，它只是某些行为模式出现的必要条件，如何使可能性成为现实性，这有赖于个体的练习和经验。

2. 练习和经验

练习和经验指个体对物体做出动作的过程中练习和习得的经验(不同于社会经验)。皮亚杰把经验区分为物理经验和逻辑数理经验两种。物理经验指个体通过与物体打交道而获得的有关物体特性的经验，如物体的大小和重量等。逻辑数理经验不基于物体的物理特性，而基于施加在物体上的动作，是从动作及相互关系中抽象出来的经验。

3. 社会性经验

社会性经验指社会环境中人与人之间的相互作用和社会文化的传递。社会环境因素对个体的发展具有重要影响，但是社会环境因素不是发展的充分因素。与物理的经验一样，它们对主体的发展发挥作用必须建立在他们能被主体同化的基础上。

4. 平衡过程

皮亚杰认为，智力的本质是主体改变客体的结构性动作，是介于同化和顺应之间的一种平衡，是主体对环境的能动适应。实现平衡的内在机制和动力就是自我调节。

（四）皮亚杰认知发展理论的教育价值

1. 充分认识儿童不是"小大人"是教育获得成功的基本前提

从思维方面来说，成人考虑问题往往从多方面入手，且常常通过命题思维，而儿童则与之不同。儿童的思维只有发展到形式运算阶段才与成人一样，能够摆脱时间、空间的限制，可能通过纯粹的假设得出结论，而不仅仅从实际的观察中求得结论。从言语方面来说，成人的言语具有稳定性、社会性、逻辑性和交流性，而儿童就不完全如此。儿童只有发展到形式运算阶段，才逐渐像成人一样使用语言。从以上分析可以看出，儿童的确不是"小大人"。他们无论在思维上还是语言上，都与成人有质的差异。不仅如此，在儿童心理发展的不同时期，也有质的差异。因此，教育的主要目的就是要形成与儿童智力和道德相配的推理能力。

2. 遵循儿童的思维发展规律是教育取得成效的根本保证

儿童的思维发展经历了感知运动、前运算、具体运算和形式运算四个阶段，每个阶段都有其特定的优势和劣势。具体表现为：一方面，儿童具有完成一定的典型活动的能力；另一方面，儿童又具有犯一定典型错误的倾向。

儿童的智力发展不仅是渐进的，而且遵循一定的顺序，每个阶段之间是不可逾越、不可颠倒的，前一阶段总是后一阶段发展的条件。教育必须遵循这一规律，但是我们不能消极地等到儿童智力达到一定水平再进行教育，而是要先行一步，以加快儿童智力的发展。

二、维果斯基的认知发展理论

（一）维果斯基的文化历史发展理论

苏联心理学家维果斯基从历史唯物主义的观点出发，在20世纪30年代提出"文化历史发展理论"。"文化历史发展理论"是维果斯基心理发展观的核心，他认为心理的实质就是社会文化历史通过语言符号的中介而不断内化的结果。

维果斯基区分了两种心理机能：一种是作为动物进化结果的低级心理机能，另一种则是作为历史发展结果的高级心理机能，即以符号系统为中介的心理机能。高级心理机能是人类所特有的，它使得人类心理在本质上区别于动物。高级心理机能的实质以心理工具为中介，受社会历史发展规律的制约。

（二）最近发展区理论

维果斯基认为，心理发展是个体的心理自出生到成年，在环境与教育的影响下，在低级心理机能的基础上，逐渐向高级机能转化的过程。

为了更好地理解教育与发展的关系，这里介绍"最近发展区"。儿童现有水平与经过他人帮助可以达到的较高水平之间的差距，就是"最近发展区"。教学应着眼于学生的最近发展区，把潜在的发展水平变成现实的发展，并创造新的最近发展区。维果斯基主张教学应走在儿童现有发展水平的前面，教学可以促进发展。

教学的作用表现在两个方面：一方面，可以决定儿童发展的内容、水平、速度等；另一方面，可以创造最近发展区。因为儿童的两种水平之间的差距是动态的，它取决于教学如何帮助儿童掌握知识并促进其内化。

只要教学充分考虑儿童现有的发展水平，而且能根据儿童的最近发展区给儿童提出更高的发展要求，就能促进儿童的发展。

第三节 人格发展理论

人格也称个性，英文单词是personality。这个词源于希腊语persona，原来主要是指演员在舞台上戴的面具，类似于中国京剧中的脸谱，后来心理学借用这个术语用来说明：在人生的大舞台上，人也会根据社会角色的不同来换面具，这些面具就是人格的外在表现。面具后面还有一个实实在在的真我，即真实的人格，它可能和外在的面具截然不同。因此，人格有两个方面的含义：一是指一个人在人生舞台上所表现出来的种种言行，即遵从社会文化习俗的要求而做出的反应；二是指一个人由于某种原因不愿展现的人格成分，即面具后面的真实自我，这是人格的内在特征。

我国心理学界认为，每个人的行为、心理都有一些特征，这些特征的综合就是人格。黄希庭综合各家的定义后认为，人格是个体在行为上的内部倾向，它表现为个体适应环境时在能力、情绪、需要、动机、兴趣、态度、价值观、气质等方面的整合，是具有动力一致性和连续性的自我，是个体在社会化过程中形成的给人以特色的身心组织。

一、弗洛伊德的人格发展理论

（一）弗洛伊德的人格理论

弗洛伊德认为人格由本我(id)、自我(ego)和超我(superego)构成。

1. 本我

本我是人格结构中最原始的部分，从出生日起算即已存在。构成本我的成分是人类的基本需求，如饥、渴、性三者均属之。本我中之需求产生时，个体要求立即满足，故而从支配人性的原则来说，支配本我的是快乐原则。例如，婴儿每感饥饿时即要求立刻喂奶，决不考虑母亲有无困难。

2. 自我

自我是个体出生后，在现实环境中由本我中分化发展而产生。由本我而来的各种需求，如不能在现实中立即获得满足，他就必须迁就现实的限制，并学习如何在现实中获得需求的满足。从支配人性的原则看，支配自我的是现实原则。此外，自我介于本我与超我之间，对本我的冲动与超我的管制具有缓冲与调节的功能。

3. 超我

超我是人格结构中居于管制地位的最高部分，是由于个体在生活中接受社会文化道德规范的教养而逐渐形成的。超我有两个重要部分：一为自我理想，是要求自己的行为符合自己理想的标准；二为良心，是规定自己的行为免于犯错的限制。因此，超我是人格结构中的道德部分。从支配人性的原则看，支配超我的是完美原则。

（二）弗洛伊德的性心理发展期

人格发展的顺序依次分为五个时期，其中前三个时期以身体的部位命名。原因是六岁以前的个体，其本我中的基本需求是靠身体上的部位获得满足的。因此这些部位即称性感带区。

弗洛伊德的人格发展理论中，总离不开性的观念，所以他的发展分期解释被称为性心理发展期。

1. 口腔期(0~1岁)

原始欲力的满足，主要靠口腔部位的吸吮、咀嚼、吞咽等活动获得满足。婴儿的快乐也多得自口腔活动。此时期的口腔活动若受限制，可能会留下后遗性的不良影响。成人中有所谓的口腔性格,可能就是口腔期发展不顺利所致。在行为上表现贪吃、酗酒、吸烟、咬指甲等,甚至在性格上悲观、依赖、洁癖者,都被认为是口腔性格的特征。

2. 肛门期(1~3)

原始欲力的满足,主要靠大小便排泄时所生的刺激快感获得满足。此时期卫生习惯的训练,如管制过严,可能会留下后遗性的不良影响。成人中有所谓的肛门性格者,在行为上表现冷酷、顽固、刚复、吝啬等,可能就是肛门性格的特征。

3. 性器期(3~6岁)

原始欲力的需求,主要靠性器官的部位获得满足。此时幼儿喜欢触摸自己的性器官,在性质上已算是"手淫"的开始。幼儿在此时期已能辨识男女性别,并以父母中之异性者为"性爱"的对象。于是出现了男童以父亲为竞争对手而爱母亲的现象,这现象称为恋母情结;同理女童以母亲为竞争对手而爱恋父亲的现象,则称为恋父情结。

4. 潜伏期(7岁至青春期)

七岁以后的儿童,兴趣扩大,由对自己的身体和父母感情,转变到周围的事物,故而从原始的欲力来看,呈现出潜伏状态。此时期的男女儿童之间,在情感上较前疏远,团体性活动多呈男女分离趋势。

5. 两性期(青春期以后)

此时期开始时间,男生约在13岁,女生约在12岁。此时期个体性器官成熟,生理上与心理上的差异开始显著。自此以后,性的需求转向相似年龄的异性,开始有了两性生活的理想,有了婚姻家庭的意识,至此,性心理的发展日臻成熟。

二、埃里克森的人格发展理论

埃里克森认为儿童人格的发展是一个逐渐形成的过程,它必须经历一系列顺序不变的阶段,每个阶段都有一个由生物学的成熟与社会文化环境、社会期望之间的冲突和矛盾所决定的发展危机,每个危机都涉及一个积极的选择与一个潜在的消极选择之间的冲突。

如果个体能够成功合理地解决每个阶段的危机和冲突,就会形成积极的人格特征,有助于健全人格的发展;反之,危机得不到解决或解决得不合理,个体就会形成消极的人格特征,导致人格向不健全的方向发展。

(一)危机与冲突

埃里克森认为人格发展的每个阶段都由一对冲突或两极对立组成,形成一种危机。他所指的危机不是指一种灾难,而是指发展中的一个重要转折点。危机得到积极解决,自我就会增强,人格就会得到健全发展,有利于个人对环境的适应;危机得不到解决,自我力量就会削弱,人格就会不健全,阻碍个人对环境的适应。前一阶段中的危机得到积极解决,会增大后一阶段危机解决的可能性。埃里克森不强调性的本能,而是把重点放在个体的社会经验上。他的阶段论被称为"心理社会发展阶段论",以区别于弗洛伊德的心理欲的发展阶段理论。

(二)埃里克森的人格发展阶段理论

埃里克森认为,人格是在人的一生中不断发展的,这是埃里克森理论中的重要部分。他认为人从出生到死亡一共经历八个阶段。他认为,这八个阶段的先后顺序不变,普遍存在于不同文化中,这是遗传因素决定的,但每个阶段能否顺利地度过,是由社会环境决定的。在不同文化的社会中,各个阶段出现的时间不尽一致。

1. 婴儿期(0~2岁)

此阶段的发展任务是获得信任感,克服不信任感。

埃里克森认为,这个阶段的儿童最为软弱,非常需要成人的照料,对成人的依赖性很大。如果护理人(父母等)能够爱抚儿童,并有规律地照料他们,满足他们的基本需要,婴儿就会对周围的人产生一种基本的信任感,认为世界是美好的,人是充满爱的,是可以接近的。这是人格发展中的第一个转折点,埃里克森把它叫作"精神生活的根本前提"。埃里克森在《同一性:青春期与危机》一书中写道:基本信任感是对自己世界的一般态度,对他人的根本信任感,以及对自己的基本可信赖感。相反,如果儿童的基本需要没有得到满足,他就会产生不信任感与不安全感,在以后的一生中都会对他人表现出疏远和退缩,不相信自己,也不相信别人。

2. 儿童早期(2~4岁)

此阶段的发展任务是获得自主感,克服怀疑与羞怯感。

这个时期是人生第一个反抗期。父母养育儿童的时候要根据社会的要求,对儿童的行为有一定的导向和限制,但又要给他们一定的自由,不能伤害他们的自主性,必须理智、耐心。对子女过分严厉、限制、惩罚、批评过多或过度保护都会阻碍这个年龄阶段儿童的自主性发展。如果不允许儿童探索,他们就不能获得个人控制感,不知道如何对外界施加影响,从而会感到羞怯,并对自己的能力产生疑虑。

这一阶段的危机如果得到积极解决,儿童的自主性就会超过羞怯和疑虑,他们就会形成一种良好的品质,即意志品质。意志坚强的儿童目的明确,会努力克服困难,取得成功;羞怯和疑虑的儿童则依赖性很强,缺乏果断性,对自己的能力缺乏自信,而这些正是激烈竞争中取得成功的消极因素。

3. 学前期(4~7岁)

此阶段的发展任务是获得主动感,克服内疚感。

这个阶段儿童的主要任务是发展主动性,这是他们形成主动性的关键时期。通过前面两个阶段的发展,儿童已懂得他们是人,随着身心的进一步发展,他们开始探索自己是什么样的人和应该成为什么样的人,探索什么是允许的,什么是不允许的。如果父母肯定和鼓励儿童的主动行为和想象,那么儿童的主动性就会得到发展;如果父母经常否定儿童的主动行为和想象，儿童就会缺乏主动性，总是依赖别人，并且感到内疚，生活在别人为他安排的狭隘圈子里。

这一阶段的危机如果得到积极解决，儿童的主动性就会超过内疚，他们就会形成一种良好的品质，即目的品质。

4. 学龄期(7~12岁)

此阶段的发展任务是获得勤奋感，克服自卑感。

这个阶段的儿童大多在上小学，不仅接受父母的影响，还接受教师和同学的影响，学习是他们的主要活动。

这个阶段的危机如果得到积极解决，儿童的勤奋就会超过自卑，形成一种良好的品质，即能力品质。能力就是不会为儿童期的自卑所损害，在完成任务中能自如运用自己的聪明才智。

小学生处于勤奋的阶段，主要任务是培养勤奋感，克服自卑感。许多人对工作和学习的态度习惯可以追溯到本阶段的勤奋感。

5. 青春期(12~18岁)

此阶段的发展任务是建立自我同一感，防止同一感混乱。

自我同一感是一种关于自己是谁，在社会上应占什么样的地位，将来准备成为什么样的人，以及怎样努力成为理想中的人等一系列的感觉。

同一性并不是在青春期才出现的。儿童在学前期已形成各种同一性，但是进入青春期后，早期形成的同一性已不能应付眼前必须做出的种种选择和决断。因为进入青春期后，儿童身体迅速发展，性成熟的开始及新的指向未来的思维能力的出现，加之即将面临的种种社会义务和种种选择，如异性朋友、职业理想等，使儿童对原已形成的自我同一性发生怀疑。此时儿童迫切要求了解自我，以形成一个真正独立的自我。

自我同一性对发展儿童健康人格十分重要，它的形成标志着儿童期的结束和成年期的开始。如果儿童在前几个阶段中形成了积极的人格品质(如信任感、自主感、主动感、勤奋感)，那么他解决同一性危机的机会就较多；反之，同一性危机将持续到其人生发展的后继生活之中。

【心理测试2-1】

青少年自我同一性状态问卷

指导语：仔细阅读下面每句话，注意对整句话而不是句子的某一部分做出判断。1~6表示句子的描述在多大程度上符合你的情况，请如实做出回答。

非常不符合	比较不符合	有点不符合	有点符合	比较符合	非常符合
1	2	3	4	5	6

1. 我还没有决定自己真正想从事的职业，有什么工作就先做什么，等有了更好的再说。
2. 我不关注信仰问题，我觉得人在做事情时也不需要考虑信仰。

3. 在男性和女性的角色方面,我与父母的看法一致,他们赞成的我也赞成。

4. 没有哪一种生活方式比其他生活方式更加吸引我(如以学习为重还是以休闲生活为重)。

5. 世上人有很多种,我尽可能地寻找那些适合做我朋友的人。

6. 我有时会在别人的邀请下参加一些娱乐活动,但很少主动尝试。

7. 我还没有真正考虑过"约会方式"问题,我也没有好好想过我是否该谈恋爱。

8. 我真的认为政治立场和信仰很重要。

9. 我一直在试图评价我的个人能力如何,我适合做什么样的工作。

10. 对于信仰问题我没做多少思考,我也不会因此而烦恼。

11. 婚姻中划分夫妻双方责任的方式有许多种,我正试图确定哪一种最适合我。

12. 我正在寻找一种适合自己的生活方式,但目前没有找到。

13. 确立友谊关系的原则有很多,我是根据价值观和彼此间的相似性来选择朋友的。

14. 没有一种娱乐活动让我特别投入,我喜欢参加多种娱乐活动,以便从中找出自己最喜欢的。

15. 根据以往的经历,现在我已明确了我喜欢的约会关系类型(如约会频率和方式)。

16. 我还没有真正考虑过政治方面的问题,这类问题不会让我非常激动。

17. 我原来可能想过将来从事什么职业的问题,但自从父母说出他们的期望之后,对此我就再也没有任何疑问了。

18. 每个人都应该有属于他的信仰,我已经反复考虑过这个问题,知道我该信仰什么。

19. 我从来没有认真考虑过在婚姻中男性和女性的角色问题,这似乎与我无关。

20. 经过深思熟虑之后,我对于理想的"生活方式"已经形成自己的观点,并且我认为没有人能改变我的看法。

21. 在选择朋友方面,父母知道什么样的人适合做我的朋友,我也会接纳父母的意见。

22. 我已经从许多娱乐活动中选出了自己定期参加的一两种活动,并且对自己的选择很满意。

23. 对于恋爱,我没有考虑很多,只想顺其自然。

24. 对于社会政策方面的问题(如教育收费与医疗制度改革),我与家人的观点非常相似。

25. 我不特别在意能否找到合适的工作,什么工作都可以,能找到什么工作我就做什么。

26. 我不知道信仰对我来说有何意义,我想知道但是还没确定。

27. 我对于男性和女性角色的看法完全来自父母和家庭,我觉得对此无须再做更多的思考。

28. 父母告诉我什么样的生活方式适合我,对此我不需要怀疑。

29. 我没有一个真正的好朋友,我认为现在也不需要结交这样的朋友。

30. 我偶尔也参加各种娱乐活动,但我觉得没必要确定一项定期参加的活动。

31. 我正在寻找一种适合我的约会方式,但至今还没有确定。

32. 对出现的社会问题,我必须充分了解它们之后才能决定自己的立场。

33. 我花了一些时间来解决自己的职业选择问题，现在我已明确知道自己想从事什么职业。

34. 直到如今，信仰问题仍令我困惑，我还没弄清楚哪种信仰适合我。

35. 我花了一些时间思考男性和女性在婚姻中的角色问题，并已想好哪种角色分工最适合我。

36. 在人生观问题上，我经常与人讨论并寻找一种适合自己的人生观。

37. 我只与父母赞赏的那些人交朋友。

38. 我总是参加与父母相同的娱乐活动，从没认真考虑过其他的娱乐方式。

39. 我只与父母喜欢的那种人谈恋爱。

40. 我已经仔细考虑过自己的政治观念，发现我与父母的观点有些是相同的，有些是不同的。

41. 父母早就决定了我应当从事什么工作，现在我正遵从父母的意愿行事。

42. 在对有关信仰的重要问题思考过一段时间之后，我已明确自己该信仰什么。

43. 这段时间我在思考夫妻在家庭中的角色分工问题，并努力做出最后的决定。

44. 我认为父母对于生活的看法非常适合我，不需要再考虑其他的观点。

45. 我与他人建立了各种友谊关系，很清楚自己要找什么样的朋友。

46. 在参加过许多种娱乐活动之后，我已找到一种(或几种)自己真正喜欢的活动。

47. 目前我仍在探索自己适合跟什么样的人谈恋爱，但还没有完全决定下来。

48. 我的政治观念还没有确定，但我正设法弄清楚自己的立场是什么。

49. 我花了很长时间来决定自己该从事的职业，现在我已明确自己的职业方向。

50. 我与父母有相同的信仰，对此我从未考虑过为什么。

51. 夫妻分担家庭责任的方式有很多，对此我有过很多思考，并清楚自己将来该怎么做。

52. 我想我的生活只要过得一般就行了，并不想遵循一种特定的人生观去生活。

53. 我没有亲密朋友，只喜欢与人们在一起消磨时间。

54. 我参与各种娱乐活动，希望能找到自己真正喜欢并能坚持参加的一种(或几种)活动。

55. 我曾与不同类型的异性交往，我有明确的标准，知道该与什么样的人谈恋爱。

56. 我对政治方面的问题了解不多，还没有形成一种确定的政治立场。

57. 我不能确定应从事什么职业，因为可选择的太多了。

58. 我认为只要适合父母的信仰一定也适合我，我从未怀疑过自己的信仰。

59. 关于男性和女性角色的观点有多种多样，对此我没做多少思考。

60. 经过反复的思考，我已对自己将来的生活方式有了明确的认识。

61. 我不知道什么样的朋友最适合我，现在我正努力弄明白友谊对我的真正意义。

62. 我所有的娱乐爱好都受父母影响，我还没有真正尝试过其他的娱乐活动。

63. 我只与父母会赞同我们谈恋爱的人约会。

64. 父母对于"婚前性行为""同性恋"等问题都有自己的看法，我接受和赞同他们的观点。

维度说明

问卷各维度所包括的题目：

意识扩散 IDDIF=1+2+4+10+16+25+52+56

意识早闭 IDFOR=17+24+28+41+44+50+58+64

意识延缓 IDMOR=9+12+26+32+34+36+48+57

意识获得 IDACH=8+18+20+33+40+42+49+60

人际扩散 INDIF=6+7+19+23+29+30+53+59

人际早闭 INFOR=3+21+27+37+38+39+62+63

人际延缓 INMOR=5+11+14+31+43+47+54+61

人际获得 INACH=13+15+22+35+45+46+51+55

总体获得＝意识获得＋人际获得

总体延缓＝意识延缓＋人际延缓

总体早闭＝意识早闭＋人际早闭

总体扩散＝意识扩散＋人际扩散

计分方式

通过该问卷可获得个体在四种同一性状态的得分，也能根据被试者在四种状态的得分情况划分个体目前所处的同一性状态。

在意识形态领域、人际关系领域或总体领域先分别划分16种状态，再将16种状态归入4种同一性状态。Bennion & Adams(1986)制定了划分个体所处的自我同一性状态的标准，以每种同一性状态分量表的平均数以上一个标准差处为"划分点"(M+SD)，应用以下三条规则划分个体所处的同一性状态。

○ 若个体在某一分量表上的得分高于划分点，而在其余分量表上的得分均低于划分点，则个体属于某种纯粹的同一性状态。

○ 若个体在四个同一性状态分量表上的得分均低于划分点，则个体处于未分化的延缓状态。

○ 若个体在一个以上分量表的得分都高于相应划分点，则个体处于转变状态。

6. 成人早期(18~25岁)

恋爱与婚姻是这一阶段的主要特征，所以发展任务是获得亲密感，避免孤立感，体现出爱情的实现，积极的成果是亲爱。

这一阶段的危机如果得到积极解决，个体的亲密感会超过孤独感，从而形成一种良好品质，即爱的品质。埃里克森指出，爱是一种因永远抑制由遗传导致的对立而永久的相互献身精神。

7. 成年中期(25~65岁)

这一阶段主要通过生儿育女获得生殖感而避免停滞感，体现出关怀的实现，积极的成果是关怀后代。

成年人已经建立家庭和自己的事业，有的人已成为父母。如果形成了积极的自我同一性，成人会通过对自己孩子的教育，丰富自己的生活，感受生活的乐趣。也有些父母，很少从教育孩子中获得快乐，而是感到厌烦，对生活不满。

这一阶段的危机如果得到积极解决，个体的繁殖就会超过停滞，从而形成一种良好的品质，即关心品质。具有这种品质的人，能自觉自愿地关心、爱护他人。

8. 成年晚期(65岁以后直至死亡)

这一阶段大约从65岁开始，直至生命结束，属成年晚期。在体验了人生的众多喜怒哀乐后，这一阶段主要为获得综合的完善感，避免对自己的失望和厌恶感，体现出智慧的实现，积极的成果为体验完成人生的使命感。

这个阶段相当于老年期，一生的主要工作差不多已经完成，容易回忆往事。前面七个阶段都能顺利度过的人，具有充实、幸福的生活，对社会有所贡献，具有充实感和完善感，会怀着充实的感情向人间告别。这种人不惧怕死亡，在回忆过去的一生时，自我是整合的。而生活中有过挫折的人回忆过去时，经常体验到绝望，因为他们的主要生活目标尚未达到，过去只是一连贯的不幸。他们感到自己的人生已快终结，再开始已经太晚。他们不愿匆匆离开人间，对死亡没有理想准备。

这一阶段的危机如果得到积极解决，个体的自我整合会超过绝望，从而形成一种良好的品质，即明智品质。明智是以超然的态度来对待生活和死亡。

【案例导读解析】

案例3中的学生的表现与他们所处的年龄阶段有关，按照皮亚杰的认知发展理论，这个年龄段的孩子具有"自我中心"的特点，见不得别人比自己优秀，即妒忌心强。而对出众的学生，他们表现出排挤的态度。这种环境(同学之间关系)给孩子的影响是比较大的，以至于他不愿承认自己有擅长的地方。如果我是老师，我会私下鼓励小丽，或是帮她发表。嫉妒通常发生在小的差距人之间，大的或是悬殊的差距往往会变成美慕。同时，我还会对孩子们加以引导，因为孩子是具有可塑性的。

三个案例中依次讲了心理发展的不同阶段，不同阶段有不同的特征。

小结

关于个体心理发展的理论，不同学派有不同的观点，真可谓是"横看成岭侧成峰，远近高低各不同"。认知发展理论的核心是皮亚杰的"发生认识论"，主要研究人类的认识(认知、智力、思维、心理的发生和结构)，具体而言，包括发展的实质和原因、发展的因素与结构、发展的阶段。这对于教育者们来说有很大的启发性。弗洛伊德和埃里克森的心理发展理论为学者们研究个体心理健康问题提供了重要的理论依据。我们应了解学生的心理发展特点，熟悉不同学者的认知发展理论，学会运用"最近发展区"理论因材施教。

巩固与操作

一、思考题

1. 个体心理的发展的内容是什么？
2. 学习准备的内容是什么？
3. 图式、同化、顺应的概念是什么？
4. 皮亚杰的认知发展阶段理论的主要内容有哪些？
5. 最近发展区的主要内容是什么？
6. 弗洛伊德的性心理发展期的主要内容是什么？
7. 埃里克森的人格发展阶段理论的主要内容是什么？

二、操作题

1. 结合所见所闻，谈谈学龄期阶段的危机如果得到积极解决，儿童会有什么样的表现？
2. 结合所见所闻，谈谈成人早期亲密感危机情况下会出现什么样的问题？

拓展阅读

1. 姜淑梅.教育心理学[M].长春：吉林大学出版社，2011.
2. 林崇德.发展心理学[M].3版.北京：人民教育出版社，2023.
3. 罗伯特•费尔德曼著.发展心理学——人的毕生发展[M].6版.苏彦捷，邹丹，等译.北京：中国轻工业出版社，2023.
4. 朱秀婷.漫画儿童心理[M].北京：应急管理出版社，2022.
5. 西格蒙德•弗洛伊德著.弗洛伊德论抑郁[M].宋文里译.浙江：浙江文艺出版社，2022.
6. 陈琦，刘儒德.当代教育心理学[M].北京：北京师范大学出版社，2007.
7. 皮连生.学与教的心理学[M].3版.上海：华东师范大学出版社，2003.
8. 桑标.当代儿童发展心理学[M].上海：上海教育出版社，2003.

第三章

心理辅导的理论基础

▶ 内容提要

本章主要阐述了精神分析、行为主义、人本主义、认知主义、后现代主义五大学派理论及其疗法的运用。本章首先从各派的代表人物及其理论观点入手，然后重点介绍了各个学派的疗法在心理咨询与辅导中的运用，最后阐明了每种疗法对心理咨询与辅导的贡献及其局限。

▶ 学习目标

(一) 认知目标
1. 了解各学派心理咨询与辅导的基本理论。
2. 熟悉各学派在心理咨询与辅导中使用的方法和技术。
3. 了解各学派理论的优缺点。
(二) 情感目标
1. 了解成为有效的心理辅导员所必须具备的理论素养。
2. 理解心理辅导的基本理论对心理辅导技术支撑的重要性。
(三) 能力目标
1. 培养运用各学派理论解决实际生活中的问题的能力。
2. 培养创造性使用各学派的理论观点、方法与技术的能力。

【案例导读】

抑郁症到底该用哪种理论来治疗

小林是某高中学生，最近总是高兴不起来，郁郁寡欢，对生活、学习完全提不起兴趣，食欲减退，体重减轻，有睡眠障碍，甚至还透露出轻生的念头。小林的母亲非常担心，于是向学校心理咨询中心的老师求助。老师经过了解诊断，认为小林有抑郁症的倾向，决定采用认知疗法进行治疗与干预。母亲不放心，又带小林去某心理咨询公司咨询，结果同样诊断为抑郁症，但心理咨询师认为采用精神分析的方法更妥当。家人认为还是去医院更加放心，遂又前往医院就诊，医生同样诊断为抑郁症，但认为应当采用药物治疗与行为治疗相结合的方法进行治疗。这下家人更加纳闷了，为什么诊断结果都是抑郁症，但治疗的方法各不相同？

以上案例是心理辅导工作中经常遇到的案例，来访者被诊断为患有同一种的疾病，但不同的咨询师给出了不同的方法来治疗。那么，做好中学生心理辅导工作到底该依据哪些理论呢？这些理论有哪些优缺点？怎样在实践中恰当地运用各种理论？本章将讲述如何利用各种心理辅导理论和技术处理心理问题。

第一节 精神分析学派的心理咨询与治疗理论

"精神分析"(psychoanalysis)又称"心理分析"，是现代心理咨询与治疗的奠基石，对心理学领域的影响巨大。此理论是由奥地利精神医学家西格蒙德·弗洛伊德(Sigmund Freud，1856—1939)(见图3-1)于19世纪末所开创的一种特殊心理治疗方法。此方法以潜意识的理论为基点，通过分析、了解来访者潜在意识的欲望和动机，认识对挫折、冲突或应激的反应方式，体会病理与症状的心理意义，并经咨询师的启发，使来访者获得对问题的领悟。经过长期的治疗，运用来访者与咨询师所产生的转移关系，来改善来访者的人际关系，调整其心理结构，化解内心的情感症结，从而促进其人格的成熟，提高其适应能力。

图3-1 经典精神分析的创始人弗洛伊德

一、精神分析的基本理论简介

（一）意识与潜意识理论

无意识概念出现于弗洛伊德的心理定位模型。在这个模型中，人的精神结构被分为意识、前意识和潜意识3部分，潜意识和前意识组成了人的无意识。

弗洛伊德认为，意识只不过是心理极其微小的一部分，是被我们所察觉的一部分，而精神活动的大部分，也就是最深层次的部分都存在于意识之下，即潜意识。如同浮在水面上的冰山，露在水平面上的冰山一角是意识，而大部分心理功能都处于潜意识领域，就像冰山的大部分都隐没在水平面之下一样(见图3-2)。潜意识指在意识水平之下的所有心理现象，包括个人无法接受的原始冲动、本能欲望，还包括一些无法实现的需要和动机。因此，潜意识被视为原始愿望和冲动的存储库。这些心理功能在潜意识中不能被个体觉察，但是它对我们的一切行为都产生了影响。弗洛伊德认为，没有任何自由意志的行为，有些行为表面上好像出自我们的意识和自由意志，但实际上都受潜意识力量的驱使，它们只不过是潜意识过程的外部标志。有意识的心理现象往往是虚假的、表面的和象征性的，它们的真面目、真实原因和真正动机隐藏在内心深处的潜意识之中。在意识和潜意识之间是前意识区域，意识和前意识虽有区别，但二者没有不可逾越的鸿沟，前意识的东西可以通过回忆进入意识中来，而意识中的东西当没有被注意时，也可以转入前意识中。理解这一结构模型是理解弗洛伊德理论的重要起点。

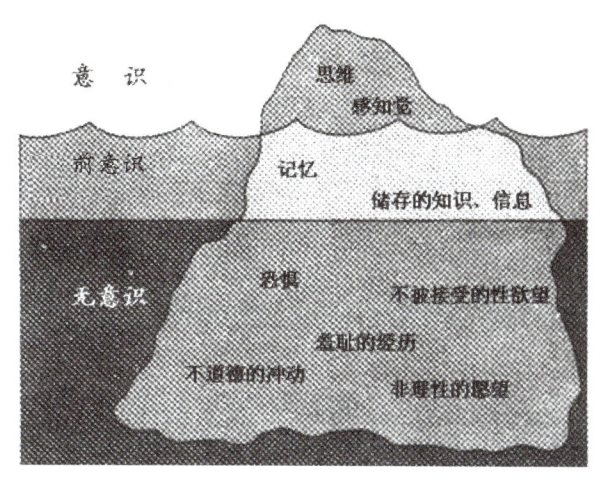

图 3-2 弗洛伊德的心理冰山模型

（二）焦虑和自我防御机制

1. 焦虑

焦虑(anxiety)是精神分析理论中的关键概念之一。焦虑是一种由紧张、不安、焦急、忧虑、惊恐等感受交织在一起的情绪体验。它是由人格不适应状态引起的痛苦的情绪体验，是自我对待现实、本我和超我三者的软弱状态。

焦虑可以分为现实焦虑、神经质焦虑和道德焦虑。现实焦虑(reality anxiety)是由外界环境中真实、客观的危险引起的情绪体验。神经质焦虑(neurotic anxiety)是指个体由于惧怕自己的本能冲动会导致他受到惩罚时所产生的情绪体验。神经质焦虑往往由现实焦虑发展而来。道德焦虑(moral anxiety)是指当个体的行为违背了超我的价值时，引起内疚感的情绪体验，即良心的谴责。它主要通过内疚、罪恶感或羞耻感来表达。

2. 自我防御机制

弗洛伊德认为，既然焦虑是相当痛苦的情绪体验，那就必须降低和防止焦虑。为了减轻焦虑，自我就得发展出一套用来欺瞒超我的防卫机制，即自我防御机制。它可以采取一些歪曲现实的方法保护个体，帮助个体不受焦虑的侵袭，让本我得到最大程度的满足，以保持自己的心理平衡，我们称自我这一特殊的功能为"自我防御机制"(ego defense mechanisms)，即个体在无意识的驱动下，采用某种方法或手段，转变自己对现实状态的分析，或改变与现实的关系，避免心理上受到痛苦和挫折感。这是一种健康的正常现象，可以帮助我们缓解心理压力和焦虑，避免冲突的加深。但需要注意的是，防御机制毕竟歪曲了现实，而且是在无意识状态下进行的，过度使用则会成为不健康的特征。

【知识链接 3-1】

常见的防御机制

1. 压抑

压抑(repression)是自我防御的核心和基础，即把不能接受的或痛苦的思想和情感从意识领域中排除出去。压抑不仅仅只是选择性地遗忘不愉快的经验，它也可以阻止潜意识的东西进入意识。例如，弗洛伊德认为，很多个体五六岁以前的痛苦记忆都被压抑起来，但这些事情依然会影响他以后的行为。

2. 否认

否认(denial)，即不承认客观现实，扭曲个体对现实的认知，与压抑相类似，但它是在前意识和意识的层次上进行的。例如，一些人对危险的现实情境视而不见或对自己身患绝症予以否认。

3. 反向作用

反向作用(reaction formation)是指个体努力表现出与自己真实情感或想法相对立的行为。人们常常用亲近行为来掩饰憎恨，如笑里藏刀；用冷酷的面具掩饰爱意，如恨铁不成钢。又如，刚进入青春期的少男少女们常表现出一种对抗和敌意，实际上这是为了缓解无意识中对异性的好感和倾慕。

4. 投射

投射(projection)是一种把自己无法接受的欲望或冲动归于他人的防御机制，把自己的不良品质和行为看作别人的，甚至会借此来责怪他人，而那实际上却是他自己本身的想法或者过错。例如，一个丈夫可能坚信妻子不爱他了，但事实上在无意识中他早已不爱他的妻子；一个人如果恨别人，就会被他转换成"别人恨我"；一个吝啬的人会指责世界上的人都是小气鬼；一个学生如果考试作弊，就会认定别人也都作弊而感到心安理得。这是一种相当常见的防御机制。

5. 转移或替代

转移(displacement)或替代(substitution)是一种处理焦虑的方式，把得不到目标物时的冲动宣泄到别的人或事情上。我们常见到某男人在公司被老板训斥后，回到家拿老婆和孩子当出气筒，找"替罪羊"。有时候能量的转移也可以指向自己本身，这时就会出现抑郁或自我轻视的思想和行为。例如，一个人受到上级责备后，就打自己耳光或骂自己不中用等。

6. 退化

退化(regression)是当个体遇到某个重大的问题而不能解决时，他的行为举止往往会退回那个能使他感到相对熟悉和安全的发展阶段。只不过这种退缩的作用是相对的，并非他的所有行为都会回到先前那个发展阶段，只是部分行为退回而已。在弗洛伊德的著作中，常常提到病人的行为回到了儿童时期的特点。因此，"幼稚症"的含义即自我防御机能中的退缩。一个人在遭受到事业上的严重打击之后，如果他在儿童时期曾有过度依赖的行为特征，此时他就很可能再度变成像小时候的依赖模样，这就是自我防御机能中的退化。

7. 合理化

合理化(rationalization)是指用一种自我能接受、超我能宽恕的理由来代替自己行为的真实动机或理由。失败或者缺少能力等，会对某些人的心理平衡带来很大的冲击，造成强烈的威胁。因此，人们往往不直接承认自己在某方面的失败，而是会寻找有道理的解释。这样的防御机制称作合理化。合理化是指有部分真实的影子但又不完全正确的解释，它能使人的心理重新获得平衡或挽回面子，保全自尊。合理化作用可分为两种：一是酸葡萄机制，指希望达到某种目的而未能达到时便否认该目的的价值和意义，如"吃不到的葡萄就是酸葡萄"即为典型的合理化解释；二是甜柠檬机制，指因为达到了预定目的，便苟且偷安，抬高现状的价值，如狐狸吃不着葡萄，只好吃柠檬，便认为柠檬是甜的。

8. 升华

升华(sublimation)是指人们将具有威胁性的潜意识冲动转化成可被接受的社会性行为的过程。弗洛伊德认为，升华是唯一正向积极的防御机制。例如，参与某些具有攻击性的运动，如拳击、橄榄球等，就使得潜在的攻击冲动以社会可以接受甚至鼓励的方式宣泄出来。当人们越经常地使用升华，就会越有创造力。因为这些行为是会受到赞赏的，而且需要具有创造力。

二、精神分析疗法的运用

（一）精神分析的经典疗法

1. 自由联想

自由联想的基本要求是让来访者很舒适地躺着或坐好，把进入头脑中的感觉或想法不加审查地如实报告出来，不论它们是如何微不足道、荒诞不经甚至违背道义等。弗洛伊德认为，浮现在脑海中的任何想法或事物都不是无缘无故的，都是有一定因果关系的，有其动力学意义，因此可以从中找到来访者无意识中的矛盾冲突，把它带到意识中来，使来访者有所领悟，重新建立现实型的健康心理。

在使用自由联想技术时，要以来访者为主，咨询师要鼓励来访者把自己想到的一切都说出来，让其把想法尽量无阻碍地通过自我的严格监控，咨询师不要随意打断来访者的谈话，保证为来访者保守秘密，必要时可以适当引导。运用自由联想技术，常常会导致来访者对过去一些经历的回忆，而咨询师可以通过联想的顺序来理解来访者是怎样把各个时间联系起来的，从而对来访者所报告的材料加以分析和解释，直到从中找出来访者无意识之中的矛盾冲突，即病的起因为止。

【实务训练3-1】

集中性自由联想

下面的练习将有助于你理解和应用本章所述的内容和概念。此外，该练习不仅适用于心理动力学治疗实践，而且适用于与其他理论取向的联合治疗。在练习前，请注意以下每个步骤的要点。

(1) 现在，请将注意力集中在你目前遇到的问题上，仔细想想。然后将你的问题具体化——思考该问题时，有何所见所闻，尤其是所获。进行该练习时，尽可能使你置身于"此时此刻"。

(2) 对于该问题，你产生了何种情绪？现在，将注意力集中到你的情绪上，找出相应躯体感觉的准确部位，然后将注意力集中在这些部位上。

(3) 任由你的思绪飘回与该情绪相关联的早年生活时光——越早越好。进入脑海的是什么？也许会出现情绪的视觉画面或片段，也可能会记起一个特定的场景。任由自己重新体验这些熟悉的想法与情感。当来访者运用该技术时，注意不要对其施加特别的暗示。那完全应该是来访者的联想，而非你的。

(4) 你目前的问题与过去有何联系？过去与现在有何相似之处？过去与现在之间的联系对于你理解目前问题是否有新的启示？

(5) 想一想你的性别、家庭、文化、民族特征。这些因素与你的体验有何联系？自由联想常常只关注个人因素。如果你让来访者自由联想性别、家庭或文化问题，那就说明你已经跨出了一大步，能将心理动力学理论应用于多元文化背景了。

2. 释梦

弗洛伊德认为，梦与无意识有密切的联系，通过对梦的分析，能够打开一条通向潜意识的道路。他认为，梦是一种被压抑的欲望的象征性满足。因此，研究梦和梦的内容，为我们了解无意识打开了一扇重要的窗户。人们在睡梦中，身体放松，意识模糊，自我控制力减弱，潜意识的欲望趁机表现出来，所以，梦境为本我冲动提供了表演的舞台，成为愿望满足的一种方式。弗洛伊德认为，梦并非无中生有，许多梦的内容与被压抑的无意识内容有某种联系，但由于人的精神处于一定的自我防御状态，这些无意识当中的愿望要通过化妆变形后才能进入意识成为梦。因此，弗洛伊德认为梦是一种愿望的达成，通过分析梦最终能找到来访者被压抑的欲望。他认为在梦中所出现的几乎所有的物体都具有象征性。

分析梦就是要通过象征化、移植、凝缩、投射、变形等方法，把原本杂乱无章的东西加工整合为梦境，这就是梦者能回忆起来的显梦。显梦的潜意识含义就是隐梦，隐梦的思想要经过精神分析家的分析和解释才能被梦者了解。对梦的解释和分析就是要把显梦的重重化妆层层揭开，由显象寻求其隐义。在这种方法中，咨询师可以让来访者对梦的表现内容的某些方面进行自由联想，由此揭示潜在内容。

3. 阻抗分析

阻抗又称抗拒作用，是指来访者有意识或无意识地回避某些敏感话题，从而有意无意地使咨询与辅导的重心偏移。有意识的阻抗可能是由于来访者对咨询师不信任或者担心自己说错话而造成的,这种情况经咨询师说服即可消除。无意识的阻抗则表现为对治疗的阻抗,而来访者自己则并不能意识到,也不会承认,来访者往往口头上表示迫切希望早日完成辅导活动,但行动上并不积极热心。例如,来访者可能表现为不愿更改其某种行为,即使这种行为给他带来了很大的痛苦。咨询师此时需要与来访者一起面对这个问题,帮助其了解阻抗的原因。一般来讲,咨询师可以指出并且解释最明显的阻抗,以此减少抗拒。

阻抗产生的根源是潜意识里有阻止被压抑的心理冲突重新进入意识的倾向。当自由联想的谈话接近这些潜意识的重要事实时,潜意识的抗拒就发生了作用,真实的表述就被阻止了,因此,阻抗的发生恰恰是来访者症结之所在。我们还可以把阻抗理解为日常生活中常见的防御机制,是为了抵抗焦虑的需要,而不是阻碍人们对外界的接受,所以咨询师必须尊重来访者的阻抗,并用心理治疗的方式帮助其解决这种防御。从某种程度上说,阻抗可能是了解来访者最有价值的工具之一。

4. 移情分析

在长时间的精神分析疗法中,来访者逐渐变得不太注意自己的症状,却对咨询师本人产生了特殊的兴趣,他们会把对自己父母、亲人等重要相关人物的感情和情绪的依恋关系转移到咨询师身上,即把早期对别人的感情转移到咨询师身上,把他们当成自己的父母、亲人、恋人等,这就是移情。

移情可以分为阳性移情和阴性移情两种形式。阳性移情也称为正移情,是指来访者对咨询师产生爱慕之情并希望从他身上得到爱恋的情感上的满足。例如,"说不上来为什么,我就是喜欢他,他就是我要的那种人"。阴性移情也叫负移情,指来访者感到咨询师不公正、冷酷、可恨。例如,"不知道为什么,我就是很讨厌他,恨他(指向于咨询师)"。移情并不是对咨询师产生的爱恋或恐惧。移情是来访者无意识阻抗的一种特殊形式,表示来访者的力比多离开原来的症状而向外投射给咨询师。咨询师通过移情可以了解来访者对其亲人或他人的情绪反应,引导他讲出痛苦的经历,揭示移情的内隐意义。

移情是精神分析疗法中的重要组成部分,来访者经过移情,将原来被压抑但并未消失的负面情绪在没有危险的情况下表达出来,消除原有的紧张焦虑。精神分析疗法认为,没有移情就没有治疗。但是,对于咨询师的职业道德来说,要切忌接受来访者的移情于现实生活中。

5. 解释

解释是精神分析疗法中常用的技术,是指把症状的无意识隐义和动机揭露出来,使其进入意识领域的一种方法,是克服阻抗的主要方法。解释的过程就是咨询师对来访者的一些本质问题加以解释、引导和劝阻,目的是向来访者指出他的无意识欲望,使来访者理解自己一直没有理解的心理事件,把表面上看起来似乎没有意义的心理事件与可以理解的事件联系起来,以帮助来访者对自己领悟和接纳。

如果仅把梦和症状的动力学意义告诉来访者,他常常不能真正领悟,因为这种理解最多仅可以澄清来访者对其病因的理智性领悟,并不能真正减轻其情绪上的紧张。有时由于过早解释,不但不能使症状消除,反而有可能使焦虑增加,出现新的阻抗。在来访者重现幼年时期的经历过程中，可随时插入一定程度的解释，使来访者逐渐理解阻抗和移情的性质。

【知识链接 3-2】

精神分析疗法之神奇的催眠

在国外一些电视节目上，常常可以看到催眠的现场表演。催眠师让受催眠者或站立或平躺，一步步发出指令，将其催眠。众目睽睽之下，那些进入深度催眠状态的受催眠者往往能做出令观众瞠目结舌的超常举动。例如，受催眠者身体能保持僵硬，就像一块木板，搭在两张椅子之间，甚至催眠师站在他的身上也稳稳当当。这在普通状态下是根本不可能做到的。

但无论催眠师自称他的功力有多高深，他仍然依赖于受催眠者的"配合"程度，即催眠的感受性(hypnotic susceptibility)。对于感受性高的人，任何一位他所认可的催眠师发出的指令，他都会遵照执行，达到预期的效果。所以，催眠师会选择具有高感受性的人作为催眠的对象。

那么，什么样的人才具有比较高的感受性呢？研究发现，最能预测催眠感受性的人格指标是专注性(absorption)。因为专注性高的人比较有能力进入感觉和想象的经验之中，也比较喜欢幻想和做白日梦。此外，还有一些人格因素，如态度、动机、期望、开放性等也都能影响催眠感受性的高低。例如，如果一个人对催眠这件事抱有肯定的态度，十分相信催眠师的水平，并且深切期望能亲自体验，那么在这种强烈的动机驱使下，这个人就有很高的催眠感受性，能顺利地达到深层次的催眠状态。反之，如果一个人根本不相信有催眠这回事或者有意要对抗催眠师的指令，那么他就很难被催眠。

虽然催眠感受性是一个比较稳定的人格因素，但它仍然可以通过训练来改变。如对催眠建立一种积极的、肯定的态度，或者掌握一些在催眠过程中积极参与而不是消极等待指令的技巧，都可以在不同程度上提高催眠的感受性。尽管如此，催眠感受性的提高仍然受限于这个人的专注性和融入情境的能力。

（二）现代精神分析疗法

1. 对象关系法治疗

精神分析的对象关系学派以弗洛伊德对"本能的对象"的论述为基础，把对象关系即人际关系，特别是亲子关系置于理论和临床的视野中心，形成独特的对象关系理论。这一学派产生于英国，也发展于英国。它最初由英国精神科医生克莱恩(Melanie Klein)创立，她认为对象是指个人生命中的重要人物(包括自己)，以对象表征而存在。我们对于人的反应像我们所知觉的和经验中的他们，而不是其本来的样子。这与弗洛伊德最早提出的作为性欲本能和攻击本能的对象不同，现代精神分析中所说的对象是一种混合物，它是多维度、有很强情感成分、与愿望和害怕有关的动机相联系的，是意识的，也是潜意识的。该疗法认为，需要心理治疗的病人可以追溯到婴儿期和童年期就具有的自我、他人、自我与他人关系的表征之间的交互作用。例如，一个人可能会存在这样矛盾的自我：十分脆弱又完全不易受伤害、软弱无能又无所不能、既配得到自己需要或向往的一切又完全不配拥有一切。这样矛盾的自我表征，是由于此人生活早期与重要他人之间在情感上有紧张关系。例如，一个病人的关键自我表征是因为一对小耳朵而在童年期被嘲笑为丑八怪；另一个病人是因为有一个大鼻子而被嘲笑为丑八怪。这两个病例中，自我表征是有意识的，但与之相联系的深层感情，以及它们在患者的自我经验中与他人的关系所起的作用是潜意识的。因此，对象关系论治疗的关键是让病人回忆究竟是什么性质的对象被压抑，其目的是揭示内在的自我的工作模式，使患者理解其潜意识冲突。

2. 认识领悟疗法

认识领悟疗法是我国学者钟友彬教授在精神分析理论基础上，结合中国国情而发展起来的一种心理治疗方法。钟友彬教授认为，求助者的病症源于儿童时期受过的精神创伤，由这些创伤引起的恐惧在个体脑内留下痕迹，当个体在成年期遇到挫折时，这些痕迹就会再现出来影响人的心理，以致求助者用儿童的态度去对待在成年人看来不值得恐惧的事物。

该疗法的基本观点是：①承认弗洛伊德关于潜意识和心理防御机制的理论；②承认幼年期的生活经历，尤其是创伤体验对个性形成的影响，并承认其可能成为成年后心理疾病的根源；③承认精神病病人患病后有两种获益，尤其是外部收益，往往给治疗这类疾病造成困难；④反对把各种心理疾病的根源都归于幼年性心理的症结，认为性变态是成年人用幼年的性取乐来解决成年人的性欲或解除成年人的苦闷的表现，是本人不能意识到的；⑤用病人容易理解的、符合其生活经验的解释，使病人理解、认识并相信他们症状和病态行为的幼稚性、荒谬性和不符合成年人逻辑的特点，从而使病人达到真正的领悟，进而使症状消除。

由于患者的症状都是个体幼年期经历过的恐惧在成人身上的再现，因此症状的表现必然带有幼稚性和不成熟性。所以，钟氏认识领悟疗法不把治疗重点放在回忆、挖掘幼年症结或初期焦虑的具体事件上，而是在治疗中要用启发式的谈话和患者一起讨论、分析症状的幼稚性，主张患者要用成年人的眼光和态度重新审视和评价这些情感和行为。该方法着重让病人深刻认识其病态情绪和行为的幼稚性，领悟到这些情绪和行为是一种幼年儿童的心理和行为模式，从而"放弃"这些幼年模式，用成人的行为模式来代替，使心理成熟起来。

【身边故事3-1】

她为什么一到考试前就拉肚子

小敏是初中生，进入初三后，她每逢考试就会拉肚子，而只要考试一结束，拉肚子的毛病又不治而愈。就这样反反复复，学习成绩因此大受影响，最差的时候甚至考到了班里的第20多名。妈妈非常着急，带着小敏到医院反复检查，但怎么也查不出毛病来。最后，在生理医生的建议和引导下，妈妈带着小敏来到心理咨询机构。心理咨询老师在详细了解了小敏的情况以后认为，这一切都是小敏潜意识的心理防御机制在作怪，它将小敏不愿面对的、不愉快的负性情绪——对考试的焦虑和恐惧转换成躯体症状，而这种生理症状又成为她考试发挥失常的理由，起到考试失败"合理化"的作用。心理老师将这一原因解释给了小敏听，并在随后的咨询辅导中，重点帮助小敏解除对考试的恐惧。随后，小敏再也没有在考前生这种怪病，考试成绩也逐渐提升了。

三、精神分析疗法的贡献和局限

（一）精神分析疗法的贡献

无论咨询师采取的辅导取向是什么，他们都需要充分利用和解释移情、阻抗、自我防御机制等基本精神现象，精神分析理论为心理辅导者提供了一种理解行为、症状成因和功能的框架。将精神分析理论应用到心理辅导实践，可以了解阻抗的原因，了解如何疏通一些长期困扰来访者的事情，了解移情的价值和功能，了解心理辅导关系建立的好坏对心理辅导效果的影响。

了解来访者早期童年经历，通常有助于理解并解决他当前的问题。尽管我们不能全盘接受弗洛伊德主义的观点，但我们仍然可以用很多精神分析中的概念来深入理解来访者内心冲突的根源，并帮助来访者最终解决问题。

另外，通过弗洛伊德的心理性欲理论的强调，我们可以对发展阶段的关键转折点有更完整的认识。心理辅导者如果能从发展的角度来治疗，就可以看到个体全程发展的连续性和他们所选择的一些人生方向。这种角度更全面地展示了个体内心的挣扎，同时帮助来访者发现人生不同阶段之间的联系。

（二）精神分析疗法的局限

在心理辅导的过程中，很多因素都限制了精神分析技术的应用，如辅导费用高、缺乏接受过良好训练的辅导者，以及来访者自身缺乏信心和精神能量等。传统的精神分析治疗要达到治疗目标需要很长的一段时间，其中还涉及隐私保护问题。在现有的医疗管理体系中，如果不能很好地保护来访者的病历隐私，会对其造成很坏的影响，甚至伤害。

精神分析另外一个局限是辅导者的匿名制度。辅导者往往在辅导过程中不进行过多的自我表露，这在短期的个体辅导中可能被误用，一些经验不足的辅导者会把自己伪装成"专家"而让辅导达不到预期的目标。

此外，正统精神分析疗法强调本能的力量，忽视社会文化和环境作用，使其在处理危机咨询、社会问题上受到限制。精神分析疗法高估了潜意识的作用，过分强调婴幼儿期的发展，特别是过分强调婴幼儿期的性经验等，这都使该理论受到了局限。

第二节 行为主义学派的心理咨询与治疗理论

行为主义学派诞生于20世纪20年代的美国，其创始人为美国心理学家约翰·华生(J. B. Watson)(见图3-3)。行为主义理论是对学校心理辅导具有重要影响的心理治疗理论之一。该学派的基本理论主要有：经典条件作用理论、操作性条件作用理论和社会认知理论。这3种理论都是关于有机体学习的发生机制和条件的理论，都以"刺激—反应"的学习过程来解释行为。所以，学习概念是行为疗法的核心，行为治疗技术实际上是一些获得、消除和改变行为的学习程序。在行为主义心理学家眼里，人和动物在行为规律上没有什么区别，都可以用科学的方法对其进行客观的观测、描述解释、预测和控制。

图3-3　约翰·华生

一、行为主义的基本理论

（一）经典条件作用

经典条件作用又称应答性条件作用，它是以无条件反射为基础而建立的，一个中性刺激通过与无条件刺激反复结合，最后能引起原来只有无条件刺激才能引起的反应。巴甫洛夫(Z. P. Pavlov)在这一领域做出了突出的贡献，他通过用狗做实验阐述了经典条件作用。给狗喂食物时，把食物放在狗的嘴边，狗开始分泌唾液，这是一种应答性的行为。如果给狗喂食时，用一个中性刺激(如音叉声)和食物反复结合，经过多次练习，只给狗音叉声不给狗食物，狗也会分泌唾液(见图3-4)。

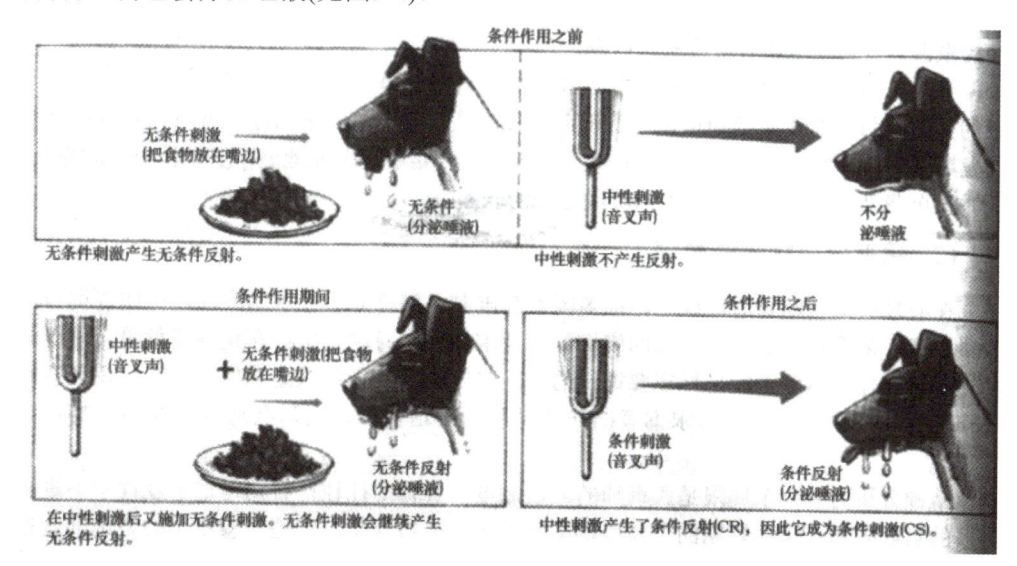

图3-4　巴甫洛夫的经典条件作用

华生曾用经典条件作用的原理做了一个实验(见图3-5)，证明人的行为反应(包括情绪反应)都可以通过学习获得。华生让一只白鼠出现在11个月大的小阿尔波特面前，当这个男孩伸手要去和白鼠玩耍时，华生就在他脑后用铁锤敲击一根钢棒，发出刺耳的巨响。以后每次白鼠一出现，就用铁锤敲击钢棒。反复数次之后，小阿尔波特对白鼠产生了强烈的恐惧反应，每当白鼠出现，他就会哭闹。而且，小阿尔波特的这种反应还会泛化到别的白色茸毛东西上，例如，小阿尔波特本来并不害怕兔子、狗、毛绒玩具等，但现在这些东西也会使他产生恐惧反应。这就是著名的"小阿尔波特实验"。据此华生认为，我们无论成为什么样的人，都是后天学习的结果，并且是必然的结果。既然如此，我们习得的任何东西，都可以通过学习而设法摆脱掉。因此，行为主义治疗运用反条件作用的原理，即当有机体无法适应或有效地应对环境时，通过学习去克服那些非适应性行为。也就是说，个体通过学习一个新的条件反应去代替或"对抗"适应不良的反应。例如，当人们对某种刺激形成了条件反应后，表现出焦虑、不安、强迫症状等心理障碍时，可以通过反条件作用原理予以消退或清除。

图 3-5　华生的婴儿恐惧实验

（二）操作性条件作用

与经典条件作用一样，操作性条件作用的发现和证明也来自动物实验。斯金纳(B. F. Skinner)(见图3-6)用老鼠和鸽子等动物进行了大量的行为强化的实验研究。他把饥饿的老鼠关在做实验的笼中(这个笼子被称为斯金纳箱)，每当老鼠压下笼子里的杠杆，它就能得到一个食物。起初老鼠在笼子里四处乱窜，只是偶然地用爪子压了下杠杆，笼子里的自动装置就给它送进一个食物。这样，每当老鼠被放入笼中的时候，它就更可能去压杠杆，这是因为压杠杆的行为出现后，会带来食物，出现满意的结果，所以按压杠杆的行为被强化了。这与经典的条件反射不同。经典条件反射的行为是由前提刺激(音叉声或食物)引起的，它的"强化"在行为之前(分泌唾液之前出现食物)。操作性条件反射的行为是由其结果(得到食物)决定的，虽然也有外部刺激(杠杆)，但行为并不是这个外部刺激引起的，并且强化在行为之后(压了杠杆之后才能获得食物)。

图 3-6　斯金纳和他的斯金纳箱

斯金纳的操作性条件作用所发现的原理，在许多动物和人类的学习中得到了验证。例如，鸽子偶然抬高头，驯养员会给它食物作为强化，此后鸽子会继续抬高它的头；婴儿偶尔叫一声"妈妈"，妈妈便报以微笑和爱抚作为强化，于是孩子学会了叫"妈妈"。所以，根据斯金纳的理论，只要巧妙安排强化程序，便可以训练动物习得各种行为。

斯金纳是当代用学习与行为理论来解释异常行为贡献最大的心理学家。他认为，心理异常只不过是一种特殊的学习获得性行为。因此，对于心理问题的诊断，无非是对特定的行为反应改变的分类。人的一切行为，除直接由生理因素决定的能力外，都是通过学习和训练而获得的。

（三）班杜拉的社会认知学习理论

阿尔伯特·班杜拉(Albert Bandura)(见图3-7)在坚持行为主义基本原则的基础上，又吸收了认知心理学的概念，他反对人类是被动的接受者、行为是由外界刺激来塑造的观点，认为人类的行为与思维和信息加工有关，从而开创了行为主义理论的新道路，并把自己建立的理论体系称为社会认知学习理论。

班杜拉指出，不是所有的行为都需要强化才能形成，更多的是我们通过观察生活中重要人物的行为而学会的。班杜拉把观察学习过程分为注意、保持、复制和动机4个阶段。他认为我们通过观察父母、朋友、电视、电影等方式进行学习，但是习得的行为并不一定会表现出来，人所知道的要比表现出来的多。例如，我们也许从未尝试过抢

图3-7 阿尔伯特·班杜拉

劫，但实际上我们从电视、电影或是书上了解了很多抢劫方法。幸好我们大多数人都不会去尝试。为什么我们学会了一些行为却不表现出来呢？原因之一是我们在对别人的行为进行观察时，也观察了行为的后果。别人做这个行为的后果是奖励还是惩罚，将影响到我们是否将行为表现出来。如果我们了解某一行为会带来惩罚性的后果，如抢劫会被关入监狱，那么我们就不太可能做出这一行为。也就是说，别人行为的不良后果不鼓励我们表现出这样的行为。

二、行为主义疗法的运用

行为主义疗法基本假定为：异常行为习惯与正常行为习惯一样，都是学习的结果，既然人的行为习惯可以通过学习获得，同样也可以通过学习而改变或消除。因此，行为主义把心理辅导的着重点放在直接消除或纠正适应不良或异常行为上，不去研究、分析行为的内在动机，只以特殊的行为为目标，并通过经典条件作用、操作性条件作用、观察学习等行为治疗技术予以改变。以下介绍常用的行为治疗技术。

（一）系统脱敏法

系统脱敏法(systematic desensitization)，亦称交互抑制法。它由美国著名精神病学家沃尔普(Joseph Wolpe)在20世纪50年代创立，是治疗恐怖症的首选方法。这种方法主要是诱导来访者缓慢地暴露出导致神经症焦虑的情境，并通过心理的放松状态来对抗这种焦虑情绪，从而达到消除神经症焦虑的目的。

其基本原理为：人和动物肌肉的放松状态与焦虑情绪状态是一个对抗过程，一种状态的出现会对另一种状态起抑制作用。例如，人的肌体在全身肌肉都放松的状态下，呼吸、

心率、血压、肌电、皮电等生理反应指标都会表现出同焦虑状态下完全相反的变化。这就是交互抑制作用。根据这一原理，在心理治疗时，从引起个体较低程度的焦虑或恐惧反应的刺激物开始进行治疗。当某个刺激不会再引起来访者焦虑和恐惧反应时，治疗者便可向处于放松状态的来访者呈现另一个比前一刺激略强一点的刺激。如果一个刺激所引起的焦虑或恐惧状态在来访者所能忍受的范围之内，经过多次反复的呈现，他便不再会对该刺激感到焦虑和恐惧，治疗目标也就达到了。这就是系统脱敏疗法的治疗原理。

系统脱敏法一般包括3个步骤：建立焦虑(恐惧)等级、放松训练和脱敏，详见表3-1。

表3-1 系统脱敏法的过程[①]

1	建立焦虑(恐惧)等级层次：找出所有令来访者焦虑或恐怖的事件，让来访者说出其对每一件事情的主观感受程度并进行打分。其中，100分表示极度焦虑，75分表示高度恐惧，50分表示中度恐惧，25分表示轻度恐惧，0分表示心情平静 0　　　25　　　50　　　75　　　100 以考试焦虑为例： 1. 考前一周 20 2. 考前一晚 30 3. 进入考场 50 4. 发卷子时 70 5. 拿到卷子 80
2	1. 准备工作及环境 靠在沙发上或躺在床上，让来访者找到一个舒适的姿势。保持环境安静，光线不要太亮，尽量减少无关刺激 2. 放松程序 步骤：集中注意→肌肉紧张→保持紧张→解除紧张→肌肉松弛 1) 手臂部放松 (1) 伸出右手，紧握拳，紧张右前臂 (2) 伸出左手，紧握拳，紧张左前臂 (3) 双臂伸直，两手紧握拳，紧张手和臂部 2) 头部放松 (1) 皱起前额肌肉，像长满皱纹的额头一般 (2) 皱眉头 (3) 皱起鼻子和脸，咬紧牙关，使嘴角尽量向两边咧，用力鼓起两腮 3) 躯干放松 (1) 耸起双肩，紧张肩部肌肉 (2) 尽量挺胸，紧张胸部肌肉 (3) 拱起背部，紧张背部肌肉 (4) 深吸气，屏住呼吸，紧张腹部肌肉 4) 腿部放松 (1) 伸出右腿，脚掌与腿垂直，像在蹬一堵墙，紧张右腿 (2) 以同样的方式紧张左腿
3	脱敏步骤：从焦虑低的事件开始，直到来访者对该事件不再感到焦虑为止，接着对下一等级的事件进行脱敏 以考试焦虑为例： 想象自己正处在复习迎考前一周→想象明天就要考试了→想象自己进入了考场→想象主考官发卷子了→想象自己拿到了试卷 以恐惧蛇为例： 蛇的图片→蛇模型→玩蛇玩具→看真蛇→用手摸真蛇

① 许燕. 心理咨询与治疗 [M]. 合肥：安徽人民出版社，2007.

（二）厌恶疗法

厌恶疗法，又叫"对抗性条件反射疗法"。它是应用惩罚的厌恶性刺激，即通过直接或间接想象，以消除或减少某种适应不良行为的方法。它的基本原理是利用条件反射，把令人厌恶的刺激与来访者的不良行为相结合，形成一个新的条件反射，用来对抗原有的不良行为，进而最终消除这种不良行为。常用的厌恶刺激有物理刺激（如电击、橡皮圈弹击等）、化学刺激（如催吐剂等）和想象中的厌恶刺激（即口述某些厌恶情境，然后与想象中的刺激联系在一起）。

在进行心理辅导时，厌恶性刺激应该达到足够的强度，通过刺激使来访者产生痛苦或厌恶反应，持续的时间直到不良行为消失为止。例如，可以使用弹击橡皮圈的方法戒除吸烟的行为，在来访者的手腕上套一橡皮圈，每当吸烟的欲念出现时，便自行反复拉弹橡皮圈打击手腕，产生疼痛感，直到吸烟的欲念消失；也可以通过化学刺激的方法戒除吸烟的行为，让有吸烟癖好的来访者先服用催吐药或注射催吐剂，再让其吸烟，这样他在吸烟时就会立刻呕吐，多次结合，就会形成对烟的条件反射，每当烟瘾发作时，就会出现呕吐的强烈印象，从而对烟产生厌恶感，达到戒除的目的。

（三）满灌疗法

满灌疗法，又称"暴露疗法""冲击疗法"和"快速脱敏疗法"。它是鼓励来访者直接接触引起恐惧、焦虑的情境或事件，直到其恐怖感消失的一种快速行为治疗法。其治疗原理是：由于恐惧是经过经典条件作用而习得的，因此，某一事物或情境在一个人身上所引起的恐惧体验，会激发他产生逃避行为，而不管此事物或情境是否真的对他构成了威胁，这种逃避行为会影响恐惧体验的强弱，从而起到负强化的作用。因此，心理专家认为，与其逃避恐惧情境，不如让来访者面对，一旦来访者能够毅然正视恐惧，恐惧就会减轻。

一般采用想象的方式，鼓励来访者想象最令他恐惧的场面，也可由咨询师在旁边反复地，甚至不厌其烦地讲述或者使用录像、幻灯片放映最令来访者恐惧的情景，以加深来访者的焦虑程度。此过程中，必须让来访者面对该情景，不允许来访者用闭眼睛、哭喊、堵耳朵等方式逃避。在反复的恐惧刺激下，尽管来访者因焦虑紧张而出现心跳加快、呼吸困难、面色发白、四肢发冷等植物性神经系统反应，但来访者最担心的可怕灾难并没有发生，这样焦虑反应也就相应消退了。

除上述方法外，还可以让来访者直接面对他最害怕的情境，经过切身体验，使其觉得也没有产生多么严重的后果，其恐惧感自然就慢慢解除了。此方法的运用，需考虑来访者的文化水平、需要暗示的程度、发病原因和身体状况等因素。对体质虚弱、有心脏病、有高血压和承受力低的患者，不能应用此法，以免发生意外。

【身边故事 3-2】

她为何如此怕脏——满灌疗法的具体运用

英国心理治疗家马克斯（I. Maiks）教授 1982 年在成都举办的精神卫生讲习班上曾报告

一个案例。有一个女病人,由于怕脏,她每天花大量时间洗手、洗家具、擦墙壁和地板。全家人为此极为不安。

根据上述病人症状,马克斯医生认为此人患有强烈的恐惧症,惧怕脏。为了治疗她的恐惧症,他自己带头,用手接触墙壁、地板甚至鞋底,又用脏手去接触水杯,故意把杯口弄脏,再喝这杯子里的水,让病人照样去做。做完之后两小时之内不准洗手,让接触脏物引起的焦虑和恐惧情绪经过两小时的延缓,自行获得部分消退。两小时后开始洗手,最初病人要洗1小时,以后洗手时间给予限制,逐步缩短到45分钟、30分钟、15分钟。每天让病人在家里重复上述过程,几天之后,又让她回到自己尘封半年的脏床上睡觉。最后又让病人去肿瘤医院门诊部诊室,坐在癌症病人坐过的椅子上,并与癌症病人握手。这一切措施使患者处于十分惊恐、失眠、食欲不振、"简直受不了"的状态,但是这时治疗师不用任何镇静药物,等待她焦虑状态的自我缓解。结果她的恐惧症被治愈了[①]。

(四)代币疗法

代币法又称奖励强化法、代币管制法。它是通过某种奖励系统,当来访者出现某种预期的良好行为表现时,立刻给予奖励来强化该种行为,从而使来访者所表现的良好行为得以形成和巩固,同时使其不良行为得以消退。代币可以用不同的形式表示,可以是小红旗、带有分值的小卡片、筹码和代金券等多种形式。咨询师用代币作为奖励,强化来访者的期望行为,然后来访者可以用获得的代币换取自己喜欢的东西。

使用代币法时,需要注意以下几方面。第一,确定所要改变的目标行为。咨询师、辅导者与来访者都要知道所要改变的行为是什么,并对此达成共识。第二,确定代币的类型。如代金券、小红花、小红旗,或记录分数等。第三,选择支持代币的强化物。如用代币可以换得食物、水果或参加某种有趣的活动等。与来访者商定奖励的内容,这一内容应当是来访者感兴趣并想获得的。第四,建立代币兑换规则。即完成哪些行为可以得到代币奖励,完成多少目标行为可得多少代币,获得某种强化物需要付出多少代币,还要确定奖励的时间与方式。

(五)生物反馈疗法

生物反馈疗法又称生物回授疗法,或称植物神经学习法。它是在行为疗法的基础上发展起来的一种新型心理治疗方法,利用现代生理科学仪器将来访者体内的生理信息予以描记,并转换为声、光等反馈信号,使来访者能根据这些反馈信号,进行有意识的"意念"控制和心理训练,以达到调整机体功能,并消除病理过程、恢复身心健康的目的。由于人们对体内的生理、心理过程不易察觉,生物反馈可以将体内许多器官的活动加以记录、放大,并处理成容易被大脑皮层理解的信号加以显示,因此,通过生物反馈,人们能观察到体内微妙的心理、生理变化的动态过程。

常用的生物反馈设备有肌电反馈仪、脑电反馈仪、皮肤温度反馈仪、皮肤电反馈仪、血压和脉搏反馈仪等。生物反馈法的运用一般包括两方面的内容:一是让来访者学习放松训练,以便能减轻过度紧张,使身体达到一定程度的放松状态;二是当来访者学会放松

[①] 许燕.心理咨询与治疗[M].合肥:安徽人民出版社,2007.

后，再通过生物反馈仪，使其了解并掌握自己身体内生理功能改变的信息，进一步加强放松训练的学习，直到形成操作性条件反射，解除影响正常生理活动或病理过程的紧张状态，以恢复正常的生理功能。

此外，行为主义疗法还包括模仿学习、角色扮演及肯定性训练等。模仿学习的原理主要是班杜拉的社会认知学习理论：通过观察别人的行为，人们能够学习并获得新的行为。角色扮演是来访者扮演一些与自身问题有关的人物角色，在咨询师的指导下，来访者从中能够改变自己旧的行为方式或学习新的行为，进而改变自己对一些人或事物的看法。肯定性训练又称为果敢训练、决断训练、自信训练或声明己见训练，能够帮助来访者正确和适当地与他人交往，表达自己的情绪、感受和想法。

【实务训练3-2】

刘红的困惑

刘红的父亲是一名军人，经常跟随部队的调遣在全国各个军区到处跑。刘红也跟随父亲的工作调动经常转学，常常是一个学校待不了几个月就会离开，来到一个陌生的城市，在新的学校和环境里学习生活。渐渐地，刘红形成了经常沉默不语、不爱说话的性格。她从来不主动和陌生人交谈，也不愿意跟新学校里的同学接触。

如果别人不和她说话，她总是低头不语，即使别人和她说话，她也是脸涨得通红，用几个简短的字回答。同学们都觉得她很奇怪，渐渐地都不愿意和她交往。刘红的学习成绩很好，考试经常排班里的前几名，老师委任她做班干部的工作，但是她总是推辞不做。勉强担任了班干部，她也没有办法胜任。因为她不敢和同学说话，同学当中有调皮捣蛋的，她也从来不敢上前去制止，有作业不交的，她也从来不会去向老师汇报。

有时，老师让她上讲台讲一讲自己的学习方法，介绍有益的学习经验，她竟然在讲台上沉默了十多分钟，涨红着脸，一句话都说不出来，这让老师十分不解。老师上前鼓励她发言，她竟然抑制不住自己紧张的情绪，在讲台上大声哭了起来。据刘红的家长反应，她在家里也是如此。有父亲的同事或者家里的亲戚来访，她总是很紧张，很害羞，不敢说话。无论别人对她表现得多友好，她都远远地躲开。平常也只是与父母或老师有些交流，经常把自己关在房间里，不跟人接触。

如果你是咨询师，面对这样的案例，你该给出怎样的诊断？你认为采取哪种行为主义疗法进行辅导更有效？

三、行为主义疗法的贡献与局限

（一）行为主义疗法的贡献

首先，行为主义疗法是应用范围较为广泛的心理咨询与辅导方法之一。该理论与方法强调对来访者问题或症状的直接关注，所运用的方法都有较强的针对性，常能及时为来访者提供需要的帮助，因此它比任何一种理论与方法都有更快的疗效、更短的疗程。

其次，来访者所面对的问题大多表现为行为问题，而行为的共同特征就是客观化且可以评价。因此，该理论与方法源自实证性研究，较客观、科学，既消除了咨询过程的神秘化色彩，也使咨询本身具有了更多的客观性。

再次，实践证明，该理论与方法对解决来访者诸如恐怖症之类的许多行为问题是有效的。确切来说，它对解决行为缺陷、饮食异常、药物滥用、心理性功能异常等行为现象是一种恰当而有效的方法。

最后，行为疗法不以语言作为治疗的主要工具，适用范围较广，治疗效果立竿见影，操作性强，易教易学，培养咨询人员比较快速省时，深受咨询者欢迎。

（二）行为主义疗法的局限

行为主义疗法中，有些根植于实验室条件下的方法很难被直接移植到现实的心理咨询与辅导的场景中。这种疗法不适用于水准较高、渴望高度成长的来访者，而且该疗法只治标不治本，难以改变行为深层的问题。行为主义疗法对咨询关系的忽视，使来访者成为被操纵、控制的对象，不重视来访者的主动性，咨询程序显得过于机械，可能大大降低行为方法的有效作用。另外，在行为治疗中，咨询师只顾及来访者的细枝末节问题，忽视来访者的认识和信念，不注重人的全面发展，往往影响来访者不良行为的最终根除。

第三节　人本主义学派的心理咨询与治疗理论

人本主义心理治疗是20世纪60年代兴起的一种新型心理疗法，主要方法有以来访者为中心疗法、存在主义疗法、完形疗法等。其中，影响最大的是美国心理学家罗杰斯(Carl R. Rogers)(见图3-8)开创的以来访者为中心疗法(也称以人为中心疗法)，其被公认为人本主义疗法中的主要代表。

人本心理学既反对精神分析学派从对心理障碍患者的观察去推论人性，又反对行为主义者从对动物的观察

图3-8　人本主义心理学家罗杰斯

去推论人性。它主张应该从健全发展的人身上去观察人的本性，这样才能正确把握人的根本属性。人本主义精神主要可归纳为这样几点：一是相信人本质上是好的，有善良之心；二是相信人有向好的、积极的、完善的方向发展的强大潜力；三是相信人能够自我依赖、自主自立；四是主张心理学应该研究人的价值和尊严，心理辅导应该为恢复和提高人的价值、尊严做贡献。

一、人本主义的基本理论

（一）人性理论

人本主义心理学家罗杰斯受欧洲存在主义哲学和现象学传统的影响，对人性持比较乐观的看法，他认为人性本是善的，所以不需要控制自己的需要，人天生就有一种基本

的动机性的驱动力，他称之为"实现倾向"。人是有价值的、可以信任的，也是可以改变的，每个人都有一种充分实现自身各种潜能的趋势，这种积极的倾向使人具有引导、调整、控制自己的能力，因而人们是完全可以信赖的。心理治疗的关键是治疗者对来访者的尊重和信任，以及建立一种有助于来访者发挥个人潜能，促其自我改变的合作关系。因此，以来访者为中心疗法强调了人的主观能动性，为每个来访者保存了他们的主观世界存在的余地。

（二）自我概念

以来访者为中心疗法中，自我概念(self-conception)及其理论具有重要的地位。罗杰斯提出的"自我概念"，包括人对自己的认识，对自己与其他客体的区别和相互关系的认识，以及对人的价值标准的认识。自我概念是在自我发展的过程中，在与环境和别人的接触及交往作用中逐渐形成的。

罗杰斯认为，一个人对他人的反应方式取决于自我概念。在人际交往中，人总是愿意使自己的行为得到别人的尊重。当一个人的行为产生了积极的自我体验，同时又得到他人的肯定时，他的自我概念是准确的，他的人格就能正常发展。但他如果一味地满足别人的期望而忽视自我或不惜改变自己的准则，就会使自我概念扭曲，忽视内心的真实感受，从而也就可能导致心理上的混乱，自我概念歪曲得越严重，各种心理异常表现如焦虑、抑郁、罪恶感和精神错乱等就表现得越明显。罗杰斯认为，以来访者为中心的心理治疗过程，是通过建立良好的治疗关系，减轻病人内心的压力，使其不至于歪曲或拒绝与正确的自我概念不一致的体验。

二、人本主义疗法的运用

人本主义疗法认为，人的本性是善的，不应当对人性采取悲观消极的看法，而应采取积极态度。人是有理性的，在适合的环境下，会努力朝向潜能充分发展的方向前进。因此，应当注重提供良好的心理辅导气氛，给来访者以真诚、无条件的尊重和准确共情。这样就能调动来访者自身的潜力，开放内在的自己和外在的经验世界，从而迈向自我实现的境地。人可以独立自主、自我引导，无须凭借心理分析和行为指导即可有效地解决自己的问题。心理辅导的中心应是最大程度地挖掘来访者自身的潜能和积极能动作用，依靠自己的努力来解决心理问题。

以来访者为中心疗法主要强调咨询师和来访者之间的关系的重要性，所以很少使用技术，认为咨询师的态度第一而技术其次，强调要把指导、分析、质问、探究、诊断、收集个案史等降到最低程度。反之，咨询师要尽可能地积极倾听，做出情感反应和澄清。

以来访者为中心疗法更多的是提供一种咨询的理念而非方法，因此没有精神分析疗法、行为疗法中具体明确的咨询方法和技术。它强调的是如何调动来访者自身的潜力，如何提供一种适宜的气氛，以引导来访者做自我探索，认识成长中的障碍，体验从前被否定与扭曲的自我，从而能开放自我，相信自我，增加自发性与活力。

以来访者为中心疗法更强调咨询态度的重要性，认为融洽的咨询与辅导关系是咨询与辅导获得进展的决定性因素，同时提出了建立适宜的心理辅导气氛的3种最重要的态度及相应的形成技术。这3种态度为真诚、无条件的积极尊重和共情。

（一）真诚

咨询师在心理辅导的整个过程中要言行一致，要真诚、坦白、开放地对待来访者，表现出真实的自己，没有虚伪的面具，让来访者了解到你也是个人，并非扮演某一角色。罗杰斯曾这样论及真诚：在咨询与辅导关系中，真诚的主要作用就是使来访者对咨询师产生信任，有了这种信任，咨询与辅导过程也就会更顺利。在这种真诚的人与人的关系中，咨询师能坦白地与来访者分享自己的感受，甚至包括负面的感受，达到经验的交流和共享。罗杰斯相信来访者能够分辨出咨询师对他是否真诚。

真诚有不同的层次，一般包括由浅入深的4个层次：①咨询师隐藏自己的感觉，或者以沉默来惩罚来访者；②咨询师以自己的感觉来反应，其反应符合自己所扮演的角色，但不是他们自己真正的感觉；③为了增进两人之间的关系，咨询师有限度地表达自己的感情，而不表达否定、消极的情感；④无论是好的或是不好的感觉，咨询师都以言语或非言语方式表达出来，经由这些情感表达，双方的关系变得更好。

真诚是咨询师内心的自然流露，咨询师应通过自身的潜心修养和不断实践，进一步表现出高层次的真诚，促进来访者更了解自己。

（二）无条件的积极尊重

无条件的积极尊重是指咨询师以平等的身份真正、深切地关心来访者，无条件地尊重和认可来访者。无论来访者是何种身份的人，都要给予尊重，没有歧视性，一视同仁。无条件的积极尊重能够创造一种没有威胁的情境，使来访者能够自由地表达并且接受自己的感受，不担心会被拒绝。咨询师不对来访者的感情、思想、行为做出评价和判断。这并不表示咨询师必须赞同来访者所说的每件事，特别是可能对来访者本人或其他人造成伤害的行为，但如果咨询师对来访者不尊重、不喜欢或厌恶，心理辅导工作则不可能有收获。

一个成功的心理辅导过程之所以能够产生，是因为来访者觉得被咨询师完全接纳，所以他有勇气将自己的内心展现在咨询师的面前。因此，接纳的意思就是照个体的真实情况来接受对方，而不是照自己的标准来加以评判。

（三）共情

共情也称移情的理解，是指咨询师要放下个人的参照标准，站在来访者的立场上，试着将自己融入来访者的感觉世界中，从来访者的立场设身处地地去看待问题。咨询师所表达出来的想要了解对方的态度，会让来访者体会到自己是一个值得被了解与倾听的人。罗杰斯曾这样描述："感受来访者的私人世界，就好像那是你自己的世界一样——这就是共情。它对咨询与辅导是至关重要的。感受来访者的愤怒、害怕或迷乱，就像那是你的愤怒、害怕和迷乱一样，然而并无你自己的愤怒、害怕和迷乱卷入其中，这就是我们想要描述的情形。"

【知识链接 3-3】

以来访者为中心疗法的特点

1942年，罗杰斯称他最初的治疗为"非指导性治疗"，1951年定名为"以来访者为中心的心理治疗"。与一般的指导性心理治疗相比，其反对操纵和支配病人，很少提问题，避免代替来访者做出决定，从来不给任何回答，在任何时候都让来访者确定讨论的问题，不提出需要矫正的问题，也不要求来访者执行推荐的活动。

罗杰斯采用的治疗技术，从最常用的开始，依次为：

(1) 认识来访者方才以某些方式表达的感情和态度；
(2) 对来访者从一般举止、特殊行为和以往谈话中表达出来的感情和态度进行解释或认识；
(3) 提出交谈的话题，但是让来访者发表意见和展开来谈；
(4) 确认方才来访者谈话的中心意思；
(5) 提出一些非常具体的问题，答案只限于"是"或"不是"，或提供具体情况；
(6) 解释、讨论或提供与问题或治疗有关的情况；
(7) 用来访者对治疗的反应来说明和解释交谈的情况。

罗杰斯为了避免操纵来访者，在交谈时往往只是简单地点点头或以"嗯""啊"应答，似乎是在说："好，请继续说下去，我正在听。"因此，他曾被称为"嗯啊治疗先生"。有人经过言语操作性条件试验，证实这是一种很好的办法，它能强化来访者的言语表达，激发来访者的情感，使来访者进一步暴露自己，并随之产生批判性的自我知觉。

三、人本主义疗法的贡献与局限

（一）人本主义疗法的贡献

以来访者为中心疗法建立在假定人性生来就是努力追求自我实现的哲学基础上。自从罗杰斯在70多年前建立了非指导咨询后，只有很少的其他心理治疗模型出现。罗杰斯对心理咨询与心理治疗领域具有重要影响。他在20世纪40年代介绍他的新思想时，就对精神分析和指导性治疗提出了一个强有力的挑战。罗杰斯是把心理治疗从重视技巧和治疗师权威转移到重视治疗关系上来的先驱。很多实践者都接受了罗杰斯关于共情、平等及治疗关系的首要性的观点及其研究价值。如今，罗杰斯的这个思想已经渗透大部分咨询与辅导中。

与以往的心理治疗方法相比，作为心理治疗第三个里程碑的以来访者为中心疗法有以下几点不同。

1. 打破了以前疾病诊断的界限

罗杰斯所提倡的以来访者为中心疗法打破了医学传统的诊断界限，不进行疾病诊断和鉴别诊断，治疗对象不分神经症病人和正常人，甚至精神病人，因此不称他们为病人，而称为来访者，且治疗让不懂心理治疗的人主持。这一技术曾帮助过众多教育家、企业经理、政府官员和父母。以来访者为中心疗法可以应用于人与人相互影响的任何场合，主要适用于有主动性和能交往的病人，而不适于精神病人，患躯体病、沉默和有抵抗的病人，以及需要做出诊断和评价的病人。

2. 不注重咨询与辅导技巧

以来访者为中心疗法在咨询与辅导界一直以来都很流行。有部分原因是这种疗法不以技术为中心，所以比较容易学。罗杰斯认为，精神分析法的"钻心"技术无用，行为矫正法过分"机械"而失去人性。他批评以前的施治者把自己的判断和价值观强加给病人，叫他们无条件接受，阻碍了病人发挥自己的潜力。而且它也不需要对人格理论有太多的了解。比起传统的精神分析派的技术，它不需要冗长的训练，而且可以在较短的时间产生效果。所以这种疗法吸引了各类人，包括治疗家、教师、律师、父母都可以运用，在危机干预中心、咨询机构等处用得非常广泛。而且它最适合于治疗焦虑症和适应性障碍，常被以促进良好人际关系为主的机构和团体运用，如学校、管理和商业领域等。

3. 不强调专家的作用

以来访者为中心疗法批评精神分析中父母—子女式的医患关系和行为疗法中的师生关系，主张施治者不应以医生、专家的身份而应以普通人的身份出现，以平等态度对待来访者，不给予具体指导和分析，只引导他们抒发自己的情感。咨询师把来访者作为一个有自尊心的主人来看待，而不是一个普通的病人，故用"来访者"一词。在进行咨询与辅导时，咨询师让来访者畅所欲言，但不需要进行自由联想。咨询与辅导的关键是咨询师作为中间媒介，帮助来访者发泄他的感受，并耐心地倾听。为达这一目的，咨询师需在交谈时不断用反响来激发来访者的情绪，一再重复来访者在交谈中所表现的最基本的情感。咨询师不能把自己的意志强加在来访者身上，而是帮助他弄清问题，增加自我了解和适应能力，发展其成长潜力，从而获得治愈。罗杰斯认为，咨询与辅导关系中最重要的因素在于咨询师应成为"真诚的或自我和谐的人"。这就是说，他不仅是从专业的角度去发挥作用和进行操作，而且在与来访者的关系中也是坦率和诚实的，因为任何人都不愿向不真诚的人暴露自己。

4. 注重咨询与辅导的环境和气氛

罗杰斯对咨询与辅导过程的气氛非常重视。从咨询和治疗科学的发展角度看，以来访者为中心疗法的一个主要贡献，恐怕是它对咨访关系的研究。它先是从实践中发现了咨访关系对促成来访者改变的至关重要的作用，然后又从理论上阐明了何种咨访关系会引发积极改变，最后令人信服地提炼出良好的咨访关系的一些基本要件。正如我们已多次说明的，发展咨询关系，培养真诚、共情理解和无条件积极关注等关系条件，已达成当代咨询和治疗实践的共同基础。

5. 激发人自身的成长力

以来访者为中心疗法还有一个贡献，就是它对人的能力的积极信念，这种能力是当事人的自我指导能力和自我负责能力。一旦咨询者怀着这样的信念对待来访者和咨询，这本身似乎会创造一种神奇的力量，推动咨询取得进展，推动来访者发生改变。

6. 强调咨询者的人格与态度

以来访者为中心疗法强调咨询者本人人格和态度的作用，而不是方法技巧的作用，这对咨询者形成自己的咨询思想是有积极意义的。咨询者的人格和态度比应用方法技术更重要，对来访者的影响更大。

（二）人本主义疗法的局限

公平来说，以来访者为中心疗法也有不少相当明显的局限或缺陷，具体如下。

1. 重情轻理

首先，它的整个体系透露出一股强烈的重情轻理的气息。把人的情绪感受摆在第一位，理性的力量退居不重要的地位，这一点已有不少人予以批评。人对生活价值的选择和评价，既不依据他们认为这种选择正确，也不需要逻辑的合理性，而主要依靠人的情绪感受，这对绝大多数人来说，恐怕都是难以接受的。

2. 个人主义取向

第二个问题是这个体系的个人主义取向。舒尔兹评论罗杰斯的体系"看来缺乏对他人的责任感和清楚明确的目标和目的。这一理论好像是鼓励个人过一种完全自私和率性而为的生活。它强调的是体验、感受，完全为自己而活着，而没有相应强调对事业、目标或人在每时每刻的新鲜体验的爱、奉献和义务……所关切的只是一己的存在，而不是促成他人的成长和发展"。这种取向在中国文化中的适用性要进行再思考，因为我们的文化是重视社会价值和个人的社会责任的文化。

3. 咨询者的被动性

罗杰斯认为，来访者是自己最好的专家，他们有找到解决自己问题的办法。咨询师的任务是促进来访者对自己的思想和情感进一步了解，以找到解决办法。以来访者为中心治疗的咨询师显得过于消极、被动，有时甚至会受来访者的操纵。这种疗法仅仅满足于倾听和反映来访者的感受，对于有些来访者，如内省能力和内省习惯比较好的来访者，可能很适合；而对于另一些自我感悟力差的来访者，则可能使咨询旷日持久地拖下去，却收获很少。因此，这种方法对来访者的自身素质要求比较高。

4. 忽视客观评估与咨询技术

以人为中心治疗体系排斥诊断或评估，不对障碍进行任何分类，也忽视具体策略和技术的运用。罗杰斯对当事人的主观经验和自我报告非常重视，有人认为他过于依赖个人的自我报告，所得到的资料不一定十分可靠。有人批评以来访者为中心疗法的咨询师太缺少训练，而这是无法用热情弥补的。而且如果咨询师做到了以来访者为中心，是否就能真正消除来访者扭曲的认识和经验，有待进一步研究。

第四节 认知学派的心理咨询与治疗理论

认知疗法(cognitive therapy)是于20世纪六七十年代在美国产生的一种心理治疗方法，其理论假设是人的认知过程会影响其情绪和行为，因此，通过认知和行为技术可以改变来访者的不良认知，从而使其矫正并适应不良行为。它的主要着眼点放在来访者非功能性的认知问题上，目的是通过改变来访者对己、对人或对事的看法与态度来改变并改善所呈现的心理问题。亚伦·贝克(Aron T. Beck)(见图3-9)被公认为认知治疗之父。除了贝克的认知治疗，阿尔伯特·埃利斯(Albert Ellis)(见图3-10)的理性情绪行为疗法也是极具代表性的一种认知行为治疗。

图3-9　亚伦·贝克　　　　　　　　图3-10　阿尔伯特·埃利斯

在生活中，我们每个人都有这样的体会：同样的事件发生在不同的人身上，往往会引起不同的行为反应。其原因是在刺激与反应之间存在一个重要的中介变量——认知因素。由于文化、知识水平及周围环境背景的差异，人们对问题往往有不同的理解和认知，从而人为地给刺激赋予了一定的意义，再由这种意义引出了相应的行为反应。事件本身并不是行为反应的直接原因，对事件的认知才是行为反应的直接原因。人的烦恼通常来自人的不合理认知，正所谓"天下本无事，庸人自扰之"。无论哪一种认知治疗方法，关注的焦点都是来访者的想法。每种认知治疗都认为：不合理的想法是引起情绪困扰和行为反应异常的原因。因此，认知治疗师大多会帮助来访者认识导致情绪困扰的不合理想法，然后用更恰当的想法代替它们。

一、认知疗法的基本理论

（一）贝克的认知治疗理论

贝克认为，"心理问题"的产生不一定全部都由神秘的、不可抗拒的力量引起，它也可以从平常的事件中产生，例如，错误的学习，根据片面的或不正确的信息做出错误的解释，不能妥善地区分现实与理想之间的差别，等等。他提出，每个人的情感和行为在很大程度上是由自身认识世界、处理问题的方式和方法决定的，一个人的思维方式决定了他内心的体验和反应。

认知理论的假设在于，人的思想和信念是情绪状态和行为表现的原因。贝克论证认为，抑郁症病人往往由于逻辑判断上的错误而变成抑郁，歪曲事情的含义而自我谴责，一件在通常情况下很小的事情(如溅出饮料)会被他看成生活已完全绝望的表现，因此抑郁症病人总是对自己做不合逻辑的推理，用自我贬低和自我责备的思想去解释所有的事件。

贝克把人们在认知过程中发生的认知歪曲归纳为以下6种形式。

1. 随意推论

随意推论(arbitrary inference)，即在证据缺乏或不充分时便草率做出结论。这种扭曲现象包括"大难临头"或对于某个情境想到最糟的情况。例如，"我是无用的，因为我去邻居家借东西，他没有借给我"。

2. 过分概括化

过分概括化(overgeneralization)，指仅依据个别细节而不考虑其他情况便对整个事件做出结论。这是一种瞎子摸象式的、以偏概全的认知方式。例如，你曾咨询过一位青少年且碰到困难，于是你便下结论说你对青少年的咨询不擅长，你也可能下结论说你没有能力帮助任何人。

3. 过度引申

过度引申(overextension)或称为过度泛化，是指在单一事件的基础上做出关于能力、操作或价值的普遍性结论，也就是说，从一个琐碎事件出发引申做出结论。例如，"因为我不明白这个问题，所以我是一个愚蠢的人"或"因为我打碎了一只碗，所以我不是一个好孩子"。

4. 夸大或缩小

夸大或缩小(magnification or minimization)，指对客观事件的意义做出歪曲的评价。例如，因为偶然的开玩笑并无恶意地撒了一次谎，于是认为完全丧失了诚意。

5. 极端化思考

极端化思考(polarized thinking)，指思考或解释时采用全或无的方式，或用"不是……就是……"的方式极端地分类，把生活看成非黑即白的单色世界，没有中间色。例如，你可能认为自己不是一个完美的人，那么就不是完美的咨询员；或你可能认为自己是个完美而且有能力的咨询员(指你能成功地咨询所有的当事人)，而一旦你发现自己并非全能时，你就会把自己看成彻底的失败者(根本不容许自己犯任何错误)。

6. 乱贴标签

乱贴标签(labeling and mislabeling)，指根据过去的不完美或过失来决定自己真正的身份认同。因此，如果你未能符合所有当事人的期望，你可能对自己说："我是个完全没有价值的人，应该立刻把咨询执照撕掉。"

（二）埃利斯的理性情绪疗法的基本理论

1. 人性观

(1) 人既可以是理性的、合理的，也可以是非理性的、不合理性的。当人们按照理性去思考、去行动时，他们就会是愉快的、富有竞争精神及行有成效的人；当人们按照非理性进行思考时，他们体验到的就是消极情绪。

(2) 情绪伴随人们的思维而产生，情绪上或心理上产生困扰的原因多半源于自己的不合理思维，很少是由外因造成的。

(3) 不需要有事实根据，人们单凭想象就可以形成信念。而非理性的思考方式会形成"不合理的信念"，使人陷入越想越苦恼的困境之中。

(4) 每个人都拥有不同程度的不合理信念，只不过有心理障碍的人所持有的不合理信念更多、更严重而已。

(5) 人生来就具有以理性信念对抗非理性信念的潜能，能够改变认知、情绪和行为。

(6) 人们的思想、情绪体验和行动是同时发生的，当人有情绪体验时，他同时有思想和行动；当人有思想时，他同时有行动和情绪体验；当人有行动时，他同时有思想和情绪体验。

2. 埃利斯的 ABC 理论

ABC理论是理性情绪行为疗法的核心理论。这一理论的主要观点是：情绪和行为反应并不是外部的某一诱发事件引起的，而是个体对这一事件的解释和评价引起的。

(1) A(activating events)，代表发生的与自己有关的事件。所谓事件，可能是客观事实(如丢了一笔数目不少的钱)，可能是他人的态度和行为(如有人对自己很冷淡)，也可能是与别人的关系发生了变化(如失恋)，还可能是自己所造成的后果(如自己学习不得要领，导致考试成绩不理想)。

(2) B(beliefs)，代表个人对与自己有关的事件所持的信念，也就是对事件的看法、解释和评价。

(3) C(consequences)，代表个人对事件的情绪反应和行为结果。这种反应可能是正性的(积极的)，也可能是负性的(消极的)；可能是适度的，也可能是过度的。

埃利斯认为，B是A和C之间的中介因素，是对于A的信念、认知、评价或看法。也就是说，不是A直接引起了C，而是B直接引起了C。换言之，事件本身的刺激情境，并非引起情绪反应的直接原因，个人对刺激情绪的认知解释和评价，才是引起情绪反应的直接原因。例如，一个人报考英语六级，结果没通过，他感到很沮丧，这不是考试没通过本身引起了他的沮丧反应，而是这个人对于考试失败所持的信念引起的。埃利斯认为考试失败的信念B才是导致沮丧C的主要原因，而不是考试没通过这一实际事件A。

理性情绪行为治疗的核心在于教导人们如何改变直接导致其困扰情绪结果的非理性信念。人们的认知可以促进人的心理健康，使人愉快地生活，也可以使人轻易陷入情绪困扰之中，重者导致多种心理疾病甚至自杀。对于同一个诱发事件，如果持有合理的信念，就会引起人们对事物适当、适度的情绪和行为反应。如果人们坚持某些不合理的信念，就会长期处于不良情绪状态之中，最终将导致情绪障碍的产生。

【实务训练3-3】

分析人物的ABC

某个世界级的画家，他是人们公认的出类拔萃的绘画天才。现在，他的一幅画可以卖几千万美元。然而，他在生前对自己、对生活的看法和评价都过于消极。他因为失恋，因为自己的画在当时不能得到恰当的评价，就认为自己前途暗淡，并且陷入悲观绝望之中。后来，情况更为严重，他吞食颜料、松节油、煤油，割自己的耳朵，直至对自己开了一枪。当时，他才37岁，一个才华横溢的生命就这样陨落了。

请说说这个画家面临的事件A是什么，他如何看待这些事件B，最后的结果C又是什么？

3. 不合理信念及其特征

不合理信念是一种不合理的认知，会使人们出现情绪和行为问题，包括抑郁、自卑、焦虑和恐惧。

埃利斯根据自己的临床观察，总结了以下11种不合理信念。

(1) 自己应该获得周围的人特别是重要人物的喜爱和赞许。

(2) 要求自己是全能的，只有在人生的每个环节、每个方面都成功的人，才能体现自己的人生价值。

(3) 对于那些邪恶、可恶的人，应该给予严厉的惩罚和制裁。

(4) 任何事物都应按自己的意愿发展，否则会很糟糕。

(5) 生活中的不愉快是由外部环境因素造成的，因此人们无法控制和改变自身的痛苦与困扰。

(6) 生活中充满了艰难困苦，要面对现实中的困难和承担责任很不容易，因此应设法逃避它们。

(7) 对危险和可怕的事情应该高度警惕，一个人应该担心随时可能发生灾祸。

(8) 自己是无能的，必须找一个比自己强的靠山才能生活，自己不能掌握情感，必须有其他的人来安慰自己。

(9) 一个人过去的历史对现在的行为起决定作用，一件事过去曾影响自己，所以现在必然影响自己的行为。

(10) 人们应该十分关心他人，并为他人的问题感到难过。

(11) 一个人碰到的种种问题，总应该都有一个正确、完满的答案，如果一个人无法找到它，便是不能容忍的事。

那么，不合理的信念都有哪些具体特征呢？韦斯勒(Wessler)经过归纳研究，总结出了非理性信念的3个共同特征：绝对化要求、过分概括化、糟糕至极。

(1) 绝对化要求。绝对化要求指人们从自己的意愿出发，对某一事物怀有认为其必定会发生或必定不会发生的信念。这种信念通常与"必须""应该"这些词联系在一起。例如，"我必须获得成功""别人必须很好地对待我"等。这种绝对化的要求在现实生活中是行不通的，客观事物的发生、发展都有其规律，不可能完全符合某个人的意愿，如果事情的发展不如他所愿，那么由失望而导致的情绪障碍就在所难免。

(2) 过分概括化。这是一种以偏概全、以一概十的不合理思维方式的表现。过分概括化是不合逻辑的，就好像以一本书的封面来判定其内容的好坏一样。过分概括化的一个方面是人们对其自身的不合理的评价。例如，一个人因为恋爱失败而认为自己一无是处、毫无魅力，从而导致自责自罪、自卑自弃的心理，以及焦虑和抑郁情绪的产生。过分概括化的另一方面是对他人的不合理评价，即别人稍有差错就认为他很坏、一无是处等，这会导致一味地责备他人，以致产生敌意和愤怒等情绪，从而导致人际摩擦增加。俗话说："金无足赤，人无完人。"在这个世界上，没有一个人可以完美无缺，所以每个人都应接受自己和他人是有可能犯错误的。埃利斯主张，评价的对象是一个人的行为和表现，而不是人的整体价值或人格。这也正是理性情绪行为疗法强调的要点之一。

(3) 糟糕至极。这是一种将可能的不良后果无限严重化的思维定式。一旦有不好的事情发生，即使发生的是一个小问题，也会认为是非常可怕和非常糟糕的，甚至是一场灾难。这将导致个体陷入极端不良的情绪体验如耻辱、自责自罪、焦虑、悲观、抑郁的恶性循环中，难以自拔。例如，得了感冒就认为自己病情很严重，甚至会死；领导没有和他打招呼就认为是自己做错了什么事，甚至可能影响自己的前程；一个人没考上大学，就觉得世界末日到了，自己没有前途，活不下去了；等等。糟糕至极常常是伴随人们的绝对化要求而出现的，当人们认为"必须"和"应该"的事情并非如他们所想的那样发生时，他们就会感到事情糟到了极点。埃利斯认为，不好的事情确实有可能发生，尽管我们总是希望不要发生这样的事。人们可以尽可能地改变这种不如意的事情，但在不可能改变时，就要学会适应现实。

二、认知疗法的运用

（一）贝克的认知治疗技术

1. 去灾难法

去灾难法也称"如果……怎么办"技巧。该技巧专门针对后果反应过度的来访者，有时一些来访者会害怕一些实际上不大可能出现的后果，去灾难法可以用来帮助他们准备好去面对所害怕的后果。这种方法对降低来访者逃避行为的效果较好，特别是当这种方法与应对策略配合使用时。

2. 再归因法

有时事情本来没有来访者的责任，可来访者却把责任归因于自己，从而感到自责、内疚和抑郁。此时，咨询师要帮助来访者重新公正地分配责任，这就是再归因法。

3. 去中心化

很多来访者会错误地认为自己是别人注意的焦点，自己的一言一行、一举一动都会受到他人的品评，为此而常常感到自己是无力的、脆弱的。如果某个来访者认为自己的行为举止稍有改变，就会引起周围每个人的注意和非难，那么咨询师可以让他不像以前那样与人交往，即在行为举止上稍有变化，然后要求他记录别人不良反应的次数，结果他就会发现很少有人注意他言行的变化。

4. 理解特殊意义法

由于来访者的自动思维和认知图式与一般人不同，一个词对他们的意义也会不同，因此咨询师一定要注意，在使用词语的时候首先要明确其在来访者的角度是怎么理解的，不能随便按照自己的理解和来访者进行交流。咨询师确切地理解来访者所表达的意义是非常重要的，这对于咨询师及来访者都有帮助，可以让他们理解来访者的思维过程。

5. 质疑绝对化

来访者往往用绝对化的表达方式表现自己的负性情绪，他们常常使用"所有人""总是""从来不""没有人"等词汇。咨询师对这些极端化的质疑，可以帮助来访者学到更正确的思维。

（二）埃利斯的理性情绪治疗技术

1. 与不合理信念辩论的技术

在理性情绪行为治疗的整个过程中，与不合理信念辩论的技术一直是咨询师帮助来访者的主要技术。咨询师帮助来访者向其不合理信念提出挑战和质疑，以动摇其信念。

寻找来访者的不合理信念，可先从ABC模式入手，即先从某一典型事件入手，找出诱发性事件A；再询问来访者对这一事件的感觉和对A的反应，即找出C；询问来访者为什么会体验到焦虑、恐惧等情况，即从不适当的情绪及行为反应着手，找出其潜在的看法、信念等，分清来访者对事件A持有的信念哪些合理，哪些不合理，将不合理的信念作为B列出来。而在此过程中，要采用逐个击破的原则。

找到不合理信念后，通过辩论，不断向来访者不合理的信念提问，以挑战来访者的不合理信念，从而使来访者的信念动摇。提问的方式可分为质疑式和夸张式两种。

(1) 质疑式提问。咨询师直截了当地向来访者的不合理信念发问，如"你有什么证据能证明自己的观点""是否别人都可以犯错误，而你却不能""是否别人想问题、做事情都应该符合你的意愿""你有什么理由要求事情按你所设想的那样发生""请证实你自己的观点"等。来访者一般不会简单地放弃自己的信念，面对咨询师的质疑，他们会想方设法为自己的信念辩护。因此，咨询师要不断提问，使来访者感到自己的辩解理屈词穷，才有可能放弃不合理的信念，接受合理的信念，从而让他们认识到：第一，哪些不合理的信念是不现实的、不合逻辑的；第二，哪些信念是站不住脚的；第三，什么是合理的信念，什么是不合理的信念；第四，最终以合理的信念取代那些不合理的信念。

(2) 夸张式提问。咨询师针对来访者不合理的信念，故意提出一些夸张的问题。此方法只是提问方式上不同于质疑式。这种提问方式犹如漫画手法，把对方信念不合逻辑、不现实之处以夸张的方式放大给他们自己看。例如，一个有社交恐惧情绪的来访者说："别人都看着我。"咨询师问："是否别人不干自己的事情，都围着你看？"来访者回答："没有。"咨询师说："要不要在身上贴张标签，写上'不要看我'的字样？"答："那人家都要来看我了！"问："那原来你说别人都看你是否是真的？"答："……是我头脑中想象的……"在这段对话中，咨询师抓住来访者的不合理之处发问，前两个问题均是夸张式问题。这一提问方式会使来访者也感到自己的想法可笑、没有道理，从而容易让来访者放弃自己的不合理想法。

与不合理的信念辩论，咨询师不仅要主动质疑来访者所持有的不合理信念，还要引导来访者对这些信念进行主动思考。这样的效果优于咨询师单方面的说教。

【身边故事 3-3】

他总是瞪我

高一女生林某因同班男生罗某瞪了她一眼，就恐惧极了，哭着请求学校给她换班。原来林某在小学曾与罗某同班，罗某在校表现较差，好骂人、打架，学习成绩也差。林某曾在背后骂过罗某。小学毕业后，林某考入重点中学的初中部，罗某到一般初中，三年初中没有见过面。林某在初中，学习成绩很好，三年当班长，又以优异成绩考入原校高中，罗某未考上重点高中，却寄读于同一学校，高一编班刚好分在一起。

林某流着眼泪说："我现在一看到他(罗某)就害怕，害怕他报复我。我上课无法集中注意力，如果不换班，我就没法继续读下去了。"

实际上，林某的这种心理障碍是因多疑产生的，而这种多疑，不是由某一诱发性事件本身所引起的，而是由经历了这一事件的个体对这一事件的解释和评价所引起的。在前面这个例子中，罗某看林某一眼是诱发性事件 A；林某认为罗某认出自己，并要对其实施报复，是个体遇到诱发事件之后相应而生的信念，即对这一事件的看法、解释和评价 B；林某产生害怕情绪、恐惧心理，上课不安心，这是在特定情景下个体的情绪及行为的结果 C。根据 ABC 理论，林某对罗某瞪眼事件所持的信念、看法、解释，是引起其情绪及行为反应的直接起因，所以改变林某所持的不合理的信念是解决问题的关键。

【实务训练 3-4】

一个大二女生的困惑

在心理咨询室有一位大学二年级的女学生，20 岁。她在担任团干部期间，曾给一位男同学写过一封信，鼓励其多参加集体活动，此事后来为同学所知道，被当众开过玩笑。此后，该女同学便对学校生活形成恐惧，自觉被人瞧不起，责备自己做了蠢事，不愿再去上学，后在母亲陪伴下前来咨询。

如果你是咨询师，采用与来访者不合理信念进行辩论的技术，怎样提问才能使来访者改变其不合理的信念，产生新的认知？

2. 认知家庭作业

认知性的家庭作业也是理性情绪行为治疗常用的方法。这种方法是让来访者自己与自己的不理性信念进行辩论，来访者在咨询室里发生的改变也许还不够深入，在咨询以外的时间进行实践才能真正改变人的思考、情绪和行为。认知家庭作业主要有两种方式：理性情绪行为治疗的自助量表和合理的自我分析报告。

(1) 理性情绪行为治疗的自助量表。这是埃利斯特制的一种自助表格，填表者要根据表格要求进行填写。内容是先要求当事人写出事件A和结果C；然后从表中列出的十几种常见的不理性信念中找出符合自己情况的B，或写出表中未列出的其他不理性信念；接着，填表者对自己的不合理信念逐一进行分析、质疑、辩论，并找出能够替代B的理性信念，填在相应的栏目中；最后填写经过辩论后得到的新的情绪和行为E。完成这个自助表格，实际上就是来访者自己进行测量的过程。

(2) 合理的自我分析报告。合理的自我分析报告与理性情绪自助量表基本类似。当事人要以报告的形式写出ABCDE各项，只不过它不像自助量表那样有严格规范的步骤，但报告的重点也要以D，即与不理性信念的辩论为主。

【实务训练3-5】

合理的自我分析案例

事件A
出席一个重要会议，突然发现自己已经晚了，心里顿时慌乱起来，抱怨自己无能。

信念B
(1) 我怎么那么差劲，连开会时间都会搞错。
(2) 我总是把事情搞错，真没用。
(3) 别人会认为我是傻瓜。
(4) 在众目睽睽之下迟到，真丢人现眼。

情绪C
紧张、害怕、自责、沮丧等。

驳斥D
(1) 每个人都会出现记错时间这种情况，我只是第一次，以后会准时的。
(2) 错过开会时间，只能说我不够细心，并不能说明我没用。许多事情我还是干得不错的。
(3) 可能有人会认为我真傻，但只是少数人如此。大多数人还是会对我的迟到持无所谓的态度。
(4) 我迟到了是不对，别人可能会对我表示不满，但这并非糟糕透顶。我仍然可以继续开会、继续我的工作。

效果E
(1) 通过自我辩论，消除了自责，但来访者仍有些紧张、担心。
(2) 继续进行自我鼓励，并勇敢地进入会。

中学生心理辅导

3. 改变来访者消极的自我暗示

不恰当的语言是造成思维歪曲的重要因素之一。来访者所使用的语言模式往往是无助和自我谴责的反映，绝对化、糟糕至极的语言对来访者的思维有暗示的作用。通过咨询与辅导，来访者认识到可以用"较喜欢"来取代"必须""最好"和"应该"，从而把绝对化的要求转变为愿望。还可以学习一些句子暗示自己，例如，"如果生活不能总如我所愿，那也没什么可怕的，只是不太称心而已"。通过这种语言形态的改变和自我暗示语言的改变，来访者开始以新的视角思考和行动，并会产生相应感受性方面的变化。

4. 使用幽默

理性情绪行为疗法认为，如果来访者过于严肃，以致对生活中的事件失去了欣赏与幽默感，就会导致情绪困扰，所以咨询师会使用幽默感来协助来访者对抗他们过于严肃的一面，并协助他们驳斥生活中的"必须"哲学。例如，埃利斯常使用合理而幽默的歌曲来教导来访者，鼓励人们在感到抑郁或焦虑的时候，就对自己或团体唱这些歌。他相信幽默会使来访者嘲笑某些根深蒂固的不合理信念，并且能够有效地帮助来访者改变这些信念。

5. 理性情绪想象技术

理性情绪想象技术是在辩论方法的基础上发展起来的一项技术，也是理性情绪疗法中最常用的方法之一。其基本的思路是要借助于想象技术，将发现来访者非理性信念的工作交由来访者自己完成。

理性情绪想象技术的基本步骤如下。

(1) 使来访者在想象中进入使他产生不适应情绪或者自我感受最不好的情景中，让他清楚地体验在这种情景下他强烈的情绪。

(2) 让来访者改变这种消极的情绪，使他体会适度的情绪。

(3) 停止想象，要求来访者讲述他是怎样使自己的情绪发生变化的。咨询师对来访者的正确观念和积极转变，要给予肯定和及时强化；对仍存在的不合理的信念进行纠正，必要时补充其他有关的、来访者没想到的合理信念。

三、认知疗法的贡献与局限

（一）认知疗法的贡献

在咨询理论上，精神分析疗法把人看成生物性冲动的奴隶；行为疗法认为人与没有意识的动物无异；而认知疗法则把眼光放在了人的认知上，把人与动物的最根本区别——理性还给了人。它强调意识的重要性，认为人的意识是导致情绪障碍和非适应行为的根源，它看到了人的很多心理障碍是受思维限制的。

在咨询方法及效果上，认知疗法在调整和改变人的不合理认知的同时，并没有忽视对其进行行为方面的矫正和训练。它将认知调整技术与行为训练方法有机地结合起来，是一个开放的、兼容的心理治疗系统。它治疗的时间短、见效快，并且能够解决行为疗法所不能解决的意识层面上的问题，因此，它的适应范围非常广。现在，认知疗法在心理咨询领域扮演着令人瞩目的角色。

（二）认知疗法的局限

首先，认知疗法忽视来访者过去经历的作用，只强调认知和信念的作用。而事实上，有些来访者过去的经历是他产生现在问题的一个比较关键的因素，了解和分析来访者的经历，对我们进行正确的诊断和分析都是很有帮助的。

其次，认知疗法忽视潜意识条件反射的情绪。它过分注重人的认知情绪，而没有看到除认知情绪外的条件性情绪对人的行为及认知的影响。单纯地消除认知因素而忽视条件性情绪因素，必然会使治疗不彻底。

最后，虽然认知疗法告诉我们，人的错误认知会导致消极情绪和行为，但是，认知、情绪及行为之间的关系到底是什么，认知理论并没有给我们详细的答案。同时，认知疗法没有对心理障碍者的心理结构进行分析，所以一旦遇到某些复杂问题，必然会影响认知疗法的治疗效果。

第五节 后现代心理咨询与治疗理论

后现代主义思潮是在20世纪中期西方发达国家开始由现代工业社会转入"后工业社会"（或信息社会）时出现的一种文化思潮，是现代主义思潮之"后"的一种思想理论产物。这里的"后"，并非仅仅局限在时间序列上的先后，而是指对现代主义思潮弊端进行反省之后的"后"。后现代思潮以"建构主义"为哲学基础，在对现代主义的强烈批判中，心理学应用体系中受到最大启示的是心理咨询与治疗领域。

一、后现代主义疗法的主要观点

后现代主义心理学是一个宽泛的概念，包含许多具体形式的心理学理论，如社会建构论或社会建构心理学、叙事心理学、解构心理学、多元文化论思潮、后现代女性心理学等。后现代心理治疗虽然在理论和实践上没有形成像精神分析、行为治疗、认知疗法和人本主义疗法那样严密的体系，治疗的有效性也有待检验，但后现代疗法的兴起及其有价值的探索，对我国心理咨询和治疗的理论及实践提供了一些有益的启示。下面介绍后现代心理咨询与治疗的主要观点。

（一）关注"主观事实"

现代主义者强调"客观事实"的存在，认为这些客观事实是能够被观察和系统地研究的。

后现代主义强调"主观事实"的存在，主观事实不能脱离人们的观察过程而独立存在。社会建构主义就是后现代世界观中的一种治疗观点，强调来访者的事实，强调这种事实以语言的使用为基础。该理论认为，来访者的心理和行为事实是主观的，是来访者在社会活动中建构的，是来访者在不同故事中创造出来的。咨询师要把握来访者讲的故事，看作他们的语言创造出来的事实及意义，有多少讲故事的来访者，就有多少不同意义的故事，也就有多少不同的事实。每个故事对于讲故事者都是真实的，每个卷入不同情节的人，对于情境的事实都有自己的观点。

（二）关注咨询实践

使用现代主义疗法咨询时，对来访者进行的是"问题—谈话"，咨询师利用客观的诊断标准，对来访者进行评估和诊断，以便找出来访者的问题，评估问题发展到了什么程度，然后分析问题、解决问题。这种疗法的重点，是通过咨询使得来访者更加关注自己的问题，关注自己的不足和失败。

使用后现代疗法咨询时，对来访者进行的是"改变—谈话"，咨询师在进行评估时，把来访者看作合作者，始终认为在"需要什么"的问题上，来访者自己是专家，咨询的过程就是从来访者身上寻找力量和资源的过程。这种疗法的重点是关注解决问题的方法，关注来访者的喜好、长处，与来访者进行的是关于发生改变可能性的谈话。

（三）关注咨询过程和结果

现代主义疗法都是关注来访者的问题，不管是过去还是现在，都希望从问题中寻找原因，追问无数个为什么，追问怎么会发展到现在的程度。可以说，该疗法都是在来访者问题的原因上大做文章。

后现代疗法与这些疗法不同，它不是重视问题及其原因，而是帮助来访者从关注目前的状况转变到关注问题，关注"问题在什么时候不是问题"。先关注治疗的过程，再关注将来的前景，然后选择和创造答案，一直关注到问题的最后结果，而且重点就落在问题的结果上。可以说，该疗法是在来访者治疗过程及其结果上大做文章。

二、后现代主义疗法的运用

（一）焦点解决短期心理治疗

焦点解决短期治疗(solution-focused brief therapy，SFBT)，是20世纪80年代初沙泽(Steve de Shazer)和他的妻子伯格(Insoo Kim Berg)共同创立并发展起来的一种心理咨询与治疗模式。

1. 焦点解决短期心理治疗的特点

(1) 限制时间(time-limited)。由于社会发展、生活节奏的加快，以及经济条件的限制，当事人希望限制治疗的次数，缩短治疗时间。实践证明，限制治疗次数并没有产生不利影响。

(2) 以解决方案为中心(solution-focused)。为找到解决方案，咨询师可以针对以下几方面的信息集中讨论：①问题本身；②未被发现和利用的资源；③当事人和咨询师共同确定的、可以改变当事人生活方式的目标。

(3) 以行动为基础(action-based)。

(4) 注重人际互动(socially interactive)，指咨询师利用当事人与家人、朋友、同事之间的相互影响，来满足寻求社会支持和人际交往的需求。

(5) 注重细节(detail-oriented)，指咨询师把注意力集中在一些明确、具体、详尽的细节上，从而帮助当事人澄清一些模糊、抽象的认识。

(6) 重新唤起当事人的幽默感(humor-eliciting)。

(7) 关注个人发展(developmentally attentive)，指打破当事人自我挫败的恶性循环，改变他们的认知风格，将注意力转移到新的事物上。

(8) 以良好的治疗关系为基础(relationship-based)。

2. 治疗技术

在SFBT咨询与治疗的整个过程，治疗师以焦点解决导向的介入技术，使来访者对自己问题的知觉、看法、思考和感受有所转变。它所用的技术非常相似，其目的是协助来访者体验行为、知觉及判断的改变。经由体验已经发生的小的改变，维持、扩大并积累成大的改变，并且利用来访者自身既存的力量和资源达成改变的目标。

SFBT治疗技术包括一般化、咨询前的改变、预设性提问、评量询问、振奋性鼓舞、赞许、改变最先出现的迹象、奇迹询问、关系询问、例外询问、任务/家庭作业、EARS询问、因应询问13项技术，具体如下。

(1) 一般化(normalizing)。咨询师根据当事人的叙述，提供相应的专业信息，让当事人觉得他的遭遇具有普遍性，以降低当事人的焦虑情绪。

(2) 咨询前的改变(pre-session change)。咨询师要善于发现、开发当事人既有的力量与资源。

(3) 预设性提问(presuppositional questions)。咨询师在与当事人的对话中，使用一些暗示性语言，以此影响、改变当事人的知觉，引导当事人往正向、积极、解决问题的思考方向发展。

(4) 评量询问(scaling questions)。咨询师利用数值(0~10)，帮助当事人将抽象的概念具体化。

(5) 振奋性鼓舞(cheer leading)。咨询师为当事人的进步加油、喝彩，尤其是当他们找到解决问题的特别方法的时候。

(6) 赞许(compliment)。咨询师对于当事人表现出正向、进步的地方，给予及时的鼓励、赞扬。

(7) 改变最先出现的迹象(first sign)。小改变可以引发大改变，咨询师引导当事人从最先出现的改变，逐渐展开行动。

(8) 奇迹询问(miracle questions)。咨询师要引导当事人看问题不存在时的景象，专注未来。

(9) 关系询问(relationship questions)。即咨询师询问当事人，重要他人对他、对事件和对改变的看法。

(10) 例外询问(exception questions)。即询问在当事人的生活中，那些按照过去的经验应该发生却没有发生的事情，如问题比较严重的当事人在比较轻时的情况。

(11) 任务/家庭作业(task/homework)。根据每次咨询之后咨询师与当事人的关系布置不同的任务，以帮助当事人找寻、建立并维持满意的行为。

(12) EARS询问(eliciting, amplifying, reinforcing, start again, 引发—扩展—强化—重复)。该技巧需要在第二次咨询时使用，由咨询师引导当事人说出例外情况，并说明它与问题情况有什么不同，同时对当事人的积极表现给予及时的鼓励和赞扬，最后再次询问当事人还有何例外情况。

(13) 因应询问(coping questions)。若当事人觉得咨询与治疗效果没有什么进展，咨询师可以引导当事人看他自己做了什么，让他感到他没有使事情变得更糟，从而找出当事人逆境中的生命力。

【实务训练3-6】

SFBT治疗技术的运用

小李进入咨询室时，她可能完全笼罩在她自己的问题当中，她说她的状况一直很恶劣，心理状态很不好。咨询师了解了小李的低落情绪后，试着问小李："你曾经做过些什么使你的心情好一点？"小李想了半天说："插花。"于是咨询师针对小李的情况，找到一个例外情境，深入探讨例外情境何以发生。例如，插花的乐趣是什么；你什么时候愿意去插花；怎么能够在心情不好的情况下，还可以做得到去插花。从这个方向探索，小李就可能在其间发现改变的途径，发展出更多使心情改变的途径。

你认为本案例中的这个咨询师运用了何种SFBT治疗技术？

3. 评价

作为一项新的心理咨询的原理与技术，SFBT显示出了它的生命力，其影响正在日益扩大。然而，任何模式都有其长处与短处，SFBT也不例外，其长处与短处是相对存在的。

(1) SFBT的优势。SFBT的重点是解决问题，不问症状，不寻找症状背后的原因，引导来访者往问题解决的方向发展，真正体现了心理咨询与治疗"助人自助"的基本精神，且缩短了疗程，减少了治疗成本。SFBT的过程非常简洁，目标指向也很明确，这与惯常的咨询不太相同。它不去关注原因而是直接指向解决问题这一目标，比较适合咨询时间和次数有限的情况。SFBT把重点放在探讨问题不发生时的状况上，而不像通常的咨询那样把重点放在问题的修订上，这是比较独特的。此外，SFBT的会谈技巧也比较富于振奋性和激励性。

(2) SFBT的局限性。首先，SFBT缺乏丰厚的心理学理论基础。虽然从咨询的目标和结构来看，它以系统平衡论和认知行为理论为背景，但是这种理论背景并不能完善地解释整个咨询模式。因此，它在咨询过程中显得比较简单化、手段化，尤其是它不关注来访者问题原因的探讨，也不对来访者的问题给予过多的解释，使得咨询缺乏深度。其次，SFBT的引导性非常强，咨询过程中咨询员的主导性角色尤为突出，这与大多数咨询模式所认同的以来访者为中心的原则有所冲突。最后，SFBT过于关注问题解决的目标化，较少给予来访者倾诉的机会，对于长期受困于不良情绪、急于宣泄自己情绪的来访者来说，显得过于理性，缺乏深入的共情。

（二）叙事心理治疗

叙事治疗(narrative therapy)是咨询者通过倾听他人的故事，运用适当的方法，帮助当事人找出遗漏片段，使问题外化，从而引导来访者重构积极故事，以唤起当事人发生改变的内在力量的过程。

1. 叙事心理治疗的特点

(1) 对传统问题定位视角的转变。叙事心理治疗与传统心理治疗模式相比，最根本的变革在于其对心理问题本质的理解。传统心理疗法认为，问题属于来访者，咨询师的任务是帮助来访者"去掉"问题。也就是说，各个心理学派都认为心理问题是"看不见的存在，可以被操作、被转移到个体之外"。但是叙事疗法认为不是个人"拥有"问题，问题不是一个人静止的空间上的存在，而是叙事结构中一种时间上的存在。所谓的问题只是前后联系的生活经验的一种样式，是意识形态。宏大话语或者叙述造成的一种象征，是个人对主流话语的认同、建构的结果。主流话语会控制人们对生活经验的解释，但是人们不能够自觉地意识到这种影响，因此人是生而被"植入"(positioned)的。认清了主流话语与个人问题的关系，就会认识到所谓的心理问题与其他各种生活样式属于同类别，心理问题不再属于特殊问题，心理问题就是生活本身。

(2) 治疗任务的转变。叙事疗法重视当事人生活故事的讲法，帮助他们认清楚自己的叙事结构，领悟到当事人既是故事的主人公，也是故事的作者；帮助当事人认识到故事可能有多种结局，是可以由自己来控制的，当事人可以更换一种讲法，让故事结局变化，让人生改变方向。

(3) 治疗师角色的改变。叙事心理治疗认为传统的治疗模式大多是某种权威理论对个人故事的判断，是对个人精神世界的侵犯和暴虐，这是需要重新评估的。真正的对话必须建立在彼此尊重的基础上，治疗师和当事人必须承认对方话语的真实性和合理性，愿意并且能够互相学习，共同探讨未知的、无限多样的生活可能性。任何人都不能成为生活的权威，治疗师也不例外。治疗师应充当建筑师的角色，鼓励当事人在故事中引入新的意义和理解。

2. 治疗技术

叙事心理治疗没有一套固定的操作步骤，针对不同的来访者和问题，叙事治疗师采取的策略也不相同，这在一定程度上反映了后现代的立场。叙事心理治疗也有一些共同的基本操作技术，如外化问题、问话、支持程序及重构故事等。

(1) 外化问题。将问题与人分开，把贴上标签的人还原，问题是问题，人是人。如果把问题和人看成是一体的，改变则相当困难，治疗师与来访者都会感到相当棘手。如果把问题外化，问题和人分开，人的内在本质则会被重新看见与认可，转而有能力与能量反身去解决自身的问题。

(2) 问话。叙事心理治疗中，治疗师几乎会一直提出问话。如果我们提出一种问题，则可能产生一种生活，问话可能会开启新故事的空间。在治疗中，治疗师会思考问话、组合问话，以和过去不同的方式来运用问话。问话要产生经验，而不只是收集资料。当来访者产生较喜欢的现实经验时，问话就会对他们产生疗效。在叙事心理治疗过程中，问话有5种主要类型：解构式问话，开启空间的问话，较喜欢的选择的问话，发展故事的问话，以及意义性问话。

【实务训练 3-7】

叙事心理治疗中的问话举例

学生：老师，我不知道我真正喜欢的是什么？

辅导老师：你自己觉得你是个怎样的人？

学生：我不知道……

辅导老师：同学怎么称赞你？

学生：(笑) 他们说我很认真。

辅导老师：怎么说？

学生：就是上次的义卖会啦……

辅导老师：你可不可以谈一下那一次的经验。

学生：上次校庆举办的义卖会，只要我在场，就会硬拉很多人来，我们班级的摊子面前可真是 people mountain people sea(人山人海)。同学们都不知道我怎么把他们找来的。我有办法让他们掏出钱来，大家都说我们班的摊位没有我是不行的。

辅导老师：在这件事上，你觉得你有哪些天分？

学生：我……好像……有推销的天分。

辅导老师：过去是不是还有类似的经验？说来听听……

学生：我在初三的时候……老师，我在想，我好像的确有推销的天分，我妈妈也这样说我。

学生：初一的时候，妈妈在摆地摊。有一次她生病，身体不舒服，我刚好考完试，她要我替她一下。那一天我卖得比妈妈还多。好多逛街的人原来只是看看，并不想买，我好像有办法让他们买……

学生：老师，大学的哪些系可以让我将来往这方面发展？

你认为这属于哪种形式的问话？

(3) 支持程序。支持程序包括见证和仪式，主要是鼓励、肯定来访者，巩固重构的新故事、新生活，使其改变真实化。来访者由于生活情境中缺少聆听者、欣赏者和知心者，很多美好的生活故事没有机会得到讲述和创作。治疗师是来访者生活故事的一个见证人。此外，对来访者的生活有重要影响的家人、邻居、朋友或者其他重要的人，也可以是来访者生活故事的见证人。在来访者力图改变的这个过程中，可以从其他见证人那里汲取力量。治疗师同样鼓励当事人做自己新生活、新思想、新希望的见证人。叙事治疗的另一个重要的方法就是仪式的运用。来访者在讲故事的过程中，需要开启一个新的章节，在章节之间会有一个承前启后的转折。当生活故事发生重要改变时，作为当事人，他会希望有一种外在的力量见证这种转变，于是会举行相应的仪式。仪式具有一种非常奇妙的作用，可以让那些我们本来觉得不那么真实的变化变得非常真实。

(4) 重构故事。重构故事是指重新编排和诠释故事，丰富故事内容。心理学家认为，说故事可以改变自己。来访者在说故事的过程中，可以发现新的角度，产生新的态度，从而产生新的重建力量。好的故事不仅可以治疗心理疾病和精神扭曲，而且可以从中寻找自信和认同。透过令人愉悦、感动的隐喻故事，我们可以重新找到面对烦恼的现实状况的方法，正视我们的过去，并且找到一个继续努力的深层动机和强大动力。

3. 评价

(1) 叙事心理治疗有其优势。叙事心理治疗是目前受到广泛关注的后现代心理治疗方式，摆脱了传统上将人看作问题的治疗观念，通过问题外化、问话、支持程序及重构故事等方法，使人变得更自主、更有动力。它极大地扩大了心理学和心理治疗的视野，使我们不再将自己的视野局限于精神病学，而是将人类生活本身放在后现代的语境下进行重新审视和重新规划。其次，叙事心理治疗方法论为心理治疗理论的整合提供了一种全新的框架。在这种新的框架之中，理论概念的真理性不再是临床专家追求的目标。一方面，叙事心理治疗坚持多元方法论，强调多元性和多样性，反对一元的、大一统的目标。另一方面，叙事心理治疗认为知识是社会建构的结果，因而各种治疗和理论都是一些建构或叙事，而不是所谓的真理。此外，叙事心理治疗方法论促进了心理治疗本土化的发展。叙事心理治疗强调文化对建构叙事的作用，当它为不同国家、地域、种族的治疗师所使用时，它就具有了本土化特点。

(2) 该方法也有其局限性。叙事心理治疗方法论是后现代主义思潮的一部分，秉承了后现代主义的世界观，其哲学和方法论根基尚未完善，不可避免地继承了后现代主义的局限性。叙事心理治疗是对现代心理治疗的批判，特别是对科学主义方法论所恪守的还原主义、客观主义等方法论原则的反叛，带有进步色彩，但容易从一个极端转到另一个极端。叙事心理治疗认为没有绝对的真理，没有所谓的真与假，每个理论相对于它产生的背景而言都是正确的，可能陷入相对主义。此外，其自身理论体系尚未成型，带有一定的尝试性、幼稚性。宏观上说，叙事心理治疗过于强调批判性而建设性不足，既没有建立完整的建设性方法论体系，也缺乏系统性的研究内容。微观上说，对于后现代主义思想的存在前提、理论构想、发展前景等方面的问题，心理学家们尚未达成共识，更没有形成完善的体系，其许多观点都仅仅处于构想阶段，缺乏事实的支持。

总之，以社会建构理论为基础的后现代心理咨询与治疗否认心理问题的客观实在性，将心理问题理解为一种最自我的建构方式，直接针对这种建构方式进行干预和治疗。关注每位来访者心理问题产生的文化、情境，以及个体的特殊性与差异性，从问题出发，从有问题的人出发，提高了治疗的针对性，同时提高了治疗的有效性。这种理论虽然具有直接性、短程性、有效性的治疗特点，但往往缺乏治疗的深度，对于严重的心理问题难以达到治疗效果。另外，此理论忽视问题的客观存在，不解决现实问题，仅仅改变人们建构现实的方式，具有回归认知主义的倾向。目前，关于后现代心理学思想存在诸多争论，虽然它对现代心理学采取一概否定的态度是不可取的，但它促使我们拓展了视野，更新了观念，转变了以往僵化、封闭的思维方式。

【案例导读解析】

本章案例导读中，不同的人给小林做出的诊断是相同的，都认为小林患有抑郁症，但给出的治疗方法为何各不相同呢？究其原因，学校的咨询老师、公司的咨询师和医院的心理医生他们各自持有的心理辅导理论是各不相同的。正所谓"异曲同工"，同样的症状可以用不同的治疗方法达到相同的效果。对于抑郁症患者，精神分析理论认为，抑郁是对愤怒的压抑，在抑郁情境中，患者把对他人的愤怒压抑成对自己的愤怒，形成了抑郁，从而埋怨自己，觉得自己无能，所以用精神分析理论治疗，治疗的目的是帮助患者分析潜意识的"情绪症结"，从而改善情绪反应；而认知理论则认为，认知是造成抑郁的主要因素，患者把自己看作无价值的、无用的就会形成抑郁，治疗的目的是让患者改变这些错误的认知；而行为主义的观点是，抑郁是减少或缺乏强化造成的，如亲人离世导致的抑郁就是因为积极强化的消失才导致的，治疗中需要对强化做好控制。

小结

中学心理辅导教师要想顺利地开展学校心理辅导工作，就必须了解心理辅导的理论，熟练掌握心理辅导的方法和技术。本章目的不仅是使读者掌握各学派心理辅导的理论与技术，更重要的是使读者懂得如何在实践中根据具体问题情境，运用各种理论解决实际问题，能够综合运用各学派的观点、方法、技术，做好心理咨询与辅导工作。

巩固与操作

一、思考题

1. 弗洛伊德的潜意识理论的主要内容是什么？
2. 弗洛伊德关于人格发展有哪些理论描述？
3. 弗洛伊德关于焦虑与自我防御机制的观点是什么？
4. 精神分析学派心理辅导的常用方法是什么？
5. 简评精神分析疗法的贡献及局限。
6. 阐述行为主义学派的代表人物及其理论的主要观点。
7. 行为主义学派心理辅导的基本原理是什么？
8. 利用行为主义学派理论进行咨询与辅导时常使用哪些技术？行为主义疗法有何优缺点？

9. 人本主义人性观是什么？它与精神分析人性观有何本质的不同？
10. 怎样看待以来访者为中心疗法？
11. 试评价以来访者为中心疗法的贡献与局限。
12. 简述认知学派的主要代表人物及其观点。
13. 两种认知方法各有哪些独特的心理辅导技术？
14. 简评认知疗法的贡献与局限。
15. 简述后现代心理咨询与治疗理论的主要观点。
16. 简述焦点解决短期心理治疗的特点与治疗技术。
17. 简述叙事心理治疗的特点与治疗技术。
18. 简述后现代心理咨询与治疗的贡献和局限。

二、操作题

1. 有一位27岁的女教师，因嫌自己的单眼皮不漂亮，就去做美容手术，没想到手术效果不理想，双眼皮一个大一个小，于是她整个人从此变得自卑、退缩、不愿与人交往，甚至害怕站在讲台上面对自己的学生。

试分析这位女教师所持有的信念是什么？该信念是否合理？如果不合理，其不合理在什么地方？

2. 小彬(化名)13岁，初中一年级学生，爸爸妈妈都是知识分子。在小彬2岁的时候，奶奶独自带了小彬一年；在小彬8岁的时候，他爸爸从老家到广州工作，又让奶奶带了他3年，之后他才去广州。在他爸爸眼里，小彬很不可捉摸，问他什么都不说，说他两句他就生气，"哐"地关上房间的门，经常几天都不愿跟家里人说话，就喜欢打电脑游戏，现在放假了，一天打十多个小时。他在外面的表现倒是蛮乖的，从来也不打架闹事；他遇到一点点小困难就想要放弃、逃避，不愿意去面对，不想办法去解决，也提过不想去上学。

小彬自己却认为在家里没有人说话，爸爸脾气很暴躁，不太管他，要是管他八成就要挨打，且通常在家长会之后。慢慢地，他就不告诉爸爸他们要开家长会了。妈妈倒比较温和，但是她什么都不懂，他也不知道跟她说些什么。在学校里，因为他个子小，学习成绩也不好，男生们总喜欢戏弄他或欺负他，老师也不管。他最喜欢做的事情就是一个人在家里或在网吧打游戏，在这种时刻他才能感觉到一些快乐和成功。

请根据小彬的实际情况，综合利用本章精神分析和行为主义有关疗法提出相应的心理辅导方案。

3. 某女高中生，她自从初三时经历了失恋、父母离婚、担心成绩下滑等事情，两年多来总觉得自己命不好，内心时常处在压抑和痛苦之中，她对医生说已经好久没有真正开心地笑过了，并且这种苦闷的情绪还常常搞得她失眠多梦，精神接近崩溃，几次想要自杀。在一次偶然被碎玻璃割破手后，她在疼痛袭来时，却感觉全身非常放松，于是日渐沉迷在这种自残行为中。

请选择适当方法为该案例进行心理辅导设计。

拓展阅读

1. 杰拉德·科里著. 心理咨询与治疗的理论及实践[M]. 朱智佩，等译. 北京：中国轻工业出版社，2021.

2. 布拉德利·T. 埃尔福特. 心理咨询师必知的40项技术[M]. 2版. 北京：中国人民大学出版社，2020.

3. 江光荣. 心理咨询的理论与实务[M]. 2版. 北京：高等教育出版社，2012.

第四章

中学生的自我意识

▶ 内容提要

本章主要介绍自我意识，中学生自我意识的特点，中学生自我意识的偏差及调适方法。自我意识是个体心理健康的起点，是适应社会的地标，是学习和生活的基石，对中学生有重要意义。

▶ 学习目标

(一) 认知目标
1. 了解什么是自我意识。
2. 了解中学生自我意识的特点。
3. 了解中学生自我意识的偏差及其调适方法。
(二) 情感目标
1. 体验中学生的自我意识对中学生健康心理发展的重要性。
2. 体验中学生自我意识偏差对中学生健康心理的负面作用。
(三) 能力目标
1. 掌握中学生自我意识的发展规律和特点。
2. 掌握中学生自我意识偏差的调适方法。

【案例导读】

中学生心理咨询案例

刘某，男，15岁，初二学生；智力较好，但只有数学成绩较突出，其他成绩一般；性格倔强，个性刚硬，自尊心特强，逆反心理十分严重，经常和父母、老师发生冲突并顶撞他们，有很强的抵触情绪。你越是反对的事情，他就越和你对着干。在学校，他这种反抗行为十分尖锐，每当老师批评他时，他眼睛直盯着老师，一副不服气的样子，甚至还和老师顶嘴。他课堂上故意讲话，做小动作，老师点他名字，他就狡辩、不承认，课后还不及时完成作业。前段时间，他的数学成绩明显滑坡，竟然亮起了"红灯"。老师叫他到办公室，他死活不去，老师一拉他，他就抓住门或课桌。班主任找他谈话，他也是听过就算了，回到教室还是一如往常。老师为此进行了家访，家长态度很好，表示愿与老师好好配合，但过后孩子在学校照样我行我素，还经常打同年级的孩子。老师问他为什么打人，他说看他不顺眼我就打他。回答真是让人好气，真是个令家长和老师十分头疼的孩子。

第一节 自我意识概述

认识自己，不仅要认识自己的外表，还要认识自己的内在品质。对于中学生来说，在这样一个身体和心理都剧烈变化的时期中，正确认识自己尤为重要。苏霍姆林斯基曾说："一个少年，只有当他学会了不仅仔细地研究周围世界，而且仔细地研究自己本身的时候；只有当他不仅努力认识周围的事物和现象，而且努力认识自己的内心世界的时候；只有当他的精神力量用来使自己变得更好、更完善的时候，他才能成为一个真正的人。"中学生在这个时期心理上最大的变化莫过于自我意识的变化，斯普兰卡称青少年是"第二次诞生"，指他们发现了一个内心的自我世界。正是这个自我的出现，使得中学生的独立性、成人感日趋增强。

一、自我意识的概念

自我意识是对自己身心活动的觉察，即自己对自己的认识，具体包括认识自己的生理状况(如身高、体重、体态等)、心理特征(如兴趣、能力、气质、性格等)，以及自己与他人的关系(如自己与周围人们相处的关系，自己在集体中的位置与作用等)。自我意识是人对自己的身心状态，以及对自己同客观世界的关系的意识，是一个比较大的概念。

【知识链接4-1】

孩子自我意识太强的表现

1. 对自己的私人空间格外重视

孩子开始拥有自我意识，重要的表现就是对自己的私人空间有了保护意识，不希望家长随意去窥探。如果家长无意中的窥探被孩子意外发现，则免不了产生不必要的争吵，其实这就是孩子对私人空间重视的表现。父母不要觉得这是一件无足轻重的小事，父母的这种行为无形中侵犯了孩子的隐私权，只要是拥有自我意识的人，心里都会很不舒服，更何况是孩子。因此，广大的父母在动用孩子物品的时候，要提前与孩子打招呼，征得孩子的同意。

2. 拒绝认错

很多孩子就是明知道自己错了，但还是嘴硬不认错，不承认错误的行为更让父母生气，其实这也是孩子自我意识的一种表现。出现这种行为,从父母角度来说,就是恨铁不成钢的无奈。而造成这种情况更多的是父母与孩子之间的交流方式出现了问题,双方沟通缺乏平等的理念。或许父母态度生硬,带有责备,甚至没有尊重,而孩子不愿意听,这样孩子就难以去认错。所以,父母要学会反思自己,注重与孩子的交流方式。

3. 固执地坚持自己的想法

很多父母都会发现,自己的孩子不再像以前一样言听计从。当出现观点不一致的时候,孩子会坚持自己的观点,而不是像以前一样听自己的话,甚至会用言语来反驳父母的观点与认识,不去仔细地考虑父母的想法,也就是我们常说的"轴"。当父母发现孩子出现这种变化的时候,要从分歧方面着手,而不是直接否定孩子,给予孩子足够的尊重,才能更好地处理好亲子关系。

人们很难说明自己是否认识自己,或者总是觉得自己既认识自己又不认识自己,就是因为人们很难全面、清晰、准确地认识到自我意识的所有层次和方面。因此,了解自我意识概念的内涵和外延,有助于个体增进对自己的了解。

每个人对自己的意识不是一生下来就有的,而是逐步形成和发展起来的。首先是形成对外部世界、对他人的认识,然后才是逐步认识自己。自我意识是在与人交往的过程中,根据他人对自己的看法和评价而发展起来的,这个过程在我们一生中一直进行着。如果每个人都是一个心灵画家,那这个画家的水平是逐步提高的。当他能意识到自己的身体特征和生理状况,并能认识和体验到内心进行的心理活动,以及感受到自己在社会和集体中的地位及作用时,这张画像就基本完成了。

二、自我意识的特点

自我意识的特点为矛盾性、形象性和独特性。

(一)自我意识的矛盾性

自我意识的矛盾性主要体现在理想自我和客观自我之间的关系上。当个体的自我意识尚未形成时,是混沌一团的。随着年龄的增长,自我便逐步分化为主观的我和客观的我两个方面,分别体现代表社会要求的"理想的我"和代表现实生活的"客观的我"。在个体的自我意识中,若主观的我和客观的我、理想的我与现实的我之间产生了差距及矛盾,则会产生丰富复杂的自我情绪体验。例如,一个青年希望自己成为一个开拓性的人才,向往着自己干一番轰轰烈烈的事业,但实际上他缺乏开拓、创新的素质,处处因循守旧,于是就产生了理想的我和现实的我之间的矛盾,他可能会自我谴责和自我埋怨。

这样看来,仿佛理想的我与现实的我之间的矛盾会给个体带来更多的负性情绪,其实不尽然,这种矛盾也是个体为了摆脱不安与焦虑,力图使理想的我与现实的我统一的动力。有了这样源源不绝的动力,个体才会不断努力发展,力求使二者统一,所以判断二者统一的积极意义的标准,在于方向性的正确与否。

（二）自我意识的形象性

心理学家柯里指出，别人对自己的态度，是自我评价的一面镜子，为个体自我评价提供基础。一个人处在一定的社会关系中，是通过与他人相处，并从他人对自己的评价中看到自己的形象的。自我意识的这一侧面被称为"自我形象"。所谓"自我形象"，就是自己了解自己的一切，自己对自己的认识，就像自己站在镜子面前看到自己的一切一样，这面镜子就是社会上其他人对自己的认识与评价。柯里指出，人与人之间相互可以作为镜子，都能照出他面前人的形象。

自我意识的形象包括以下3个因素。

(1) 关于被他人看到自己的姿态的自我觉察。

(2) 关于他人对自己所做的评价与判断的自我想象。

(3) 关于对自己怀有的某种感情——自卑或自尊。

（三）自我意识的独特性

随着年龄的增长，个体在与周围人们的交往中，尤其是与重要人物的交往，逐渐把他人的判断内化为自己的判断，于是个体就按照自己所想象的他人的观点来看待自己。随着时间的推移，个体自我意识的自我态度也慢慢地脱离了他人的评价，成为自律并发挥作用。到了这个阶段，个体往往会变得"我行我素"，发挥出主动性和独立性，表现出与众不同的风格与独特的形态，成为其个性中的一个重要组成部分。

三、自我意识的心理构成

心理学通常将自我意识划分为自我认识、自我体验和自我调节。

（一）自我认识

自我认识是自我意识的认知成分。它是自我意识的首要成分，也是自我调节控制的心理基础，包括自我感觉、自我概念、自我观察、自我分析和自我评价。自我分析是在自我观察的基础上对自身状况的反思。自我评价是对自己能力、品德、行为等方面社会价值的评估，它最能代表一个人自我认识的水平。在认知发展过程中，个体不断调节自己对自身的认识和评价，个体的需要、动机等也伴随其中。如果个体对自己的优点缺乏信心，而过于关注自己的缺点，容易产生自卑心理。反之，如果个体长期以自我为中心，盲目乐观，停留在暂时的成绩上，就会阻碍其良好人际关系的发展。

（二）自我体验

自我体验是自我意识在情感方面的表现，自尊心、自信心是自我体验的具体内容。自尊心是指个体在社会比较过程中所获得的、有关自我价值的积极的评价与体验。自信心是对自己的能力是否适合所承担的任务而产生的自我体验。总体来说，自我体验就是要回答以下两个问题：自己对自己是否满意；自己是否可以悦纳自己。满意，则是自我认可，自信心足；反之就是自我否定，对自己缺乏信心，自卑。人们都会产生类似的情绪体验，当自己对自己失望的时候，就会觉得整个世界都是灰色的，毫无意义；但是当自己对自己信心十足的时候，对于曾经的缺陷或错误，都可以很好地正确对待。自我体验就是自己对自己的感受，它的积极与否直接关系到我们对自身发展要求的高低和行动方向的对错。

（三）自我调节

自我调节是自我意识的意志成分，主要表现为个人对自己的行为、活动和态度的监控，包括自我检查、自我监督、自我控制等。自我检查是个体在头脑中将自己的活动结果与活动目的加以比较、对照的过程。自我监督是一个人以其良心内在的行为准则对自己的言行实行监督的过程。自我控制是个体对自己心理与行为的主动掌握。自我调节是自我意识中直接作用于个体行为的环节，是一个人自我教育、自我发展的重要机制。自我调节的实现是自我意识能动性的表现。简单来说，自我控制可以理解为自己对自己的控制，包括两层含义：一是自己对自己的设计，即"我应该做什么，我不应该做什么"；二是自己对自己的指导，即"我可以怎么样去做"。良好的自我控制能力有利于个体学习、工作的顺利进行，也能促进良好人际关系的建立和维持。

总之，自我认识是自我意识中最基础的组成部分，决定了自我控制的行动力度；自我控制则是完善自我的实际途径，对自我认识、自我体验都具有调节作用。三方面整合一体，便形成了自我意识。

四、影响自我意识发展的因素

个体的自我意识不是一蹴而就的，也不是一成不变的，影响自我意识发展的因素是多方面的。目前，此方面的有关研究多数集中以下几方面：年龄、性别和学习成绩。

（一）年龄对自我意识的影响

在一个人的一生中，自我意识是不断发展、不断变化的。有研究者假设，自我意识最不稳定的阶段是青少年时期的中段，也就是中学时期。我国学者杨善堂(1990)研究证实，初中二年级可能是自我意识发展的一个重要时期；韩进之(1987)等研究表明，我国中小学生自我意识发展的总趋势呈现由低到高的曲线形，小学一年级到三年级发展速度较快，小学三年级以后发展速度逐渐减慢。

（二）性别对自我意识的影响

学生自我意识发展的总体水平没有明显的性别差异，但是在自我评价一项上男生明显高于女生。具体表现在以下几方面。

(1) 在自己的身材、外貌、智力、性别等方面，男生的满意度明显高于女生。
(2) 在除学习外的优点方面，男生的自我评价明显高于女生。
(3) 在情绪稳定性和主导心境方面，男生的自我感觉略优于女生。
(4) 在兴趣爱好的广泛性方面，男生的自我评价明显优于女生。

值得注意的是，在评价自己被别人喜欢的程度时，男生的自我感受明显低于女生。此外，在自我设计、自制力和自我监控水平上，虽然性别差异未达显著水平，但是在有些项目上差异是比较显著的。例如，在做事的计划性上，女生优于男生；在坚持性上，男生优于女生；在自我审视的意识方面，女生比男生更自觉。

（三）学习成绩对自我意识的影响

在学校中，学生的学习成绩对个体的自我意识有重要影响。许多研究表明，成绩落后的学生往往表现出负面的自我意识，用不及格的成绩来预测低落的自我意识，大致是不会错的。国外有研究者审阅了有关"个性特点和成绩落后"的文献后，总结道：差生精神沮丧、意志消沉、自怨自艾、用否定的态度看待自己。国内学者的研究也表明，初中生对成绩好坏的归因普遍趋向于内部归因，特别是失败归因，以内部归因为主的学生是以外部为主的学生的3倍，这说明初中生考试成功或失败时，会更多地从自己身上寻找成败的原因。类似的研究表明，自我监控学习行为与学生的成绩有十分密切的关系，自我概念不同的学生学习成绩有显著差异，高自我概念者倾向于有优良的学习成绩，低自我概念者倾向于有不良的学习成绩。

五、自我意识的作用

自我意识在个体发展中有十分重要的作用。

首先，自我意识是认识外界客观事物的条件。一个人如果不认识自己，也无法把自己与周围环境相区别，他就不可能认识外界客观事物。自我是个体在探索这个世界时的基点、原点，一切新信息、新事物的认识都要以自我为地标进行划分，并为我所用。

其次，自我意识是人的自觉性、自控力的前提，对自我教育有推动作用。人只有意识到自己是谁、自己应该做什么，才会自觉、自律地进行行动；只有知道自己的长处和不足，才不会过分自卑或自傲，才会有助于发展自己的优点，克服自己的缺点，取得自我教育、自我改善的积极效果；只有真正地、全面地认识自己，才有可能在人生的各种选择中不盲从、不莽撞，才能选择一条自主的、积极的人生之路。

第二节 中学生自我意识发展的特点

人的生理发展与心理发展是密切联系的，在人一生的大部分时间里，生理发展与心理发展的速度是相互协调的，从而使个体的身心处于一种平衡、和谐的状态。但中学阶段是人类生命全程中一个极为特殊的阶段，初中生的生理发展十分迅速，但其心理发展的速度则相对缓慢，心理水平尚处于从幼稚向成熟发展的过渡阶段，这样，初中生的身心就处在一种非平衡状态，容易引起种种心理发展上的矛盾，呈现出大量的心理健康问题。以上变化主要体现在初中生的自我意识、自我体验、自我控制3方面。其中，自我评价水平是自我意识发展水平的主要标志。3种成分互相影响，互相促进，它们是一个统一的、密不可分的有机整体。

一、中学生的自我评价

（一）中学生自我评价能力的发展

自我评价是指主体对自己思想、愿望、行为和个性特点的判断和评价。自我评价能力能反映一个学生的心理成熟程度，是自我意识发展水平的重要指标。

个体的自我评价能力有其自身的发展轨迹，它开始于学龄前期。最初，儿童从成人对自己的评价中进行模仿，依从别人的评价，他们一般是先评价别人后评价自己，先对外部后对内部进行评价。而到了初中阶段，学生逐渐摆脱成人评价的影响，产生了独立评价的倾向。这个过程在初中生的道德判断上体现明显，初中之前学生的道德判断标准往往着眼于行为效果，而初中之后则转向注重内部动机。对于初中生来说，以往对师长的遵从已经变为了重视同龄人的意见，他们最初将同龄人的评价和成年人的评价同等对待，之后就慢慢地表现出更重视同龄人的意见而忽视成年人的意见。

（二）中学生自我评价的特点

从年龄特征上看，中学生处于从青春发育期向青年期过渡的阶段。埃里克森认为，青少年期是自我同一性形成与同一性混乱相冲突，并获得新的自我同一性的时期。这一时期的青少年热切地寻求着新的自我连续感和一致感。在这一过程中，当原先的自我平衡被打破时，青少年常常陷入困惑、矛盾和不可自拔的心理冲突之中。因此，青少年在心理上往往通过各种途径重新认识自我及自我价值，从而努力建构新的自我。

1. 自我评价的独立性逐渐增强

儿童开始出现自我评价的时候，是以成人对他们的评价为依据的，然后才逐渐摆脱这种权威的影响，产生独立的自我评价。可以说，独立的自我评价，是初中生有主见的表现，这在人的成长过程中有着非常重要的意义。

2. 自我评价的抽象水平提高

初中以前的学生在评价自己的时候，多数从外部表现上或依据行为结果来评价自己，往往就事论事，具体而琐碎，并不能从内部动机来剖析自己，也不能上升到理论高度。而初中时期的学生在评价自己的时候更加概括和深化。

3. 自我评价的稳定性提升

自我评价的稳定性，可以反映出学生在评价中的态度和他所采用的标准是否一致。如果认识水平低、标准不明确或者态度随便，就会经常变换自我评价。稳定性差也是自我意识发展不够成熟的表现。它可以用两次或多次有一定时间间隔的自我评价结果来进行比较而找到结论(见表4-1)。

表 4-1　全国 9 个地区自我评价问卷复测相关系数

年级	小一	小三	小五	初一	初二	高二
相关系数 (r)	0.37	0.51	0.61	0.67	0.73	0.78

从表4-1中可以看出，随着年级的升高，前后两次测试结果的相关系数相应增大，中学生自我评价的稳定性越来越好。

（三）影响中学生自我评价的因素

1. 年级和性别对自我评价的影响

研究表明，男女生的学习自我评价在初一和高三时都达到了一个较高的水平，可期间的性别变化趋势却不相同。从整体上看，女生的变化幅度比较平稳，而男生的波动则较大。从初一到初三，女生的学习自我评价呈下降趋势，初三到高二期间比较平稳，从高二开始上升。而男生在这方面的自我评价从初一到初二为逐渐下降，初二到初三上升，初三到高一下降，从高一开始一直到高三都在大幅上升。

2. 人际关系对自我评价的影响

对于人际关系自我评价方面，男女生则没有显著的差异，总趋势是初一时中学生的人际关系自我评价处于最低点，以后呈缓慢上升的趋势，从高二开始上升迅速，直到高三，达到整个中学阶段的最高点。对于外貌的自我评价来说，男女生并没有显示出性别差异，但年级差异则具有显著性。高中男女外貌的自我评价要远高于初中生，高二时男女生在外貌自信方面都有一个提升。

3. 教师态度、中学生应对方式对自我评价的影响

虽然在中学阶段学生的自我评价独立性增强，抽象水平提高，以及稳定性增强，但是对于中学生来说，比较重要的人的评价对其影响还是非常大的，尤其是教师对学生的态度和评价。如果教师总是给予学生正面的评价，学生对自己的评价水平也会相应提升；反之，如果教师总是给予学生负面的评价，学生对自己的评价水平也会相应降低。

【知识链接4-2】

期望效应

1."期望效应"名词的由来

期望效应又叫"皮格马利翁效应"，也叫"罗森尔塔效应"。这个效应源于古希腊一个美丽的传说。相传古希腊雕刻家皮格马利翁深深地爱上了自己用象牙雕刻的美丽少女，并希望少女能够变成活生生的真人。他真挚的爱感动了爱神阿芙洛狄忒，爱神赋予了少女雕像以生命，最终皮格马利翁与自己钟爱的少女结为伉俪。以美国哈佛大学罗森林塔尔等人为首的许多心理学家进行一系列研究，实验证明，学生的智力发展与老师对其关注程度成正比关系。

2. 效应实验

美国哈佛大学的著名心理学家罗森塔尔曾经做过一个教育效应的实验。他把一群小老鼠一分为二，把其中的一小群(A群)交给一个实验员，说"这一群老鼠属于特别聪明的一类，请你来训练。"他把另一群(B群)老鼠交给另外一名实验员，告诉他这是智力普通的老鼠。两个实验员分别对这两群老鼠进行训练。一段时间后，罗森塔尔教授对这两群老鼠进行测试，测试的方法是让老鼠穿越迷宫，结果发现，A群老鼠比B群老鼠聪明得多，都先跑出去了。其实，罗森塔尔教授对这两群老鼠的分组是随机的，他自己也根本不知道哪只老鼠更聪明。当实验员认为这群老鼠特别聪明时，他就用对待聪明老鼠的方法进行训练，结果，这些老鼠真的成了聪明的老鼠；反之，另外那个实验员用对待笨老鼠的办法训练，也就把老鼠训练成了不聪明的老鼠。

罗森塔尔教授立刻把这个实验扩展到人的身上。1968年，他和雅各布森教授带着一个实验小组走进一所普通的小学，对校长和教师说明要对学生进行"发展潜力"的测验。他们在6个年级的18个班里随机地抽取了部分学生，然后把名单提供给任课老师，并郑重地告诉老师，名单中的这些学生是学校中最有发展潜能的学生，并再三嘱托老师在不告诉学生本人的情况下注意长期观察。8个月后，当他们回到该小学时，他们惊喜地发现，名单上的学生不但在学习成绩和智力表现上均有明显进步，而且在兴趣、品行、师生关系等方面也都有了很大的变化。这一现象被称为"期望效应"，后来人们借用古希腊神话中皮格马利翁的典故，称这种现象为"皮格马利翁效应"。

教师的态度能不能对中学生的自我评价产生影响，以及能产生多大的影响，还取决于中学生的应对方式如何。如果中学生对教师的态度能采取积极的应对方式，即使教师态度不好也会被学生理解为"恨铁不成钢"，同样能对学生产生激励作用；如果中学生总是对教师的态度采用消极的应对方式，即使教师态度非常好也很难起到预期的作用。

二、中学生的自我体验

自我体验是指自我意识中对自己情绪、情感的体验和态度。从这一方面来说，我们要特别注意中学生的自尊心，还要了解中学生自我体验的基本特点。

（一）中学生的成人感

成人感是指青少年感到自己已经长大成人，渴望参与成人角色，要求独立，得到他人尊重的体验。成人感的产生是青少年自我意识迅速发展的一个重要特征，也是儿童个性发展的转折点。

初中生的成人感可以通过以下两个途径来判断：独立性和个人私密性意识。初中生对各项事务已经有自己的独立见解，不会事无巨细地依赖成人，而且强烈希望别人尊重自己的意见，力争处处与众不同。初中生的私密性意识体现在他们开始发现一个内心的、只属于自己的自我，喜欢独处，喜欢珍藏自己的秘密。他们开始疏远父母，选择志趣相投、谈得来的伙伴，交往范围也会不断扩大。

（二）中学生的闭锁性

初中生闭锁性的发展与他的成人感发展是相辅相成的，成人感发展了，心中的秘密自然增多，闭锁性就会增强。闭锁性是初中生智力发展和情感深化的反映，是成长的信号，老师和家长要妥当处理。

随着年龄的增长，初中生的见识多了，就更能掌握事情的分寸和界限。与小学生相比，什么事情该公开，什么事情应当保密，初中生对此会有更深刻的体会和理解。这时初中生往往变得老成一些，平时言谈比以往少，在重要场合不肯轻易发表意见。其实心理上的闭锁与言谈中的沉默是一对孪生兄弟，都是心理防御的表现，而且这种情况与初中生当时所处的情境、场合有关。也就是说，初中生在老师、家长、陌生成人面前紧张时，会尽量表现出不失礼节，内心则保持"封闭"状态，但是在面对同龄人或小学生时，可能是另一回事。

（三）中学生的自尊

自尊是社会评价与个人的自尊需要之间相互关系的反映。一般来说，当一个人的生理需要、安全需要和社会需要得到一定程度的满足时，人就会产生对荣辱的关心，即自尊需要。中学生的身心正处于加速发展并渐趋成熟的时期，他们的自尊心明显表现出以下几个特点。

1. 盲目性

当前中学生出于种种原因，在他们的自尊中或多或少地夹杂着盲目自尊的成分：一是由于中学生正处于自我意识萌芽和逐步提高的时期，自我评价的全面性、深刻性、客观性的质量还不高，很容易出现高估或低估自我的倾向，自尊、自信往往表现到过分的程度；二是因为当前的中学生大多数是独生子女，"四二一家庭"结构使他们从幼小起就处于家庭的核心地位，再加上家长不适当的溺爱，逐步养成了唯我独尊的不良个性特征。

2. 敏感性

随着学生自我意识不断增强，他们的自尊不仅越来越强，而且变得敏感起来，即使是他人的一个较弱的信号，也能被他们敏感的自尊捕捉，从而引起强烈的自尊体验。

3. 渴求性

中学生渴望在集体中居于适当的地位，得到较好的评价和重视，他们最怕别人看低自己，所以他们会在学校生活的各个方面表现自己，争强好胜。有的中学生在用合乎社会规范的方式无法获得自尊需要时，甚至会用不符合社会规范的方式寻求满足。即使是当他们的自尊已满足时也不会放弃对自尊的渴求，一方面他们会通过种种方式努力捍卫其已获得的自尊；另一方面他们会把自尊的触角伸向新的领域，获得新的自尊体验。他们的自尊永远处于饥渴状态，即使自卑感强的学生，他们的内心深处同样也有十分强烈的自尊需求。

4. 极端性

相对于其他群体来说，中学生的自尊感体验容易走向极端，当社会评价与个人的自尊需要相一致，自尊需要得到肯定与满足时，他们往往会沾沾自喜甚至忘乎所以；如果社会评价不能满足自尊需要或者产生矛盾时，他们可能会妄自菲薄甚至自暴自弃。

【实务训练 4-1】

在学校中鼓励提升自尊的建议①

1. 重视和接受每个学生的努力和成功。
2. 创造一个让学生身心安全的环境。
3. 了解自己对学生的偏见(每个人都有偏见)。
4. 保证你的教学和把学生分组的程序都是必需的。
5. 订立清楚的评价标准，帮助学生学会正确评价自己的成就。
6. 帮助学生形成合适的自我批评、自我奖励的方法和坚持不懈的品质。
7. 避免做破坏性的比较和竞争，鼓励学生与比自己成就更高的人竞争。
8. 即使你不希望学生的某种行为和结果发生，也要接受他们。
9. 记住积极的自我概念来自社会性发展的成功和重要人物的重视。
10. 鼓励学生对他们处理的事件承担责任，让他们知道自己有机会选择如何去做。
11. 在学校建立支持小组和"学习伙伴"，教育学生如何互相鼓励。
12. 帮助学生建立明确的目标，集体讨论达到目标需要哪些资源。

三、中学生的自我控制

中学生的自我评价和自我体验的发展，为其自我控制的发展奠定了基础。所谓自我控制，是指一个人对自己的心理与行为的主动掌握。人对自身主观世界的控制，是通过自我意识的作用，采用自我教育、自我调整的手段而得以实现的。

(一) 自我需要

外在的社会需要如学校的规章制度、老师的要求、家长的期望等，只有经过自我意识的作用，将所有的社会需要转换为初中生内在的自我需要时，才能成为学生自觉行动的组成部分。所以，家长或老师在向学生提要求而不起作用的时候，要考虑这个转换是否真正发生了。因为从社会需要转换为初中生的自我需要，开始时可以用强制性的措施予以保证，但最终还是要依靠初中生的自我需要才能产生长期的、持久的效果。没有初中生自我需要支持的行动，是难以持久的，所以，自我需要的转变是教育工作的重要环节，是能否取得教学成功的关键。

(二) 自我教育

初中生如何实现自我控制，如何成功地调整自己的行为？这些都是通过初中生的自我教育实现的。自我教育作为初中生个性特征发展的一种内部力量，不是学生自发的教育，而是教育者有目的、有计划地施加外部影响，正确地组织教育工作的结果。要想达到使中

---

① 何先友. 教育心理学 [M]. 北京：中国轻工业出版社，2008.

学生能自我教育的目的，就要充分运用初中生各种自我激励的手段，例如，引导初中生正确地评价自己的优点、缺点，采用自我鼓励、自我暗示、自我命令、自我监督等方法，有目的、有计划地实现教育意图。

第三节　中学生自我意识的偏差与调适

中学时期是人的身体和心理都发生急剧变化的一个重要时期，也是自我意识走向成熟的一个重要时期。不过同所有的发展规律一样，不同个体的自我意识发展是存在个体差异的。一般来说，成年人大多数能较为客观地认识和评价自己，善于调节和控制自己，自我意识的水平较高。但对于中学生而言，由于他们正处在生理、心理的发育时期，其认识能力还不够成熟，容易出现自我意识偏差的表现，如自负、自卑、自我中心、逆反、放纵等，再加上中学生自控力较差，不善于控制和调节自己，从而会带来一些心理问题。这就需要教育工作者掌握中学生的心理发展规律，充分了解学生，引导学生认识自我、正视自我，走出心理误区，向着健康的方向发展。

一、中学生的自负与调适

（一）中学生的自负

大家都见过这种中学生，他们可能很优秀，但目空一切，像一只骄傲的孔雀。他们拿放大镜看自己的长处，对自己的长处无限夸大，炫耀自己，甚至把缺点也视为长处，容易产生盲目乐观的情绪，自以为是，表现出很强的优越感，不易处理好人际关系。由于思维水平的提高，青少年已经不再盲目地听从成人的评价，而是能独立地评价自己。随着年龄的增长，其自我评价逐渐趋于自觉、全面、客观，但是也有一些青少年过高地估计了自己，夸大了自己的长处和优点。其实这都是由于初中生尚不能确切地评价和认识自己的智力潜能和性格特征，很难对自己做出一个全面而恰当的评估，而是凭借一时的感觉对自己轻下结论，这样才导致他们对自己的自信程度把握不当。几次偶然的失利，就会使他们认为自己无能透顶而极度自卑；几次甚至一次偶然的成功，就可以使他们认为自己是一个非常优秀的人才而沾沾自喜，从而出现自我认知偏差，产生不同程度的自我失调感。

（二）对于自负中学生的调适方法

"初生牛犊不怕虎"，青少年正处于风华正茂的时候，有蓬勃的朝气，还有舍我其谁的霸气，认为什么事情自己都能够做好。这种自负的心理对于他们来说有利有弊，但过度自负就十分不利于青少年的心理健康了。其实"尺有所短，寸有所长"，我们要引导学生既看到自己的长处，又能发现自己的不足，并能从他人身上汲取优点，不断完善自己，这样才能消除自负心理，正确地认识和评价自己。

1. 引导学生正确认识自我

中学生的自我认识受到成人评价的影响，因此家长、教师的评价应尽可能客观、全面。优点要肯定、表扬，但要适度，切忌夸大其词，以偏概全；缺点和不足也要指出，切忌掩耳盗铃、视而不见，甚至帮助掩饰。在帮助中学生进行正确认识自己的过程中，切忌过早地给学生贴上固定的标签，如"好学生""坏学生"等，应尽量帮助学生认识他们的优点和不足，并使他们能虚心地接受他人的批评和建议；还要帮助学生建立正确的社会比较观念，鼓励中学生多与同伴交往，不要以自己的长处去比较别人的短处，也不要把比较的眼光局限在自己的班级与学校；也要帮助他们领悟"山外有山，天外有天"的道理，不仅要进行横向比较，还要用好纵向比较，即今天的自己和昨天的自己比较，明天的自己和今天的自己比较，从而不断进步。

2. 帮助学生客观看待他人

在中学生心目中，教师具有一定的影响力，教师对待学生的态度在很大程度上影响了他们对待同伴的态度。因此，教师要用"心"来平等地关注每个学生的发展，尽可能消除偏爱袒护与厌恶歧视的现象，树立客观评价他人的榜样。同时，教师要有意识地开展一些集体活动，让每个学生都有机会表现自己，展示自己；要让自负的学生有更多的机会了解他人。

3. 引导学生正确归因

教师、家长应积极引导自负的中学生全面、客观地分析成功的原因，让他们认识到老师、家长、同学的帮助，以及一些客观条件的支持都是非常重要的，切不可把成功完全归功于自己而沾沾自喜。同时，对他人的成功进行归因时也要实事求是，肯定他人的努力和能力，不可一概归之于外部客观因素。

4. 适当安排自负学生受挫

教师可对自负的中学生提出更高的要求，有针对性地在他们的学习生活过程中增加一些挫折训练。例如，增加作业难度，让他们组织一些活动，有意把一些较困难的事情交给他们做，等等。让自负的中学生经受适度的挫折，可使他们清醒地认识到自己的能力和不足，同时提高抗挫折的能力。

5. 强化合作意识

让自负的中学生意识到每个人都有能力，但只有团结合作、相互帮助，才能使每个人的能力最大化发挥。教师可组织合作学习，把学生安排在有共同任务、有明确责任分工的小组中，进行互助式学习。在小组中，学生要大胆发表自己的见解，虚心听取他人意见，成员之间要进行沟通和交流，相互支持配合，这样才能完成任务。这个过程能增进成员之间的了解和信任，实现优势互补，相互激励，培养团队合作精神。此外，教师还可利用一些班集体活动，如运动会、广播操比赛、春游、野炊等来增强学生的合作意识和能力，让学生体验合作的成功与快乐。

【身边故事 4-1】

青少年自负心理案例分析

他是某重点中学高二的学生，成绩在班上名列前茅。但是他仍然觉得很苦恼，因为他在班上人际关系非常差。他觉得班上其他同学成绩不好，还嫉妒他的成绩好，他说："当我做作业或看书的时候，有同学叫我拿作业给他抄或叫我传递东西，会打乱我的思路，我感到很讨厌。"

案例分析

有自负心理的人有很强的自尊心，认为自己很了不起，总是把自己凌驾于别人之上。与人交往时，他们倾向于把自己的观点强加于人，即使明知自己错了，也不愿意改变自己的态度，接受别人的观点。做事以自己为中心，很少关心别人，却要求别人都能为他服务。对别人的成绩非常嫉妒，对别人的失败幸灾乐祸，不向别人提供任何有价值的信息。在别人获得成功时，会用"酸葡萄心理"来维持自己的心理平衡。

自负性格的产生主要是错误的自我意识造成的。可以说自负缺乏自知之明，对自己的能力和学识评价过高，夸大自己的长处，不明自己的短处。自负者往往缺乏修养，以清高、盛气凌人来显示自己的优越，对人缺乏尊重。

指导方法

感激与赞美别人，而且是发自内心的，这对于自我评价过高的自负者来说确实不容易，但只要肯积极学习，一定能学会。青蛙坐在井底时，会觉得自己好大，天很小，但当它跳出井口时，就会发现天好大，自己很小。每个人都有优点和长处，应承认他人并且赞美他人，这会改变自负者的人际关系，也会得到更多的感激和赞美。

自负者的致命弱点是不能够容忍别人指出自己的缺点与不足，总是自以为是。让他们能够接受批评是矫正自负性格的关键。自负者能够战胜心理障碍，勇于承认自己的缺点，对他们来说是不小的飞跃。当你受到批评和冷落，遇到挫折的时候，你要把它们看成一剂良药。尽管药是苦的，你也是痛苦的，但把它吞下去，慢慢消化、吸收，你就会发现"我原来是这样的，我也有不足"。当你对他人越来越感到满意时，当你坦然承认他人的优点并由衷赞美时，就证明你的自负心已完全纠正。

二、中学生的自卑与调适

（一）中学生的自卑

与自负的中学生相反，还有一种中学生，他们不喜欢自己，不能容忍自己的缺点和弱点，否定、抱怨、指责自己，他们往往看不到自己的价值，觉得处处低人一等，缺乏信心，严重的还可能由自我否定发展为自我厌恶甚至走向自我毁灭。有很多其实很优秀的学生，由于不适当的自卑，会产生一些匪夷所思的问题，并影响个体的终身发展和学习成就。自卑的中学生缺乏在发展各种能力上的主动积极性，而主动积极性对刺激人的各项感官功能及综合能力的发挥起着决定性的作用。

对于中学生来说，中学阶段正是他们学习知识、锻炼各种能力的黄金时期。如果学生陷入自卑的泥潭，觉得自己不行，就不敢去尝试，也非常害怕失败，即使对一些能够胜任的工作也不敢承担，并常采用逃避的方法进行自我保护，便不能充分把握时机，从而失去很多的锻炼机会，造成自身的多种能力不能得到锻炼和提高。而这种结果进而又会加重自卑感，导致恶性循环。

（二）对于自卑中学生的调适方法

在当前的学校教育中，教师往往认为只有调皮捣蛋、不好好学习、不遵守纪律的学生才是问题学生，才是重点教育的对象，而容易忽视对自卑感强的学生的教育。殊不知，这一部分学生同样需要教师的引导和帮助，对于自卑感很强的学生，教师可以从认知矫正和行为训练两方面来给予必要的指导。

1. 认知矫正的方法

第一，要让学生认识到自卑心理是人普遍具有的一种心理状态。一定的自卑心理对个人的发展具有激励和促进作用，因为自卑感是促进我们改变自身状况、追求更好发展的动力。它能够激励我们动员所有力量发展自己的才能，充分挖掘自己的潜力，如果没有自卑感，那我们也就没有上进心了。

第二，要帮助学生明确自卑的缘由。学生自卑的原因到底是什么？只有找对了根源，才能有针对性地解决问题，才能从根本上对其进行引导和帮助。教师可引导学生在他人的帮助下明确自卑产生的根源。

第三，可以引导学生运用升华法提高自己。升华法是指当学生认为自己的某一方面不行时，会寻求办法来极力改善这一状况。例如，如果学生认为自己的社交能力不行，那就先帮助他认识到社交能力不是与生俱来的，可以在实际生活中通过逐步摸索和练习得以提高，而后引导他从多方面入手来提高社交能力：可以扩展知识面以增加和丰富话题内容；可以在不影响日常生活的前提下，有意识地给自己创造社交的机会，从而在实践中逐步提高社交能力；等等。

第四，可以引导学生采用自卑补偿法。引导学生认识到某一方面的缺陷和不足可以通过其他方面的完美和丰富进行补偿和纠正。外在的缺陷完全可以通过内在的充实来补偿。例如，外貌一般可以通过学习补偿；不聪明可以用超出一般人的努力来补偿；可以通过练习书法、雕刻、绘画、武术、摄影等，获得他人所不及的能力；还可以增加各方面知识的修养，引导学生理智地面对外在的缺陷，寻找合适的补偿目标，从中寻求前进的动力。学生通过自我宽慰和自我激励，可以取得心理平衡，也可以丰富自己的精神生活。

第五，可以引导学生进行积极的自我暗示。心理学家墨顿曾提出"预言自动实现"原则，认为人们具有一种自动促使预言实现的倾向。因此，教师要引导学生认识到积极的自我暗示的作用，并告诉学生，当感到信心不足时，不妨给自己壮壮胆，进行积极的自我暗示，用"我有能力干好这件事""我一定会成功""我也有过人之处"等话语鼓励自己。

抱着积极的心态，才能完全地调动自己的全部身心，全心全意地投入工作或学习中，才能正常或超常发挥潜能，完成工作或学习任务。

2. 帮学生进行行为训练的方法

征服畏惧，战胜自卑，不能夸夸其谈，止于幻想，而必须付诸实践，见于行动。战胜自卑可以从日常的实际行为的改变入手。教师在对学生进行认知方面的引导和教育的同时，还可以对学生进行行为方式的训练。例如，鼓励学生挑前面的位子坐，在与人交流的时候鼓励学生睁大眼睛正视别人，走路时养成昂首挺胸、快步行走的习惯，增加自卑学生当众发言的机会等。

总之，教师应根据每位学生的具体情况，选择合适的方法，对其进行积极的引导和教育。教师是学生成长路上的引路人，帮助学生挺起自信的胸膛，积极乐观地学习和生活，是教师义不容辞的责任。

三、中学生的自我中心与调适

（一）中学生的自我中心

具有自我中心倾向的中学生，总是以为自己有无穷的力量，自己是完全正确的、无所不能的，自己完全有能力按照自己的设想来改造社会和世界，使之达到理想的境界。这种想要使别人乃至整个社会适应于自己的观点、理想，而不考虑他人的意见、观点、态度、利益等的自我中心状态，其认识的根源是过高地评价自己，把个人的观点、利益等摆在不适当的位置。其在为人处世的过程中，很少关心别人，与他人关系疏远，不能和谐相处，固执己见，不容易改变自己的态度，盲目地坚持自己的意见，最终将导致自己不能与他人建立良好的人际关系。在中学生的成长发展过程中，一旦不能与同学或他人建立良好的人际关系，人与人之间缺少了沟通与交流，没有了和谐、友爱，必将导致其社会化进程受阻，在群体中缺乏安全感，阻碍其自我形象的建立，学业成绩等也会受到影响，最终将影响心理健康的正常发展。

（二）对于自我中心中学生的调适方法

1. 提升中学生的自我评价能力

中学生的自我意识出现偏差，多是因为自我定位不准确，自我意识没有达到一个较高的成熟水平。例如，自负是自我定位过高，自卑是自我定位过低，而自我中心与自负相近，也是由于中学生过高地估计自己的能力，把自己摆在一个不适当的位置，处处显示自己的观点和想法，不顾其他。这样的结果就是中学生可能四处碰壁，影响他一贯的信心，反过来可能由极端的自信变为极端的自卑，陷入严重的心理危机，所以要通过多种途径提升学生的自我意识。

2. 培养学生的社会视角转换技能

社会视角转换是一种社会认知技能，是指在自我认识或社会交往中摆脱自我中心的限制和自我与他人之间的限制，在自我与交往对象之间转换观察问题的角度，将自我与他人的观点进行比较，体验他人的观点，最后得出较为客观、全面的观点或结论。社会视角转换就是通常人们所说的"换位思维"，即我们应该站在别人的角度来看问题。社会视角的转换保证了自我认知，能使自我评价达到一定的客观化程度，从而对他人产生认同感，做到理解他人、接纳他人，消除不应有的狭隘心理。中学生的心理是在与同学、家长及社会各方面成员进行交往的过程中发展起来的，尤其是在与同学、同伴的交往中，他们的观点、态度往往会影响他们与同学、同伴的关系。能不能与同学、同伴建立良好的关系，会影响他们的社会化进程，而在这样的交往中，需要自己能够时时考虑其他人对同一问题的看法和态度，只有这样才能得到同学、同伴的接纳和认可。

3. 鼓励学生积极参与社会实践活动，在活动中培养良好品德

中学生的自我中心倾向反映在现实中，往往有只顾自己利益、不考虑集体和他人利益的表现，甚至为了自己的利益铤而走险。这样的问题也反映出他们在思想品德水平方面的缺陷。所以，在日常生活和教育中，教师需要对学生的品德进行培养。一个具有良好思想品德的学生，能够按一定的社会品德标准规范自己的言行，能够做到时时关心同学、处处关心集体，可以为了集体和他人的利益而牺牲自己的利益。同时在活动和交往中，中学生可以通过活动认识到自己的不足和别人的长处，提高他们的自我评价能力，也使他们认识到只有学会关心他人、关心集体，才有可能得到他人的回报，从中体验到人生的价值与贡献。因此可以认为，良好的思想品德的形成和发展，有助于中学生克服自身的自我中心倾向。

四、中学生的逆反与调适

（一）中学生的逆反心理

据调查，许多中小学教师和家长都普遍感到现在的学生难教育，听不进教师和家长的意见，本来自己想做的事，可要是教师和家长提出来，他们就不愿做了。他们不愿意听教师的意见，也不愿意听家长的话，对教师和家长有明显的对立情绪。这些都属于逆反心理。

逆反心理是指人们彼此之间为了维护自尊，而对对方的要求采取相反的态度和言行的一种心态，是指个体对于外界的教育引导所采取的一种负向心理活动。它是一种反常的情感体验和行为倾向，通常表现为情感上的对立、抗衡，以及情绪上的嫌恶和不满。中学生的逆反心理普遍存在，给学校和家庭教育带来了很大的难度。

（二）对于中学生逆反心理的调适方法

1. 构建和谐的师生关系

初中生听不进去教师的说服与建议，多数是因为师生关系不良。如果本身师生就处于对立状态，教师的真心说服也会被中学生理解为别有用心。教师必须树立新的学生观，构

中学生心理辅导

建新的、平等的、互动式的教学观和师生关系，要在教学中给学生平等参与权，要坚信每个学生都有学习的潜能，要细心发现每个人的长处和兴趣，看到他们的每一点进步，对学生的意见加以保护和鼓励。对出现认知障碍的学生不歧视，而是给予他们更多的鼓励，让他们通过自主学习、合作学习和探究学习去发现错误、纠正错误。教师应把自己放在学习者的位置上和学生平等交流，不能居高临下。

2. 改进教育内容和方法

教育内容和方法直接影响教育效果。如果教育内容陈旧、教育方法简单，那么空洞的说教很容易引起学生的逆反心理。因此，学校教育要密切联系社会和学生的实际，加强对学生的思想教育和道德教育；要坚持正面疏导和教育，充分发挥教师的人格魅力和教学魅力，克服教师与学生之间的沟通隔膜。

3. 重视青少年的自我教育，注意调动他们自身的积极性

真正的教育是自我教育，教育就是要迫使人去思考。中学生的自我意识很强，教育者要学会调动他们自我管理的积极性，尊重他们，不能打击他们自我教育的主动性；要引导学生正确认识社会，加强对社会文化现象的分析。因为面对错综复杂的文化现象和社会问题，青少年还没有完全具备正确的分析能力，这就需要教育者及时、有效、准确地帮助青少年建构正确的认知，避免盲目追随。

以上是中学生常见的几种自我意识的偏差及调适方法，教师要在了解自我意识的发展规律，以及初中生自我意识发展特点的基础上，科学、全面地对初中生的自我偏差进行有效调节。但不同的个体有不同的发展特点，面对一个真实的中学生的具体问题，要具体问题具体分析，这样才能有效提升中学生的自我意识，使中学生更加健康地发展。

【案例导读解析】

由于初二学生正处于成长过渡期，其独立意识和自我意识日益增强，迫切希望摆脱家长和老师的监护，反对成人把自己当成小孩子。同时，为了表现自己的与众不同，他们易对任何事情持批判的态度。学生的"逆反心理"是一种消极的抵抗心理，这种心理一旦产生，就会形成一种固定的思维模式，对教师的教育乃至所有的言行都持否定的态度，使教育达不到预期的效果，久而久之还可能导致矛盾激化。因此，教师一旦发现学生对自己形成了"逆反心理"，应及时采取措施，予以疏导。

刘某的叛逆行为是进入成长过渡期的一种表现，许多即将进入青春期的孩子对大人都有一种逆反心理。他们往往把家长和老师的批评、帮助理解为与自己过不去，认为家长和老师伤害了自己，因而就会表现出严重的敌对倾向。分析其原因主要有以下三个。

第一，家庭教育方式不当。刘某的父亲忙于生意，和孩子的交流很少，遇到问题只会斥责、谩骂孩子，在老师面前又要袒护孩子；而他的母亲主要关心孩子的营养状况和学习成绩，忽视了孩子的思想教育，认为孩子还小，大了自然会懂事。在孩子的教育问题上，两人的方式常常不一致。

第二，学校方面，老师为追求教学质量，对学生的要求过高，加重了学生的课业负担。并且，老师以成败论英雄的考核标准，不但容易让孩子丧失继续追求成功的热情，也为孩

子的心理健康问题埋下了祸根。同时，个别老师不懂得学生的心理特点，不能正确对待学生所犯的错误，处理方式不当，会使矛盾和冲突日益恶化。

第三，初二学生特殊的年龄特点，使其看问题容易产生偏见，以与老师、家长对着干为勇敢，是一种英雄行为，因而盲目反抗，拒绝一切批评。

针对刘某的实际情况，建议采取以下处理方式。

(1) 多一些理解沟通的谈话，指导他进行自我调节。在了解原因后，老师应在课间、课外活动时抽点儿时间，以平等的姿态，跟刘某谈谈心，这样才能知道他心里正在想些什么，知道他最担心的是什么。老师不要盛气凌人地训斥他，而是应多表示一些理解，适当地给一些点拨，指导他阅读一些伟人、科学家成功事迹的书刊，开阔视野，不断激励自己，使他明白只有胸怀宽广，能接受他人意见的人，才能成就伟大的事业。这样可以把刘某的注意力引到学习上，启发、引导他走出错误的心理误区。

(2) 春风化雨，坚持疏导教育。对待刘某，应避免直接批评，不与他发生正面冲突，注意保护他的自尊心，采取以柔克刚的教育方式。当他犯错误时，老师不要当着全班同学的面点他的名字，而是在与他个别交谈时，动之以情，晓之以理，耐心帮助他分清是非，让他意识到自己的错误，并愿意主动改正，逐渐缓解紧张的师生关系。

(3) 因势利导，扬长避短。老师可以充分利用刘某在数学方面的优势，成立一个数学兴趣小组，让其担任组长，使他把大部分心思转移到他爱好、感兴趣的事情上，并对他的点滴进步予以及时、热情的表扬。老师应想方设法创造条件，让他体验到成功的快乐，使他对学习、对生活、对自身逐渐积累信心。老师的信赖、同学的支持可以使他的态度发生转变。

(4) 经常、持久的心理辅导。刘某这种顽固的逆反心理不是一两次说服教育就可消除的，老师要反复抓，抓反复，平时就多留意、观察他的情绪变化，经常与他交流、沟通，深入了解他的内心世界，帮助他解决心理上的问题。

(5) 与家长沟通与协调。老师应通过家访、电话联系、家长到校面谈等多种方式，对刘某家长的教育态度表示理解，同时指出这样的教育方式不但得不到效果，反而会令孩子产生逆反心理。家庭应多给孩子温暖，父母在教育孩子的问题上要达成一致意见，共同做好转化工作。同时，老师可以指导家长如何做，如定期检查孩子的作业；指导学习，帮助孩子解决学习中的困难，多抽时间与孩子交流，对孩子的进步给予及时的鼓励。

小结

自我意识是对自己身心活动的觉察，即自己对自己的认识，具体包括认识自己的生理状况(如身高、体重、体态等)、心理特征(如兴趣、能力、气质、性格等)，以及自己与他人的关系(如自己与周围人们相处的关系，自己在集体中的位置与作用等)。自我意识的特点为矛盾性、形象性和独特性。心理学通常将自我意识划分为3个成分：自我意识、自我体验和自我监控。个体的自我意识不是一蹴而就的，也不是一成不变的，影响自我意识发展的因素是多方面的。目前，此方面的有关研究多数集中于以下几方面：年龄、性别和学业成绩。中学生的自我意识变化主要体现在中学生的自我意识、自我体验、自我控制3方面。3种成分互相影响，互相促进，它们是一个统一的、密不可分的有机整体。对于中学生而言，由于他们正处在生理、心理的发育时期，其认识能力还不够成熟，容易出现自我意识偏差的表现，如自负、自卑、自我中心、逆反、放纵等，再加上中学生自控力较差，不善于控制和调节自己，从而会带来一些心理问题。这就需要我们教育工作者掌握中学生的心理发展规律，充分了解学生，引导学生认识自我、正视自我，走出心理误区，朝着健康的方向发展。

巩固与操作

一、思考题

1. 自我意识有哪些特点？
2. 初中生自我评价有哪些特点？
3. 初中生的自我体验有哪些特点？
4. 中学生的自我控制有哪些特点？
5. 初中生常见的自我偏差有哪些？
6. 初中生的自我偏差对于初中生有怎样的影响？

二、操作题

小强是个处事果断、遇事有主意的女同学，但她十分任性，脾气暴躁，喜欢用指甲掐人。她平时对同学说话时也相当不客气，因而很多同学宁可躲着她，也不愿和她发生冲突。对于这一点，小强是心知肚明的，她自己也很苦恼。前几天，她与一个大个子的男同学发生了一点不愉快，本是件小事，可她却将怒火撒到了同桌身上，一连几个指甲血印落在了同学胳膊上，同桌未还手，同学们见此情景都愤愤不平，纷纷对小强进行指责、批评。在这种情况下，小强采取沉默作为消极抵抗的办法。

如果你是班主任，对于小强同学的这种情况，你会采取什么方法改变这种状况？

拓展阅读

1. 约翰·桑特洛克著. 发展心理学：桑特洛克带你游历人的一生[M]. 5版. 倪萍萍，翟舒怡，李瑷媛，等译. 北京：机械工业出版社，2020.
2. 劳伦斯·斯坦伯格. 与青春期和解：理解青少年思想行为的心理学指南[M]. 北京：人民邮电出版社，2023.

第五章

中学生的学习心理

▶ 内容提要

　　学习是中学生的主导活动，教师和学生只有充分了解学习的规律，才能实现有效的学习。本章主要介绍中学生学习的主要特点、中学生的认知特点与学习的关系，以及中学生容易出现的学习问题和调适方法，希望能帮助广大教师和学生实现有效的教学和学习。

▶ 学习目标

(一) 认知目标
1. 了解中学生的学习特点。
2. 了解中学生认知过程的特点。
3. 了解中学生常见的学习问题。
(二) 情感目标
1. 体验理想中学生的目标与任务。
2. 了解符合认知规律的学习是怎样的。
(三) 能力目标
1. 能根据中学生认知过程的特点提高学生的学习效率。
2. 能对中学生的学习问题进行有效调节。

【案例导读】

陈同学怎么了

　　陈同学，男，15岁。其父常年在新疆经商，平时无暇顾及儿子的学习与生活，陈同学自小在爷爷奶奶的宠爱下长大。前不久，陈同学的父母由于感情问题离异，他归父亲抚养。最近，老师发现这个孩子身上出现了一些问题，通过进一步观察与交谈发现，该同学的异常表现为在课堂上和各种活动中，小到一次课堂发言，大到学校组织的活动，都显得没有热情，参与意识淡漠；合群困难，平时沉默寡言，独来独往，偶尔也流露出想和同学们交往的意愿，但显得不知所措；不自觉地流露出自卑的状态，不喜欢读书，不想上课，逃课、旷课时有发生，在上课的时候经常趴在桌子上睡觉、看窗外。

第一节　中学生学习的特点

每个年龄阶段都有一个主导的活动，例如，幼儿的主导活动是游戏，而中学生的主导活动是学习。中学生的学习不同于小学生的学习，也不同于大学生的学习，是一种具有独自特点的学习。

一、中学教育的定位

中学教育定位的依据是《国务院关于基础教育改革与发展的决定》(2001年5月)和《国家中长期教育改革和发展规划纲要(2010—2020年)》，以下分别简称为《决定》和《纲要》。

中学生包括初中生和高中生，其中，初中教育属于九年义务教育。义务教育是对所有适龄儿童、少年统一实施的教育，具有强制性、免费性和普及性3个特点。实行义务教育，既是国家对人民的义务，也是家长对国家和社会的义务。《纲要》明确指出，义务教育阶段应注重品行培养，激发学习兴趣，培养健康体魄，养成良好习惯。也就是说，义务教育要注重学生德、智、体、美、劳全面发展。义务教育在教育思想上，应体现大众教育、全面教育的思想；在教育目标上，应以培养民族素质教育、基础文化教育为核心，弘扬"全面发展"的时代精神；在办学模式上，应当形成规划教育、标准化教育的基本格局。政府应采取有力措施，消除学校间差异，最大程度地实现教育公平的理想追求。

以上定位是初中生学习的基础。而高中教育按《普通高中课程方案(实验)》所确立的培养目标，特别强调学生应做到以下几点。

(1) 初步形成正确的世界观、人生观、价值观；热爱社会主义祖国、热爱中国共产党，自觉维护国家尊严和利益，继承中华民族的优秀传统，弘扬民族精神，有为民族振兴和社会进步做贡献的志向与愿望。

(2) 具有民主与法制意识，遵守国家法律和社会公德，维护社会正义，自觉行使公民的权利，履行公民的义务，对自己的行为负责，具有社会责任感。

(3) 具有终身学习的愿望和能力，掌握适应时代发展需要的基础知识和基本技能，学会收集、判断和处理信息，具有初步的科学与人文素养、环境意识、创新精神与实践能力。

(4) 具有健康的体魄、顽强的意志，形成积极健康的生活方式和审美情趣，初步具有独立生活的能力、职业意识、创业精神和人生规划能力。

(5) 正确认识自己、尊重他人，学会交流与合作，具有团队精神，理解文化的多样性，初步具有面向世界的开放意识。

以上定位是高中生学习的基础和目标。

【知识链接 5-1】

中学教育

1. 教育阶段介绍

中学教育在整个学校教育体系中处于小学教育与大学教育的中间阶段，是承上又启下的一段教育。它对于学龄少年来说是一段分化和发展的阶段。中学教育是小学教育的继续和进入高等院校或转入其他中等学校的预备阶段，是暂时不能升学的初、高中学生准备就业的学习阶段。

中学教育的对象是年龄为11~18岁的青少年，他们正处在生理、心理迅速发展和突变的转折时期，正经历着急剧获取知识和增长才干，以及世界观、人生观、价值观初步形成的关键阶段。

具有中等教育程度的知识是合格的现代生产者必须具备的条件，同样，也是现代文明和社会生活所必需的。从这个意义上讲，中学教育对社会主义现代化建设中的物质文明建设和精神文明建设都具有至关重要的作用。

2. 中学教育的性质

对中学教育性质进行定位关系到对中学办学方向、培养目标、课程设置等问题的理解。中学教育必须为社会主义现代化建设服务，为发展社会主义生产力服务，为维护团结安定的社会主义政治局面服务。

中学教育从性质上讲属于普通教育。普通教育不同于高等教育阶段专门的高深专业教育，也不是实用技能训练的职业教育，而是对学生进行一般科学文化知识和公民基本素养的教育，为他们在德、智、体等方面的发展奠定中等普通科学文化基础和道德基础。

中学教育的目的是培养合格的国家公民，对学生施行的是公民素质教育，教育内容主要是一般的、有广泛适用性的科学文化知识。其目的一方面是为学生进一步学习专业技术知识提供必要的基础，另一方面是提高人的一般文化素养，丰富人的精神生活。

同时，在中学课程中也要渗透职业技术教育的内容，开设有关的课程。这主要是为了使学生了解社会生产的方方面面，使理论联系实际，学以致用，培养他们的动手能力和热爱劳动的意识，以利于日后的就业。

中学教育在一定意义上讲还是义务教育。义务教育是国家用法律的形式予以规定，所有适龄儿童、少年必须接受，国家、社会、学校、家庭必须予以保证的国民基础教育，具有强制性、普及性等特点。

3. 教育特点

(1) 基础性。中学教育的基础性是指对青少年学生施以培养合格公民的全面素质教育，为他们未来做人和未来的发展奠定基础。中学教育的基础性表现为：一是为中学生成长为合格的劳动者打基础，即为高中生中准备走向社会的学生和初中生中打算升入职校的学生，打好就业和接受一定职业技术教育训练的基础；二是为初、高中生中准备进入高一级学校的学生打好继续学习的基础；三是为个人的终身学习打好基础。中学教育是提高民族素质的基础工程。

(2) 全面性。中学教育是全面性的，它应涉及一个人德、智、体等多方面的发展，并施以与之相应的全方位教育，而不是为人的某一方面发展打基础。《中华人民共和国宪法》明确规定，国家培养青年、少年、儿童在品德、智力、体质等方面全面发展。这就使得中学教育的全面性有了法律上的保障，任何人不应随意违背。因此，该阶段的教育不仅要帮助中学生实现知识技能的发展，还要促进其身体、思想品德和心理素质等方面的全面成长。

(3) 多样性。中学教育的多样性是指在全面教育、全面发展的基础上充分发展学生的个性，使培养出来的人才呈现多样化的态势。

4. 培养目标

初中阶段的培养目标如下。

(1) 培养学生掌握必要的文化科学技术知识和基本技能，具有一定的自学能力、动手操作能力，初步具有实事求是的科学态度，掌握一些简单的科学方法。

(2) 培养学生掌握锻炼身体的基础知识和正确方法，养成讲究卫生的习惯，具有健康的体魄，具有初步的审美能力，形成健康的志趣和爱好。

(3) 培养学生学会生活自理和参加力所能及的家务劳动，初步掌握一些生产劳动的基础知识和基本技能，了解一些择业的常识，具有正确的劳动态度和良好的劳动习惯。

高中阶段的培养目标如下。

(1) 培养学生热爱祖国、热爱人民、热爱中国共产党、热爱社会主义的情感，具有正确的政治方向，初步树立正确的世界观、人生观和价值观。使学生具有社会责任感和事业心，树立为人民服务的思想，具有为祖国社会主义现代化建设甘于奉献的精神，具有良好的思想品德和文明礼貌行为，具有分辨是非和自立自律的能力。

(2) 培养学生掌握现代社会需要的普通文化科学基础知识和基本技能，具有自觉的学习态度和自学的能力，掌握基本的学习方法，具有创新的精神和分析问题、解决问题的基本能力。

(3) 培养学生自觉锻炼身体的习惯，使他们具有健康的体魄和身心保健的能力，具有健康的审美观念和一定的审美能力，具有良好的意志品质和一定的应变能力。

(4) 培养学生树立正确的劳动观点，具有基本的技术意识和初步择业能力，具有一定的劳动技能和现代生活技能。

二、中学生学习特点的表现

学习是由经验所引起的行为或思维比较持久的变化。学习的发生可以是行为的即时变化，也可以是行为潜能的变化，变化都是比较持久的；不能简单地认为凡是行为的变化都意味着学习的存在，如本能、疲劳、适应、成熟等原因产生的变化就不是学习。并且学习是一个广义的概念，不仅人类普遍具有，动物也存在学习；不仅指有组织的知识、机能、策略等的学习，也包括态度、行为准则等的学习；既有学校中的学习，也包括从出生以来就出现并一直持续终生的日常生活中的学习。

中学阶段的学习与一般意义上所说的学习不同，其专指学生在校期间的学习活动。它具有学校教育的一般共性，即学生要在规定的有效时间里，高效率地掌握前人积累下来的知识和经验，这些知识经验以书本知识为主要内容，并不需要学生事事躬亲，逐一验证；学生的整个学习活动都是在教师的组织和指导之下，有目的、有计划地进行的。

（一）中学生成绩分化激烈

一般来说，高中高年级和小学高年级的学生，一个班的学生学习成绩比较稳定，学习成绩的名次也比较稳定。根据林崇德的研究：高二以后的学生，他们的智力日益稳定和成熟，高中一年级的学习尖子生，绝大多数能保持其优势；高中毕业时的学习尖子生，约有80%在上了大学之后，仍是学习尖子生[1]。

与这种情况形成鲜明对比的是，初中生的学习成绩波动很大，可以说充满着动荡与分化。小学生进入初中以后，会面临一个学习和生活上的全新适应，科目数量的增多和学习内容的加深使得很多学生非常困扰，很多小学时很优秀的学生在初中时可能会降为中等生甚至差生，而很多在小学时成绩一般的学生在初中会如鱼得水。据调查，重点学校初中入学考试前10名的学生，一年后只有一半的人能进入班级的前列。普通中学的情况也如此，入学考试数学、语文都是前10名的学生，一年以后保持在班级前列的不到一半，甚至还有学生落到班级后10名中。与此相反，升学考试成绩在班级后10名的学生，一年以后重点学校中有90%的学生成绩大幅提高，普通学校中有70%的学生成绩大幅提高，甚至还有学生成为班级的佼佼者。教育界时有议论的所谓初中二年级的"分化点"，就是指这种状况。

不同学生对初中学习表现出来的不同适应状况，事实上已经成为教师判断学生学习潜力的重要依据。只要细致观察，掌握一定的资料，同时又能排除一些偶然因素的话，这种观察结果还是相当准确的。对于老师还有家长来说，加强初中生的适应能力有助于他们学习成绩的提高。

（二）中学生自学能力的作用日益明显

苏联教育家苏霍姆林斯基曾说："一个人到学校上学，不仅是为了取得一份知识的行囊，更重要的是应获得各方面的学习能力，学会思考，真正的学校乃是一个积极思考的王国。"因此，自学是一生中重要的学习方法。自学能力是指一个人独立地获取知识的能力，还指一个人多种智力因素的结合和多种心理机制参与的一种综合性能力。中学生正处于能力发展的关键年龄，学会自学，从学生的成长意义上说，要比学到某些知识和学会某种技能，更具有长远的意义[2]。

进入中学以后，学生在学习上的独立性逐步增强，在课堂外，学生能较自觉地独立安排自己的学习活动，因此，自学能力的强弱对学习成绩有较大的影响。学生的自学能力既取决于学生的学习习惯和学习反思能力，又取决于学生对学习的兴趣、期待和持之以恒的毅力。培养学生的自学能力是教师教学活动中一个不可忽视的环节，是教学的一个重要程

---

[1] 林崇德.中学生心理学[M].北京：中国轻工业出版社，2013.
[2] 路海东.学校教育心理学[M].长春：东北师范大学出版社，2000.

序。认识了这个问题，就要求广大教师从自己所教学科出发，从中学生心理特点出发，去帮助学生制订学习计划、步骤。我国教育家叶圣陶先生曾提出："教师的任何功课，讲都是为了达到用不着讲，教都是为了用不着教。"不讲和不教，正是达到了学生能够脱离教师、不需要"拐杖"的地步。所以，我们应该积极探索教学规律，对中学生进行自学能力的培养，是摆在中学教师面前的重要任务[①]。

（三）中学生的学习主动性两极分化

学生是学习的主体，在课堂教学过程中，这种主体性表现为学生积极、主动地参与教学活动。课堂中，学生有无积极主动性，已成为达成教学目标的决定性因素。按照个体发展角度来讲，中学生的学习应该更加主动，更加自觉。但实际情况是，中学阶段学生的主动性呈两极分化的状态。一部分中学生由于在学习中体验到了成就和乐趣，学习更加主动；另一部分中学生的学习主动性却随着年级的上升逐渐消失。据初步调查，学生的学习主动性消失的递减比率达14.3%。因此，在教育中要注重对学生学习主动性的培养。

第二节 中学生的认知过程

知识就是力量，而人类的认知能力又是发现知识、理解知识、运用知识的力量。认知涉及接纳、加工、保存和提取内外信息的一系列过程，是一个复杂的智慧体系。对于每个具体的人而言，认知能力需要20年左右的时间才能成熟和完善。虽然认知各方面的发展速度和进程不尽相同，但从整体上看，一个人从出生到16～17岁是认知能力随年龄的增长而不断提高的阶段，从16～17岁到40岁是认知能力发展的高峰期(彭聃龄，2001)。中学生的认知发展正处在上升和逐渐成熟的阶段，他们对事物的理解达到了更抽象、更客观的层次。与此相应，中学生无论在学习活动的性质上，还是在学习内容上都有别于小学时期。

一、中学生的注意

在一个班级里，教师会发现有的学生听课专心致志、注意力集中；有的学生东张西望，很不安定；有的学生做什么事都漫不经心，拖拖沓沓；而有的学生从来不受任何干扰，认认真真学好各门功课。这些都是中学生的注意力品质和水平不同所导致的。

（一）注意的内涵

注意是指心理活动对一定事物的指向性和集中性。其中，指向性是指认知活动总是选择一个或几个事物为当前的认知对象，而排除其他事物；而集中性是指认知活动在进行过程中处于一定的紧张度和强度，从而保证这一活动的顺利完成。注意可以分为无意注意、有意注意和有意后注意。

---

① 陈琦，刘儒德. 当代教育心理学 [M]. 北京：北京师范大学出版社，2007.

无意注意也叫不随意注意，是指预先没有目的，也不需要意志努力的注意。生活中我们经常会有无意注意出现，一些有特异性的刺激、强烈的刺激、运动的刺激以及个体感兴趣的刺激、有期待的刺激、需要的刺激，都会引起人们的无意注意。

与无意注意相对的是有意注意，或叫随意注意，是指有预定目的的，需要一定意志努力参与的注意。个体的学习和工作更多依赖这种注意来完成，它是一种积极主动的注意形式，通过内部言语的形式实现对行为的调节和控制。

有意后注意是在有意注意的基础上发展起来的，也叫随意后注意，是指有一定目的的，不需要意志努力的注意。有意后注意兼有无意注意和有意注意的双重特征，一方面和自觉的目的、任务联系在一起，另一方面又不需要意志努力的参与，是一种比较理想的注意形式。有意后注意是有意注意发展进一步深化的结果，它既服从于当前活动的目的和任务，又能节约意志的努力，因而是教师对学生学习能力培养的一个重要目标。

（二）初中生注意的发展

随着年龄的增长，越来越多的学生都能坐得住了，这正是注意水平提高的表现。青少年注意的发展主要呈现出以下几种趋势。

1. 注意的稳定性

注意的稳定性是指在同一对象或活动上注意所能持续的时间，是注意在时间上的特征。一些初中生学习成绩不好，往往和注意力不能集中、在学习中容易分散注意力有直接的关系。从初一到初二年级，学生注意的稳定性是迅速发展的，这也是有研究者认为初中二年级是学生成绩分化的关键时期的原因之一。如果教师能在初一到初二学生中进行注意稳定性的教育和培养，这将对初中阶段的学生有重要的影响，一定会获得较好的教育效果。需要注意的是，从小学三年级到初中三年级，男生的注意稳定性都普遍低于女生的，这也决定了女生在心理上更懂事、自尊自爱、讲礼貌、守纪律[1]。作为教育工作者，教师应从中找出规律，有针对性地做好工作。

2. 注意的广度

注意的广度也称注意的范围，是指在一定时间内能清楚地把握对象的数量。很明显，这个品质与个人的信息注意范围有关，如果一个人在一定时期内能注意广泛的对象，那么他的学习效率可能会很高，如"一目十行"的学生读书要比"一目一行"的学生效率高。那么，如何提高学生的注意广度呢？研究表明，学生注意广度的大小同知觉对象的特点有关，如注意对象越集中、组成越有规律，越能成为相互联系的整体，那么注意广度就越大；反之，注意广度就越小。所以，在教学中要利用以上规律改善教材的呈现方式，以及知识在课堂上的呈现方式，这样有利于学生学习水平的提高。

3. 注意的分配

注意分配是指在同一时间内把注意指向不同的对象。它与人的动作自动化程度有密切关系。在同时进行的两项活动中，必须有一项是熟练的、自动化了的，这样大部分注意力

---

[1] 刘国权，孙崇勇，赵晓光.心理学[M].长春：吉林大学出版社，2009.

都能集中到较生疏的另一项活动上,从而做到活动的协调进行。如学生可以边听歌边写作业、边骑车边谈话等。研究表明,人的注意分配能力发生较早但发展缓慢,在中学阶段的各个年级基本处于相同水平。所以,在学习中教师一贯强调学生要"专心致志""一心一意",就是为了避免学生在注意分配的过程中出现资源损耗。总之,"一心不能两用"是基本的规律,要想做到"一心两用",必须经过严格的训练,使不同动作之间形成一定的反应系统,使注意需要维持的水平调节到最佳状态,这样才能使注意进行合理的分配。注意分配能力是顺利进行各项活动的必要条件之一,也是提高工作效率的保证。

4. 注意的转移

注意的转移是指个体根据任务要求,主动地把注意从一个对象转移到另一个对象上;或根据新任务的需要,主动地变换注意的中心,使之符合活动任务的要求。注意的转移主要取决于个体原来的注意紧张程度和新对象对它的吸引程度。原来注意的紧张程度越高,注意的转移就越慢越困难;个体对新对象越感兴趣,越被它吸引,注意的转移也就越容易实现。注意转移在中学学习中的地位不言而喻,如一些初中低年级学生,在课间玩得过于兴奋,重新上课时心思还在课间的游戏上,自然不能保证上课质量,所以教师在讲授新课前,可以利用1~2分钟的时间将学生的注意力转移到教学内容上来,以便确保每个学生的听课质量。

二、中学生的感知

中学生认识事物是从感知心理过程开始的。中学生的学习是一个很复杂的过程,"好的开始等于成功的一半",不能忽视中学生的感知过程对整个学习的重要作用。

(一)中学生的感知觉

感知觉是人与世界相互作用的最基本方式和最原始条件,是整个认识过程的开端。人们通过感知建立起关于客观事物的最初印象,这些印象又可以进一步加工为头脑中的记忆痕迹,再成为人们驰骋想象的素材,成为抽象思维和解决问题的前提条件。

感知觉包括感觉和知觉。感觉是指人脑直接作用客观事物的个别属性的反映;知觉是指人脑对直接作用于感官的客观事物的各个部分和属性的整体反映,是对感官信息的整合和解释。感觉和知觉虽然在定义上是严格区分的,但在实际生活中很难分开,所以通常把它们合称为感知觉。

(二)中学生感知觉的规律

通过感觉器官来了解客观事物,能获得生动、具体、直接的知识,能增强人们的理解效果,而且只有在获得有关事物的大量感性知识的基础上,人们才能进行复杂的思维活动。人的感知是有规律的,具体规律有如下几种。

1. 强度律

对被感知的事物,必须达到一定的强度,才能感知得清晰。一般人对雷鸣电闪是容易感知的，因为它的感知强度很高；而对于昆虫的活动，如对蚂蚁行走的声音，人们就难以察觉。因此在实践中，人们要适当地提高感知对象的强度，并要注意强度很弱的对象。

2. 差异律

差异律是针对感知对象与其背景的差异而言的。观察对象与其背景的差别越大，对象就被感知得越清晰；相反，对象与其背景的差别越小，对象就被感知得越不清晰。例如，万绿丛中一点红，这点红就很容易被感知，鹤立鸡群也属于这类情形；但是在白幕上印白字，则几乎无法辨认。

3. 活动律

活动的物体比静止的物体容易感知。魔术师用一只手做明显的动作吸引观众的注意力，而另一只手却在耍手法以达到他的目的。所以，在观察中要善于利用活动规律，以达到观察的目的。

4. 组合律

心理学的研究告诉我们，凡是空间上接近、时间上连续、形式上相同、颜色上一致的观察对象，容易形成整体而为我们清晰地感知。因此，在实际观察中，要把零散的材料或事物，按空间接近、时间连续、形式相同或颜色一致的标准组合起来进行观察，从而找出各自的特点。例如，在一堆乱物件中选大小相差不远、颜色相近的若干件排列起来比较，就可看出彼此的差异。

以上规律在教学中无处不在，教师在教学中要善于遵循学生的感知规律，这样才会提高学生的感知效率和学习效率。

【实务训练 5-1】

谁更受欢迎

张老师和李老师二人教学态度都很认真，但在教学风格等方面有差异。张老师的声音稍小，略显平淡；李老师的声音洪亮，抑扬顿挫。教学过程中，张老师的身体基本靠在讲台上不动，只是有时去写板书，才挪动一下身体；李老师除写板书外，偶尔在教室前面或中间走动，并伴有一些肢体语言。从板书来看，张老师比较随意，讲到哪里就写到哪里，看不出主板书与副板书之分；李老师的板书排列得体、层次分明，主板书在中间，副板书在两边，且重要部分还用红笔画线。

你认为教师张老师和李老师二人谁的教学效果更好，更受学生欢迎呢？

三、中学生的记忆

（一）记忆的内涵

记忆是在头脑中积累和保存个体经验的心理过程，运用信息加工的术语来讲，就是人脑对外界输入的信息进行编码、存储和提取的过程。人们感知过的事情、思考过的问题、体验过的情感或从事过的活动，都会在人们的头脑中留下不同程度的印象，其中有一部分作为经验能保留相当长的时间，在一定条件下还能恢复，这就是记忆。记忆连接着人们心理活动的过去和现在，是人们学习、工作和生活的基本技能。学生凭借记忆才能获得知识和技能，不断增长自己的才干。离开了记忆，学生什么也学不会，因此，了解记忆的规律有助于提高学生的学习效率和学习水平。

（二）中学生记忆的特点

在中学阶段，学生的记忆力呈以下特点。

(1) 中学生的形象思维向抽象思维过渡，逻辑记忆能力得到显著提高。中学生所学课程种类繁多，教材内容逐渐加深，学习质量标准不断提高。这种客观的高标准、高要求，促使中学生的记忆由形象思维向逻辑思维过渡，并且逻辑记忆能力逐渐发展起来。

(2) 中学生的各种记忆品质得到良好的发展。中学生由于正处在学习记忆的最佳年龄阶段，是记忆能力发展的黄金时期，因而他们记忆的敏捷性、持久性、准确性、准备性等各种品质都全面发展起来。可以说，中学生的记忆不仅速度快、容量大、持久性好，而且准确，是人生中记忆最旺盛的时期。

(3) 中学生可以掌握各种有效的记忆方法。中学生随着各种认知能力的不断提高和知识经验的积累，并经过自己的亲身实践，学习和掌握了一些实用而有效的记忆方法，如联想法、谐音法、组块法等。中学生要善于利用记忆特点和规律，有效地提高自己的学习效率。

（三）中学生记忆的技巧

1. 中学生要明确记忆的目的和任务，不断提高记忆的自觉性

提出明确的识记目的和任务，对识记的效果有极为重要的作用。因为有了明确的识记任务，人们就能把全部精力集中到识记的任务上去，并采取各种方法去实现它。所以，在其他条件相同的情况下，有意识记忆要比无意识记忆有效得多。苏联教育家赞科夫曾对两组被试进行实验，要求甲组被试尽可能完全地记课文，而对乙组则不提出识记任务。结果甲组被试平均记住了课文中的12.5个句子，而乙组平均只记住了8.7个句子，即提出明确识记目的和任务效果更好。另有人研究，要求两组学生记忆难度大致相同的两篇课文，告知甲组一周以后测验，告知乙组两天后测验，实际上都在两周后同时测验，结果表明甲组成绩明显优于乙组。这就说明，记忆目标的长期性决定着记忆效果的持久性。

2. 中学生识记材料的数量要适当

材料的数量多少，对识记的效果是有很大影响的。一般来讲，要达到同样的识记水平，材料越多，识记所用的平均时间和次数也就越多。实验证明，在识记12个音节时，平均每个音节需要14秒；识记24个音节时，平均每个音节需要29秒；而识记36个音节时，平均每个音节需要42秒。因此，教师在指导学生记忆时要使识记材料的数量适当。

3. 中学生要加强对识记材料的理解

以理解为基础的意义识记，在全面性、敏捷性、准确性和牢固性等方面都比机械识记的效果好。因此，教师要指导学生在记忆时对材料进行分析、归类和编码，这样有助于提高记忆效果。

4. 中学生要掌握正确的识记方法

引导学生掌握科学的记忆方法，对于提高他们的记忆能力具有重要意义，常能收到事半功倍的效果。下面就介绍几种常用的记忆方法。

(1) 形象记忆法。形象记忆法是把抽象的材料加以直观形象化来记忆。学生在学习理性知识时，必须以相应的感性经验为支柱才能真正理解和牢固地记住。例如，记忆地图时，认为中国像公鸡，意大利像靴子。

(2) 谐音记忆法。谐音记忆法是利用谐音为中介的一种记忆方法。这种方法能把无意义的材料变成有意义的材料，把生疏的材料变成熟悉的材料。如马克思诞生于1818年，卒于1883年，可以记为"一拔一拔，一拔拔散"或"一爬一爬，一爬爬上山"。

(3) 逻辑记忆法，即前面说的理解记忆法。如记忆数字149162536496481，可以理解为1~9的平方。

(4) 口诀记忆法。如果把需要识记的材料编成合辙押韵的歌诀，能收到极好的记忆效果。如可以把我国的历史朝代编为"唐尧虞舜夏商周，春秋战国乱悠悠，秦汉三国分两晋，南北两朝是对头，隋唐五代又十国，宋元明清帝王休"的口诀，把二十四节气编为二十四节气歌等。

(5) 归类比较法。对于在认识上容易混淆的相似材料，通过归类比较，分辨其思维的差别，就能保持牢固的记忆。例如，对形近而音义不同的"己""已""巳"3个字与"戊""戌""戍""戎"4个字，根据其笔画在空间上占有情况不同，进行归类比较。同时，用歌诀记忆法把它们编成"己字空，已字中，巳字不透风"与"点戌横戊戍中空，横若通头就是戎"的顺口溜，则记得更快、更牢。

(6) 联想记忆法。联想记忆法就是利用记忆内容在时间、空间或意义上的联系建立联想来帮助记忆。例如，历史上淝水之战发生于公元383年，通过"淝"可以联想到"肥胖"，由"肥胖"联想到"胖娃娃"，而8字的两个圆正好是胖娃娃的头和身体，两个3则是两个耳朵，这样一想就记牢了。

(7) 定位记忆法。定位记忆法就是将记忆项目与熟悉的地点位置相匹配，使地点位置作为恢复各个项目的线索。

5. 利用遗忘规律正确组织复习

不是任何复习都可以得到良好的效果，需要正确地组织复习。使复习取得良好的效果要注意以下几点。

(1) 复习要及时。我们知道，在识记之后不久，遗忘就迅速开始。遗忘开始的一般标志是识记的精确性降低，相似、相近的材料在再认与回忆中容易发生混淆，有时也表现为只能再认而不能回忆(不完全遗忘)。所有这些都表明遗忘已经开始。遗忘的规律是"先快后慢""先多后少",所以要想提高复习的效果,必须在遗忘还没有发生以前及时进行复习,这样才能节省学习时间。如果等大部分材料都已经遗忘以后再开始复习,则要花费更多的时间和精力。如果学生只重视课上听讲、课后做作业,而忽略复习环节,就会使所学知识的系统性、完整性受到破坏,时间一长所学的知识就会模糊、忘却、不系统,最容易忘记的是暂时还不理解的知识。所以,教师在教学上也要遵循"及时复习"的原则,使复习紧随课堂教学,从而提高教学效果。

(2) 合理地分配复习时间。分散复习之所以优于集中复习,一方面是因为集中复习很容易疲劳,从而引起大脑的保护性抑制。复习越集中,抑制作用越大。而在分散复习时,休息能使神经细胞恢复工作能力,抑制作用明显减弱。另一方面,每次复习的材料数量越多,越容易产生前摄抑制和倒摄抑制,干扰增强,影响复习效果。虽然分散复习优于集中复习,但在学习中如何合理地复习,要根据材料的多少、难易来确定。一般来讲,复习的材料较少,复习的时间可以相对集中;最初复习时,各次复习的间隔可以稍短,以后对材料熟悉,各次复习的时间间隔可以逐渐加长。

(3) 阅读与尝试回忆相结合。复习时单纯地一遍一遍阅读的效果并不好,应当在没有完全熟记以前就试图回忆。回忆是一种比阅读更为积极的过程。它要求积极思考,发现哪些记住了,哪些没记住,使整个复习过程更有目的性。另外,尝试回忆又是一种自我检查的过程,可以集中精力掌握难点和改正回忆中的错误。

(4) 复习的形式要多样化,多种感官协同活动。单调的重复容易引起学生的疲劳和厌倦情绪,并降低复习的效果。因此,复习必须多样化。复习时要尽可能利用多种分析器的协同活动,来提高复习的效果。也就是说,让学生在复习时,手、脑、眼、耳并用,把机体中多种分析器的积极性调动起来帮助复习。

【心理测试 5-1】

一分钟测试你的记忆力水平

以下问题如果回答"是",加 1 分;"不是",加 0 分。
1. 你自我感觉记忆力越来越差吗?
2. 是否发现自己经常精力不集中?
3. 是否时常会发现自己想说什么但又很难表达清楚?
4. 学会一件事情是不是比过去用的时间长?
5. 计算数字时,如果不写下来,是否很难计算?
6. 是不是常常感到脑力不足?
7. 是否发现,集中精力做事情的时间不能超过一个小时?
8. 看到一个比较熟悉的人,但记不起这个人的名字,这样的事情你是否会时常发生?
9. 是否发现过去的事情记得很清楚,但记不起昨天发生的事情?
10. 是否经常忘记今天是星期几?
11. 是否经常把钥匙放错地方?
12. 是否经常要找一样东西,但又忘记了要找什么?

13. 你的家人和朋友是否发现你比过去爱忘事？
14. 你会经常讲自己的经历吗？

结果评估

- 4分或4分以下，说明你的记忆力和精力集中的能力都很好。
- 5分到10分，说明你的大脑正在开始退化。
- 10分以上，说明你的记忆力和精力集中的能力都在明显减退。

四、中学生的思维

（一）思维的内涵

思维是人脑借助于言语、表象和动作而实现的对客观事物的间接、概况的反映，是组成人智力的核心。思维也是人区别于其他动物最具有代表性和独特性的认知方式。思维通常与问题解决有关。

（二）中学生思维的特点

思维是智力活动的核心成分，中学生思维的发展是在身心发展的基础上，在学校教育、教学和社会影响下，通过个人努力而实现的[1]。中学生思维发展的主要特点如下。

首先，中学生的抽象思维日益占主导地位。中学生能够理解一般抽象概念，掌握原理定理并进行逻辑推导，对许多现象能够进行抽象和概括。但还不能说中学生的思维完全达到了抽象思维水平，他们的思维发展还是"经验型"的，在思维过程中具体形象成分仍然起主要作用。他们在进行抽象逻辑思维的时候，常常还需要具体的、直观的、形象的、感性经验的支持，不然可能会出现理解、判断、推理上的困难。

其次，中学生思维的独立性和批判性得到明显发展。中学生由于知识经验的不断积累，思维水平的日益提高，因此容易高估自己的实际能力，常常不满足于教师或教科书的理解，不喜欢现成的结论，喜欢大胆地提出自己的意见。但是从总体上看，他们毕竟知识有限，独立性和批判性还欠成熟，片面性和表面化的倾向难以掩饰，表现在有时会毫无根据地争论，好走极端，以及孤立地看待事物。这些都有待于他们思维能力的进一步完善，特别是有赖于其辩证思维能力的发展。

由于中学生思维发展不完善且存在个体差异，所以教师要注意学生学习发生问题的真正原因所在。在教学中要想真正提高学生的思维水平，就要使学得的知识能真正实现在思维水平上的运用。教育心理学认为，知识一旦获得以后，就能在认知活动中发挥作用，从而对认知活动产生重大影响，但是在运用时存在两个水平：知觉运用与思维运用。在知觉水平上，通常是运用回忆或再认过程；而在思维水平上，运用才真正对思维的发展产生推动作用。教师在教学过程中不能满足于学生在知觉水平上运用知识，无论是课堂教学还是作业练习或考试过程，都要让学生把新学得的知识运用到思维水平上。

---

[1] 夏凤琴. 教育心理学 [M]. 北京：高等教育出版社，2010.

总之，个体的认识过程主要包括注意、感知觉、记忆、思维等过程，这几个过程与学习过程息息相关。注意虽然不是单独的认知过程，但是它贯穿个体认知过程的始终。学习必须从注意开始，因为被注意到的信息才可能被加工，没被注意到的信息则不可能被加工；信息要想进入个体大脑，必须经过个体的感知过程，个体的感知能力直接决定了信息输入的效率和质量；经过加工的信息都存储在记忆中，记忆是一个庞大的信息库，在学习过程中发挥巨大作用；而思维是问题解决能力的终极体现，记忆中的信息要想发挥更大作用，必须经过个体的思维过程。中学是一生中一个非常重要的时期，在这个时期更要发挥认知过程中各个环节的功用，为一生发展打下坚实的基础。

【身边故事 5-1】

大家为什么喜欢张老师的课

无论是一班还是二班的学生，都愿意上张老师教的物理课，因为张老师不仅课讲得准确、清晰、生动，而且还总是提出一些让人意想不到的问题，使学生学习物理知识的兴趣更加浓厚。张老师经常在讲完一个原理或一件机械的构造后，提出一个"假如"，如"假如这个电路上增加一个二极管会怎样""假如这儿的力突然停止作用，物体会做何运动"，等等。除了"假如"，张老师常用的词还有"除了""比较""可能""替代"，如"活塞运动除了可以用于发动机，还可以干什么""比较一下汽车与风帆有什么相似的地方""飞机在大风天飞行可能会遇到什么困难""可能是什么原因造成的""这个机械装置中的滑轮用什么东西可以替代"，等等。另外，张老师还经常让学生"列举"，如"尽可能多地列举出应用电池并联的电器""列举出你能想到的所有可以应用摩擦生电原理解决的生活中的问题"，等等。无论何时，张老师对于学生的回答，不管它多么荒谬，都不加以讽刺和贬低，所以学生都喜欢张老师，更喜欢他的物理课。

第三节 中学生常见的学习心理问题辅导

中学生在学习中经常会遇到一些问题，比较突出的有学习困难、学习倦怠和考试焦虑等。这些问题能否解决好，将直接影响中学生的学习及身心发展。教师要了解这些学习问题的原因及解决策略，以便及时对出问题的中学生进行帮助和辅导。

一、中学生的学习困难辅导

（一）学习困难的定义及分类

学习困难并不是因为学生智力低下，一般来讲，学习困难的学生有正常或高于正常的智力，但在一项或多项的基本学习技能(通常如阅读)上则有明显的困难。值得注意的是，学习困难可能出现在任何智力层次的学生身上。由于界定标准的差异，在现实教学中很难对学习困难下一个准确的定义。目前，国内对于学习困难的界定为：学习困难的学生是指感官和智力发展水平正常，与其同年龄的大部分学生相比在学习上有明显困难，学习效果低下，在各门功课的测试中总是处于班级末位而且多门功课不及格，且学习结果远未达到教学目标要求的学生。

国内学者将学习困难分为3种类型：相对学业不良、绝对学业不良和成绩不足。

1. 相对学业不良

以一特定群体的平均成绩作为参照标准，明显低于平均水平的为相对学业不良。按照这种方法，每所学校、每个班级都可以区分出比例大致相同的学业不良学生。其缺陷在于，学业不良的划分，随着班级情境的变化而变化，一个学生在重点中学是"学业不良"，而到了普通中学就可能不属于"学业不良"。这种人为划分不很合理，总会打击一部分学生的学习积极性。

2. 绝对学业不良

以规定的教学目标作为评价的参照标准，达不到教学目标者为绝对学业不良。这里的目标是指各年级、各门学科领域可以期待学生达到的水平。这种界定虽比相对学业不良合理，但也不是没有问题。关键在于基本标准(目标)如何确定。若目标定得过高，将会出现许多学业不良的学生；若目标定得过低，则又会减少许多学业不良的学生。因此，目标水准的确定，成为左右"学业不良"学生发生率的唯一因素。另外，立足于绝对学业不良观，并没有对每个学生的个人因素及条件做充分的考虑。在这种观点背后潜藏着一个观念，即把一切学生的学习能力和条件一律视为同等的。

3. 成绩不足

以个人的能力水平为评价的参照标准，如果学生的实际学业成绩明显低于从其能力来看应达到的水平，则这种现象称为成绩不足。例如，某学生的智力水平在该年龄中属于较高水平，而实际学习成绩呈中下水平，可认为是成绩不足。这种界定着眼于每个学生已有的潜在能力，从每个学生个人自身中去寻求问题的答案，比较符合尊重学生个性的教育精神。

（二）中学生学习困难的原因

中学生学习困难的原因有很多，研究者曾从不同角度解释学生学习困难的原因。有研究者认为学习困难是由神经系统的缺陷引起的，有研究者认为学习困难是由注意力缺乏引起的，有研究者认为学习困难是由于学生缺少学习动机，还有研究者认为学习困难的学生其信息加工过程存在问题。综合各种理论与解释，我们从以下几方面来探讨学生学习困难的原因。

1. 认知过程不完善

学习困难的学生注意力存在突出的问题，有明显的注意缺陷，会直接影响他们信息加工的效果与质量；记忆方面，感觉记忆中的信息编码、提取的速度较慢，短时记忆偏重复述而缺少组织；问题解决能力较差，不知道什么是要解决的问题，也不能有效地计划、监控解题步骤以达到目标；不能灵活地选择相应的策略，也很少有运用策略的意识。相关调查表明，学习困难的学生其语言文字的识记和表达能力、数理的运算和逻辑思维能力、记忆的技巧和深度、观察事物的方法和策略、空间的想象和旋转能力、劳技实验的操作能力，甚至身体与四肢运动时的协调能力，都与其他学生有差异。

2. 元认知水平有待提高

元认知是美国心理学家弗拉维尔在20世纪70年代提出的，是关于认知的认知，是个体对自己的思维过程的意识监控。其实质是个体对自己的认识活动的自我意识和自我监控。它一方面使学生了解自己信息加工的过程和能力(元认知知识)，另一方面又使学生懂得如何采取措施以调节和控制自己的信息加工过程(元认知调控)。

在研究中发现，学习困难的学生缺少对自己的心理状态、能力、任务、目标、认知策略等方面的知识，所以在学习的时候，往往不知道学什么，也不知道该怎样学习。而且，学习困难的学生不能很好地预期或计划自己的学习。他们的学习都是被动的，抱着"做一天和尚撞一天钟""向老师交差"的思想，被动地完成各种学习活动，不善于在自我评价与分析的基础上，判明练习的目标是什么，与此同时也会影响学生的进一步活动。

3. 缺乏学习动机

现代教育心理学认为，学习动机是直接推动学生进行学习的一种内部动力，是激励和指引学生进行学习的一种需要。学生的学习受多方面因素的影响，其中主要受学习动机的支配。学习困难的学生其学习动机来自外部，不是因为对学习本身感兴趣而学习，而是为了父母或者为了老师，他们认为自己是"委曲求全"来学习，是为了父母和老师的任务，为他们做贡献，或者是因为别人都在读书学习，自己没什么别的事情做，也茫然地学习。持这种学习动机的学生，学习起来自然困难重重。

4. 缺乏良好的意志坚持性

意志坚持性是指学生在智力活动中克服内部和外部困难的自觉程度和坚持性水平。年级越高，学习的内容就越复杂与深奥，总会遇到一些困难与障碍，这时候就必须有一定的意志水平作为支撑，让自己能够保持较高的学习兴趣，维持足够的学习动力，这样才能持之以恒取得良好的成绩。学习困难的学生缺乏足够的坚持力，他们虽然也希望自己的学习成绩好转，但是不愿付出艰辛的努力，特别是一旦遇到学习中的困难和障碍，由于其承受挫折的能力较低，所以很容易丧失信心，半路上就打退堂鼓，不能坚持到底，最终功亏一篑，前功尽弃。

（三）针对中学生学习困难的辅导

针对学习困难学生的辅导是一项比较复杂而艰苦的工作。一般来说，需要根据诊断分析结果，由教师、家长和学生本人一起制订详细的个案辅导计划，并加以认真地实施，以解决其学习上的困难，提高自信心，最终提高学习成绩。对于不同类型的学习困难的学生，个案的辅导方法、过程和成效可能不尽相同。有的顺利一些，有的困难一些，辅导人员应该有足够的心理准备。

1. 聪明活泼但不够努力型

有些学生聪明活泼，但是在学习上不够用心，不够努力。这类学生出现学困的原因在于，学生精力充沛，注意力不够集中；性格较为开朗活泼，用在学习上的精力却很少。结合这些特点，可以采用操行评语、谈话和写卡片等方式给这类学生以信心和鼓励，使其能够把精力放在学习上，提升自信心。

2. 勤奋努力但不够聪明型

有些学生学习很勤奋努力，愿意付出辛劳，但不是很聪明，掌握不了学习方法，因此学习成绩不是很理想。时间久了，这类学生容易产生习得性无力感，变得很自卑，认为自己很笨，没有能力学好。这类学生的勤奋努力是非常可贵的品质，是他们的优点。他们出现学困的原因主要是不能及时适应处于变化中的学习环境，不能及时跟上较快的学习节奏，或是原本适用的学习方法不能适用新阶段的学习内容。这类学生出现学习困难，主要是因为学习方法和学习习惯出现了问题。按常理来说，努力的孩子应得到优异的学业成绩作为付出的回报，可偏偏就是有那么一部分认真努力的孩子，其付出的辛苦和得到的回报不成正比。针对这一情况，可以对这些学生进行学习方法和良好学习习惯方面的辅导，使其掌握正确的学习方法，培养良好的学习习惯，并建立自信。

3. 不够聪明但听话乖巧型

还有这样一些学困生，他们学习不够努力，也不聪明，但比较听话。这类学生出现学困的原因在于学生的基本知识不够丰富，以及消化理解能力不突出。这类学生通常不容易引起教师的关注，而且出现学习困难的状况也不够明显。具体表现为：不够努力但并非自由自在；能较好地完成教师布置的作业但并不主动；学习成绩中等但学习动机并不强烈。由于其自主学习能力与动机不强，但能比较听话、认真地完成教师布置的任务，所以可以采用布置自主作业，增加课外学习内容的方式督促其学习。这样可以发挥他们听老师话的优点，多在课外补习一些基本知识，建立知识链，从而有利于其在课内更好地理解新知识，取得学业上的进步，并建立自信。

4. 精力充沛但惹事生非型

这类学生对学习不感兴趣，但精力充沛，喜欢惹事生非。他们与第一类学生存在明显的不同，这类学生出现学困的情况非常复杂，如父母离异、属于留守儿童、社会不良少年的影响和盲目的模仿等，这些都可能是造成这类学生学困的原因，而惹事生非从心理角度出发是寻找一种存在感和自我满足感。对于这类学生，教师要倾注更多的关爱，尤其是留守儿童和单亲家庭的孩子，他们长期缺少关爱，所以需要更多的耐心。教师要让他们也感受到来自各方面的关爱，爱可以融化一切，他们有了爱心的滋养，就会树立正确的学习态度，认识到自己并不是被抛弃的，还有很多人关心他们，这样即使是为了回报老师和社会的关爱，他们也会努力学习。

二、中学生的学习倦怠辅导

（一）中学生的学习倦怠

长期以来，中学生一直存在由于学习压力过大产生的学习倦怠。学习倦怠是个体学习过程中产生的对学习的一种消极表现，它严重影响了个体的生活、学习等各种表现。心理学认为，学习倦怠是指学生对学业没有兴趣或者缺乏动力却又为外部因素所迫不得不为之时，其对学习的有关认识就会发生改变，从而感到厌倦、疲惫、沮丧、挫折和缺乏热情等身心俱疲的心理状态，并有以消极或者逃避的态度对待学习的一系列行为。

学习倦怠的形成不是一蹴而就的，其产生是多种多次消极经验累积的结果，其中包含一系列心理变化的过程。具体要经过以下3个过程。

1. 偶然失败阶段

处于这个阶段的学生，在认知的基础上对自己偶然失败的原因、结果、对自己的意义，以及自己掌握知识的好坏偏重程度等客观性和情感性的信息进行加工处理，实现对情感认知、信息的同化与吸收。

2. 经常失败阶段

在这个阶段，个体会对自己的能力产生怀疑，并影响个体对失败的归因，这种归因将导致两种不同的结果：一部分把失败归为自己能力不足的学生，会丧失学习兴趣，认为自己再怎么努力也不会成功，因此放弃学业，破罐子破摔下去，最终导致学习倦怠；另外一部分认为失败是自己努力不够的学生，则会比以往付出更多的努力去学习，但这时的学生其认知水平和认知能力下降，注意、记忆、想象和思维等多种智力活动的能力和效率都会有不同程度的减弱。

3. 学习倦怠的形成阶段

个体对待学习产生一种冷漠、消极应对的态度，以此作为一种防御机制，抵御来自学习方面的伤害。

（二）中学生学习倦怠形成的原因

1. 中学生学习压力大

中国青少年研究中心2012年的一项联合调查结果表明，在中日韩美四国高中生中，高达86.6%的我国受访学生认为自己的学习压力大或比较大，这一比例远远高于其他三国。胡耕实、赵巍然、孙小凡2019年对北京、武汉、襄樊和英山地区7所中学的在校学生进行调查，在学习压力综合判断这一问题的调查中，高达76.32%的中学生认为目前学习压力很大，但还可以承受；认为学习压力过大，已不能承受的学生比例为8.42%；认为压力较小的比例为15.25%。

2. 中学生的校园生活单调

大部分学校的体育课、音乐课、美术课、科学课及综合实践活动课等没有严格按照规定开齐课程、开足课时。甚至这些课程被其他的学科挤占，课外活动少之又少，在以高考为指挥棒的学校教育下，繁重的学业负担造成了校园生活的单调、机械，也造成了学生强烈的压抑感、孤独感。校园生活没有趣味，缺乏应有的活力，学生的情感需求无法得到满足，他们丰富的想象力、创造力和丰富的个性人格得不到应有的舒展。

3. 部分教师教学方法不当

在教学方面，一些教师教学理念落后，教学方法陈旧和单一，教学缺乏激情，这是中学生形成学习倦怠心理的重要原因。现行教学方法以课堂教学为主，课堂教学又以教师为主，"一支粉笔，一块黑板"，采用缺乏互动性的"填鸭式"或"满堂灌式"的授课法，缺少讨论、启发、谈话、参观等多种多样的教学形式。同时，由于条件限制，录音、录像、投影、计算机等先进的教学手段也很少使用。单调的课堂氛围，固定不变的教学模式，使学生学起来索然无味，课堂气氛沉闷，教师讲授的内容无法在学生中产生共鸣与回应，学生很容易产生疲劳感，精神倦怠。

4. 部分家庭教育不当

家长通常对子女有"望子成龙，望女成凤"的期望。家长对子女过高的期望值和不恰当的教养方式，容易给孩子带来沉重的精神负担，这是导致学生对学习产生倦怠、畏难或恐惧心理的原因之一。现在的家长往往把不合理的期望强加在孩子头上，在孩子达不到的时候贬低孩子，在孩子达到的时候，新的期望又产生了。家长对孩子没有更多的肯定，只有不断的期望，这让孩子觉得自己永远也达不到父母的要求，从而产生学习倦怠。

5. 中学生自我效能感低

所谓自我效能感，是指个体在执行某一行为动作之前能对自己在什么水平上完成该行为活动所具有的信念、判断或自我感受。学业自我效能感源于班杜拉的自我效能感理论，是指学生在学习活动中对自己是否有能力完成学习任务或进行具体学习活动的能力的预测。作为对自身学习能力判断和估计的学业自我效能感，实际上体现了学生对自身学习的一种自信和期望。如果个体确信自己有能力顺利进行和较好完成某一次活动，则属于高自我效能感。有研究表明，自我效能感对中学生学习成绩有直接的影响。自我效能感高的学生富有自信心，能积极面对各种困难和挫折；而自我效能感低的学生则缺乏自信，在遇到困难和挫折时会消极面对，甚至心灰意冷。

（三）中学生学习倦怠的应对策略

1. 减轻学生的学习负担

减轻学生过重的课业负担，促进学生全面发展。各方要采取有力的措施，切实把学生过重的课业负担减下来；要统筹好各科作业，制定减轻学生作业量的具体的实施办法；要鼓励学生通过上网、读书、翻阅资料等办法进行自学，还可以有计划地组织中小学生开展校外实践活动，撰写调查报告、制作科技作品；要限制考试次数，降低考试难度，不对考试结果排名，考试实行多种形式。学校要严格执行学校制定的作息时间、课时标准，不搞各种形式的补课活动；还要保证中学生每天1小时的体育锻炼时间，音乐、美术、体育、信息技术教育、劳技、研究性学习等课程都要开设齐全，社会实践活动要落到实处。

2. 开展健康多元的校园文化活动

《中共中央关于进一步加强和改进学校德育工作的若干意见》中指出，要大力开展学生喜闻乐见的丰富多彩、积极向上的学术、科技、体育、艺术和娱乐活动，建设以社会主义文化和优秀的民族文化为主题、健康生动的校园文化。中学生正处于身心发展开始走向成熟、人生观处于初步形成阶段，他们性格活泼，有着强烈的个性发展的愿望，对新事物敏感，乐意参加各种内容丰富、形式多样的活动。健康多元的校园文化活动，符合学生的身心特点，对学生有较大的吸引力。健康多元的校园文化活动能充分发挥学生的主体作用，培养中学生较强的创新意识、组织能力、交际能力、应变能力等，促进中学生的全面发展，对中学生的后续学习和持续发展产生积极的作用。

3. 丰富教学手段，激发学习兴趣

教育家苏霍姆林斯基曾说，教师如果不想方设法使学生产生情绪高昂和智力振奋的内心状态，而只是停留在不动感情的脑力劳动，就会带来疲倦。常言道，兴趣是最好的老师，因此，教师在教学过程中要精心设计教案，以丰富多彩的教学手段激发学生的学习兴趣，用兴趣来激活他们的思维，唤起他们的注意，进而充分调动学生的学习积极性，让他们积极参与教学，真正成为课堂的主人。

4. 提高自我效能感

中学生学习成功和失败的经验对他们的自我效能感影响最大，成功的经验会提高自我效能感，失败的经验会降低自我效能感。因此，教师应该尽量让学生在学习活动中更多地体验到成功。引导学生更多地进行自我比较，看到自己的进步，从中获得信心，提高自我效能感，减少焦虑。学生失败了，教师应引导学生进行正确的归因，同时帮助学生端正学习态度，掌握合适的学习方法。

三、中学生的考试焦虑辅导

（一）中学生的考试焦虑

很多中学生都有过这样的经历：考试前数天就开始紧张不安，睡不好觉，不能集中精力复习，且紧张程度随着考试日期的临近而日益加重，特别是在进入考场后，往往出现心慌手颤、胃肠不适、尿频、焦躁不安、多余动作增加、注意力无法集中、对所学知识提取困难等症状。这些都是考试焦虑的表现。考试焦虑是人由于面临考试而产生的一种特殊的心理反应，是在应试情境刺激下，受个人的认知、评价、个性、特点等影响而产生的以

对考试成败的担忧和情绪紧张为主要特征的心理反应状态。考试过度焦虑不利于复习和应试，它会降低考生的学习效率和考试成绩，也会影响考生的身心健康。

（二）中学生考试焦虑的成因

1. 中学生对考试的不正确认知

不正确认知是一个人对客观事物产生的不正确的认识和评价。一个人对客观事物认知与评价的正确与否，直接影响人的行为。例如，考试焦虑的同学认为，这次考试一定会很难，自己能力不行，可能会考不好，要是考砸了一切都完了，等等。这些都会使个体紧张，越紧张头脑越乱，结果真的很难考好。

2. 中学生心理压力过大

中学生学习任务重，学习压力大，这种压力不仅来自自己，还源于家长的期望、老师的要求及同学之间的竞争。家长都望子成龙、望女成凤，对孩子的期望没有最高，只有更高；学校要成绩，要升学率，也不断对学生加压；同学之间也存在激烈的竞争，大家争先恐后，唯恐别人超过自己；还有一些学生对自己的期待很高，这种期待也给自己增加了很大的压力。

3. 中学生学习方法不当

缺乏计划和学习方法欠妥的人，必然难以对学习树立起信心，心理会有一种预期的紧张，对未知的考试结果过分担心、期望和关注。在这种心理支配下，学生的自我调控能力下降，自信心不足，总处在一种恐惧和紧张焦虑之中。

4. 缺乏良好的情绪和意志品质，不能有效地自我调节

紧张和焦虑并不是对学生没有积极作用，这种感觉可以促进学生进行学习活动并提高学习效率，但过于紧张和焦虑会产生副作用，所以需要学生自主进行调节。一些中学生缺乏对自己情绪和意志的调控能力，一点小事也能引起他们巨大的内心震撼，容易心烦意乱、喜怒无常、无精打采、怨天尤人，自然无法摆脱考试焦虑的困扰。

（三）中学生考试焦虑辅导

考试焦虑会影响学生考试正常发挥，影响学生的考试成绩，降低学生的自信与自尊，最终影响学生形成健康人格，所以教师要对学生进行辅导，以降低考试焦虑对学生的不良影响。

1. 帮助学生建立正确的认知和合理的期望

正确的认知是减轻考试紧张的根本原因，即使是客观因素，也是以主观的态度和体验为中介发挥作用的。期望是对个体自身和他人行为结果的某种预测性认识，不仅会影响个体的行为结果，而且可能对个体在行为过程中的焦虑产生影响。太高的期望和较低的期望都会给学生带来压力，甚至会挫伤学生的积极性。只有客观、准确的估计才能使考生在心

理上做好准备，从而合理地确定学习目标，顺利地克服障碍，获得考试的成功。为此，家长和老师在考前要帮助学生恰如其分地做出估计，不要盲目乐观，也不要低估自己，使学生处于自信而不自满、自尊而不自负、自善而不自弃的心理状态。

2. 给学生创造一个轻松的环境

教育是一种有目的、有计划、有组织的育人活动，学校应有意识地创造一个有利于中学生健康成长的环境。健康的教育环境应是有利于中学生充分发展潜能，形成健全人格的环境。除社会要提供有利于中学生考试的良好环境外，学校、家庭也要营造一个轻松和谐的考试环境。

3. 适当转移学生注意力

焦虑的中学生成天想着考试，尤其是考前几天，从而影响精力，影响考试发挥。所以，分散考生的注意力是减轻紧张的关键。放松实际上就是消除紧张状态，使人感到轻松愉快。如考前适当放松，看看书、听听音乐等。对于入场前仍然处于紧张状态的学生，可以做几次深呼吸、做伸展运动、哼哼歌曲，想点与考试无关的事情，积极参加有趣的谈笑，以此冲淡紧张情绪。

4. 帮助学生做好考前准备

一是树立必胜信心。有些中学生之所以发生"怯场""晕场"现象，往往是因为信心不足。因此，考前振奋士气、树立信心对考生很重要。信心就是力量，信心就是胜利。

二是保证充足的睡眠。如果考生长期睡眠不足，到了考试时便会变成强弩之末，心力交瘁，无法考出应有的水平，有了充足的睡眠，在考场上才会有清醒的头脑和好的思维效果。

三是要做好物质准备。如带足考试所需的学习用品和生活用具，提前熟悉考试地点与考试环境等。

【案例导读解析】

1. 对问题行为的评估和诊断

厌学是指学生对学习否定的内在反应倾向，包括厌学情绪、厌学态度和厌学行为。陈同学表现为对学习厌恶反感，经常逃学或旷课，它的直接后果就是导致学生学习效率下降。在本案例中，陈同学即使知道学习的结果直接影响他的未来，也仍然对学习表现得非常反感，或是逃课，或者是在课堂上睡觉，做一些与学习无关的事。这些行为的直接结果就是学习成绩的急速下降，从他的表现中可以判断他存在极度的厌学心理，而且在这种厌学思想的指导下，他无心向学，与同学交往出现困难。

2. 辅导方法

(1) 与家长多联系、沟通，希望他们用正确的方式对待孩子，走出爱的误区。与他的爷爷奶奶进行多次交谈，让他们明白在孩子遇到困难的时候，应该教会他如何解决，而不是替他做。并通过电话与他的父母分别进行沟通，让他们意识到孩子身上存在的问题及问题的严重性，在孩子犯错的时候，应对他进行适当合理的批评与教育，让他认识到错误，鼓励他改正。应让他们明白：钱不能弥补自己对孩子的歉意，无节制不合理地满足孩子物质上的任何要求实际上是在害孩子，会让孩子滋生好逸恶劳、铺张浪费的恶习，其实孩子在这个时候最需要的是关心，给他关怀，特别是他的学习生活情况，并对孩子取得的每个微小进步及时肯定与赞美。这样才能让孩子感到父母对自己学习的关心，要让孩子知道学习的重要性。

(2) 帮助孩子树立自信，融入集体，找到和同伴交往的乐趣。利用开班会的时机，与班干部约定，要用爱心感染他，耐心帮助他，他的缺点要包容，帮助他克服；对于他的任何进步，班委们都不要吝啬赞美。

(3) 帮助制定近期目标，共同制订计划，对他提出一些具体要求。①要求他不论是否完成作业，都要坚持到校上课，认真听讲。②给两个星期作为适应期，在这两个星期里，别人一次做完的作业，允许他分两次做，但一定要做完。③给一个星期作为过渡期，在这个星期里，要求他跟别人一样，每次作业都要一次完成。考虑到他基础较差，允许他当天要交的作业最迟不能超过放学前交。④巩固期，要求他不仅每次作业能一次完成，还要和同学们一样按时交作业，并且准确率要有提高。

小结

中学阶段的学习与一般意义上所说的学习不同，专指学生在校期间的学习活动。它具有学校教育的一般共性，就是学生要在规定的有效时间里，高效率地掌握前人积累下来的知识和经验，这些知识经验以书本知识为主要内容，并不需要学生事事躬亲，逐一验证；学生的整个学习活动都是在教师的组织和指导之下，有目的、有计划地进行的。个体的认识过程主要包括注意、感知觉、记忆、思维等过程，这几个过程与学习过程息息相关。中学生在学习中经常会遇到一些问题，比较突出的有学习困难、学习倦怠和考试焦虑等。这些问题能否解决好，将直接影响中学生的学习及身心发展。教师要了解这些学习问题的原因及解决策略，以便及时对出现问题的中学生进行帮助和辅导。

巩固与操作

一、思考题

1. 中学生的注意特点有哪些？
2. 怎样根据中学生的注意特点进行有效教学？
3. 中学生的感知觉特点有哪些？
4. 在实际教学中，怎样根据中学生的感知觉特点进行教学安排？

5. 如何根据中学生的记忆和思维特点进行教学和复习？
6. 中学生常见的学习问题有哪些？如何进行调试？

二、操作题

胡海飞，男，上初中(非重点中学)时学习成绩很好，又是一班之长，在学校的各种竞赛中经常获奖。后转入市重点中学，他非常兴奋和高兴，并对自己充满了信心。他想通过自己的勤奋和努力，取得比初中时更优异的成绩。但刚入学的摸底考试，就让他大失所望。在极度的痛苦之后，他又振作起来，更加勤奋和刻苦，但期中考试的成绩仍不理想。于是他开始怀疑自己，考试期间常常认为别人比自己强得多。他怀疑自己并不像原来那样聪明。考试之前，他常常缺乏信心，精神紧张，并伴有呕吐、恶心、小便频繁、睡不好觉等症状。

如果你是他的老师或家长，应该怎样帮助他？

拓展阅读

1. 梅洁，魏耀发. 基于学生成长需要的学习心理辅导实践研究[M]. 上海：上海三联出版社，2020.
2. 赵希斌. 好懂好用的教育心理学[M]. 上海：华东师范大学出版社，2022.

第六章

中学生的情绪管理

▶ 内容提要

本章从认识情绪开始,首先介绍情绪的含义、分类、发展及对人的影响;其次介绍中学生的五大情绪特点及常见的情绪困扰,分析中学生不良情绪的成因;最后从主观和客观两方面入手寻找调节情绪的措施。

▶ 学习目标

(一) 认知目标
1. 记住情绪的含义、分类及发展的过程。
2. 了解中学生不良情绪的成因。
(二) 情感目标
1. 能联系实际理解学习情绪管理的意义。
2. 培养调适情绪的主动性。
(三) 能力目标
1. 能结合自身情绪的特点,分析不同的情绪在学习生活中的不同作用。
2. 能用所学方法调节自己的情绪。

【案例导读】

想辞职的班级干部

李某,女,15岁,某中学初二学生。她学习成绩较好,智商中上等;外向型性格,开朗,有个性,思维活跃,敢说敢做。但她盛气凌人,自以为是,孤芳自赏,桀骜不驯,嫉妒心强;认为人与人之间无信任和善良可言,皆唯利是图;对他人缺乏真诚。虽然李某学习成绩好,但同学不太喜欢她。她与家长、老师说话也咄咄逼人,因此与人沟通时总带有争吵的神态,难以心平气和地与人交流。她自认为是不太受人欢迎的人。她想交知心朋友,但同学大都敬而远之。担任的班干工作也常因同学的不配合而使她不能如愿,她因而情绪极受影响,气哭过几次,辞职过几次,甚至想走绝路。

第一节 认识情绪

情绪在日常生活中非常重要,是表达人的感觉的无声语言。情绪的好坏决定处理事物的结果。在健康的情绪状态下解决问题时,其结果令人满意。相反,在心情郁闷、厌烦、紧张、愤怒的状态下解决问题时,往往会出现过激的行为,或出现严重的不良后果。中学生由于年龄的特点,其行为更容易受情绪的控制,在不良情绪状态下甚至会走向违法犯罪的道路。可见,了解中学生情绪的特点,探索中学生不良情绪产生的原因,研究中学生不良情绪矫正的途径和方法,就更彰显出它的重要性了,而这一切都需要从认识情绪开始。

一、情绪的定义

(一)情绪的含义

在现实生活中,当我们与人或事打交道时,总会产生一定的态度,如喜、怒、哀、乐都是我们对客观事物所形成的一种态度上的体验,这种体验心理学上称之为情绪。

(二)情绪的组成成分

心理学家认为任何情绪都含有以下3种成分:主观体验、外部表现和生理唤起。

1. 主观体验

主观体验是个体对不同情绪状态的自我感受。每种情绪有不同的主观体验,它们代表了人的不同感受,如快乐还是痛苦等,构成了情绪的心理内容。情绪体验是一种主观感受,很难确定引起情绪体验的客观刺激是什么,而且不同人对同一刺激也可能产生不同的情绪。

人的主观体验与外部反应存在某种相应的关系,即某种主观体验是和相应的表情模式联系在一起的,如愉快的体验必然伴随着欢快的面容或手舞足蹈的外显行为。

2. 外部表现

外部表现通常被称为表情,它是在情绪状态发生时身体各部分的动作量化形式,包括面部表情、姿态表情和语调表情。

(1)面部表情。面部表情是指通过眼部肌肉、颜面肌肉和口部肌肉的变化来表现各种情绪状态。面部表情能精细地表达不同性质的情绪,因此是鉴别情绪的主要标志。人的眼睛是最善于传情的,不同的眼神可以表达人的各种不同的情绪和情感。例如,高兴和兴奋时眉开眼笑,气愤时怒目而视,恐惧时目瞪口呆,悲伤时两眼无光,惊奇时双目凝视等。

眼睛不仅能传达感情，而且可以交流思想。同时，眼神是一种十分重要的非言语交往手段。人与人之间往往有许多事情只能意会，不能或不便言传，在这种情况下，通过观察人的眼神，我们可以了解他(她)的内心思想和愿望，推知他们的态度：赞成还是反对，接受还是拒绝，喜欢还是不喜欢，真诚还是虚假等。

口部肌肉的变化也是表现情绪的重要线索。例如，憎恨时咬牙切齿，紧张时张口结舌等，都是通过口部肌肉的变化来表现某种情绪的。

(2) 姿态表情。姿态表情是指面部以外的身体其他部分的表情动作，包括手势、身体姿势等，如人在痛苦时捶胸顿足，愤怒时摩拳擦掌等。

姿态表情可分成身体表情和手势表情两种。身体表情是表达情绪的方式之一。人在不同的情绪状态下，身体姿态会发生变化，如高兴时捧腹大笑，恐惧时紧缩双肩，紧张时坐立不安等。

手势常常是表达情绪的另一种重要形式。手势通常和言语一起使用，用以表达赞成或反对、接纳或拒绝、喜欢或厌恶等态度。手势也可以单独用来表达情感、思想，或做出指示。

(3) 语调表情。语调也是表达情绪的一种重要形式。语调表情是通过言语的声调、节奏和速度等方面的变化来表达的，如高兴时语调高昂，语速快；痛苦时语调低沉，语速慢。

3. 生理唤醒

生理唤醒是指情绪产生的生理反应。生理唤醒是一种生理的激活水平。不同情绪的唤醒是不一样的，如满意、愉快时心跳节律正常；恐惧或暴怒时心跳加速、血压升高、呼吸频率增加，甚至出现间歇或停顿等。

（二）情绪的功能

1. 适应功能

有机体在生存和发展的过程中，有多种适应方式。情绪是有机体适应生存和发展的一种重要方式。例如，动物遇到危险时出现害怕的呼救，就是动物求生的一种手段。

情绪是人类早期赖以生存的手段。婴儿出生时，不具备独立的生存能力和言语交际能力，这时主要依赖情绪来传递信息，与成人进行交流，得到成人的抚养。成人也正是通过婴儿的情绪反应，及时为婴儿提供各种生活条件。在成人的生活中，情绪与人的基本适应行为有关，包括攻击行为、躲避行为、寻求舒适、帮助别人和生殖行为等。

2. 动机功能

情绪是动机的源泉之一，是动机系统的一个基本成分。它能激励人的活动，提高人的活动效率。适度的情绪兴奋，可以使身心处于活动的最佳状态，推动人们有效地完成任务。研究表明，适度的紧张和焦虑能促使人们积极地思考和解决问题。

3. 组织功能

情绪的组织作用是指情绪对其他心理过程的影响。情绪的组织功能还表现在人的行为上，当人处在积极、乐观的情绪状态时，易注意事物美好的方面，其行为比较开放，愿意接纳外界的事物；而当人处在消极的情绪状态时，容易失望、悲观，放弃自己的愿望，或者产生攻击性行为。

4. 社会功能

情绪在人际关系方面具有传递信息、沟通思想的功能。这种功能是通过情绪的外部表现，即表情来实现的。表情是思想的信号，如用微笑表示赞赏，用点头表示默认等。

【知识链接 6-1】

情绪的早期理论：詹姆斯—兰格理论

詹姆斯—兰格情绪学说是有关情绪的生理机制方面的第一个学说，在心理学上很有名气。19世纪的美国心理学家威廉·詹姆斯和丹麦生理学家卡尔·兰格，分别于1884年和1885年不约而同地提出了同一种关于情绪的生理机制的观点。

我们一般认为人是先害怕后逃跑，詹姆斯认为是先跑后怕；一般人认为是先怒后斗，詹姆斯则认为是先斗后怒。他认为情绪的主观体验(即主观上觉得的那种心理状态)只是情绪的生理变化的原因，而情绪的生理变化才是情绪的心理状态的原因。詹姆斯认为，通常的说法正是把这个因果关系弄颠倒了，这就是这个学说的要点所在。在情绪这件事上，詹姆斯认为心理变化不是身体变化的原因。怕是什么？怕是心理活动；跑是什么？跑是身体活动。心理活动不是身体活动的原因。

兰格是一名医生，他的情绪理论与詹姆斯的说法基本一致，不过兰格特别强调血液循环系统的变化，如心跳等；而詹姆斯所说的生理变化则是全部内脏的变化再加上肌肉的收缩，例如，眼睛看见老虎，耳闻虎吼，于是，老虎的形象和声音通过我们的眼睛和耳朵这两种感觉器官传到大脑皮层，使我们产生了对于老虎的认识，既知道这是老虎，又联想到老虎是野兽、很厉害、可能会吃人等(詹姆斯认为这时候人还没有情绪，只是认识)，于是，由大脑皮层的外导神经通路引起肌肉的收缩(一般人见到老虎就逃跑或上树，这些都是肌肉收缩)；另外，还会出现心跳和呼吸加快、肾上腺素分泌增加、唾液分泌减少等生理变化，这些变化通过内导神经通路传回大脑皮层，使人产生一种主观的体验，这就是情绪。也就是说，由感觉器官到大脑皮层(如看见老虎，知道是老虎，联想到老虎可能吃人等)，这只是认识，而由此引起的一系列生理变化通过内导神经再传回大脑皮层，才有了情绪的体验或情绪的意识，这就是所谓的先跑后怕的具体过程。

该理论基于情绪状态和生理变化的直接联系，提出情绪是对机体变化的感知，是机体各种器官变化时所引起的感觉的总和。詹姆斯说："我认为，当我们一知觉到使我们激动的对象时，立刻就引起身体上的变化。在这些变化出现之时，我们对这些变化的感觉，就是情绪。""我们因为哭，所以愁；因为动手打人，才生气；因为发抖，所以怕。并不是我们愁了才哭，生气了才打，怕了才发抖。"詹姆斯认为，情绪就是对身体变化的直觉。

当有情绪作用于感官时，立刻会引起身体上的某种变化，激起神经冲动，传至中枢神经系统而产生情绪。兰格说："任何能引起广泛的血管神经系统功能变化的作用，都会有情绪表现。"他认为，情绪是内脏活动的结果，强调情绪与血管变化的关系，情绪决定于血管受神经支配的状态、血管容积的改变，以及对它的意识。詹姆斯与兰格在情绪产生的具体描述上虽有不同，但他们的基本观点是相同的，他们都认为情绪刺激能引起身体的生理反应，而生理反应进一步导致情绪体验的产生。詹姆斯—兰格情绪学说强调生理变化对情绪的作用，有一定的历史意义，他们看到了情绪与机体变化的直接关系，强调了植物性神经系统在情绪产生中的作用，这有其合理的一面；但是它片面夸大了外围性变化对情绪的作用，而忽略了中枢对情绪的主导作用，因而引起了很多争议。

二、情绪的分类

情绪本身是非常复杂的，因此要对情绪进行准确的分类就显得尤为困难。许多研究者对此进行了长期的探索，其中有两种分类方法颇具代表性。

（一）依据情绪的性质分类

依据情绪的性质分类，情绪分为快乐、愤怒、恐惧和悲哀4种类型。

1. 快乐

快乐是盼望的目的达到后，继之而来的紧张解除时的情绪体验。快乐的程度取决于愿望满足的意外程度。快乐的程度从满意、愉快到大喜、狂喜。快乐是一种追求并达到目的时所产生的满足体验。它是具有正性享乐色调的情绪，具有较高的享乐维度和确信维度，能使人产生超越感、自由感和接纳感。

2. 愤怒

愤怒是由于受到干扰而使人不能达到目标时所产生的体验。愤怒是目的和愿望不能达到，顽固地一再受到阻碍，从而积累了紧张，以致产生愤怒。特别是所遇到的挫折是不合理的或被人的恶意所造成时，愤怒最容易发生。其程度由低到高依次为：不满、生气、愠怒、大怒、暴怒。

3. 恐惧

恐惧是企图摆脱、逃避某种危险情境时所产生的情绪体验，往往是由于缺乏处理、摆脱可怕情境的力量和能力而造成的。如熟悉的情境突然变化，失去了掌握处理办法时就会产生恐惧。引起恐惧的重要原因是缺乏处理可怕情境的能力与手段。

4. 悲哀

悲哀与失去所盼望、所追求的东西和目的有关，是在失去心爱的对象或愿望破灭、理想不能实现时所产生的体验。悲哀情绪体验的程度取决于对象、愿望、理想的重要性与价值。其程度由低到高依次为：遗憾、失望、难过、悲伤、哀痛。悲哀会带来紧张的释放，甚至产生哭泣。

在以上4种基本情绪之上，可以派生出众多复杂情绪，如厌恶、羞耻、悔恨、嫉妒、喜欢、同情等。

（二）依据情绪的状态分类

依据情绪的状态分类，情绪分为心境、激情和应激3种类型。

1. 心境

心境是一种使人的一切其他体验和活动都染上情绪色彩的情绪状态，是持续的、微弱的、平静的。人逢喜事精神爽，生活中的事件如事业的成败、工作的顺利与否、与周围人的关系，机体状态如健康程度、疲劳、休息、睡眠情况，都影响心境。心境是一种具有感染性的、比较平稳而持久的情绪状态。当人处于某种心境时，会以同样的情绪体验看待周围事物。如人伤感时，会见花落泪，对月伤怀。心境体现了"忧者见之则忧，喜者见之则喜"的弥散性特点。平稳的心境可持续几个小时、几周或几个月，甚至一年以上。

2. 激情

激情是一种爆发快、强烈而短暂的情绪体验。如在突如其来的外在刺激作用下，人会产生勃然大怒、暴跳如雷、欣喜若狂等情绪反应。在这样的激情状态下，人的外部行为表现比较明显，生理的唤醒程度也较高，因而很容易失去理智，甚至做出不顾一切的鲁莽行为。

3. 应激

应激是出乎意料的紧张状态所引起的情绪状态。在突如其来的或十分危险的条件下，必须迅速地、几乎没有选择余地地做出决定的时刻，容易出现应激状态。在应激状态下，人可能有两种表现：一种是目瞪口呆，手足无措，陷入一片混乱之中；另一种是头脑清醒，急中生智，动作准确，行动有力，及时摆脱困境。如何对付应激状态是可以训练的。但应激的状态不能维持过久，因为这样很消耗人的体力和心理能量。若长时间处于应激状态，可能导致适应性疾病的发生。

三、情绪的形成与发展

（一）情绪经验的形成

尽管心理学家对情绪的形成、发展机制争论不休，但他们一般都认同：情绪表达的方式是天生的，有其先天遗传基础，而如何因时、因地、因境地表达情绪则主要是后天学习的结果。

随着青少年生理的发展，智力、能力水平的提高，情绪也得到相应的发展，其内容日益丰富、深刻，其表情动作日益分化、精细，更具表达力，他们还学会了对自己情绪的掩饰和控制。早期的情绪剥夺将损害青少年情绪的发展，使青少年的情绪发展缺乏适宜的刺激和模仿、学习的对象，使青少年表现出冷漠、孤独、抑郁、恐惧、焦虑等情绪障碍。青少年早期是这样，成人后亦是如此。例如，现代社会由于计算机的普及和应用，许多人迷上了计算机，成天与计算机结伴，久而久之，他们缺乏与人的情感交流，可能影响心理健康。

（二）关于情绪的认知理论

情绪经验的形成主要从发展的角度论述了情绪经验的获得过程，但就某一具体时刻某一种情绪的产生机制来说，心理学家迄今仍争论不已。在形形色色的理论中，最具影响力和生命力、与心理辅导联系密切的当是关于情绪的认知理论，其中又以美国心理学家沙赫特、辛格及阿诺德为代表。他们于20世纪五六十年代提出，情绪的产生是由环境事件(刺激因素)、生理状态(生理因素)、认知过程(认知因素)3个条件所制约的，同样的刺激事件之所以引起不同的情绪反应，皆是缘于个体对之做了不同的认知评价。埃利斯的核心是改变个体对引起情绪的客观事件的认知评价，从而达到处理情绪困扰的目标。他提出的理性情绪疗法，就是以情绪产生的认知理论为理论基础的。

【实务训练 6-1】

如何缓解情绪

1. 每位同学将自己最烦恼、痛苦或焦虑的一件事情写在纸条上，不用署名。将纸条收集到一起，老师每次随机抽取一张纸条，读给同学们听。请班级同学想出缓解情绪的方法和建议并发言表达。

讨论：(1) 听到其他同学写下的消极情绪和事件，你有什么感受？

(2) 今天是否学到了更多的处理消极情绪的方法？都有哪些方法？

2. 脑力激荡。请全班每一个同学轮流大声地说出自己的方法："当我情绪不好时，我通过……来调节。"

思考：(1) 学到新方法了吗？

(2) 愿意试试哪些方法呢？

四、情绪对人的影响

情绪是一种主观体验，对人类的生存有重大的影响。

1. 情绪可以调节和影响认知过程

心理学家赫布发现，当情绪的唤醒水平达到最佳状态时，操作效率最高；当情绪的唤醒水平极低时，人就处于深度睡眠状态；当情绪的唤醒水平过高，则会干扰操作。

2. 情绪可以影响社会交往和人际关系

人际关系的维持和发展离不开人类的语言(包括口头语言和体态语言)，人类的语言受情绪的干扰。当人的情绪高涨时，可能连走路都轻松自如，说话也口若悬河，这时非常乐于交往；而当人的情绪低落时，则可能连走路都无精打采，闷闷不乐，懒得与人交往。这种情况持续的时间越长，影响则越大。前者可能获得良好的人际关系，后者则可能失去很多朋友。

【身边故事 6-1】

男孩钉钉子

有一个男孩很任性，常常对人乱发脾气。有一天，他的父亲给了他一袋钉子，让他每发一次脾气，就在后院的墙上钉一枚钉子。第一天，这个男孩发了37次脾气，所以他钉了37枚钉子。慢慢地，男孩发觉控制自己的脾气比钉钉子要容易些，所以他每天发脾气的次数就一点点地减少了。终于有一天，这个男孩能够控制自己的情绪，不再乱发脾气了。这时父亲又告诉他，从现在开始，每忍住一次不发脾气，就拔出一枚钉子。过了很多天，男孩终于把所有的钉子都拔出了。父亲拉着他的手，来到后院的围墙前，说："孩子，你做得很好。但是现在看看这布满小洞的围墙吧，它再也不能恢复到从前的样子了。"

你生气时说的伤人的话，也会像钉子一样在别人的心里留下伤口，不管你事后说多少对不起，那些伤疤将永远存在。因此，人不论在什么情况下，都应调节好自己的情绪，保持愉快的心境，这样才能有一个良好的人际关系。

3. 情绪影响人适应环境

情绪是随着人类社会的产生进化而来的，随着社会的发展而分化。达尔文在《人和动物的情绪表达》中强调，情绪最根本的意义在于适应。例如，愤怒的情绪是当有机体的活动受到严重障碍时引起的。这时，机体会调动自身能量帮助人克服困难。人类许多表情行为和面部反应是曾有实际意义的或有用的动作的残留物。例如，原始森林搏斗中裸露牙齿的动作，在文明社会中演变成表示愤怒的表情行为。现实生活中一个情绪良好的个体，对于自然界或人类社会发生的突变或变革，都能从容适应。

第二节　中学生的情绪特点及常见的情绪困扰

中学生正值青春年华，应该是朝气蓬勃、昂扬向上的，但越来越多的中学生被不良情绪困扰，具体表现在悲观、厌学、自卑、嫉妒、伤感、郁闷、颓唐、不能自制、担忧、恐惧、骄傲、不适应环境、记忆下降、反应迟钝、失眠等。然而，随着抑制和自我控制能力的发展，中学生的情绪反应能力也在逐步提高，情绪正日趋丰富而强烈。

一、中学生的情绪特点

（一）情绪活动的丰富性

在中学生的学习活动中，随着自我意识的不断发展，他们会不断产生各种新的需要，而其需要的强度也在不断增加。由于新的需要不断涌现，中学生有了对自我认识的态度体验，如自尊、自信、自我、自负等，以及友谊等方面的多种情绪。情绪活动的丰富性，也促使中学生情绪更加趋于复杂化，其表现为情绪带上了文饰的、内隐的、曲折的性质，面部表情不再是心理世界的显示器，如有时对某件事感到厌烦，但出于某种原因，既可以表现得不在意，也可以表现出热心；对一个人明明有好感，愿意接近，却由于自尊心或其他原因，会有意表现出冷淡的态度。

（二）情绪变化易受环境影响

刚出生的婴儿和幼儿的情绪常表现为爆发式的，情绪状态是平静和爆发交替出现，内部情感和刺激情境不可分离。随着年龄的增长，对主、客观世界逐渐分清，11岁以后，人们已完全能认识到情绪是内在的、个人的。到了中学时代，人的自我意识强烈，自尊需要迫切，这个年龄阶段的人十分珍视荣誉，尽一切努力保护自尊心。因此，当意识到有某些威胁自尊心的因素存在时，中学生就会产生强烈的不安、焦虑、恐惧；当自尊心受到伤害时，中学生马上会生气、愤怒，对别人的嘲笑、蔑视反应非常强烈，对家长、教师的忽视、压制、不公平对待非常敏感。

（三）情绪体验的冲动性

人在少年时期的情绪对刺激的反应不敏感，有时还比较迟钝，故而情绪变化不是很激烈；而在中学生时期则非常敏感、好胜，易狂喜、狂怒，也容易极度悲伤和恐惧，情绪来得急，去得快，于是遇事好激动，忽冷忽热，往往顺境时得意忘形，逆境时垂头丧气。这种冲动性与他们的生理发育，特别是神经活动的兴奋过程强、抑制过程弱有一定关系。

（四）情绪活动的心境化

中学生情绪在时间上比小学生有更长的延续性，一件事引起的反应能够较长时间地留在心头，这种拉长了的情绪则会转为较稳定的心境化。

（五）情绪变化的两极性

中学生情绪变化的两极性具体表现在以下方面。

1. 复杂与简单共存

进入中学以后，随着环境的改变、视野的扩大、知识的增多，中学生的情绪领域也在不断扩宽。情绪内容日趋复杂，其范围已经发展到对学习、生活、友谊等的体验，以及对一切所热衷的事物的体验。但是，由于诸多因素的影响，中学生的所有情绪体验，尤其是高级情感体验尚存在一定的简单性，如有的中学生对理想的追求仅仅是因为兴趣浓厚，对学习的热情仅仅是为了荣誉，把友谊理解为"义气"等。

2. 强与弱共存

中学生的情绪十分强烈，为一件事或暴跳如雷，或欣喜若狂，或垂头丧气，屡见不鲜。与此同时，他们的情绪还有着温和、细腻的一面，在与知心朋友、所敬重的师长交往时，他们也会表现出温文尔雅、和颜悦色的形象，即使有令人不快的事情发生，有时也能冷静、理智地对待和处理。

3. 波动和稳定共存

中学生的情绪波动性为情绪的大起大落，往往从一个极端走上另一个极端，顺利时晴空万里，受挫时愁云满天，今天对某人佩服得五体投地，明天又觉得不屑一顾。与波动性相对的是稳定性，中学生在形成一种看法后，有时也会表现出一定的坚持性，不易改变。

4. 微妙的隐蔽性

中学生的情绪不再像儿童那样天真直露、心口如一，其表现具有文饰、内隐的性质，他们有时会把自己真实的内心情绪世界封闭起来，对自己内心真实想法或真实情绪是否予以表现，也时常依时间、对象、场合而转移。但中学生毕竟阅历较浅，涉世未深，内心深处存在希望被理解的强烈愿望，依然比较直率，当意志不能完全控制情绪时，也会锋芒毕露，遇到知己时，也会倾诉真情，所以，情绪的隐蔽性是相对而言的。

【知识链接 6-2】

中学生不健全情绪的表现及危害

1. 促动以至强化错误的情绪性行为

如某一学生因交作业与老师发生误会，产生了愤怒的情绪。在这样的情绪驱使下，他听不进老师的解释，甚至发展到大吼大吵，与老师顶撞，离开课堂，拒绝学习这位老师所任的课程。

2. 过激和情绪状态抑制人的思维活动

"得意忘形""乐极生悲""痛不欲生"，这些都是在情绪活动过于强时，高度兴奋的皮层中枢抑制大脑皮层的活动，使人的思维活动受阻、认识范围缩小，不能正确评价自己，以致失去自我控制能力，造成举措失常。

3. 冷漠的情绪不利于充分发挥潜力

适度的紧张情绪和对刺激的敏感性是人的工作、学习、生活中所必需的。它会使人思维活跃、反应速度提高、动作更加机敏。如运动员在赛前，除休息好外，还要调节兴奋感。学生在考前表现出适度的紧张、焦虑是很正常、很必要的。对一切都无所谓，认为考好考坏没关系的学生是不可能发挥最佳水平的。

4. 长时期处于应激状态，有损心身健康

情绪活动总是伴随着对应的生理变化。人受一次打击，像生一场大病。若不良情绪(如郁闷、愤怒等)活动长久持续下去，相应的生理方向的变化也会随之持续发展。久而久之，生理功能会出现障碍。如《红楼梦》中的林黛玉，多愁善感，忧郁成疾。又如某高三学生，离高考只有几个月了，老师、家长寄予很高的期望，他感到压力很大，焦虑万分，不堪重负，导致常常失眠，全身无力，记忆力下降，学习成绩大幅度滑坡，经医生检查患有神经衰弱症。这是不良情绪导致的心理疾病。

5. 异常情绪会破坏正常的人际关系

情绪活动总是伴随着特定的神态、动作、语言、语调、表情，是表达内心世界的重要工具。少数中学生对别人怀有嫉妒之心，怨恨他人，难以与同学友好交往、和睦相处。也有学生情绪反应过于强烈，有可能引起别人对他的不满。还有的学生情绪反应过于敏感，别人偶尔一句话，也会引起他的不快和多心猜疑，结果使别人与他疏离。

在中学生的学习生活中，一定会遇到种种的困惑，如追求的失落、情绪的伤害、疾病的缠绕，又如成绩不满意带来的焦虑、忧郁、自卑、恼怒等不良的情绪。对于不良的情绪，一方面要学会如何消除、调节、自控；另一方面也是很重要的一方面，就是防患于未然，培养中学生健全的情绪，具备良好的心理品质，有较强的耐挫能力和调控水平，这样就能预防不良情绪的产生。

二、中学生常见的情绪困扰

（一）焦虑症

焦虑症又叫焦虑性神经症，是一种常见的神经症，患者以焦虑情绪反应为主要症状，同时伴有明显的植物性神经系统功能的紊乱。焦虑症在正常人身上也会发生，这是人们对于可能造成心理冲突或挫折的某种特殊事物或情境进行反应时的各种状态，同时带有某种不愉快的情绪体验。这些事物或情境包括一些即将来临的、可能造成危险或灾难的，或需要付出特殊努力加以应付的东西。如果对此无法预计其结果，不能采取有效措施加以防止或予以解决，这时心理的紧张和期待就会促发焦虑反应。过度而经常的焦虑就成了神经性焦虑症。

青春期是焦虑症的易发期，其身心变化处在一个转折点上，随着第二性征的出现，个体对自己在体态、生理及心理等方面的变化会产生某种神秘感，甚至不知所措。例如，女孩由于乳房发育而不敢挺胸、月经初潮而紧张不安，男孩子出现性冲动、遗精、手淫后追悔自责等，这些都将对中学生的心理和行为带来很大影响。他们往往由于好奇和不理解而出现恐惧、紧张、羞涩、孤独、自卑，同时还可能伴有头晕头痛、失眠多梦、眩晕乏力、口干厌食、心慌气促、神经过敏、体重下降和焦虑不安等症状。患者常因此而辗转于内科、神经科求诊，经反复检查并没有发现任何器质性病变，这类病症在精神科通常被诊断为青春期焦虑症。

【心理测试6-1】

焦虑自评量表

下面的问题能帮助你更好地了解自己的情绪。根据你最近一周的实际感觉，在适当的数字上画"√"。1表示偶或无，2表示有时，3表示经常，4表示持续。

1. 我觉得比平时容易紧张和着急。　　　　　　　　　　　　　　1 2 3 4
2. 我无缘无故地感到害怕。　　　　　　　　　　　　　　　　　1 2 3 4
3. 我容易心里烦乱或觉得惊恐。　　　　　　　　　　　　　　　1 2 3 4

4. 我觉得可能要发疯。	1 2 3 4
5. 我觉得一切都很好，也不会发生什么不幸。	1 2 3 4
6. 我手脚发抖。	1 2 3 4
7. 我因为头疼、颈痛和背痛而苦恼。	1 2 3 4
8. 我觉得容易衰弱和疲乏。	1 2 3 4
9. 我觉得心平气和，并且容易安静地坐着。	1 2 3 4
10. 我觉得心跳得很快。	1 2 3 4
11. 我因为一阵阵头晕而苦恼。	1 2 3 4
12. 我有过晕倒发作或觉得要晕倒的经历。	1 2 3 4
13. 我呼气、吸气都感到很容易。	1 2 3 4
14. 我的手脚麻木和刺痛。	1 2 3 4
15. 我因为胃痛和消化不良而苦恼。	1 2 3 4
16. 我经常要小便。	1 2 3 4
17. 我的手脚经常是干燥温暖的。	1 2 3 4
18. 我经常脸红发热。	1 2 3 4
19. 我容易入睡，并且一夜睡得很好。	1 2 3 4
20. 我容易做噩梦。	1 2 3 4

评分规则

焦虑自评量表采用4级评分法。第5、9、13、17、19项，按4~1顺序反向计分，其余为正向积分。将得分相加乘以1.25，转换为标准分。50分以上者有焦虑症的可能，分数越高则越严重。

（二）抑郁

抑郁是一种以情感低落为主要表现的心理状态。正常人也有抑郁的时候，应该说，这是一种正常的情绪反应。然而，如果抑郁毫无原因，或虽有原因但没有必要，则不应该耿耿于怀，甚至不能自控地显得心事重重、愁眉苦脸的样子，否则就属于心理问题了。作为心理问题的抑郁，其核心表现是一段时间内的郁郁寡欢。当然，具体表现形式因人而异。在通常情况下，抑郁会表现为内心愁苦，缺乏愉快感，思维迟钝，注意力不集中，记忆力减退，动作缓慢，疲乏无力，常感到不顺心，对什么事情都没有兴趣，缺乏信心，有时还伴有失眠或昏睡、体重下降、饮食过多或过少等生理变化。

青少年的抑郁多半是由学习或生活中各种各样的烦恼造成的。一个人在工作、学习和生活中，总会遇到这样或那样的困难和挫折，一旦暂时不能克服这些困难，摆脱挫折的影响，烦恼便会随之而来。如有的人总是觉得"生不逢时"，有一种"怀才不遇"的感觉，于是抱怨生活对自己不公平，对一切都不顺心、不满意；有的人将个人的利害关系、荣辱得失看得过重，为一些微不足道的小事，整日患得患失、忧心忡忡，以致心理疲劳，影响正常的工作、学习和生活；有的人甚至"庸人自扰""杞人忧天"，自寻烦恼。

【心理测试 6-2】

抑郁自评量表(SDS)

抑郁自评量表(self-Rating depression scale，SDS)是美国杜克大学教授庄(William W. K. Zung)于1965年编制的，为自评量表，用于衡量抑郁状态的轻重程度及其在治疗中的变化。该量表操作方便，容易掌握，能有效地反映抑郁状态的有关症状及其严重程度和变化，特别适用于综合医院以发现抑郁症病人。SDS的评分不受年龄、性别、经济状况等因素影响。评定时间跨度为最近一周。

内容：SDS每个条目相当于一个有关症状，按1~4级评分。

评分方法：每个条目均按1、2、3、4四级评分。请您仔细阅读每条陈述句，根据最适合自身情况的时间频度写出 1(从无或偶尔)，或 2(有时)，或 3(经常)，或 4(总是如此)。

具体内容

1. 我觉得闷闷不乐，情绪低沉。
2. 我觉得一天之中早晨最好。
3. 我总是一阵阵哭出来或觉得想哭。
4. 我晚上睡眠不好。
5. 我吃得跟平常一样多。
6. 我与异性密切接触时和以往一样感到愉快。
7. 我发觉我的体重在下降。
8. 我有便秘的苦恼。
9. 我心跳比平常快。
10. 我无缘无故地感到疲乏。
11. 我的头脑跟平常一样清楚。
12. 我觉得经常做的事情并没有困难。
13. 我觉得不安而平静不下来。
14. 我对将来抱有希望。
15. 我比平常容易生气激动。
16. 我觉得做出决定是容易的。
17. 我觉得自己是个有用的人，有人需要我。
18. 我的生活过得很有意思。
19. 我认为如果我死了，别人会生活得好些。
20. 平常感兴趣的事我仍然照样感兴趣。

注释

1. 具有上述症状不超过两周，不符合抑郁症病程标准。
2. 具有上述症状后并不代表您就是抑郁症患者，得分高者，建议及时就诊。
3. 得分意义：量表总分值仅能作为一项参考指标而非绝对标准。

计分标准：20个条目中有10项(第2、5、6、11、12、14、16、17、18和20)是用正性词陈述的，为反序计分(计分方法为：如您的选项为4，计分时按1分计，3按2分计，2按3分计，1按4分计)，其余10项是用负性词陈述的，按上述1~4顺序评分。SDS得分越高，抑郁程度越重。

结果解释：① 53~62分为轻度抑郁；② 63~72分为中度抑郁；③ 大于72分为重度抑郁。

（三）挫折心理

中学生常常抱有各种各样的幻想，为了将其变成现实，他们会付出种种努力甚至刻意追求。当这种需求持续不能得到满足或部分满足时，就容易产生挫折。挫折一般是指需要得不到满足时的紧张情绪状态。如果挫折产生于较为重大的目标，如学业、工作、爱情等，这种挫折可称为失败；如果挫折的障碍与压力持续时间长，影响范围广，使中学生处于一种不利于身心发展的位置，则称为身处逆境。挫折、失败和逆境容易给中学生带来失望、压抑、沮丧、忧郁、苦闷等紧张心理状态和情绪反应，心理学上称之为挫折感或挫折心理。

挫折感在中学阶段表现较明显。这个时期的青少年常常会因为对人生的思索、学业的担忧、爱情的烦恼、社交的障碍而体验到令人失意的挫折心理。

中学生挫折心理产生的原因大致可分为两类。

首先，主客观矛盾是中学生挫折心理产生的主要原因。主观方面是指中学生的自我需求，客观方面则是指满足其需求的现实条件。主客观矛盾的表现主要有：中学生的物质生活需要与社会、学校、家庭有限物质条件之间的矛盾；学业成功、工作出色的愿望与同学竞争的矛盾；自我表现的需要与机遇不平等的矛盾；独立、自主需要与纪律约束的矛盾；社交需要与自己在组织中的地位之间的矛盾等。

其次，个性不完善也是中学生挫折心理的重要原因。中学生虽然朝气蓬勃，思想活跃，兴趣广泛，勇于探索，富于创造性，但从社会成熟的角度看，他们的个性还不够完善，如情绪不稳定，认识片面，自尊心与好胜心强，理想浪漫，容易偏激，世界观不明晰，缺乏扎实的实践基础，耐力不强等。青少年这种不完善的个性成了挫折心理的一张温床。

【身边故事6-2】

排名突然在"滑坡"

学生小吴在初中阶段一直是班长，学习成绩也很优秀，每次考试在班上都是名列前茅，家长对他抱有很高的期望，他也很幸运地考上了一所知名高中。但是进入高中以后的第一次考试，小吴却大受打击，他在班上的排名竟在中下水平！从那以后，他一直闷闷不乐，感到自己不是别人的对手，学习的兴趣大不如从前，家长紧张得不得了，频频追问孩子怎么了，到底出了什么问题。

问题分析

高中新生入学后,有3个阶段的变化。第一阶段为兴奋期阶段。刚开学,同学们来自各个不同的学校,有一个相互认识、相互了解的过程,这时候,同学们对任何事情都充满了好奇心。然而到了第二阶段,问题就来了,学校把这个阶段称为低迷阶段。因为学习一个月后,进行了一次考试,学生发现,摆在自己面前的题目有难度,考试成绩也远远超出了自己预想的底线。尤其是一些好学校的学生,他们原本都是各个学校的佼佼者,没想到高中的第一次考试竟然落在许多人的后面,心理上无法接受。第三阶段是学生要面临期中考试,在这个阶段,家长和学生都会承受一次心理压力。家长和学生如何正确看待一次考试的成绩排名,将显得非常关键。

解决方法

进入高中以后,教学方式与初中相比有较大差异,再加上学习的课程多、学习内容深,部分同学一时尚未适应,在考试中成绩不占优势,就感到压力大,产生自卑感,认为自己不行了,其实大可不必。这时最需要的是学会自我激励。第一,以自己过去的经历和成就来激励自己,相信别人能做到的,自己也一定能做到。这时家长有一个平和的心态是很重要的。家长要引导孩子把自己放在正确的位置,走出初中的"光环"。可根据孩子的能力、实力和学习要求,帮助孩子制定通过努力能够达到的目标。第二,发挥自己的特长。自己在某一方面或某一门学科有特长,要积极在教师、同学们面前展示出来,从而得到老师、同学的肯定与鼓励,增强自信,并且下决心会把自己的薄弱学科努力学好。第三,为自己树立榜样。以班上比自己稍好的同学为目标,暗中和他较量,向他学习,一步步追上,这同样能增强自己的信心与前进的力量。高中课程对刚从初中走出来的孩子来说有点儿难,所以只要孩子有提高,家长就应鼓励表扬。第四,不断总结自己。明白自己的优点与不足,从而明确今后努力的目标,这样肯定会进步,甚至突飞猛进。

(四)逆反心理

逆反心理是指个体彼此之间为了维护自尊,对对方的要求采取相反的态度和言行的一种心理状态。在现实生活中,有的中学生就是"不受教""不听话",甚至经常与老师、家长"顶牛""对着干"。这种与常理背道而驰,以反常的心态来显示自己的"高明""非凡"的行为,往往是逆反心理的表现。这种心理在青少年成长中的每个阶段都可能发生,而且有多种表现。例如,对正面宣传做不信任、不认同的反向思考;对先进人物、榜样无端怀疑,甚至根本否定;对不良倾向持认同感,为其喝彩等。

逆反心理产生的原因表现在两方面。主观方面,中学生正处于"过渡期",其独立意识和自我意识日益增强,迫切希望摆脱成人的监护。他们讨厌成人将自己当"小孩",要求以成人自居。为了表现自己与众不同,他们对任何事物倾向都持批判态度。正是由于他们觉得或担心外界无视自己的独立存在,故用各种手段、方法来确立"自我"与外界对立的情绪。客观方面,教育者的可信任度、教育手段和方法、教育的时机不适当,往往也会导致逆反心理。作为一种反常心理,逆反心理尽管不同于变态心理,但已带有变态心理的某些特征。就其后果而言,它会导致中学生出现对人或对事多疑、偏执、冷漠、不合群的异常性格，使其信念动摇、理想泯灭、意志衰退、学习被动、精神不振等。逆反心理的进一步发展，还可能向犯罪心理或病态心理转化。

【心理测试6-3】

测一测你是否有严重的逆反心理

请用是否来回答下列问题。
1. 你不喜欢按照别人说的去做吗？
2. 你是否认为绝大多数规章制度是不合理的，应该废除？
3. 如果父母再一次叮嘱同一件事，你会厌烦吗？
4. 你欣赏与老师对着干的同学吗？
5. 你经常考虑事情的反面吗？
6. 你是否很讨厌班干部指手画脚，而故意不按他的要求去做？
7. 老师和父母越是要你用功学习，你越是不想学习吗？
8. 老师的话很多都是有漏洞、有问题的吗？
9. 你喜欢与众不同吗？
10. 违反学校里的某些规定使你感到一种快乐吗？
11. 别人的批评常常引起你的反感和愤怒吗？
12. 你是否认为老师有很多缺点和错误？
13. 对于别人不敢干的事，你特别想尝试一下吗？
14. 你喜欢搞一些让被捉弄者痛苦或愤怒的恶作剧吗？
15. 你是否觉得父母和老师不应该为一些小事大惊小怪、小题大做？
16. 你蔑视权威吗？
17. 对于批评你的人，你都感到讨厌和恼恨吗？
18. 你是否认为冒险是一种极大的快乐？
19. 你习惯上总是按照大多数人说的去做吗？
20. 对于你感到没有意思的事，别人怎么说你也不会好好去干吗？
21. 你特别爱做令人大吃一惊的事吗？
22. 人们对你很不重视吗？
23. 一旦决定了干一件事，不管别人指出这件事多么不好，你也不会改变主意吗？
24. 你总是对老师表扬的同学感到反感，不想理那个同学吗？
25. 你喜欢干一些能引起很多同学注意的事吗？
26. 当你被别人说得火冒三丈时，你会故意不按照他说的去做吗？
27. 你讨厌当干部的同学吗？
28. 你认为上课时出现一些老师没有预料到的情况令人开心吗？
29. 对于伤了你自尊心的人，你是否要给他添一些麻烦，让他感到你不好惹？

评分规则

第 19 题答"是"记 0 分，答"否"记 1 分；其余各题答"是"记 1 分，答"否"记 0 分。各题得分相加，统计总分。

结果分析

0～9 分：你的逆反心理很弱，这使你只干并且只喜欢干该干的，不去干不该干的。

10～20 分：你存在一定的否定倾向，激动时你可能丧失理智，意气用事，有时会做一些不该做的傻事。

21～29 分：你有相当严重的逆反心理。你所做和所干的总是与众不同，与习俗和规定不符。如果你不清醒地意识到这一问题，并不努力加以克服，你只能是一个不受大家欢迎的独行者。

（五）强迫

这里所说的强迫，并非指强迫症，而主要是指出自内心，虽无意义却反复出现，但有时也能克制和摆脱的某些观念和行为。它属于一种意志上的心理问题。有这种心理问题的青少年，经常莫名其妙地出现某些不必要的观念和行为，所以常常被紧张不安和内心冲突所困扰。造成自我强迫多是由于性格过于内向和拘谨，自我封闭，故而心中的想法不能宣泄于外，或是过分注意细节，责任感过强，追求十全十美所致。自我强迫虽然也主要表现为强迫观念和强迫行为，但其严重程度和频率远不如强迫症。强迫观念主要只是表现为对已做妥的事情感到不放心，如出门后又回到门前，检查一下门是否锁好了；对当前事物常常联想到一些可怕或不祥的情景，如看到安全行驶的汽车，有时会联想到严重的车祸；脑子里经常浮现过去的某段经历；明知没有必要深究，却反复思考，如"世界上是先有鸡还是先有蛋"。强迫行为则是屈从于强迫观念的具体动作，如过度洗手，认为手总是越洗越干净，于是一遍一遍反复洗手。

由于自我强迫不是外力所强加的，而是自己脑子里产生的，所以矫治起来可能困难一些，但还是可以通过意志努力等予以改善和克服。

（六）恐惧

恐惧作为一种心理问题，是指对某种特定对象或境遇产生了强烈的、非理性的害怕。而实际上这类引起害怕的对象或境遇，一般并不导致危险或威胁。这种情况多发生于儿童和青少年时期，如怕黑、怕孤独、怕一些小动物等。随着年龄的增长，恐惧感会逐渐减弱或消失。

人际交往中出现的恐惧心理也是青少年较为普遍的。青少年由于神经系统功能还不稳定，对心理压力的承受力较弱，再加上为人处世的经验不足，社交技能欠佳，因此，在人际交往中难免会遇到这样或那样的问题，受到种种挫折。如有的青少年因与自己的好朋友发生了矛盾，便觉得人与人之间存在太多的虚伪；有的青少年因曾在众人面前受过伤害，觉得丢了脸面，于是在这种心理压力驱使下，回避众人，逃避交往，甚至不出门，将自己孤立起来，不仅拒绝朋友、熟人，甚至泛化到陌生人。但是，他们在逃避交往的同时，内心又十分渴望与人交往。正是这种矛盾心情，使他们备感苦恼和焦虑，陷于忧郁和痛苦之中。有社交恐惧心理的青少年大多性格内向，并且有不同程度的神经质、自卑或自尊心、虚荣心过强的问题。

当然，青少年的恐惧心理作为一般的心理问题，通常并不严重，也不会持续过久。但如果不以为意，不加重视，就有可能累积、演变成恐惧症，而这将成为另一种性质的也更难矫治的心理障碍或心理疾病，所以千万不能对此掉以轻心。

（七）易怒

易怒是指容易冲动、急躁，爱发脾气。从心理学上讲，这是因为兴奋过强或紧张过度而出现的心理异常，表现为情绪反应过敏，情绪的自我控制能力减退，激惹性增高，即使是轻微的刺激，也容易引起强烈而短暂的情绪反应。现实生活中，有些青少年朋友常常会出现这样一种情况，本来只是一些鸡毛蒜皮的小事，在别人看来不以为意，而他却犯颜动怒，火冒三丈。为此，他们经常损害朋友之间或同学之间的感情，把一些本来能办好的事情搞糟，甚至对个人的身心健康、事业成败都有影响。客观上讲，愤怒对人是没有任何好处的；从生理角度说，愤怒易导致高血压、心脏病、溃疡、失眠等疾病；从心理角度而言，愤怒会破坏人际关系，阻碍情感交流，使人内疚、情绪低沉。很多青少年朋友虽然懂得这个道理，但在实际生活中难以自控，一遇事就急躁易怒，容易冲动。

（八）冷漠

所谓冷漠，从心理学上讲是指情感冲动强度较弱、情感表现冷漠的心态。这是一种情感上的心理问题。表现为对外界刺激缺乏相应的情感反应，对亲友冷淡，对周围事物失去兴趣，面部表情呆板，内心体验贫乏，严重时对一切都漠不关心，与周围环境失去情感上的联系。造成情感冷漠的主要原因是外界刺激、打击或遭受挫折。有些青少年朋友，由于在现实生活中碰了几次钉子，受到一些挫折和打击，就变得心灰意冷了，原来生活的热情消失了，对一切事物的兴趣也没有了，对周围一切都漠然处之、麻木不仁了，他们看不到生活的本质和人生的真谛，看不到希望和曙光，不能寻觅到挚友和知音，也激发不起对生活的热情和兴趣，终日伴随自己的只是内心深处的孤寂、凄凉和空虚。这种对人和事都采取漠视和冷淡态度的人，不仅会丧失青春活力，而且容易步入歧途，这无疑是一种可悲的自我摧残和自我埋葬。

三、中学生不良情绪的成因

中学生不良情绪产生的原因很多，概括起来可分为主观原因和客观原因两大类。

（一）主观原因

1. 自身性格

人的性格有内向型、外向型和介于内向外向之间的性格。外向型的人性格开朗、活泼，喜欢倾诉和语言表达，自己有了不顺心的事喜欢和朋友一吐为快，这种人不容易产生不良情绪。内向型的人经常自我剖析，做事谨慎，深思熟虑，疑虑困惑，交往面窄，害怕困难，等等。这类学生因为不善与他人交往，没有信赖的同学和朋友，有烦恼而无处倾诉，内心充满压抑、烦闷。有的独生子女，回到家里没有可以沟通的兄弟姐妹，也不愿与老师和父母倾诉，久而久之便容易产生孤独感。这种性格的人往往会出现各种不良情绪。介于内向外向之间的性格，如果内向性格占了上风，结果和内向型的人一样，会出现不良情绪。

2. 自身素质

自身素质包括身体素质、文化素质、心理素质等。某些中学生因身体素质差，同样一件事情同龄人能做而自己由于身体原因做不了，就会产生自卑心理，出现不良情绪。某些中学生因文化素质低，认知程度差，遇到某件事情不能够从科学的角度进行分析，总往坏处想，又不愿意和人交流，这样就出现了不良情绪。还有些中学生因经济条件差，物质生活不如别人，衣饰穿戴没别人高档时髦，学习用品没别人新颖高级，无钱购买参考书，总觉得低人一等，自卑心理严重。

3. 自身兴趣爱好

中学生自身兴趣爱好的差异也会影响情绪的波动。例如，有的学生兴趣广泛，他们的不良情绪可以通过这些兴趣进行调节；而兴趣少甚至没有什么兴趣爱好的学生，他们无法排解心中的郁闷和不快，这样长期下去就可能产生不良的情绪。

4. 青春期躁动

如今青少年的青春期普遍提前，有些学生进入青春期后，渴望与异性交往，交往中把握不住分寸，模仿影视作品中的浪漫情节，不思学业，对男女间的感情有很大的好奇心，行为又受老师和家长的约束，甚至误解、责罚。如果理智的防线崩溃，这些中学生将失足成恨。这些学生时常被不良情绪所包围。

（二）客观原因

1. 家庭教育的消极影响

父母是孩子的启蒙老师，父母的一言一行都会影响孩子的发展。国外研究表明，如果父母自己有不良行为习惯、文化教育水平较低，对孩子过分严厉，孩子缺少关怀与支持，父母婚姻破裂或孩子生活在单亲家庭中，那么孩子更可能形成不良行为。现在的许多学生是独生子女，父母的娇惯、纵容、溺爱，致使孩子任性、懒惰、自私，在生活中不能自理，不能与他人和睦相处，使学生处处以自我为中心。自私是不健康的自我观念，同时又是其他异常心理和行为的根源。部分父母希望能"棒槌之下出孝子"，对子女教育非常严厉。孩子一旦做错丁点儿事情，不是打就是骂，甚至挨饿。这样的教育使孩子不是懦弱、自卑，便是冷漠、攻击。还有的父母忙于工作，常年在外，只是及时地满足、充裕孩子的生活花费，却缺少交流，使孩子缺少约束，缺少关爱，缺乏对别人的理解。单亲家庭对孩子也可能有影响，如对子女过分放纵、溺爱，或者对孩子随意打骂，使孩子缺少温馨的家庭教育环境。

2. 学校教育的不均衡

很多学校往往忽视心理健康教育，心理健康教育对学生的健康发展起到非常重要的作用。但是，不少学校因片面追求升学率而忽视了健康教育，或者开设了健康教育课，也往往流于形式，形同虚设。有的学校随便指定一名教师做心理咨询工作，缺乏必要的、系统的专业知识，咨询工作缺乏科学性。还有的学校在教育上采取严加惩罚、简单粗暴的方式，致使一部分青少年产生逆反心理，恶化了他们的不健康行为。还有一部分学校忽视德育教育，工作起来没有针对性、实效性。班、团活动课全部改为自习课，甚至用来上文化课，取消兴趣活动课，周六、周日补课，对文化课的分数进行排名，忽视了对学生健康人格的培养。对问题学生未采取必要、有效的措施，使这部分学生找不到归属感。

3. 社会环境的影响

内容不健康的书籍、影视，还有舞厅、酒吧、网吧、电子游戏厅、卡拉OK厅等对学生的心理健康也有极大的负面影响，大众媒介的不正确导向也潜移默化地使学生产生消极影响。

4. 缺少温暖

一个学生在作文中写道："我多么渴望有一个温暖的家，安宁的家。但我从记事时起，家里总是吵闹不休。妈妈和奶奶吵，爸爸和妈妈吵，谁是谁非我也搞不懂。生活在这样的家庭里我感到很痛苦。"如今，农村留守的孩子越来越多，其父母到远方打工，依靠爷爷奶奶照顾，很容易缺乏家庭的呵护，缺乏心灵的慰藉，有的留守孩子甚至寄养在亲戚家。他们多么渴望周末和父母在一起，能在父母跟前撒撒娇，但其心灵的小舟并没有停泊的港湾。

【实务训练 6-2】

他说的对吗

网上有一个公共问题："为什么我上中学后老觉得郁闷？"有一位朋友是这样说的："学生时代都是这样的，很正常，不用害怕，你最好不要太注意成绩啊什么的。你想想小时候是不是没有这种感觉，因为那时候很天真，无忧无虑。脑子里没有太多的东西，只是按生活习惯一天天地生活。而你现在脑子里有太多的东西，我觉得你应该学会放下。放下后你会感觉一身轻松。"

请分析一下这位朋友说的是否有道理？你是如何看待这一问题的？

第三节　中学生的情绪调适

喜、怒、哀、乐构成了我们生活中的七彩画卷。在生活中人的情绪是复杂多样的，处于青春期的中学生，情绪世界同样是复杂多变、丰富多彩的。我们的情绪无论具有怎样的特点，始终都存在于我们的生活中，既可以起到增强的作用，也可以起到减弱的作用，关键在于如何调节和利用。因此，每个中学生要学会调节自己的情绪，努力培养积极的情绪，使消极的情绪向积极的方面转化，做自己情绪的主人。

一、主观方面的调节措施

（一）找到自己情绪变化的规律

掌握了自己情绪变化的规律，可以预防不良情绪的产生或调节不良情绪。分析导致这些情绪的原因时，写出和这些情绪有关的事情、情境或人，有时不能把情绪归因为一件事或一个人，可以写原因不详。两周之后，根据记录资料分析自己的情绪，分析的内容包括日常生活中积极情绪和消极情绪的百分比各是多少；积极情绪体验和消极情绪体验的时间百分比各是多少；情绪反应是否适当，高兴和生气是否有理由；有多少情绪是无意识的原因引起的；每隔多久改变自己的情绪，情绪变化幅度有多大；等等。分析时重点考虑愤怒、恐惧、嫉妒、焦虑、抑郁、叛逆、自卑、自残等不良情绪产生的时间和原因。得出以上结果以后，分析自己的归因方式是内归因还是外归因，以及归因方式给本人带来的利弊。

【心理测试6-4】

中学生心理健康状况自测试题

对以下40道题，如果感到"常常是"，画"√"号；"偶尔"是，画"△"号；"完全没有"，画"×"号。

1. 平时不知为什么总觉得心慌意乱，坐立不安。
2. 上床后，怎么也睡不着，即使睡着也容易惊醒。
3. 经常做噩梦，惊恐不安，早晨醒来就感到倦怠无力、焦虑烦躁。
4. 经常早醒1～2小时，醒后很难再入睡。
5. 学习的压力常使自己感到非常烦躁，讨厌学习。
6. 读书看报甚至在课堂上也不能专心一志，往往自己也搞不清在想什么。
7. 遇到不称心的事情便较长时间沉默少言。
8. 感到很多事情不称心，无端发火。
9. 哪怕是一件小事情，也总是很放不开，整日思索。
10. 感到现实生活中没有什么事情能引起自己的乐趣，郁郁寡欢。
11. 老师讲概念，常常听不懂，有时懂得快忘得也快。
12. 遇到问题常常举棋不定，迟疑再三。
13. 经常与人争吵发火，过后又后悔不已。
14. 经常追悔自己做过的事，有负疚感。
15. 一遇到考试，即使有准备也紧张焦虑。
16. 一遇挫折，便心灰意冷，丧失信心。
17. 非常害怕失败，行动前总是提心吊胆，畏首畏尾。

18. 感情脆弱，稍不顺心就暗自流泪。
19. 自己瞧不起自己，觉得别人总在嘲笑自己。
20. 喜欢和比自己年幼或能力不如自己的人一起玩或比赛。
21. 感到没有人理解自己，烦闷时别人很难使自己高兴。
22. 发现别人在窃窃私语，便怀疑是在背后议论自己。
23. 对别人取得的成绩和荣誉常常表示怀疑，甚至嫉妒。
24. 缺乏安全感，总觉得别人要加害自己。
25. 参加春游等集体活动时，总有孤独感。
26. 害怕见陌生人，人多时说话就脸红。
27. 在黑夜行走或独自在家有恐惧感。
28. 一旦离开父母，心里就不踏实。
29. 经常怀疑自己接触的东西不干净，反复洗手或换衣服，对清洁极度注意。
30. 担心是否锁门和可能着火，反复检查，经常躺在床上又起来确认，或刚一出门又返回检查。
31. 站在悬崖边、大厦顶、阳台上，有摇摇晃晃要跳下去的感觉。
32. 对他人的疾病非常敏感，经常打听，很怕自己也身患相同的病。
33. 对特定的事物、交通工具(地铁、公共汽车等)、尖状物及白色墙壁等稍微奇怪的东西有恐怖倾向。
34. 经常怀疑自己发育不良。
35. 一旦与异性交往就脸红心慌或想入非非。
36. 对某个异性伙伴的每个细微行为都很注意。
37. 怀疑自己患了癌症等严重的不治之症，反复看医书或去医院检查。
38. 经常无端头痛，并依赖止痛药或镇静药。
39. 经常有离家出走或脱离集体的想法。
40. 感到内心痛苦无法解脱，只能自伤或自杀。

测评方法

"√"得2分，"△"得1分，"×"得0分。

评价参考

0～8分：心理非常健康，请你放心。

9～16分：大致属于健康的范围，但应有所注意，也可以找老师或同学聊聊。

17～30分：你在心理方面有了一些障碍，应采取适当的方法进行调适，或找心理辅导老师帮助你。

31～40分：黄牌警告，有可能患上了某些心理疾病，应找专门的心理医生进行检查治疗。

41分以上：有较严重的心理障碍，应及时找专门的心理医生治疗。

（二）要敢于面对不良情绪

逃避引起消极情绪的境地，是人之常情，但一味地逃避对消除不良情绪毫无帮助，只会加剧不良情绪的体验。

1. 认清有压力的先兆

有压力必然产生某些先兆，但并非像我们希望的那样一目了然，因此要提高自己对消极压力的警惕性。如情绪波动、睡眠不稳、体重迅速下降等，都是有压力的先兆。

2. 寻找产生压力的根源

首先，看看自己与家人、同学、老师、朋友等的关系是否融洽，不正常的人际关系往往容易造成消极的压力反应。

其次，检查一下自己是否常对自身提出无理要求，如要求自己各方面都优秀，希望自己永不犯错误或不允许自己失败。要知道，人应该学会在不失去自我价值的情况下承担事情，即使失败时也通过回顾过去的成绩来增强成就感，把失败看作人生中的一个组成部分，并视之为成功之母，并且要学会审时度势地去夺取目标或减少失败。

最后，检查一下自己是不是个爱妒忌、爱追忆不愉快事情的人。妒忌可以无谓地耗尽有限精力，为了自己、为了重新振作，应从充满敌意、对抗和报复的情绪中解脱出来。

3. 积极参加锻炼和保持良好的膳食习惯

不能低估锻炼身体对调节情绪的作用，因为锻炼可以使体内释放内啡肽，它与人的信心和自尊有直接关系，能够影响人们的正常生活。在信心与自尊的协调下，人将得到更大的激励。

营养同样不应被忽略，如果人们每天吃高质量的食品和新鲜的蔬菜，将大大缓解所承受的压力感。

4. 集中精力做一些事情

计划并且做必要的学习活动，可以减轻压力。例如，空闲时可以看书，学习时不要开小差，做事井井有条并善始善终，集中精力成功地完成一件学习活动，这些都可以帮助自己树立信心。

5. 按自己的方式去生活

对于一些中学生来说，安静的学习工作可能压力更大，所以他们宁可选择强度更大的体育活动，但无须确定哪种方式最合适。因为人们需要丰富多彩的生活环境，多彩的生活比彻底的休息更使人轻松。

6. 不要人云亦云，应重视自己的选择

人有权形成自己的独立人格和开创自己的学习生活之路，而无须考虑别人的学习生活方式是怎样的。具有创造意识的人，才能得到机会去创造。同时，中学生要树立自己的目标，该目标应是明确的和可以达到的。

【身边故事 6-3】

初中生入学不能适应

初一新生晓强在入学不到两个月的时间里,多次和同学动手打架,原因却往往是一两句不投机的话,或同学间无意的碰撞。每次打架之后,老师找他谈话,他都表示十分后悔,要彻底改正。可过不了一两天,又会出现一起新的打架事件。除此之外,他还多次不交作业,不是说自己不会,就是说时间不够没写完,或是忘了带作业本。课间或自习课上,他常常一个人坐着发呆,若有所思,有时还紧握双拳表现出一副"英雄无用武之地"的痛苦状。

问题分析:其实晓强同学种种异常的表现源于对新环境的"适应不良"。入学适应不良是新生中常见的一种适应性障碍,尤其在初一新生中最为普遍。从小学到中学,面对突然变得紧张的生活和学习,相当一部分孩子没有充分的心理准备,他们有的一时之间没有了精神支柱,甚至失去信心,产生自我怀疑的消极情绪,变得心情抑郁;有的遇事难以自控,便采取种种激烈的方式来发泄。

预防解决方法:首先,在新学校要多参加集体活动,多多结识好朋友。参加集体活动一方面能够发现自己的闪光点,让别的同学很快认识自己,接纳自己;另一方面可以结交到新的朋友,让朋友经常帮助、提醒自己,长期下来,就会很轻松地适应初中的生活。其次,面对新的变化、新的问题要勇敢,要主动去适应新环境,自己解决不了的可以向父母或老师求助,让他们告诉你哪些方面需要改进。最后,常给自己积极的暗示,每天可以不定时地对自己说"我很快乐""我很幸福""我又进步了"之类的积极话语。保持愉快的心态,不仅可以减轻你对新环境的"适应不良",而且可以在学习生活中给你带来正面的影响。

(三)认识影响情绪波动的情境,修正认知结构

心理学研究表明,刺激情境本身不决定情境的性质,是对刺激情境的认知决定情绪的性质。例如,两个同学犯了同样的错误受到老师的批评,其中一个同学很快认识到是自己做得不好,决心改正,情绪很快恢复了平静。另一个同学则不然,他认为自己倒霉,运气不好,老师偏心等,并认为没什么大不了的,久而久之这个同学与其他人的关系越来越差。这种外归因造成他事事在别人身上找原因,人际关系也随之而紧张,人际关系进而又影响到他的情绪,周而复始,恶性循环。究其根本原因是要改变其归因方式和认知结构,从根本预防或者缓解不良情绪。

(四)不良情绪产生时,学会合理宣泄

不良情绪是不能完全预防和消除的,那么当不良情绪产生时,能够合理宣泄就显得尤为重要。

(1) 哭泣。当遭到突如其来的灾祸,精神受到打击导致心理不能承受时,可以在适当的场合放声大哭。这是一种积极有效地排遣紧张、烦恼、郁闷、痛苦情绪的方法。

(2) 倾诉。当心中积满苦闷、烦恼、抑郁等不良情绪无法疏散时,可以向父母、老师、同学、知心朋友尽情倾诉,发发牢骚,吐吐委屈。这样将消极情绪发泄出来后,精神就会放松,心中的不平之事也会渐渐消除。

(3) 参加活动。当消极心理使情绪极度低落时，越不愿参加活动，情绪就越低落。而情绪越低落，就越不愿意参加活动。这样就形成了恶性循环，使不良情绪加重。如果参加一些适当有益的活动，或跑跑步、打打球、干干体力活，或唱唱歌、跳跳舞，都可以使郁积的怒气和不良情绪得到发泄，这样，原本十分低落的情绪就可以改变了。

(4) 学会放松。找个安静的地方，从头部开始，然后依次是面部、胸部、腹部、四肢、手、脚，让每块肌肉紧张再放松。仔细体会放松的感觉，每天训练10分钟。这不仅可以缓解紧张，还有利于身心健康。

【实务训练6-3】

深度呼吸训练

现在请深呼吸，全身放松，体察自己的呼吸与身体各部位的活动情况，注意体会自己的肺部在一张一合、一张一合地呼吸，呼吸频率逐渐变慢，呼吸的深度逐渐加深，身体紧张的部位逐渐放松。用感觉去体察身体各部位的状况，持续体验一段时间，当你感到身体各部分不那么紧了，请把注意力再转移到呼吸上来。你似乎在观察自己的呼吸，又似乎没有观察，感觉在有无之间。请用鼻子深吸一口气，再慢慢地、均匀地呼出，呼气时平和而舒畅。继续呼吸，慢慢地、均匀地、深长地、平和而舒畅地呼吸。现在让我们数一下呼吸的次数，一、二、三……、十；再重新开始，从一数到十。你可以重复数10遍、20遍。注意一下你身体各部位的感觉，各部位感觉在渐渐地、渐渐地与呼吸节律趋向一致。全身的毛孔在随着肺部的一张一合有规律地开合、开合……现在你不仅仅是用肺呼吸，而且还在用身体来呼吸；吸气的时候，似乎空气从身体的毛孔中吸入，呼气的时候，气体又从毛孔中呼出。吸进新鲜的空气，呼出污浊的气体，一次，二次，三次……渐渐地你会感觉到身体各个部位很放松、很通畅，仿佛整个身体融入了大自然。

好了，我们的放松训练要结束了，请慢慢闭上你的眼睛，静静地，不去想任何事情。过一两分钟就可以做你该做的事情了。

(5) 利用"阿Q"精神。"狐狸吃不到葡萄，就说葡萄是酸的"就是这个道理。这种酸葡萄心理，可以作为权宜之计，冲淡内心的痛苦，使自己心理平衡。但这种方法不宜过多使用，心理平衡之后应积极主动进取，使心理达到真正的平衡。

(6) 学会幽默。幽默是精神的消炎剂，能使人更好地适应环境。不良情绪到来时用幽默去抵挡，你会觉得将不良情绪退之千里之外，好情绪悄然而至。

(7) 学会精神转移法。情绪不好时有意识地转移注意力，首先要有意识地转移注意焦点。当你遇到挫折，感到苦闷、烦恼或情绪处于低潮时，就暂时抛开眼前的麻烦，不要再去想引起苦闷、烦恼的事，而将注意力转移到较感兴趣的活动和话题上。多回忆自己感到最幸福、最愉快的事，以此来冲淡或忘却烦恼，从而把消极情绪转化为积极情绪。还可以自觉地改换环境，如外出散步、旅游参观，调换居住地点等。这样，我们可以通过新的环境冲淡和缓解消极的心理情绪。

（五）自我控制情绪法

人不仅要有感情，还要有理智。如果失去理智，感情也就成了脱缰的野马。在陷入消极情绪而难以自拔时，应有意识地用理智去控制，下面介绍几种方法。

1. 自我暗示

采取这种方法，可以抑制不良情绪的产生。当你参加一些紧张的活动，如重要的考试或竞赛前，要在心里暗暗提醒自己"沉住气，别紧张，胜利一定是属于自己的"。这样就能增强自信心，情绪就会冷静，进而遏制冲动，避免不良情绪造成不良后果。

2. 自我激励

这是用理智控制不良情绪的又一良好方法。恰当运用自我激励，可以给人精神动力。当一个人在困难面前或身处逆境时，自我激励能使他从困难和逆境造成的不良情绪中振作起来。"失败是成功之母"是大家都熟知的一句名言，但是在失败后一味消沉，不采取自我激励的方法振作精神，那么失败只能永远是失败，而不会成为成功之母。

3. 心理换位

心理换位也是消除不良情绪的有效方法。心理换位是指与他人互换位置角色，即俗话所说的"将心比心"，站在对方的角度思考、分析问题。通过心理换位，我们可以体会别人的情绪和思想，这样就有利于消除和防止不良情绪。如当受到家长和老师的批评时，自己心里有气，这时要设身处地想一想：假如我是老师或家长，遇到此类情况会怎样呢？这样能够让自己理解家长、老师的态度，从而使心情平静下来。

二、客观方面的调节措施

（一）心理咨询的帮助

心理咨询教师除为心理咨询学生排忧解难外，还要定期找个别学生谈话。个别学生是指思想不求进取，精神萎靡不振、纪律散漫、不刻苦学习、心理压力比较大、家庭经济困难、思想负担重及有青春期心理问题等的学生。心理咨询教师要为咨询者建立咨询档案并做好记录和实例分析，以及期末综合总结，形成科研论文，以便交流推广。负责心理咨询的教师应积极参加培训，利用业余时间学习有关知识，不断提高心理健康教育水平。

（二）教师的关爱

教师要引导学生，培养学生正确对待人生中的各种困难。学生在中学时代，要学会做人和学会做事，可他们却时常不能正确对待人和事。作为教师，不可能教会学生正确对待所有的各种大事小事，不妨引导学生多阅读为人处世的文章，让他们从书本上获取一些经验之谈或基本理念。读书疗法也是心理治疗的一个有效途径。如利用读报时间读报，班团课传阅讨论，给予个别学生针对性的阅读辅导，教会他们如何看待友情、爱情、成功、失败等。

【身边故事 6-4】

跟老师不和

初一学生张华为人特别直，有时候也显得有些桀骜不驯。刚上初一的时候，他常常不能控制自己在课堂上说话，有时候跟老师意见不一样就大声喧哗，甚至与老师胡搅蛮缠，导致一堂课有一半时间都在争论。按张华的观点来说，是老师们不能接受意见。班主任家访的时候多次对家长提出这个问题，张华的家长也极为苦恼，不知道该怎么处理孩子这样的行为。

问题分析：学生和老师之间的关系是孩子人际关系中非常重要的一种关系。小学的孩子往往对教师充满了敬畏和敬仰，而到了中学以后，很多孩子都以为自己长大了，他们逐步学会了自己独立思考，独立寻找解决问题的办法，不再像小学生那样盲目地顺从老师。还有一些孩子对老师越来越挑剔，甚至会因为和老师产生一点小误解而怨恨老师，与老师产生抵触情绪。

解决办法：对于如何处理好师生关系，家长可以从以下方面对孩子进行开导。首先，要孩子客观、全面地看待老师。老师也是一个独立的个体，有自己的长处和短处，由于情绪、能力的原因，也会犯各种各样的错误。所以，学生要客观、全面地评价教师，不要将老师完美化。其次，家长不要冲动地干涉孩子与老师的关系。孩子与老师之间产生矛盾，开始可能也只是发发牢骚，并没有想真的与老师对抗下去。你如果轻易地较起真来，在老师和孩子之间分出个谁是谁非，就可能会使孩子觉得找到了联盟，干脆大胆起来，与老师越来越不合作。所以，家长向孩子问清楚事情的经过后，也应让孩子想一想是否自己也有责任，不要让孩子觉得老师只是故意为难自己。最后，要教育孩子尊敬老师，讲究礼貌沟通。家长可以告诉孩子，如果老师真的有什么错误，可以在课后通过匿名纸条的方式传达给老师，不要上课的时候站起来争辩，这样既不礼貌也耽误了大家的时间。

（三）调适情绪的六种方法

1. 对不当情绪的控制

消极的爆发性情绪事前都有一定的征兆，由活泼开朗突然沉默寡言，由温柔文静突然狂言乱语，出现暴饮暴食等行为，便应引起高度警觉，要采取有效方法。当学生产生了强烈的消极情绪，且劝说无效，处于爆发状态时，则应采取强制措施，如严厉批评，采取必要的行政措施等；还应控制情绪，防止恶性事件的发生。

2. 对忧郁情绪的释放

学生产生了不良情绪，可以创设条件，使其不良情绪有机会释放出来。痛苦时，有地方倾诉，忧郁的愁云就会消散；不满时，有地方诉说，愤怒的情绪就会缓和下来。这种适度的情绪释放会起到"降温""减压闸"的作用。当然，这种情绪的释放应当有所节制，并加以引导。

3. 对不良情绪的转移

不良情绪具有排他性，导致思路狭窄、心事重重。一个人越往忧愁方面想，就越忧愁。当学生遇到了困难、挫折，产生了不良情绪时，可以用移情的方法，帮助学生实现情绪转移。一是转移环境。如学生因紧张产生郁闷心情时，可以领他们到山清水秀的野外去散散心，谈谈心里话，这样做有助于心灵窗扉的开启。二是转移注意力。例如，当学生因同学关系而苦恼时，不妨给学生讲讲幽默的故事，做做游戏，把学生的注意力转移到愉快的活动上来，从而减轻或消除苦恼而产生的心理压力。三是事件转移。当学生考试失利，情绪低落时，则可组织参加文体竞赛，让他们露一手，以得到心理上的补偿。

4. 对不安情绪的劝说

中学生的焦虑不安等紧张情绪的发生，或是因对某些问题缺乏认识和了解，或是因为心胸狭窄，在某些方面产生思想疙瘩。有的放矢做好疏导工作，弥补其思想上的塌方，拓宽其心理空间十分重要。教师要善于用摆事实、讲道理的方法，讲清事实真相，做合情合理的分析，用富于哲理的名言警句去启迪学生的深层思维，引导学生识大体，顾大局，望得远，想得开，消除曲解和误会，走出感情困境。

5. 对冲动情绪的冷化

冷化是使强烈的消极性情绪处于消退性抑制状态。如当学生因冲突而愤怒不已时，可以不忙于劝解，而是敦促他们坐下，使其心情平静下来，经过冷化处理之后，学生的情绪便会慢慢和缓，在这个时候进行劝说和教育，效果会好得多。

6. 对悲伤情绪的升华

这是控制与调适学生某些不良情绪的最理想方法之一。"文王拘而演《周易》，仲尼厄而作《春秋》，屈原放逐乃赋《离骚》，左丘失明厥有《国语》……此人皆意有所郁结，不得通其道也，故述往事，思来者。"这些都是情绪升华的例子。对中学生的某些不良情绪要善于做好转化工作，引导学生实现积极的能量转换，把不幸和痛苦升华为人生动力，如变赌气为争气，化悲痛为力量等。

【知识链接6-3】

情绪辅导的实例分析

1. 情绪体验与表达辅导

下面是一个为初中生设计的，融游戏、作业为一体的小组辅导活动。

活动题目是"了解自己的情绪"。

活动主题为正视并表达自己的情绪。

活动主要目的相应地分为两方面：一是帮助学生学会承认并正视自己的情绪体验；二是帮助学生认识并表达自己的情绪。

活动主要有下述几个步骤。一是请学生勾勒自己一段时间内的"情绪天气图",主要借助一组情绪词条让学生厘清自己的情绪体验类型及性质。二是借助切"情绪蛋糕"的方式,帮助学生厘清以上各类情绪对自己生活的影响程度,即它们分别在你的心中占据了多少时间。以上两个步骤还同时辅之以学生的自我小结及陈述。三是教师小结。

活动特征如下。

第一,它采取的形式活泼,具有游戏的性质,容易抓住学生的兴趣。

第二,它给学生的自我小结保留一席之地,有助于学生在游戏中获得的感性认识进一步深化,使学生的情绪认识和体验更清晰、明朗。

第三,教师的小结不仅起到点题的作用,亦是教师分享、分担情绪的示范机会,还为学生分享、分担他人情绪提供了观察模仿的机会。

此次活动如果能在学生言语表达或图示自己情绪的基础上,再让教师辅之以面部表情、体态语言等活动指导,效果会更好。

2. 情绪控制辅导

下面是一个为高中生设计的,将情景表演、小组讨论及专项训练等形式融为一体的辅导活动。

活动题目是"自我调控"。

活动主题是学会松弛方法,从而调控自己的情绪。

活动目的是增强学生的情绪调控能力。

活动主要有如下几个步骤。一是阅读有关的故事情节及关于情绪调控的基础知识。二是设置一个引发学生紧张情绪的故事情景,让学生关注自己的情绪感受。三是小组交流,分享刚才的情绪感受,并提出问题"面对紧张怎么办"。四是教师讲解与专项训练相结合。先是教师讲解情绪自控的策略与技巧,如暗示、转移、自慰等,然后借助描述肌肉放松的影像,现场指导和训练学生借肌肉的放松来阻抗心理的紧张和焦虑。

活动特征如下。

第一,活动针对高中生抽象思维能力发达、理解力较强的特点,采用了阅读与讲解相结合的形式,有利于学生全面了解和掌握多种情绪自控的方法。

第二,活动采用现场设置刺激情境的方式,不仅有助于增强学生的情绪体验,也很自然地提出了情绪调控问题,显得真实、可信。

第三,专项训练与教师讲解相结合,有助于学生迅速掌握动作要领,而且放松训练音像带的使用,亦有助于训练的规范化。

如果此次活动之后,教师制订一个为期两周左右的计划,坚持带领学生进一步练习,直至学生真正掌握这一技术,那效果会更好。

【案例导读解析】

中学生正处在身心发育的高峰时期,独立意识和自信心逐渐增强。李某因学习成绩好,思维活跃,加之性格外向,敢说敢做,因而不隐藏自己的喜、怒、哀、乐,说话易得罪同学。她的过于自信使她产生自傲心理,同学因被她瞧不起而远之。她没有知心朋友来交流思想,得不到同伴的认可,所以她认为人与人之间无信任,都是虚伪的。她为了保护自己的荣誉和自尊，以自私、嫉妒的心理，盛气凌人的态度对待同学、家长、老师，唯我独尊，而她内心又渴望大家对她友善和关爱。她在日记《推荐我自己》中能明确分析自己的优劣，并意识到自己的不足，但对改变自己无能为力，发出"还有人喜欢我吗？"的感叹，请求老师帮助她向同学推荐自己。这是优等生常出现的人际交往的心理问题。

辅导方法

(1) 从家里做起：亲人是最能宽容自己的错误和不良态度的人。要求家长配合，在与李某交谈时，切忌大声争吵。如果态度不平和，提醒她停止谈话，数5~10下后再说话，使她激动的情绪平静下来。扩展到与同学交谈时也是如此。

(2) 学会聆听：虚心倾听他人的谈话，这是对别人的极大尊重。即使有不同的观点，也不要立即反驳，让别人把话说完，再发表自己的观点，并且不必强加于别人接受、赞同自己的观点。这样可以改变自以为是的毛病。聆听，先从观众做起，就可以让你走近同学。

(3) 老师助一臂之力，可从以下方面入手。

① 认知辅导：让李某认识自己所作所为的错误及危害性，幡然悔悟，痛改前非，并产生改正错误的强烈欲望，积极主动地参与辅导并配合。

② 化解矛盾：为她调整班干工作，避开需要较多同学协助的班务工作，暂时减缓她与同学之间的紧张气氛。

③ 欣赏他人：让她每天发现本班一位同学的优点、长处，并记下来，改变她总以挑剔的眼光审视别人的习惯，慢慢消除她的嫉妒心理。每过1~2周后把她表扬过的同学叫到一起，让他们知道李某赞扬他们，从而使他们对李某有好感。

④ 学会协作：有目的地分配一些任务给李某与另外两名同学，让她在工作、劳动中学会与人协作，改变她孤芳自赏、缺乏与人真诚相待的心态。

⑤ 重塑她的威信及形象：因为她本来学习成绩较好，老师给她分配"一帮一"学习互助同学，而该同学在班里属人缘挺好的学生。这样，李某因为与该生关系密切而融入她们的圈子。乐于助人的新形象，使同学们接受她。渐渐地，她也找到了知心朋友，不再孤独，终于有人喜欢她了。

辅导效果

通过老师、家长的密切配合，李某积极主动地参与，经过近一学期的辅导工作，李某与同学们相处和谐多了，朋友也多了，她的心情轻松愉快，对班集体更关心，经常与老师谈论自己的想法，并能虚心接受老师的合理建议。同学们都说："李某变文静多了，挺招人喜欢的。"

小结

中学生正值青春年华，应该是朝气蓬勃、昂扬向上的，但越来越多的中学生被不良情绪困扰。随着自我控制能力的发展，中学生的情绪反应能力也在逐步提高，情绪正日趋丰富而强烈。处于青春期的中学生，情绪世界同样是复杂多变、丰富多彩的。快乐、热爱、自信等积极增力的情绪会提高人们的活动能力，而恐惧、痛苦、自卑等消极减力的情绪则会降低人们活动的积极性。因此，每个中学生要学会调节自己的情绪，努力培养积极的情绪，使消极的情绪向积极的方面转化，做自己情绪的主人。

巩固与操作

一、思考题

1. 什么是情绪？
2. 情绪的分类有哪些？
3. 情绪的状态是什么？
4. 中学生的情绪特点有哪些？
5. 中学生常见的情绪困扰是什么？
6. 情绪的组成成分是什么？
7. 情绪的功能是什么？

二、操作题

1. 结合自身情绪的特点，分析不同的情绪在学习生活中的不同作用。
2. 根据自己的实际进行自我情绪分析。
3. 尝试用所学方法调节自己的情绪。

拓展阅读

1. 刘春雷，姜淑梅，孙崇勇. 青少年心理咨询与辅导[M]. 北京：清华大学出版社，2011.
2. 盖伊·温奇著. 情绪急救：应对各种日常心理伤害的策略与方法[M]. 孙璐译. 上海：上海社会科学院出版社，2015.
3. 乐庆辉. 青少年情绪心理学[M]. 北京：当代中国出版社，2023.
4. 文竹. 情绪掌控术[M]. 北京：中国商业出版社，2023.
5. 彭聃龄. 普通心理学[M]. 5版. 北京：北京师范大学出版社，2019.
6. 石红. 心理剧与心理情景剧实务手册[M]. 北京：北京师范大学出版社，2006.
7. 岳晓东. 心理面面观[M]. 上海：上海人民出版社，2007.

第七章

中学生的人际关系

▶ 内容提要

本章从中学生人际关系概述入手，首先介绍中学生建立人际关系的意义，中学生建立人际关系的过程，以及影响人际关系和人际交往的因素；其次介绍中学生人际交往的主要特点，以及中学生常见的人际困扰；最后在介绍中学生人际交往原则的基础上，从多个角度介绍中学生人际交往的艺术。

▶ 学习目标

（一）认知目标
1. 了解人际交往的内涵、功能、工具与内容。
2. 了解影响人际关系和人际交往的因素。
（二）情感目标
1. 能联系实际，理解中学生建立人际关系的意义。
2. 培养建立良好人际关系的主动性。
（三）能力目标
1. 能结合自身的特点，运用人际交往的艺术，处理自己与父母和老师的关系。
2. 能运用所学知识，恰当地处理自己与同学及异性伙伴的关系。

【案例导读】

中学生人际交往问题案例分析

刘某，女，17岁，某中学高一年级学生，成绩一般，性格内向，在他人面前不苟言笑，上课从不主动举手发言，老师提问时总是低头回答，声音听不清，脸蛋涨得通红。她下课除了上厕所，就是静静地坐在自己的座位上发呆，老师叫她去和同学玩，她会冲人勉强笑一下，但仍坐着不动。她的父亲在外地工作，较少回家与孩子交流，对孩子的学习成绩期望值过高。刘某的母亲除了对她的学习要求严格，别的方面对她有些溺爱，可以说是衣来伸手，饭来张口。

中学生心理辅导

第一节 中学生人际关系概述

人际关系是指人与人之间心理上的关系，表现为亲近、疏远、友好、敌对等心理距离。中学生的人际关系包括异性关系、同性关系、亲子关系、师生关系、与陌生人的关系等。

一、中学生建立人际关系的意义

（一）促进身心健康

中学时期是人生友谊感发展很快的时期，他们感受到友谊是人们相互关系中最重要的东西。不同的人际关系，会引起不同的情感体验。良好的人际关系使人心情舒畅，促进学习或工作效率。人际关系不良，则会产生冷淡、忧虑、孤独与无助感，处于抑郁不欢的心境，从而影响身心健康。同学们要处理好各种各样的人际关系，确实不是容易的事情。

（二）为进一步发展奠定基础

正值身心飞速发展的中学生，精力充沛、热情奔放，尤其喜欢人际交往，更需要用交往编织起彩色的岁月。中学生通过交往，可以获取纯洁的友谊，提高自己的理解能力、观察力，扩大自己的知识面，培养自己的高尚情操；还可以消除不安全感、孤独感，使紧张的心理得到调节，使紧张的情绪得到缓冲和稳定。

（三）助人走向成功

进入中学阶段，良好的人际关系开始成为影响中学生个人健康成长重要的因素。学习与人际交往是每个中学生必须面对且无法逃避的问题，它具有普遍性和特殊性。没有交往，世界将成为一片荒凉的沙漠。

【身边故事 7-1】

白衬衫和黑木炭

故事的主人公是一对父子。有一天，正在家里看报纸的父亲看到儿子怒气冲冲地跑了回来，只见他的脸因为愤怒而涨得通红，而且不停地喊："你这个家伙有什么了不起，我非要教训教训你不可，看你还能得意多久！"父亲没有立刻教训他，而是把他拉到一堆木炭前面，指着远处一件晾在绳子上的白衬衫说："你就把那件衬衫想象成那个让你生气的朋友，你可以用最恶毒的语言来攻击他，当你每想到一种伤害他的方法时就扔出一块木炭！"儿子听了父亲的话就照做了。过了一会，儿子安静下来了，于是父亲把儿子领到镜子前面。你猜，儿子看见了什么？天哪，他满身都是黑黑的木炭灰！而他再转身看远处的那件白衬衫，上面却只有很少的几个黑点。

父亲对他说什么了呢？同学们可以猜猜看。父亲告诉儿子："你伤害别人的时候，别人也许会受一点伤，就像那几个污点，可你却会因此弄得自己伤痕累累，受伤害最重的还是你自己！"

二、人际交往

社会是一个大群体,在这个群体中,个体不是孤立存在的,他总是借助一定的系统与他人发生作用,建立一定的关系。在社会活动中,个体运用一定的符号系统与他人交流信息、沟通情感、建立一定关系的过程,就是人际交往。

(一)人际关系的含义

我们每个人都是社会中的一员,在这个社会中生活、学习和工作。既然是在社会中生存,就必然会与身边的一些人与事具有一定的关系。

那么到底什么是人际关系呢?从广义上来讲,人际关系是指人与人之间的关系,包括两层含义,既指社会中所有的人与人之间的关系,也是指人与人之间关系的一切方面。

很明显,这么说过于笼统,只是说明了人际关系的普遍性,并不能揭示人际关系的特殊性,也就是说,并不能从定义中看到现实生活中关于人际关系的具体概括。

从狭义上来看,人际关系是人与人之间通过交往与相互作用而形成的直接的心理关系,它反映了个人或群体满足其社会需要的心理状态,其发展变化决定于双方社会需要的满足程度。

【心理测试7-1】

人际关系小测试

题目:你最好的朋友,即将移民去英国,过两天刚好是他的生日,你打算为他办一场生日惜别会,在惜别会中你最想对他说的话是什么?

1. 你要常常和我联络喔。
2. 有空要常回来看我。
3. 有机会我一定会去找你。
4. 我会想念你的。

结果分析

选1:你是一个十足的乐天派,不管遇到任何状况,你都能从容地面对,带给别人无比的信心,和你在一起,不自觉地也会变得有自信,一切烦恼迎刃而解,像是具有神奇的力量一般。

选2:你很聪明并且有主见,虽然有时候会让别人觉得你有一点强势,或是比较主观,但是你总是能为大家解决困难,当大家正为了一件事头痛不已、伤透脑筋的时候,你会运用智慧,轻松帮大家渡过难关。

选3:你是一个善解人意、温柔贴心的人,朋友都会觉得和你相处,就像如沐春风一样舒服。心灵受伤时,你又是最好的安慰者,你很受大家的欢迎,人缘超级好。

选4:你非常理智,不会因为别人的意见而随波逐流,或是犹豫不决。你的思绪很清楚,无论遇到什么麻烦的问题,都能经由你的抽丝剥茧,得到解决的方法,是大家心目中最佳的领导型人选。

（二）人际交往的功能

人际交往最基本的功能在于传递信息、交流感情，借此形成一定的社会关系，促使人们的行为保持一致，使人与人之间和谐有序，避免矛盾和冲突，增进大家的团结。对个体而言，人际交往和沟通是个体社会化和人格发展成熟的重要途径和手段。或者说，人际交往和沟通过程与个体社会化和人格发展成熟过程是相辅相成的。

（三）人际交往的工具

人际交往总是借助一定的符号系统来实现和完成。一般而言，交往的符号工具可归为两大类，即语言符号系统和非语言符号系统，两者相互合作，共同作用于人际交往过程。

语言符号系统分为口头语言和书面语言。口头语言在日常生活中应用最广，借助听与说完成交流。正因为口头语言在日常交往中司空见惯，所以它经常受到忽视。许多学生不能恰当地运用口头语言，或者不能有效地利用口头语言情境特点，从而造成交往不畅。书面语言主要借助写和读来实现其作用。相对口头语言而言，书面语言一般在学校中比较受重视，大多学校都有一个长期的训练计划和过程，但如何提高书面语言的交往效率仍存在一些问题。

非语言符号系统虽然不是人际交往的最主要工具，但仍有其不可替代的作用，尤其表现在情感传递过程中。它们包括手势、面部表情、体态变化、姿势、服饰等身势语言(亦称"体语")，以及人际距离、辅助语言系统(包括音质、声调、语速等)。

（四）人际关系的类型

人际关系是与社会关系相互渗透、不可分割的，它存在于社会生活的每个方面。人际关系是人与人之间带有私人性、情感性的关系。不同社会、不同人之间会呈现出不同的人际关系类型，所以人际关系又是极其复杂的，但这并不代表人际关系是无规律可循的。

美国社会心理学家李雷(T. F. Leary)根据人际关系研究报告，归纳出以下八种人际关系类型。

(1) 由一方发出的管理、指挥、指导、劝告、教育等行为，导致另一方的尊敬、服从等反应。

(2) 由一方发出的帮助、支持、同情等行为，导致另一方的信任、接受等反应。

(3) 由一方发出的同意、合作、友好等行为，导致另一方的协助、温和等反应。

(4) 由一方发出的尊敬、信任、赞扬、求援等行为，导致另一方的劝导、帮助等反应。

(5) 由一方发出的害羞、礼貌、服从等行为，导致另一方的骄傲、控制等反应。

(6) 由一方发出的反抗、怀疑等行为，导致另一方的惩罚或拒绝等反应。

(7) 由一方发出的攻击、惩罚、不友好等行为，导致另一方的敌对、反抗等反应。

(8) 由一方发出的激烈、拒绝、夸大、炫耀等行为，导致另一方的不信任或自卑等反应。

这八种人际行为模式中，前四种是和谐人际关系中的人际行为，后四种则是不和谐人际关系中的人际行为。

人际关系的双方都是生活在社会中的个体，受到各种社会因素的影响，所以人际关系与所处社会的政治、经济、文化背景有不可分割的关系。同时，人际关系也与具体的性格、经历、地位紧密联系。

另外，个别的具体情境也会影响人的行为与反应。例如，我们常常会碰到这样的情况，在发生了不同寻常的事情之后，会兴奋异常地向自己最好的朋友讲述自己的奇特经历，可对方却面无表情、毫无反应，任凭自己使出浑身解数，也无法调动对方的积极性，结果引起自己的不满和埋怨，甚至给双方关系蒙上阴影。而真实情况却只是因为他最喜欢的球队昨天输了一场至关重要的比赛，令他情绪沮丧，暂时对任何事情都提不起兴趣。所以朋友之间相处，需要更多的信任与理解。

这种人际行为模式，只是提出了一个粗略的框架，在实际考察人的行为时，还必须注意当时的情境，以及个体特点的影响。

（五）人际吸引

人际关系是个体之间在情感方面相互亲近的状态，是人际关系中的一种肯定形式。按照吸引强度的高低分为亲和、喜欢和爱情。这里详细介绍的是强度较高的喜欢和爱情。

1. 喜欢

喜欢属于中等强度的人际吸引形式。在日常生活中，影响喜爱的因素有很多种，下面重点介绍外貌、能力、邻近性、相似性和互补性等五种因素。

1) 外貌

外貌在人际关系中起到很大的作用。人们常说第一印象很重要，而第一印象往往凭借的就是人的外貌。漂亮的人会给人留下好的印象，希望下次能够继续交往；相貌一般的人不会给人留下太深的印象，从而失去继续交往的兴趣。所以我们在与某人第一次见面的时候，总是会精心打扮自己，努力给对方留下一个非常好的印象。大部分人也总是更希望自己身边的亲戚、朋友是容貌出众的人。外貌在人际关系中能够起到这么重要的作用，其主要原因如下。

第一，光环效应。人们总是把美同其他优秀的品质联系到一起，认为美的人在其他方面也会很出众，如品德高尚、头脑精干、才能过人等。平时的文学及影视作品也有意无意地为人们灌输这样的思想，让人更容易觉得容貌与品质是联系在一起的。

第二，认为自己身边的人外貌出众是引以为荣的事情，会让自己也脸上有光，产生自豪感。

第三，对美好事物的追求是人的天性，看到外貌美的人，对于自己来说是一种精神上的享受。但外貌的影响也不是持久不变的。事实证明，随着交往的深入，容貌所起的作用开始逐渐减弱，人们开始更关注道德品质方面的表现。

2) 能力

一个人能力的高低也是其是否具有吸引力的重要条件。其他条件相等的情况下，能力越高，吸引力越大，也就越受到别人的喜欢，越愿意与他接近。

为什么能力出众的人吸引力大呢？

第一，大多数人都喜欢与智力、经验、能力出众的人在一起，说话、办事都更顺利，他们各方面的能力相对来说比较高，头脑灵活，办事能力强，更容易让人产生安全感和依赖感。

第二，能力出众的人知识量大，经验丰富，与他们在一起，可以学到很多东西，借鉴他们的经验，避免自己犯不必要的错误，这也是快速成长的捷径。

第三，俗话说"物以类聚，人以群分"，在人们的印象中，各方面相近的人更容易在一起，所以与能力出众的人在一起，会提升别人对自己的美好印象，提高自己的身价，甚至在别人眼中，自己也会成为一个才华非凡的人，我们也把这种现象称为"光环效应"。

3) 邻近性

空间上的邻近性也是影响人际关系的重要条件。人们总是习惯与身边经常接触的人互相往来，关系更加亲密，成为好朋友。同一墙之隔的邻居之间的关系要比远在千里之外的亲人还要亲密，在一个班级里一同学习、生活的同桌情感上的交流比相隔两地的亲姐妹还要好。

熟悉的东西容易让人产生亲切感，因为相对于陌生的事物，它省却了需要认识的过程，更让人愿意接近。另外，随着我们对某个人的熟悉，对他的各方面都已经很了解，他有什么优点是可以赞美以增进双方积极态度的，什么是需要避开来不谈以免引起不必要的尴尬局面的，我们心里都有数，双方相处更融洽，气氛和谐，精神可以放松，不用时刻警惕，同时因为对方对自己的了解，所以他也很少会做出令我们不高兴的事情。在熟悉的环境中，人们能够合理地避免不愉快的行为，以制造舒适的氛围，彼此和谐相处，因此熟悉的人更容易成为朋友。

但是，邻近与熟悉也不是成为朋友的最重要条件。邻近与熟悉的人也不一定成为朋友，这是因为越熟悉的人彼此越了解，互相之间有什么优点和缺点都知道得比较清楚，尤其是对方的缺点正是自己在意的方面时，这种熟悉只会增加厌恶的程度，反倒关系越来越紧张，而不可能成为朋友。所以是否能够成为朋友，还依赖于邻近对象本身所具有的品质。另外，如果邻近对象从开始就抱着敌对的态度，那么双方之间再熟悉和邻近，也很难建立好的人际关系，这也是被实验证明了的。

4) 相似性

相似特征是影响人际关系的重要因素，包括民族、文化宗教、性格、爱好、生活方式、年龄、职业等方面的特征。当我们碰到一个各方面与自己都比较相像的人时，就会找到共同语言，在思想上引起共鸣，甚至擦出火花，大有一见如故、相见恨晚的感觉，很快就会成为要好的朋友，更可能发展到无话不说的地步。两个人的观念越接近，这种关系越亲密。

5) 互补性

互补性对于人际关系也起着很重要的作用。所谓交往的互补性，是指双方在交往的过程中获得相互满足的心理状态，它是构成人际关系的重要因素之一。

在现实生活中，总能看到滔滔不绝的人喜欢与乐于安静聆听的人交朋友，保护欲强的人喜欢与小鸟依人的人交朋友，外向活泼的人喜欢与温柔、恬静的人交朋友，夫妻关系也是事业心强的男人往往会找个贤惠、善于持家的妻子，喜欢关心别人的往往会找依赖性强的另一半。但同样支配性强或依赖性很强的两个人往往很难相处到一起，这些情况都表明了一点——当交往双方的需要和满足途径正好成为互补关系时，双方之间会相互喜爱，并且喜爱程度会有所增加。

2. 爱情

1) 爱情的含义

爱情是一种比喜欢更亲密的情感关系，是人际吸引的强烈形式和最高形式。从广义上讲，爱情是指存在于各种亲近关系中的爱，意味着人际关系中的接近、悦纳、共存的需要，以及持续和深刻的同情，共鸣的亲密感情。狭义的爱情是指心理成熟到一定程度的异性个体之间强烈的人际吸引。我们现在所讲的"爱情"，是指狭义的爱情。

2) 爱情的分类

不同的人，爱情各不相同，心理学家通过对不同人的研究，把爱情分为不同的类型。20世纪70年代的时候，西方社会心理学家把爱情分为六种类型。

(1) 冲动爱情：又叫浪漫爱情。这种爱情多是因为对方的容貌、身材等外在因素引起的迷恋，时刻想着对方，期待与对方在一起。但这种类型的爱情，其保质期很难保证。因为对方在自己心目中的形象，常常是通过表面化的接触得到的，再经过自己的美化，将其完美化，结果就是事实与想象不符合，深入了解之后，往往得到的是失望。

(2) 自我中心爱情：在这种爱情中，爱情的个体希望自己能作为一个独立的个体存在，不希望自己被对方束缚，也不打算去束缚对方。恋爱的双方虽然互相爱恋，但彼此独立，不成为对方的负担，所以存在的可能性更大些。

(3) 依赖爱情：恋爱中的人对对方过于依赖，一旦离开就会失魂落魄、寝食难安，且常常伴有极强的占有欲，不允许别人靠近对方半步，这样的爱情很难长久地维持。

(4) 实用性爱情：抱着实用性态度的人，会在背景、宗教信仰、个性等方面有一定的要求，按照这个要求寻找恋爱对象。在找到符合自己要求的对象之后，才会敞开心扉，与对方发展感情。

(5) 结伴爱情：处于这种爱情的双方，一般最开始是在一起工作的同事，或是具有共同爱好、性格特点的朋友，在不断的接触过程中擦出火花，产生爱情。这个类型的爱情，因为有共同的爱好、性格特点，或者先前共同工作的经历，基础比较牢固，稳定系数较高。即使后来分开，也可能依然保持朋友关系。

(6) 利他爱情：这样的爱情在现实生活中很难看到，常是抱着为对方无私奉献、牺牲的心态，不求得到任何回报。虽然看似伟大，却带有极大的悲剧色彩。

3) 爱情三角形理论

到了20世纪80年代，美国心理学家斯滕伯格又根据文献资料和自己的实证研究提出了新的爱情理论——爱情三角形理论。在三角形理论中，斯滕伯格把爱情分为三个基本成分：亲密、激情、承诺，并把三个基本成分比喻为三角形的三个顶点，形成一个三角形。

(1) 亲密：指在爱情中能够促进亲近、连属、结合等体验的情感，即能引起温暖体验。在友谊关系达到较深厚的时候也存在这种成分。

(2) 激情：这是恋爱的动力。浪漫的恋爱、体态的吸引，以及爱情中其他现象的出现，都是由激情而起的。恋爱中个体的自尊、亲和、支配、服从及自我实现等需要是产生激情的来源。

(3) 承诺：一是指在短期内一个人做出爱另一个人的决定；二是指长时期内为了维持爱情关系而做出的承诺或担保。承诺可以看作大部分而非全部来自关系中的认识性的决定，但两方面不一定同时具备。爱的决定并不意味着对其承诺，而承诺也不一定意味着做出决定。然而，无论是在时间上，还是在逻辑上，大多数情况下都是决定成分优先于承诺成分。

根据三种成分的不同组合，斯腾伯格将爱情分为7种不同的类型：①喜欢，只有亲密；②迷恋，只有激情；③空洞的爱，只有承诺；④浪漫的爱，亲密与激情的结合；⑤友谊式的爱情，亲密与承诺的组合；⑥昏庸的爱，激情与承诺的组合；⑦完美的爱，亲密、激情与承诺的组合。斯腾伯格的理论为我们认识爱情的模式提供了新的维度，对爱情量化的可能性进行了有益的探索，同时有利于我们妥善处理自己生活中的爱情关系，对理性地分析婚姻、家庭等也提供了一定的帮助。但是，由于爱情关系的复杂性和情感性，这样的理论还是不足以揭示爱情的内涵与规律的。

【心理测试 7-2】

中学生人际关系测量

请你根据自己的实际情况，对其中的每个问题做出回答。符合你的情况的，把该问题后面的"是"圈起来；不符合你的情况的，把该问题后面的"否"圈起来。

1. 你平时是否关心自己的人缘？　　　　　　　　　　　　　　　　　是　否
2. 在食堂里你一般都是独自吃饭吗？　　　　　　　　　　　　　　　是　否
3. 和一大群人在一起时，你是否会产生孤独感或失落感？　　　　　　是　否
4. 你是否时常不经同意就使用他人的东西？　　　　　　　　　　　　是　否
5. 当一件事没做好时，你是否会埋怨合作者？　　　　　　　　　　　是　否
6. 当你的朋友遇到困难时，你是否时常发现他们不打算来求助你？　　是　否
7. 假如朋友们跟你开玩笑过了头，你会不会板起面孔，甚至反目？　　是　否
8. 在公共场合，你有把鞋子脱掉的习惯吗？　　　　　　　　　　　　是　否
9. 你认为在任何场合下都应该不隐瞒自己的观点吗？　　　　　　　　是　否
10. 当你的同学或朋友取得进步或成功时，你是否真的为他们高兴？　是　否
11. 你喜欢拿别人开玩笑吗？　　　　　　　　　　　　　　　　　　是　否
12. 和自己爱好不相同的人相处在一起时，你也不会感到兴味索然、无话可谈吗？
　　　　　　　　　　　　　　　　　　　　　　　　　　　　　　是　否
13. 当你住在楼上时，你会往楼下倒水或丢纸屑吗？　　　　　　　　是　否
14. 你经常指出别人的不足，要求他们去改进吗？　　　　　　　　　是　否
15. 当别人在融洽地交谈时，你会贸然地打断他们的话吗？　　　　　是　否
16. 你是否关心和常谈论别人的私事？　　　　　　　　　　　　　　是　否
17. 你善于和老年人谈他们关心的问题吗？　　　　　　　　　　　　是　否
18. 你讲话时常出现一些不文明的口头语吗？　　　　　　　　　　　是　否
19. 你是否时而会做出一些言而无信的事？　　　　　　　　　　　　是　否

20. 当有人与你交谈或对你讲解一些事情时，你是否时常觉得很难聚精会神地听下去？

　　是　否
21. 当你处于一个新的集体中时，你会觉得交新朋友是一件容易的事吗？　是　否
22. 你是一个愿意慷慨地招待同伴的人吗？　是　否
23. 你向别人吐露自己的抱负、挫折及个人的事情吗？　是　否
24. 告诉别人一件事情时，你是否试图把事情的细节都交代得很清楚？　是　否
25. 遇到不顺心的事，你会精神沮丧、意志消沉，或把气出在家里人、朋友身上吗？

　　是　否
26. 你是否经常不经思索就随便发表意见？　是　否
27. 你是否注意赴约前不吃葱、大蒜，以及防止身上有怪味？　是　否
28. 你是否经常发牢骚？　是　否
29. 在公共场合，你会很随便地喊别人的绰号吗？　是　否
30. 你关心报纸、电视等信息渠道中的社会新闻吗？　是　否
31. 当你发觉自己无意中做错了事或损害了别人，你是否会很快地承认错误或做出道歉？

　　是　否
32. 有闲暇时，你是否喜欢跟人聊聊天？　是　否
33. 你跟别人约会时，是否常让别人等你？　是　否
34. 你是否有时会与别人谈论一些自己感兴趣而他们不感兴趣的话题？　是　否
35. 你有逗乐儿童的小手法吗？　是　否
36. 你平时告诫自己不要说虚情假意的话吗？　是　否

计分规则与结果解释

请把你的答案和下面的答案逐个对照。

1. 是　2. 否　3. 否　4. 否　5. 否　6. 否　7. 否　8. 否　9. 否　10. 是
11. 否　12. 是　13. 否　14. 否　15. 否　16. 否　17. 否　18. 否　19. 否　20. 否
21. 是　22. 是　23. 是　24. 是　25. 否　26. 否　27. 是　28. 否　29. 否　30. 是
31. 是　32. 是　33. 否　34. 否　35. 是　36. 是

如果某题你圈的答案与上面所列的这道题的答案相同，就得1分；如果不相同，就不得分。把全部得分累加起来，即得到总分。总分越高，表明你的人际关系越好，最高总得分为36分。看自己的得分在哪个得分范围内，便能大致判断出自己的人际关系如何。

判断规则

30分以上，表示人际关系很好。

25～29分，表示人际关系较好。

19～24分，表示人际关系一般。

15～18分，表示人际关系较差。

15分以下，表示人际关系很差。

三、影响人际关系和人际交往的因素

影响人际关系和人际交往的因素比较复杂，这里主要就影响个体与他人的交往，以及个体与他人之间的关系而非团体关系的因素做一下分析。只有了解了这些影响因素，在人际交往辅导中才可有的放矢，增强针对性。一般来说，影响个体人际交往和人际关系的因素如下所示。

（一）文化背景因素

这包括交往双方语言、语意的差异，交往态度的不一致或偏见，以及双方受教育程度、文化素质和文明水平的差异等，它们皆可造成交往的障碍。对学生来说，这些方面的差异比较小，但依然存在，以致经常造成误解、矛盾及沟通困难。训练学生正视双方的差异，接纳这些差异，且采取有效态度和方法消除这些差异带来的不利影响，显得非常重要。

（二）社会背景因素

这主要包括社会地位、社会角色和身份，以及年龄和性别等方面的因素。如学生与教师、家长等成人的交往障碍，以致经常产生所谓的"代沟"问题，主要是由于双方社会地位、社会角色和身份差异悬殊，双方又未能正确处理所造成的。此外，由于"男女有别"，尤其随着儿童性的觉醒，性别角色的分化，男女生交往的困难也较突出，这就需要教师、家长共同努力，加强辅导。

（三）心理因素

这主要包括双方在认知、情绪、行为方式及个性特征方面的因素。具体来说，双方的思维定式、观点观念、看问题的角度、情绪状态、气质、性格、兴趣、价值观、品行、能力等心理因素，均影响双方交往的深度和层次。有关人际吸引的研究表明，交往双方在空间上的接近性、在个性特征和态度等方面的相似性、在需要和期望等方面的互补性，以及能力出众、仪表良好等因素都可增进人际吸引；有关同伴关系的研究亦表明，那些在行为特征方面表现出热情、出色，经常注意欣赏他人，善于合作、分享、提出建设性意见，并采取合理意见的儿童普遍受人欢迎，甚至成为团体中的"社交明星"或"幸运儿""人缘儿"。阻碍人际吸引的个性特征主要有：不尊重他人、以自我为中心、过于功利、过于依赖、妒忌心强、自卑、敌意、偏激、退缩、内向不合群等。由此看来，塑造良好的个性和品行，加强情绪调控等，既是提高交往效率所必需的，也是良好交往的结果。

（四）人际交往的技巧和艺术

人际交往不仅仅是一门科学的学问，还是一种艺术。只有将科学性和艺术性结合在一起，才可以提高交往效果，改善人际关系。这包括人际交往所必须遵循的规范、礼仪、风俗、习惯，还包括沟通的技巧及谈话艺术等。例如，人际称呼要适当，登门拜访要有礼貌，特殊日子要致意，谈话态度要诚恳，玩笑和幽默要掌握分寸等。此外，良好的交往态度和心理准备也非常重要。总之，个体要敢于交往、善于交往，重视交往的技巧和艺术，这样才能改进人际关系，提高交往效率，同时能推动自己的成长和发展。

（五）人际关系系统主要成分的影响

1. 相互认同，相互了解

要做到这一点非常不易。人与人之间心理距离的远近，往往随着彼此相互认同的变化而变化。因此，应当从自身做起，克服"以偏概全""固执己见""自命清高"等错误观念，全面、客观地认识事物，了解彼此的权利和责任，正视差异，设法沟通。

2. 情感相容

凡是能驱使人们接近、合作、联系的情感称为结合性情感。结合性情感越多，彼此之间越相容。当别人做出一点成绩而兴高采烈时，感情相容的人也会由衷地为朋友的成绩而高兴。

3. 行为近似

言谈举止、交往动作、角色地位、仪表风度等人际行为模式越相应近似，越易产生和谐的人际关系。

【实务训练 7-1】

小折纸大学问

请同学们拿出一张薄一点的正方形纸(信纸或单张餐巾纸均可，用过的平整的草稿纸也可以)，然后根据下面的提示进行操作。

(1) 把这张纸上下对折。
(2) 再把它左右对折。
(3) 在对折好的纸的左上角剪掉一个直角边长为 2 厘米的等腰直角三角形。
(4) 然后把这张纸左右对折。
(5) 再上下对折。
(6) 在右上角剪掉一个半径为 2 厘米的扇形。

现在请你将这张纸展开来看一下，它的形状是什么样的？

同学们是否觉得很奇怪，为什么指导语一样，剪出来的图案却如此迥异不同？原因很简单，因为每个人对指导语的理解不同。如我叫你上下对折，有人理解为上下对折后是长方形，有人理解为对折后是个三角形。你看，刚一起步，大家就出现了差异。在这个活动中由于你们无法询问我，我们之间没有沟通，所以大家只好根据自己的猜测与理解各行其是，结果自然是千姿百态。一个小小的游戏尚且因为理解不同又无法沟通而出现了这么多的结果，要是我们的人际交往中也如此，那后果将会如何呢？

讨论：在人际交往中，如果缺乏理解或者理解偏差可能会造成什么后果？

四、人际关系测验方法

（一）社会测量法

社会测量法，是指由美国心理学家莫雷诺于1934年创立的一种用来测量群体成员之间人际关系的一种方法。其目的是从群体的角度，定量地揭示整个群体及各成员在该群体内的好感、反感、冷漠等情感关系。社会测量法认为，人与人之间的人际选择，实际上反映了他们心理上的联想，肯定的人际选择意味着接纳，否定的人际选择意味着排斥。人际选择的不同状况，不仅是人们在心理学意义上对对方的一种评价，而且体现了心理距离或心理上的联系，其实就是人际关系的状况。鉴于此，我们可以通过考察人与人之间相互选择程度的情况，定量测量整个群体的人际关系状况，以及群体内各成员之间的人际关系状况。

运用社会测量法时，首先确定选择内容的标准，接着规定选择数量，再向群体成员提出问题。例如，被试最愿意跟谁在一起，首先是谁？其次是谁？提出的人数可以是一人、二人、三人或多人，然后整理测量所获得的结果。实际施测时，除明确测量目的，确定测量变量和选择标准外，重要的是选择方法。一般来说，社会测量法运用的选择方法包括以下几种。

(1) 参数顺序选择法。这种方法通常适合30～40人的较大群体，要求被测量者在肯定或否定选择上都选择3～5个被选人，并明确表明选择顺序。如"我最愿意与之一起郊游的人，第一是____，第二是____，第三是____"。

(2) 非参数选择法。这种方法适合于群体规模不足15人时，对人际选择接纳及排斥的数目，完全由被测量者自由选择，并按选择的重要性排成顺序。

(3) 非参数简单选择法。这种方法对群体规模没有限制，只考虑接纳、不选择和排斥三种情况，对选择人数和选择顺序不加限定。

(4) 参数简单选择法。这种方法是非参数简单选择和参数顺序选择法的变式，其不同之处在于限定选择人数而不限定选择顺序。

(5) 接纳水平等级分类法。这种方法是将人类的接纳水平按5点量表划分为5个等级，要求被测量者将群体所有成员按上述等级归类，对每个一类别的人数不做限定，可以自由选择。接下来的工作便是根据选择的方法，编制问卷和实际测量。测量的结果可以用数字加以整理，并利用社会测量矩阵和群体分析图表示出来，这样就可以揭示群体内部的情绪倾向层次和网络，即群体或个人的人际关系状况。

（二）参照测量法

苏联心理学家彼得罗夫斯基在社会测量法的基础上，创立了参照测量法。这是一种测量群体最能发挥作用和最有影响力人物的一种方法。

参照测量法的优点在于隐藏了测量的真实目的，使人们在不知不觉中反映自己的真实想法和真正动机，从而揭示个人在个性品质、行为方式、意见等各方面重视的人物，获得可靠的结果。其缺点是如果群体成员人数很多，要求个人对每个成员均做出评价，则费时太多，且组织工作也非易事，可以改用多重选择法进行评价。

（三）贝尔斯测量法

美国心理学家贝尔斯在1950年创立了一种分析群体内人际关系的方法。他根据"相互作用过程分析"，提出了社会行为分类理论。在这个理论中，他把相互作用的类型划分得小到可以作为观察实验的单位，认为只要考察人们相互作用的全过程，就能测量出群体内人际关系的性质。他通过对人与人相互作用的实验研究，把这种相互作用的动作划分为四类12项变量，如表7-1所示。

表7-1 相互作用的变量分类

肯定情感	否定情感	提出问题	解决问题
1. 支持和赞扬	4. 反对和贬低	7. 询问资料	10. 提供资料
2. 表示满意	5. 表示不满	8. 征求意见	11. 表示意见
3. 和睦	6. 不和睦	9. 请求指示	12. 给予指示

从表7-1中可以获悉，群体内部人的相互作用的类型，实际上可以概括为两类，一类以满足双方交往需要、情感需要为目标，即情感因素；另一类以提供信息方向或指标为目标，即功能因素。情感因素对人的相互间情感融洽发挥作用，功能因素则对协调一致完成工作中的共同目标发挥作用。这两类既有整合功能，又有离散功能，即正负两个方向。

人际关系的测量方法还有彼得罗夫斯基的分层测量法、雷诺奇的人际关系测试游戏及社会距离尺度法等。在具体进行人际关系测量时，要根据研究目的和研究对象加以选择。但可以肯定的是，随着社会的发展，人际关系测量将会越来越受到人们的关注和重视。

第二节 中学生常见的人际困扰

一个人生活在集体中间，离不开人与人之间的交往。在与他人友好的交往中，能使自己增添自信和力量，进而个人的品德和才智也能得到充分的发展。但是，很多同学也感到，和人相处不容易，在同学们的交往当中确实遇到了很多的困惑。为了更好地处理人际关系，我们需要先了解中学生人际交往的主要特点及常见的人际困扰。

一、中学生人际交往的主要特点

（一）师生关系有所削弱

中学生不再像小学生那样视老师为至高无上的权威，他们对老师有了新的认识，并有了更高的要求，他们对于喜欢什么样的老师也有了更明确的看法，甚至要和老师寻求某种"平等"。

（二）易与父母产生隔阂

不少中学生都觉得与父母难以沟通，有话宁可与朋友讲，也不愿对父母说。无论在价值观念、交友方式、生活习惯，还是着装打扮等方面，都容易与父母产生摩擦，不断加剧与父母间的心理隔阂。

（三）友谊占着十分重要和特殊的地位

中学生对友谊的需要最强烈。同学们期望友谊成为互相激励和促进自己的动力。这除了如钟子期与俞伯牙的"高山流水"、马克思与恩格斯"伟大的友谊"、鲁迅与瞿秋白的"人生得一知己足矣，斯世当以同怀视之"等古今中外关于友情的佳话的影响，还有同学们的自身特点、青春年龄、学生身份的影响，爱情毕竟太朦胧，和父母、老师之间又存在"代沟"，所以，大家会不自觉地把满腔感情寄托到朋友身上，于是朋友似乎就成了自己无话不说的最亲近的人。有研究表明，大多数人都认为自己在中学时期结交的朋友最多。

（四）小团体现象突出

良好的人际关系不等于和周围每个人都很亲密。由于空间上容易接近、年龄相当、品行相同等因素的影响，大多数中学生会不自觉地加入非正式的小团体中。每个同学在学校中都有几个相对稳定的好朋友，相互间有高度的忠诚感，在行为方面也有很大的约束力。他们在学习、生活中互相帮助，互相促进，也是"心事"倾诉的对象。

总之，由于自我意识、独立欲望、自尊心都明显增强，中学生渴望人际交往的同时，又容易出现闭锁、防御、自卑、"娇骄二气"等交往心理障碍，应该注意加以克服。

二、中学生常见的人际困扰

（一）社交恐怖症

社交恐怖症是中学生群体中常见的人际关系障碍，是指个体对正常的社交活动有一种异乎寻常的强烈恐惧和紧张不安的内心体验，从而出现回避反应的一种人际交往障碍。中学生渴望友谊，希望广交朋友，但有些学生一到具体交往或别人主动与自己打交道时，就出现恐惧反应。其表现为不敢见人，遇生人面红耳赤，神经处于一种非常紧张的状态。社交恐怖症往往会发生泛化，严重者拒绝与任何人发生社交关系，将自己孤立起来，对日常生活和学习造成极大障碍。

【身边故事7-2】

怕男孩的女孩

初中三年级的小雨，平时就不喜欢与同龄的同学一起玩。她每天除了去学校上课，大部分时间都独自在家里看书、看电视。从去年开始，小雨非常害怕遇到男同学。每当在上下学的路上遇到男同学，她就脸红。有一天上体育课时，一名男同学和她赛跑，她先是呆立一旁浑身发抖，当男同学上前询问时，她竟一口咬伤了男同学的胳膊。小雨患了典型的重度青春期社交障碍——异性恐怖症。专家介绍说，像小雨这样的学生只是个别现象，更多的中学生正被各种各样的人际交往问题困扰着。

社交恐怖症伴有强迫性恐怖情绪，是后天形成的一种条件反应，通常是在学习的基础上建立起来的。其中有两种情况。一是直接经验。有道是"一朝被蛇咬，十年怕井绳"，中学生在交往过程中屡遭挫折、失败，就会形成一种心理上的打击或威胁，在情绪上产生种种不愉快的甚至痛苦的体验,久而久之,就会不自觉地形成一种紧张、不安、焦急、忧虑、恐惧等情绪状态。这种状态一旦定型,进而形成固定的心理结构,那么他在以后遇到新的类似的刺激情境时,便可能旧病发作,产生恐惧感。二是间接经验,即社会学习。如看到或听到别人在某种交往情境中遭受挫折,陷入窘境,或受到难堪的讥笑、拒绝,自己就会感到痛苦、羞耻、害怕。甚至通过电影、电视、小说、报刊等途径也可以学到这种经验。他们会不自觉地依据间接经验,来预测自己将在特定的社交场合遭受令人难堪的对待,于是紧张不安,感到焦虑和恐惧。正是这种情绪状态的泛化,导致了社交恐怖症。

社交恐怖症是一种由心理紧张造成的心因性疾病,只要积极治疗,是完全可以治愈的。一般的做法有以下几点。

① 消除自卑,树立自信。患者对自己要有正确的认识,过于自尊和盲目自卑都没有必要。可以暗示自己:我只不过是集体中的一分子,谁也不会专门注意我一个人。应力求摆脱那种过多考虑别人评价的思维方式。

② 患者要改善自己的性格。害怕社交的人多半比较内向,故应该多参加一些文体活动或集体活动,尝试主动与同学和陌生人交往,逐渐消除羞怯和恐惧感。

③ 满灌疗法。即让人反复与患者接触引起恐怖的刺激,使患者逐步适应,进而消除恐惧感。

④ 系统脱敏法。其一般做法是,先用轻微、较弱的刺激,然后逐渐增强刺激的强度,使行为失常的患者消除焦虑和恐怖情绪,最后达到矫正异常行为的目的。例如,可以先引导患者一步一步脱敏,并通过奖励、表扬使其巩固。此外,中学生要克服社交恐怖症,还必须掌握人际交往的知识和技能。

【身边故事7-3】

社会适应障碍的男生

吴某,初二男生,寄住在上海祖父母家。该生见人腼腆,遇生人或校领导更局促不安,如遇女性,会手足无措、面红心悸,交谈时口吃,惹同学取笑;性格内向、孤独,同班中无知心好友,严重时,心烦意乱、消沉苦闷、经常失眠、纳呆。他多次要求中止学业,回江西农村老家父母的身边。

分析:这是典型的社会适应障碍。失眠、纳呆、心烦意乱、情绪抑郁、学习效率低下,就是社会环境适应不良,人际交往困难的表现。加之性格内向孤僻,更容易造成心理偏移,甚至缺陷。一个人能和环境保持和谐的关系,就是适应。据了解,该生原在江西,很适应当地的环境,学习成绩冒尖,只是较为内向。该生到了新的环境,遇到新的人际关系,出现了抑郁、焦虑,加上言语不通,又因心急时口吃的坏习惯,而产生人际交往障碍。

(二)孤独心理

有些中学生常常觉得自己是茫茫大海中的一叶孤舟,处于孤立无援的境地。他们性格孤僻,害怕交往,或顾影自怜,或无病呻吟。他们自己不愿投入火热的生活,却又抱怨别人不理解自己,不接纳自己。心理学将这种心理状态称为闭锁心理,同时把因离群索居而产生的一种无依无靠、孤单烦闷的不愉快的情绪体验称为孤独感。人际孤独则是指在人际交往过程中因交往障碍而带来的孤独体验。

中学生孤独感产生的原因主要有以下两方面。

其一是独立意识的增强。中学生处于人生发展由不成熟走向成熟的过渡时期，他们的实践范围逐步扩大，抽象逻辑思维能力迅速加强，于是开始积极地使用自己的内心体验世界，觉得自己长大了，不愿再盲目地依从父母。他们力图摆脱对成人的依赖和追随，但现实又让他们产生不安全感。为了走出这种困境，多数人竭力寻找与同伴的交往。在交往中，有的中学生因同伴关系处理不当而产生一些摩擦，就干脆将自己封闭起来，他们害怕增加不安全感，从而转向自我内心的交流。

其二是自我意识的发展。青少年智力的发展几近成熟，这有力地促进了其自我意识的发展，他们已基本能正确进行自我观察、自我评价和自我调控。他们常会产生关于自己的许多独特的想法和憧憬，既发现自己心灵中的美，也看到自己心灵中的丑。由于中学生自尊心的增强，随着个人隐私范围逐渐扩大，他们往往担心自己的某些方面会被人耻笑，于是便小心谨慎地在心中构筑起一道"城墙"，封锁自己内心的秘密。独立意识是一种向外的力量，自我意识则是一种向内的力量，它们与中学生生理及社会发展的不平衡相互作用，从而导致中学生特有的闭锁心理，并因此产生出孤独感。

【心理测试7-3】

青春期的心理转折测试

每个人步入青春期这段"崎岖、狭窄而又坎坷"的人生峡谷时，都会遇到大量关于适应的问题。心理卫生学和精神病学所说的适应，主要指对人际关系、对社会的适应。怎样才算适应良好呢？一些心理学者通过研究提出40条标准，中学生可以根据这40条标准进行自我鉴定。

1. 对家庭、班级和学校的生活感到很习惯。
2. 能以一定的灵活性适应周围的人际关系。
3. 对事情总是有明确目的，在一般情况下能说到做到。
4. 当自己的行为遭到反对时，能及时地自我调整，不一意孤行。
5. 经常留心周围人际环境的变化。
6. 有助人为乐精神，肯关心帮助别人。
7. 对周围的人们持信任态度。
8. 待人热情、友善，而不是冷漠无情。
9. 能站在别人的角度体会他们的内心感情。
10. 做了错事感到内疚。
11. 能基本正确地评价自己的各种品质。
12. 有适度的自尊心。
13. 以积极的态度看待自己的形象。
14. 没有明显的自卑感。
15. 有一定的自我控制能力。
16. 在多数情况下能独立决定自己的行为。
17. 懂得学习的重要性，学习态度端正。

18. 对家庭和学校生活感兴趣，认为自己是幸福的。
19. 学习不感到非常困难，经过努力可以达到中等或中等以上水平。
20. 在集体生活中有一定的责任感，愿为集体出力。
21. 对学习和课外活动有主动精神。
22. 不做多数人反对的事。
23. 在集体中占有一定的位置，不是被遗忘的人。
24. 按时作息，睡眠良好。
25. 没有经常头痛的现象。
26. 从来没有记忆突然减退、学习成绩大幅度下降的现象。
27. 能和异性同学正常交往。
28. 对自己的性发育情况有正确的了解和评价。
29. 对"性"的问题好奇，但不过分关注。
30. 没有不良的性行为习惯。
31. 没有明显地陷入早恋而不能自拔。
32. 在一般情况下，情绪正常、乐观。
33. 对困难和挫折有一定的承受能力。
34. 能控制自己的愤怒、焦急和忧虑等不良情绪。
35. 有一定的胆量和勇敢精神。
36. 在多数情况下表现诚实。
37. 对不公正的事情表示气愤。
38. 愿意承担自己应承担的义务。
39. 对父母有爱和依恋之心。
40. 对自己的前途充满希望和信心。

评分规则

针对每道题，先对照自己平时的实际表现想一想，能做到或基本能做到的记1分，否则记0分。总分在36分以上为适应非常好；29～35分为适应良好；24～28分为尚能适应；23分以下为适应不良；15分以下为严重适应不良。

（三）嫉妒心理

嫉妒是个体内心对他人的优越地位产生不愉快的情绪体验，俗称"眼红"。它是对别人的优势以心怀不正为特征的一种不悦、怨恨、恼怒、自惭形秽，甚至带有破坏性的负面情绪。一方面由于中学生心理发展不完全成熟，另一方面由于社会交往范围日益扩大，学校和社会的竞争日益激烈，于是个体之间的差异在相互交往中显现出来，由此导致的优越感也就成了他们追求的目标。羡慕他人的优势，激发一个人奋发图强的精神，这是积极方面，但同时可能使人产生嫉妒心理。

（四）猜疑心理

中学生的猜疑心理，是人际关系中的价值心理障碍在现实生活中的表现。有这种心理的学生，总是以一种怀疑的眼光看人，他们往往神经过于敏感。

总而言之，他们始终以一种怀疑的眼光看人，对人怀有戒备之心。另外，具有猜疑心理的人往往喜欢捕风捉影，传播小道消息，造成班级中人际关系的紧张与不和谐。

（五）羞怯心理

在中学生交往中，我们经常见到：有人轻松自在，谈吐自如，应对流畅；有人却手足无措，面红耳赤，平时想得好好的，一上讲台就语无伦次。这种心理现象称为羞怯心理。一般来说，羞怯是一种正常的情绪反应。在日常生活中，每天都会接触各种各样的人，也必定会有一定的情绪倾向与情感反应。人有七情六欲，人人都可能体验到羞怯，问题是反应的强烈程度不同。一般的羞怯心理所引起的生理反应是短暂的，它不仅无损于身心健康，而且是健康心理的表现。一个不懂得羞愧的人，必定是无责任心的人。但是羞怯心理的反复产生与体验，容易引起恶性循环，导致一部分中学生的交往恐惧。

【心理测试 7-4】

人际关系敏感度测试

你的人际关系敏感度如何？

社交测试开始：有一天看到好友拎了一个袋子，你很喜欢，也觉得自己非常适合这款袋子，回家后一直念念不忘，你会怎么处理你的恋物相思病呢？

A. 直接问朋友要到哪里买

B. 四处探听，偷偷买，不让朋友看见

C. 按捺想拥有的欲望，忘了那个东西

D. 想办法跟好朋友要来

测试结果

A. 你总是大咧咧的，没有心机。也不会去设想别人的心情，有时敏感的人会对你产生误解，不过你的粗神经很少有感觉，还是我行我素，依直觉行事。渐渐大家就会知道那是你的本性，而习惯适应。

B. 你很注意小节，不愿失礼，所以待人处事十分客气，却会让人觉得有点矫枉过正，反倒适得其反。其实放松一点，不要那么拘谨，才能和朋友更亲近，没有隔阂。

C. 就你而言，生活单纯是最重要的事。你希望能平静度日，不要和是是非非有任何瓜葛。如果有人故意来招惹你，你也会伪装成一根木头，让别人的挑剔丝毫不起作用。即使你已内心澎湃，外表看起来还是心如止水。

D. 你准是人缘好得不得了，因为和别人的好交情，常得到别人相助。不过还是要努力充实自己，免得把好运都用完了，将来还是要靠实力养活自己。

（六）异性交往问题

渴望与异性同学或朋友交往是人类心理发展的必然，它对于个体从儿童时期过渡到成人期具有重要的意义。但是，由于传统观念的影响，社会和家庭对青少年的异性交往总是持过度敏感或反对的态度，这使得一些青少年在异性交往方面难以自如应对。他们或是感到有压力，不敢与异性交往，导致异性交往经验的缺乏，甚至导致异性交往的害怕或恐惧；有的则因为缺乏异性交往的正确指导，不能把握好异性交往的尺度，而陷入各种异性交往的困扰当中，如被异性误会、过早谈恋爱、发生性行为等。这些情况会影响青少年的学习和生活，也会导致苦恼与痛苦。

【实务训练 7-2】

人际交往情况分析

情景：小周，高中一年级学生，他打算去打另外一个班的同学小高，因为下午篮球比赛时，小高多次冲撞他，让小周很没面子。当着两个班同学的面儿，也为了比赛能够进行下去，小周没有和小高发生冲突。但是，比赛结束后，小周越想越气，决定要对小高进行报复。但他似乎又觉得自己的行为有些不妥，所以来心理老师这里求证一下，这样做到底对不对。

请对小周的人际交往情况进行分析。

第三节 中学生人际交往的艺术

上一节介绍了中学生人际交往的特点及常见的人际困扰，这里着重介绍一下中学生人际交往的原则及人际交往的艺术。

一、中学生人际交往的原则

（一）"积极主动、平等待人"的原则

每个人都是独立的，有理性的主体，有自己的尊严。在交往中不管性别、条件、地位如何，都是平等的主体，并没有尊卑优劣之分。不能因为自己学习好，或者家庭经济状况好，或是父母有权势而歧视其他同学。同样，也不能因为自己的情况比不上其他同学而自卑，在交往中处处退避、处处忍让，这些表现都不是交往平等的表现。平等本身是尊重他人，也是尊重自己。因此，我们在交往中应持热情诚恳、以理待人、珍惜友情的态度，但也不能无目的、无选择地盲目交友。我们应本着平等的观念，积极主动地与他人交往，这也是正常交往产生、发展的出发点和基本要求。

【身边故事 7-4】

高一女生的故事

一名高一的女生说，舍友们都不喜欢她，被人排挤的感觉很难受。其实刚住校的时候，她和大家相处得不错，一起聊天、吃东西。可是后来大家对她很冷淡了，这位女生很困惑。原来症结在于这个女生的作息与他人格格不入，晚上别人睡了，可她还在看书，或者很晚洗漱，老是弄出一些声音，影响大家休息；舍友们从家里带来好吃的，都与她一起分享，

而她却从来没有什么表现，其实这是因为她家境不好，这位女生怕自己带来的食物别人不喜欢，结果却让大家误认为她很吝啬，以致舍友们疏远了她。

交换物品实际上也在交换感情，应该是互动的。每个人都期望在人际交换过程中受益，如果期望得不到满足，很有可能放弃和某人的关系。同样，如果别人为你付出一点，而你总是回报很多，会让对方感觉内疚，双方的关系也是处于失衡的状况，不能维持长久。

（二）"真诚守信、善察知人"的原则

在交往中，总免不了互相议论和评价，但评价必须符合实际。态度要真诚，而不能口是心非、无中生有、嫉妒诽谤。这样的话，很容易造成人际关系紧张，不利于交往的顺利发展。因此，在交往中我们应真诚守信，以诚相见，说真话、动真情，"言必行，行必果"。此外，我们还要学会善于分析观察、正确认识和理解他人。

（三）"心理相容、悦纳他人"的原则

心理相容是指在交往中彼此之间融洽相处的关系，交往双方相互喜欢，但不是一味地无原则地退让。一般来讲，与人相处融洽首先要会欣赏对方，每个人都有其闪光点，我们要善于发现。

（四）"因人制宜、善于沟通"的原则

在交往中，要注意交往的对象、交往关系的性质，因人制宜、有区别地采取恰当的交往方式和方法，如同学关系、师生关系、朋友关系等都应区别对待。除了因人制宜，在交往中还要善于沟通，不要妄加于人，凭想当然做事，这样会造成很多不应有的误会，甚至酿成不该发生的惨剧。学会沟通也是一种技能。

（五）异性同学间的交往原则

与异性交往必须把握原则，这样才能让家长放心，让老师放心，也是对自己负责。

首先要端正态度，培养健康的交往意识，淡化对对方性别的意识。

其次，要广泛交往，避免个别接触，交往程度宜浅不宜深。广泛接触，利于我们认识、了解更多的异性，对异性有一个基本的总体把握，并学会辨别异性。

最后，交往关系要疏而不远，若即若离，把握两人交往的心理距离，让距离产生美。如果我们在交往中发现对方的状态不对，要调整自己的态度，使交往恢复到波澜不惊、心静如水的状态。要尊重对方的自尊心，掌握好异性交往的尺度。

【心理测试7-5】

中学生人际交往能力测试

下列问题请你用"是""否""不确定"来回答，将答案填在相应的括号里。

1. 我不喜欢与其他学生一起做游戏和学习。（　）
2. 我不喜欢说话，有时宁愿用手势表示意愿，也不用语言表达。（　）
3. 我不愿和任何人有目光接触。（　）
4. 同学们不喜欢和我一起做游戏和学习。（　）

5. 同学们不喜欢在我面前讨论各种问题。　　　　　　　　　　　（　）
6. 父母总是对我管束严厉、动辄训斥。　　　　　　　　　　　　（　）
7. 放学后我不愿意回家而喜欢在外面玩。　　　　　　　　　　　（　）
8. 我对爸爸妈妈的谈话十分反感。　　　　　　　　　　　　　　（　）
9. 我对爸爸妈妈的斗嘴、吵架感到无所谓，习以为常。　　　　　（　）
10. 爸爸妈妈从来不过问我的任何事，在他们眼里我是可有可无的。（　）
11. 老师对我特别挑剔，专爱与我过不去。　　　　　　　　　　　（　）
12. 老师在课堂上从来没有看过我一眼。　　　　　　　　　　　　（　）
13. 在路上看到老师，我总是设法躲避，或装作没看见。　　　　　（　）
14. 老师家访时经常"告状"，向爸爸妈妈讲我的坏话。　　　　　（　）
15. 我觉得老师对我太不公平了，真想和他们大闹一场。　　　　　（　）

评分规则

选"是"为1分；选"不确定"为2分；选"否"为3分。这个测试大致能反映一个中学生的人际交往能力。得分越高，说明你的交往能力越强；得分越低，说明你的交往能力越弱。如果你的总得分在40分以上，说明你的交往能力强，人际关系好；如果你的总得分在20分以下，说明你的交往能力弱，人际关系差。

这个测试又可分为3个分项测试，其中1～5题可以评定你的同学关系，6～10题评定你的家庭关系，11～15题评定你的师生关系。一般5～7分为关系较差，7～11分为关系一般，12～15分为关系良好。

二、中学生人际交往的艺术

（一）学会与各种性格的人交往

交往是一门艺术，这个"艺术"实际上就是一把钥匙，可以打开人们的心扉。现实生活中有各种各样性格的人，我们应学会与各种人交往。

1. 学会与心胸狭窄的人交往

心胸狭窄的人一是容不得人，二是容不得事，对比自己强的人嫉妒，对不如自己的人看不起。同这种人相处，一要"大度"，做到能谅解就谅解，能忘怀的就忘怀；二要"忍让"，退一步海阔天高，但这里所说的忍让，不是要放弃原则，迁就其错误。

2. 学会与生性多疑的人交往

当对方有了疑心，要冷静分析产生猜疑的原因，并采取相应的措施，以消除对方的猜疑；当一时不能消除对方的猜疑，可暂不理论，仍坦然相处。

3. 学会与性格孤僻的人交往

有些性格内向的人，性情孤僻，不爱多说话，不愿向别人吐露自己的真情实感；有的往往喜欢抓住谈话中的细枝末节，进行联想，胡乱猜疑。同这种人交往，一要采取积极主动的态度，注意选择适当的话题，一般说来，应选择容易切入他们兴奋点的话题，使他们在不知不觉中与你交流；二要善于捕捉对方的情感变化，认真考虑用词，筛去容易引起歧义的词语，以防引起他们不正确的联想。

4. 学会与任性的人交往

在现实生活中，有些人想说什么就说什么，想做什么就做什么，我行我素，不管人家怎么说，他还是照他本人的一套去做。同这种人相处，首先要体谅对方，求大同存小异，谦让一下，不固执己见，遇到彼此的设想不一致时，体谅对方，把自己的想法放进括号里，做出迁就；其次，要帮助任性者克服自以为是的不良作风，认真考虑别人的意见，勇于放弃自己错误的或不全面的看法，虚心地接受别的正确意见。

5. 学会与烦躁易怒的人交往

与人交往，是人生中极重要的内容之一。在与人交往中，我们都会遇到这样的人，他们有困难的时候，便闷闷不乐、一言不发，甚至很粗暴地对待别人。碰到这种情况，你不妨说："我很关心你，不过等你的心情好转了我们再谈吧。"这个策略令双方都能好下台。

6. 学会与喜欢刁难的人交往

当我们不得不与喜欢刁难的人打交道时，只能暂时按捺住自己的厌恶之情，"稍作拖延"是很好的对策。你可以告诉对方要考虑一下他所提出的要求，然后才可答复。这样你便有时间考虑，需要拒绝这件事的话，也可以寻找托词。

7. 学会与霸道自负的人交往

有些人自视很高、目中无人，时常表现出一副"唯我独尊"的样子。不少人是不可理喻的，你可能要回避一下，以免多做纠缠。但如果问题是你必须要解决的，最明智的做法是让对方挽回些自尊。对方的观点里总含有一点儿道理，如果你能承认这一点，他便不会那么步步为营，而比较愿意倾听你的话。

8. 学会与怨天尤人的人交往

应该明白那些事事抱怨的人，通常是不需要别人提意见的，他们只是要人听他们倾诉，了解他们。对于他的观点，你只用耐心倾听，这会令他感到好受一点。

9. 学会与沉默寡言的人交往

和不爱开口的人交涉事情是非常吃力的，因为对方过于沉默，你无法了解他的想法，更无从得知他对你是否有好感。对于这种人，你最好采取直截了当的方式，让他明白表示"是"或"不是"，"行"或"不行"。

【知识链接 7-1】

中学生人际交往5大技巧

1. 不能处处以自我为中心

一些以自我为中心的人常有如下表现：在生活上以自我为中心，对于集体生活没有充分的思想准备，沿袭着在家中当"小皇帝""小公主"的习惯，觉得周围的人让着自己是应该的；在学习上以自我为中心，因为自己是班上的尖子生，就觉得自己在学习上占有较大的优势，看不起一般的同学，不愿与他人共同探讨、相互学习，总认为自己是最好的；在社会活动、集体活动中以自我为中心，听不进别人的建议和想法，总希望别人依照自己的"吩咐"去做。这样的交往方式最易导致被孤立、不受欢迎的局面，给自己、他人带来不必要的烦恼，给集体带来不必要的损失。以自我为中心的人应该学习伟人的谦虚美德，从他人身上汲取养分。

2. 友谊需要经常维护，要真诚

维护友谊，不等于迁就对方、附和对方。靠一团和气来调和矛盾，虽然表面上不伤情感，但实际上拉大了彼此的心理距离。交朋友必须坚持原则，有时不妨做诤友，给予他人真心的批评与建议，建立真正互帮互助的、和谐的人际关系。

3. 尊重别人的价值观

人是复杂的，每个人的价值取向也会各不相同，所以很难保持一致，也没有必要"千人一律"。尊重对方的价值观是交友中很重要的一个方面。学会理解他人，在人际交往中一定要提醒自己不要做让人反感的人。

4. 站在对方的角度来考虑，努力理解对方的苦心

当观点不一致时，应想办法心平气和地向别人讲明你的想法，增进相互理解，使彼此间的感情融洽。切记不可粗鲁、顶撞，那样会伤害朋友的自尊心。凡事多从他人角度着想，自己有错时应主动承认、道歉，对同学的缺点也要给予宽容。平时多参加集体活动，多和同学交往。

5. 交往的方式要及时做调整

我国著名心理学家丁瓒教授说："人类的心理适应，最主要的就是对人际关系的适应。"进入了一个崭新的学习和生活环境中，同时意味着进入了一种新的人际关系。对中学生来说，对新的人际关系的适应要远比对学习和生活环境的适应困难。有的同学还像上小学那样，只跟自己喜欢的人交往，对自己看不惯的人根本不理。也有的同学还是动不动就"我不爱理他"，在交往中显得十分幼稚。这些较为情绪化的交往方式很容易造成交往障碍，增加自己的心理压力。所以，中学生要调整自己的交往方式，和不同的人多接触，多看别人的优点，这样才能有更多的好朋友。

（二）学会与父母沟通

1. 选择你与父母都高兴的时刻与最适宜的场合

我们在与父母沟通时首先要注意"时空"因素，"时空"选择适当，就已经有了好的开始。

2. 努力避免与父母争辩，抗争是沟通的毒瘤

一般说来，愿意被子女说服，承认自己错误的父母比较少，纵使你们"抗争"获胜，

结果也不会"融洽",这不是沟通的原则。

3. 相对付出与行为配合

相对付出就是要有好的表现,即在与你的要求相关的事物上,做出令父母信任的行为。

4. 寻找恰当的第三者

有些事情可以借第三者对父母转述你的问题,也许是爷爷、奶奶或者舅舅、阿姨等,总之是一位与你父母关系好、谈得来的人,他的转述可以加上劝说,常常可以打破沟通的僵局。

除以上几条原则外,同学们还要多与父母沟通,让父母知道你的想法。在沟通的过程中,要多观察,多倾听,注意沟通的方式,尊重父母。同时,还要学会换位思考,体会父母的爱子心情,用温和、委婉的语气表明自己的想法,从而更好地解决问题。

(三)学会与老师交往

多数同学都有这样的体会:如果与哪个老师关系比较融洽,就喜欢上哪门课,哪门成绩就好;如果与哪个老师关系不和谐也会殃及那门课,这大概也是爱屋及乌的反映吧。学生的大部分时间在学校里,免不了和老师交往,对中学生来说,该怎样与老师交往呢?

1. 尊重老师,尊重老师的劳动

老师把几乎所有的知识都无私地、毫无保留地教给学生,如果他们希望得到什么回报的话,就是希望看到学生成才、成熟,在知识的高峰上越攀越高。学生要尊敬老师,见到老师礼貌地打声招呼。

2. 勤学好问,虚心求教

做学生时,经常认为"那个老师并不怎么样""他的水平太低了",等长大以后才知道这种看法和想法是多么天真。就像作弊者从来都认为老师发现不了,其实只要往讲台上一站,谁在下面干什么都一目了然。老师因其丰富的阅历和长期的经验,在课堂上的教学水平是有目共睹的,所以要向老师虚心求教、勤学好问,这不仅直接使自己的学习受益,还会加深和老师的交流,无形中就缩短了与老师的距离,每个老师都喜欢肯动脑筋的学生。其实,向老师请教问题往往是师生间交往的第一步。除班主任外,任课老师并没有太多时间和学生直接交往,常向老师请教学习上的问题会加深师生彼此的了解。

3. 正确对待老师的过失,委婉地向老师提意见

心理学的研究发现,人们会对没有缺点的人敬而远之。其实,根本不存在没有缺点的人。老师不是完美的,如果他有的观点不正确,或误解了某个同学,甚至有的老师"架子"比较大,或是太严厉,这都是可能的。发现老师的不足,要持理解态度,向老师提意见语气要委婉,时机要适当。如果老师冤枉了你,就当面和老师顶起来吗?不行,这样不但不利于问题的解决,还会恶化师生的关系。应暂且忍一忍,等大家都心平气和了再说。不管怎么说,老师是长者,做学生的应该把他们置于长者的位置,照顾老师的自尊心和面子。

4. 犯了错误要勇于承认，及时改正

有的同学明知自己错了，受到批评，即使心里服气，嘴上也死不认错，与老师搞得很僵。有的人则相反，受过老师一次批评心里就特别怕那个老师，认为他是对自己有成见。这都是没必要的。错了就是错了，主动向老师承认，改正就是好学生。老师不会因为谁有一次没有完成作业，有一次违反了纪律就认为他是坏学生，对他有成见。相信老师是会全面、客观地评价学生的。

与老师关系融洽既可以促进学习，又可以学到很多做人的道理，会使你一生受益无穷。

（四）学会在同学当中"得人缘"

同处在一个班级，学生的人际状况却有很大的不同。根据人际的吸引、漠视和拒斥的关系，可以将学生在班上非正式人际关系中的地位分出6种类型：①小团体，指二三个或四五个交往甚密、兴趣相投的同学，且具有一定的排他性；②人缘型，即班级中最受欢迎的人；③嫌弃型，即班级中最不受欢迎的人；④首领，是指在一些活动中自然涌现出的能担负领导这些活动的同学；⑤孤独者，即很少与他人交往，他人也很少与其交往的人；⑥互拒者，指相互敌意或歧视的成员。

人缘型是班上的"明星"，令人羡慕。他们在班上有融洽的人际关系，受到大家的重视和赞美，因而具有较高的安全感和自信心。应该说，内心里每位同学都希望自己有良好的人际关系，也就是"得人缘"，但有不少同学对此在认识上存在误区，如有的以为人缘就是会拉关系，有的视其为哥儿们义气，还有的觉得是讨好卖乖，等等。其实，研究表明，人缘型的学生之所以受同学们欢迎，是由于他们具有受人喜爱的个性品质，具体如下。

(1) 尊重他人，关心他人，对人一视同仁，富于同情心。
(2) 热心班集体的活动，对工作负责任，非常可靠。
(3) 待人真诚，乐于助人。
(4) 重视自己的独立性，且具有谦逊的品质。
(5) 有多方面的兴趣和爱好。
(6) 有审美的眼光和幽默感。
(7) 有动人的仪表。

可见，人缘不是可以追求得来的，而是对一个人优良的个性品质的回报。

（五）学会处理交往中的矛盾

1. 增强理智感，学会克制自己的怒气

增强理智感可以使我们遇事多思考，多想想别人，多想想事情的结果，认真对待，慎重处理。一旦发觉自己出现了冲动的征兆，应及时克制，加强自制力。

2. 学习一些帮助自己克制暴躁脾气的好方法

在家里面或在课桌上贴上"息怒""制怒"一类的警言，时刻提醒自己要冷静。在快要发脾气时，嘴里默念"镇静，镇静，三思，三思"之类的话。这些方法都有助于控制情绪，增强大脑的理智思维。

3. 转移

当发觉自己的情感激动起来时，为了避免立即爆发，可以有意识地转移话题或做点别的事情来分散自己的注意力，把思想感情转移到其他活动上，使紧张的情绪松弛下来。如迅速离开现场，去干别的事情，找人谈谈心、散散步，或者干脆到操场上猛跑几圈，这样可将因盛怒激发出来的能量释放出来，心情自然会平静下来。

4. 灵活

有很多事情是可以有多种处理办法的，遇事要灵活行事，不要那么僵硬，有时可以退让一下，给对方改变主意和态度的机会，选择方法要考虑事情的效果。也可以用一个小本子专门记载每次发脾气的原因和经过，通过记录和回忆，在思想上进行分析梳理，定会发现有很多脾气发得毫无价值，会感到很羞愧，以后怒气发作的次数就会减少很多。

5. 换个角度考虑问题，体谅他人的感受

做人应当有一点"雅量"，即容人之量，要"待人宽，责己严"，不要动辄指责怪罪别人。因区区小事而对同学发脾气，是极不礼貌的行为。你发了火，泄了气，痛快了，可这种痛快建立在别人的痛苦之上，如果把你调换位置，有人对你大发脾气，你会怎么想？所以，一个时时想着别人、处处体谅别人的人，即使自己心中不快，也不会迁怒于人，更不会把自己的不愉快强加给别人。

6. 聆听音乐可以调节情绪

如果你的情绪容易兴奋、激动，建议你平时有时间多听听节奏缓慢、旋律轻柔、音调优雅、优美轻松的音乐，对安定情绪，改变暴躁的脾气也是有帮助的。

希望你多参加集体活动，多和其他同学交谈，了解他人，理解他人，也了解自己，从而正确地对待自己。只要你有决心、有恒心、有行动、坚持努力，暴躁的脾气一定会改进，你会逐渐变得温和、宽容、冷静，从而与更多的同学友好相处。

【实务训练 7-3】

补充情景

下面列举了三种不同的情景，请把省略号的地方补充完整。

情景1：一向温柔的妈妈今天下班回来，愁眉苦脸的，脾气很暴躁，因为一点小事就对王强发火。王强很苦恼很委屈，于是……

情景2：小李和小刘是同桌。小李因为被妈妈骂了一顿而心情很不好，小刘则因为一向学得很好的数学居然才考了60分而闷闷不乐。他们因为一点小矛盾而吵起架来红了眼……终于，他们又和好了。

情景3：一向深得同学喜欢的王老师，因为最近家里发生了一些事情而心情很不好，加上每晚备课批改作业要到深夜，所以精神状态不好。王老师白天好几次对着同学发火批评，大家都很委屈和难受。班长小蓝和几个同学知道了王老师的具体情况后……

总之，人际交往的原则和技巧可以有效地预防人际冲突的发生，但是因为人的差异总是存在的，所以冲突无论怎样都是难免的，冲突可能有利，也可能有害，关键取决于如何

正确处理。首先，要保持冷静。无论感到多么愤怒，都提醒自己一定要冷静。以自己的理智来控制愤怒的情绪，保证自己恢复正常的思维。其次，分析事情的来龙去脉，辩证地看待冲突，分析自己错在哪里，对方错在哪里。再次，和对方说明，协商寻求双方都能接受的解决方式。最后，成功化解冲突。在上述过程中，要运用人际交往的诸多技巧。

【知识链接 7-2】

人际交往辅导的实例分析

在人际交往辅导的实践中，常用的形式和方法有讲座、游戏、小品表演、模仿及行为训练、小组讨论等。其中，讲座可帮助学生理解和掌握有关人际交往所必须遵循的规范、礼仪、知识，帮助学生形成正确的交往动机和态度，增强学生的交往信心。而游戏、小品表演形式为学生提供了一系列有针对性的、主题明确的交往情境和机会，亦为学生观察、模仿他人有效的交往行为、增强交往体验提供了契机。而模仿及专项训练可克服讲座重理论轻行动的缺陷，将有关的交往规范、礼仪融入具体的交往行为中，学生通过观摩该行为样本，不仅明白其中的道理，还可直接演练，再加上教师的指导和训练，学生某些缺乏的或有缺陷的交往行为就可得到矫正或改进。

1. 合作辅导

下面是一个为小学生设计的，以游戏形式来进行的，以培养学生的合作意识和合作能力为主题的辅导活动。

活动题目是"'和尚'抬水"。

活动主题是合作意识和合作能力的培养。

活动目的主要有两个：一是通过"和尚"抬水的游戏，让学生获得"合作"的感受和体验；二是通过合作行为，培养学生的合作能力。

游戏是这样进行的：将学生分成两组，以30米为距离，每组各有一半的学生分立于起点线和终点线两端。游戏开始时，每组各出两名队员换上特定的"和尚"衣服，抬起大半桶水快速从起点跑向终点，然后脱下衣服，放下水桶交给终点处的两个队员，如此循环往返，直至结束。

活动要求：准备时不能踏过起跑线，到达目的地时，必须站在标线外侧；"和尚"衣服必须前后反穿，只允许下一轮的一名准备队员予以帮助；桶里的水不能晃出，晃出一次扣1分，其他违规亦是每次扣1分，由事先指定的裁判专职记分。游戏之前教师要准备好场地及相应的工具、衣服等。游戏结束后评出优胜组，并讨论两个组为何有输赢，赢的诀窍是什么，输在何处。如果要想使成绩更好一些，可做哪些改进和努力。

活动特征具体如下。

第一，它以游戏为主，学生的参与程度高，积极性也高，兴趣大。

第二，它针对性强，紧紧扣住了"合作"这一主题。

第三，它比较实用，其本身并不复杂，教师容易组织，绝大多数学校亦具备相应的场地和条件。

第四，游戏之后辅以学生讨论和教师小结，不仅增强了学生的交往体验，亦将学生的感性认识提升到较高层面，加深了学生对合作的认识。

当然，这样的游戏活动要取得最佳效果，教师应做周密的计划和准备，并善加引导和组织，充分估计可能发生的意外情况，并做好应急的准备。

2. 交往技巧辅导

下面是一个为初中生设计的、融小品表演、模仿及行为训练为一体的交往技巧辅导活动。

活动题目是"学会说'不'"。

活动主题是恰当地拒绝他人的要求。

活动目的有两个：一是通过活动，让学生认识到我们有权利说"不"，即有权拒绝他人；二是学会恰当地拒绝他人，即掌握说"不"的技巧。

活动步骤如下：①学生回顾自身经历的欲拒绝他人的要求而最终失败的事例；②将学生分为三人一组，各自将自己的体验在小组内交流，并选一名同伴与自己一块表演所经历的事件，只不过这一回要说"不"，即拒绝他人，另一名同学做观众和裁判，如此轮流交换角色表演；③进行组间交流，交流各自的体验、感受，以及拒绝他人的技巧；④教师小结，或以某一组为例，加强训练指导。

活动特征如下。

第一，它以学生的亲身经历为素材，让学生有话可说，有形可塑，真实可信，体验深刻。

第二，它融合了多种辅导方式，形式多样，内容丰富。

第三，逻辑严密，先解决学生的认知问题，明确其权利，培养其意识，这主要借小组交流来完成，然后在此基础上加强技巧训练。

此次活动如果能辅之以教师的适当讲解，并加强说"不"的技巧训练，或者教师以身示范，则效果会更好。

【案例导读解析】

刘某在家受到父母的疼爱，从没做过家务，衣来伸手，饭来张口，自理能力很差，而她所在的高中又是一个内宿的学校，生活上的全部事情都要自己独立完成。人生第一次的内宿生活对她本来就是一个巨大的挑战，而其父母又有"长大了，应该让她自己克服困难"的想法，遇到什么困难都让她自己寻找解决的办法，没有及时给予帮助。由于她的手脚比较慢，洗澡洗衣服时间很长，占用了大量的时间，而宿舍就只有一个卫生间，这使得宿舍其他成员很不方便，有时也会发发牢骚叫她快一点。没想到大家的提醒却让她认为是对她有意见，使得她在人际交往方面很有压力。同时，宿舍内部又有一人跟其他同学关系不好，这更增加了她在人际交往方面的压力，很害怕自己也跟那位同学一样让其他同学讨厌。

巨大的压力让她在其他同学面前说话很不自在，生怕自己说错话或做错事得罪其他同学，从而慢慢地发展到跟同学说话要深思熟虑，不敢与同学多说话交流，不敢与同学一起玩，完全把自己孤立起来。随着时间的推移，这种情况越来越严重，最后发展到她每天早上起床就感到巨大的压力，不知道这一天应该怎样与同学交往，不敢来学校，甚至心跳加速，呼吸困难。

面对这种棘手的情况，我作为班主任，及时与她的家长联系，并请教了心理方面的专家，制定了以下方案来帮助这位同学。

1. 利用活动课，创造交往的条件

上活动课时，教师主动邀请她与同学配合完成任务，同时，引导其他同学与刘某共同完成任务，活动中引导刘某主动与同学交往、合作。

2. 指导家庭教育，改变不良的教育方式

建议刘某的家长经常到学校接她，教师利用这种机会与家长交流和反馈情况，共同商量解决孩子不良心理状况的办法，建议家长选择适当的教育方式，对孩子的进步给予肯定、表扬。同时，家长可以适当地让孩子做家务，提高孩子的自理能力，从家务劳动中锻炼孩子与家人交往的能力。

3. 创设良好的班级人际氛围

利用心理辅导课、活动课等时机进行群体性的心理辅导，让学生知道与人交往、帮助他人，不嘲笑、不鄙视能力比自己差的同学，是一个好学生应具备的好品质，从而主动地在学习、劳动上帮助刘某。

4. 培养刘某交往的语言表达能力，提高其与同学交往的信心

刘某成绩一般，上课又不主动发言，教师利用心理辅导课给她进行语言训练，通过自讲、和同学对讲，在讲中记，在记中练，在练中学技巧，扫除她与同学交往过程中的语言障碍。

5. 利用通用技术课，培养合作精神

学校有一间劳技课活动室，有10张劳技活动操作桌，全班60位同学，每桌坐6人，每次操作活动需要6人合作完成。每周进行一次劳动技能培训的活动，活动中刘某逐渐能主动与伙伴们配合默契，完成好同伴分配的任务。

6. 请权威的心理医生对刘某进行心理辅导

从专业的角度帮助她走出困境，并在病情加重的时候进行适当的药物治疗。

通过各方面的努力，刘某慢慢克服了人际交往中的问题，恢复了自信心，下课能主动与同学聊天、打球，与同学之间的关系良好，上课能举手发言且声音洪亮。家长也反映她在家学习主动，乐于把班级的事讲给父母听，主动帮家长做些家务。

小结

中学时期是人生友谊感发展很快的时期，他们感受到友谊是人们相互关系中最重要的东西。中学生不仅重视友谊，还形成一定的情感色彩的认识，不仅在情感上有依恋的特点，

而且把友谊作为行为的内驱力。一个人生活在集体中，离不开人与人之间的交往，在与他人友好的交往中，能使自己增添自信和力量，个人的品德和才智也能得到充分的发展。但是，很多同学也感到，和人相处不容易，在同学们的交往中确实遇到了很多的困惑。因此，中学生需要掌握人际交往的原则及人际交往的艺术。

巩固与操作

一、思考题

1. 中学生建立人际关系有什么意义？
2. 人际交往的内涵、功能、工具与内容分别是什么？
3. 影响人际关系和人际交往的因素有哪些？
4. 中学生人际交往有哪些主要特点？
5. 中学生常见的人际困扰有哪些？
6. 中学生人际交往的原则有哪些？
7. 美国社会心理学家李雷归纳出的人际关系类型有哪些？
8. 为什么外貌在人际关系中能够起到这么重要的作用？
9. 人际关系测验方法有哪些？

二、操作题

1. 结合自身的特点，运用人际交往的艺术，处理自己与父母和老师的关系。
2. 运用所学知识，恰当地处理自己与同学、异性伙伴的关系。

拓展阅读

1. 科里. 关键冲突：如何化人际关系危机为合作共赢 [M]. 2版. 北京：机械工业出版社，2023.
2. 郑秀. 人际交往心理学 [M]. 吉林：吉林大学出版社，2023.
3. 赖宇凡. 边界意识：摆脱情绪勒索破解人际关系难题 [M]. 北京：北京联合出版有限责任公司，2023.
4. 李世强. 人际交往心理学 [M]. 北京：台海出版社，2023.

第八章

中学生的网络心理

▶ **内容提要**

互联网技术迅猛发展，并逐渐渗透中学生的社会生活，对他们的生活方式、心理行为产生了深刻的影响。本章主要介绍中学生上网的现状、上网的利与弊，以及中学生的网络偏差行为及网络成瘾行为等。

▶ **学习目标**

（一）认知目标
1. 了解网络对中学生的影响。
2. 学会识别和诊断网络成瘾行为。
（二）情感目标
1. 感受网络成瘾行为的不良影响。
2. 激发对不良上网行为的抵抗力。
（三）能力目标
1. 能识别网络偏差行为及网络成瘾行为等不良网络行为。
2. 能对不良上网行为进行矫正和预防。

【案例导读】

迷恋网络的男孩

小军初一时开始对 Flash 制作感兴趣。一次偶然的机会，小军向同学展示自己的作品，但同学不屑一顾，并大谈时下流行的网络游戏。小军感觉自己对此知之甚少，于是便开始接触各类游戏，以证明自己的全面发展。时间一长，小军便沉迷网络游戏之中。假期时父母警觉到孩子沉溺上网，并对其进行上网控制。开始父母的管教尚有效，后来小军不听父母管教，无节制上网，痴迷网络游戏，无心学习，成绩一落千丈。父母越控制，小军的上网行为越严重。小军经常在晚上趁父母睡后偷偷上网，在学校上课时注意力分散，作业不能按时完成，经常与同学讨论网络游戏的问题，给班里带来不良的风气，而且班主任发现其越来越出现焦躁、不安、郁闷、发脾气等症状。

第一节 中学生上网的现状与利弊

网络空间是亿万民众共同的精神家园。网络空间天朗气清、生态良好，符合人民利益。网络空间乌烟瘴气、生态恶化，不符合人民利益。网络是科技发展的产物，也是信息时代的标志。21世纪是信息时代，互联网成为社会发展的必然趋势。我们应重视中学生作为网络使用主体的重要作用，明确中学生赓续网络强国的使命任务，通过学生自身、家庭、学校及社会多方面共同发力，保障中学生网络使用的权益，构建适宜中学生发展的网络环境，为推动网络强国做出贡献。

一、中学生上网的现状

（一）中学生网络使用普遍化

根据中国互联网络信息中心(CNNIC)2023年3月发布的统计报告显示，截至2022年12月，我国网民规模达10.67亿，较2021年12月增长3549万，互联网普及率达75.6%，如图8-1所示。

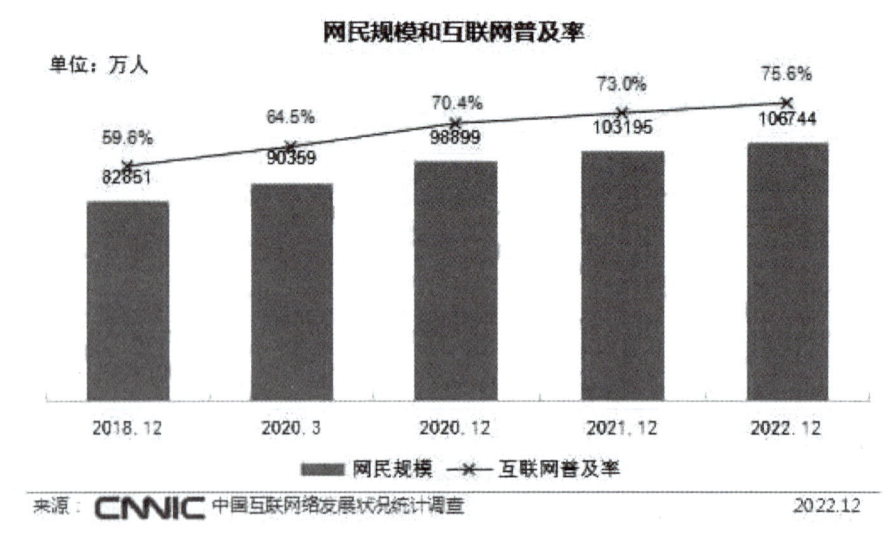

图 8-1　2018—2022 年中国网民规模和互联网普及率

截至2022年6月，50岁以下网民中，10~19岁、20~29岁、30~39岁、40~49岁网民占比分别为13.5%、17.2%、20.3%和19.1%，中小学生群体上网情况不容忽视，如图8-2所示。

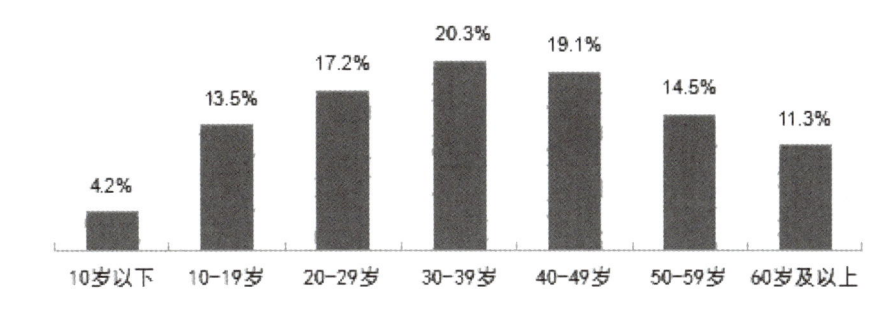

图 8-2 中国网民的年龄结构(2022 年 6 月)

2022 年 11 月 22 日，中国社会科学院新闻与传播研究所、中国社会科学院大学新闻传播学院、社会科学文献出版社共同发布了《青少年蓝皮书：中国未成年人互联网运用报告(2022)》。基于第 11 次中国未成年人互联网运用状况调查的数据，该报告关注了 6~18 岁的未成年人，即出生于 2003—2015 年的青少年，并对其展开调查。此次调查中，未成年人近半年内的上网率达 99.9%，无论身处城市还是乡村，网络都已成为未成年人们日常生活中不可或缺的一部分。一方面，近几年利用网课进行在线教学是多数学校采用的方式，这在某种程度上进一步提高了未成年人的互联网使用率；另一方面，我国现有行政村已全面实现"村村通宽带"，乡村的数字化建设取得良好发展，从硬件设施上保障了城乡互联网普及率差异日益缩小。

本次调查显示，手机、电脑和平板电脑仍是未成年人主要使用的上网设备。其中，手机上网的比例持续上升，相较于 2020 年的调查数据增长了近 10 个百分点，达 91.1%。在上网设备的使用上，城乡有所差异。2020 年的调查中，城市和乡村未成年人的手机使用比例分别为 80.1% 和 83.2%。2021 年，乡村的未成年人使用手机上网比例继续高于城市地区的未成年人使用手机上网比例，分别为 94.9% 和 89.1%。城市未成年人使用电脑和平板电脑的比例 (36.0% 和 34.7%) 则显著高于乡村 (22.8% 和 15.9%)。此外，在如机器人、智能手表等智能装备的使用上，城市未成年人的使用比例也更高，如图 8-3 所示。

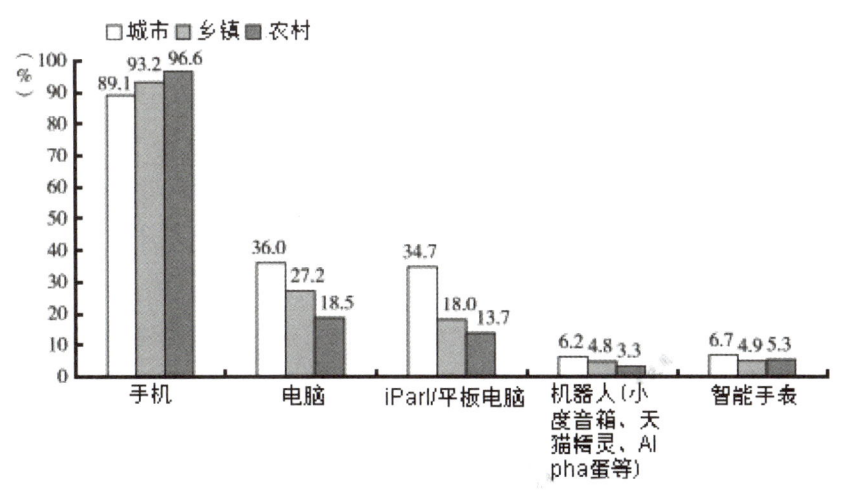

图 8-3 2021 年城乡未成年人上网设备比较

（二）中学生上网目的主要为休闲娱乐

《中学生蓝皮书：中国未成年人互联网运用报告(2021)》调查表明，休闲娱乐作为最重要的上网目的，62.7%的中学生把更多的网络活动时间放在了放松休息方面，51.7%的中学生把网络活动时间放在了娱乐游戏方面。短视频是继音乐和游戏之后，我国未成年人中排名第五的网络娱乐活动。初中生的观看比例为59.7%，高中生为60.2%。此外，35.2%的中学生利用网络完成作业、查找资料，21.2%的中学生会利用网络扩大知识量，11.4%的中学生选择上网课，这方面选择主要和中学生的学习任务有关，21.4%的中学生运用互联网了解时事。

二、中学生上网的心理原因

中学生正处于从儿童到成人的发展关键时期。这个阶段的他们好奇心强，求知欲旺盛。同时中学生的自我意识增强，独立欲望攀升，自尊心增强，希望有自己的隐私，在网络中人们可以把自己对家人、朋友不敢说的话说出来，不敢做的事做出来。此外，现在的中学生以独生子女居多，抗挫能力差，在家中也比较孤独，从心理上比较渴望能与人交往。网络恰好为他们提供了这一条件，给了他们一个新的交往空间和相对宽松、平等的环境。

（一）满足求知欲和好奇心

中学生好奇心强，求知欲旺盛，具有探索精神，书本知识和老师传授的知识已不能满足其需要。丰富新颖的网络信息为这些中学生提供了大量的信息，也给他们提供了很多学习内容。网上的资源可以帮助中学生找到合适的学习材料，如查阅到更多自己感兴趣的课外知识来补充书本知识。部分中学生会利用网络信息进行学术研究，部分中学生还利用网络信息来完成课外作业。网上还可以找到合适的学校和教师，这一点已经开始成为现实，如一些著名的网校。这里值得提出的是，有许多学习困难的学生，学习电脑技能和制作网页一点也不叫苦，可见，他们的落后主要是由于其个性类型和能力倾向不适从某种教学模式。可以说，网络为这些所谓"差生"提供了一个发挥聪明才智的广阔天地。网络提供了求知学习的广阔校园，学习者在任何时间、任何地点都能接受各级教育，学到在校学生学习的所有课程。

【身边故事8-1】

重视编程教育打破城乡未成年人的互联网隐形鸿沟

据共青团中央维护青少年权益部和中国互联网络信息中心(CNNIC)共同发布的《2021年全国未成年人互联网使用情况研究报告》显示，农村未成年人互联网普及率达到97.3%，历史上首次实现反超城市，这意味着城乡未成年人互联网鸿沟出现了弥合趋势，但城乡未成年人在互联网使用上的实质性差距仍不能忽视。

众所周知，数字社会时代，互联网鸿沟是造成社会不平等的一个重要因素。通常而言，互联网鸿沟可以依次递进分为网络硬件接入鸿沟、网络工具使用鸿沟、网络信息获得鸿沟。农村未成年人互联网普及率的提高主要是网络硬件介入和网络工具使用的提高，在如何正确、合理使用网络上仍然存在不少令人担忧的地方。调查发现，农村未成年人的上网工具主要是手机，使用网络的主要目的是娱乐休闲，由此造成的后果是农村未成年人使用网络存在较为严重的娱乐化倾向。我们必须意识到，互联网始终具有两面性，如果作为一种能够改造社会、改变生活的技术工具，它能够提升未成年人的学习能力和创造能力；而如果只作为单纯的娱乐休闲工具，互联网也有可能让未成年人在虚拟世界中迷失自我。因此，在未成年人使用网络中要坚持保护与发展并重的原则，在互联网普及率不断提高的同时，要科学、合理地开发未成年人使用互联网技术的无限潜能。

现实的情况是，尽管城乡未成年人在网络普及率上的差异消失，但开发未成年人潜能的差异依然存在。调查数据发现，城市未成年人使用网络学习工具的比例高于农村未成年人，其中最有可能开发未成年人潜能的编程教育上，城市未成年人的比例是农村未成年人的一倍。试想，如果城市未成年人把网络作为创新创造工具，而农村未成年人只将其视为休闲娱乐工具，未来中国社会的城乡差异是不是会越来越大？

如果说工业社会是"学好数理化，走遍天下都不怕"，数理化是人们在工业社会背景下获得应用性技能的基础，当人类社会正在经历从工业社会向数字社会的转变时，互联网、大数据、人工智能无一不建立在编程的基础之上，编程教育是数字社会最基础、最关键的知识技能之一。发达国家已经出现在青少年中推广编程教育的浪潮，早在2016年，美国政府投入了40亿美元，在全美大力推广编程教育，时任美国总统亲自为"编程一小时"项目站台。

实际上，推广编程教育不仅可以避免引发新的社会不平等，还可以帮助中国在未来的国际竞争中占据有力位置。未来国与国之间的竞争更多的是科技的竞争和人才的竞争，互联网相关的技术创新是科技竞争的核心，而具备编程等技术能力的人才培养是人才竞争的关键。因此，推广编程教育更能激发未成年人知识学习和科技创新的潜力，也是未来大国竞争的要害所在。

所幸的是，中国政府非常重视青少年的编程教育，在2019年已将编程教育纳入既有的义务教育体系，并在2022年将信息科技设为义务教育的独立科目。当下的最主要问题是农村地区缺少足够优秀的教育资源和教师队伍，因而需要秉承全面推进和重点推进的原则，将教育基础薄弱的偏远农村地区作为重点，注重学校教育资源和社会教育资源的结合，广泛借助互联网科技企业等社会力量，充分利用现有的公益活动，如"腾讯青少年人工智能追梦营"，以及大量编程培训课和人工智能教学理念培训课。这种以"公开课+公益活动"的助力模式给数万乡村孩子带来"编程第一课"，为农村地区的编程教学普及提供坚实基础，也让更多农村的未成年人能够更早、更好地接触到编程教育，掌握数字社会的基础技能。

开展编程教育的另一个潜在好处是能够帮助未成年人提升自身的科学素养和网络素养，更清晰地了解和认识网络虚拟空间。实际上，娱乐始终是未成年人使用网络的最主要目的之一，如听音乐、打游戏、聊天、刷短视频等，近年来这些一直是数字生活实践的重要组成部分。要求未成年人完全脱离互联网的娱乐休闲实践是不现实的，也是不可能实现的。而编程是网络虚拟世界的底层逻辑，未成年人在编程学习过程中，自然而然地会更加清晰、完整、透彻地了解网络虚拟世界的组织和构成，他们所喜欢的音乐、游戏、短视频都可以化为一行行真实的编程代码，而不再是虚幻的快乐源泉，从而避免他们过度沉迷，出现过度娱乐化的倾向，自然也会起到保护未成年人的积极作用。

（二）满足交往需求

中学生处在心理发育的关键期，也是交往需求最强烈的时期，需要归属感和被认同感。但中学生因心理不成熟，又缺乏交往经验和交往技巧，在现实的人际交往中往往容易出现自卑、过度防御、交往恐惧、以自我中心等心理问题。因此，他们很难在现实生活中与人进行良好的沟通，进而导致强烈的交往需求得不到满足。而网络交流的隐蔽性避免了人与人面对面交流带来的直接压力，交流显得更加轻松随意，中学生可以无所顾忌地交流。于是，更多的中学生更愿意在网上交流。

（三）寻求成就感

部分中学生在现实生活中很难找到成就感，而在网络中，他可以在聊天室与人畅所欲言，找到现实生活中没有的成就感。在游戏中，他可以扮演不同的角色，让在现实世界里受到法律和道德约束的各种欲望、需求和动机在虚拟网络空间中得到彻底的释放与满足。在网络游戏中获得胜利升级，使他们内在的成就动机得到满足。

（四）重新认识自我

中学时代是自我同一性发展的重要阶段，由于身体发生了巨大的变化，中学生会出现新的情感和欲求，以及面临新的社会任务的挑战，从而使他们迫切需要重新认识自我，认识自己在社会生活中的地位和作用，认识他人对自己的看法。这些在现实生活中却不易找到答案，于是，他们到网络中寻求答案，而论坛、博客则可以满足中学生的社会支持的需求。经常访问一个论坛或博客的人群，通过与其他成员的深入接触，使这里成了一个小型社会。

（五）逃避现实

现实生活中，不少中学生都存在升学、考试等巨大压力，使他们面临家庭、学校方面的约束和限制，这让他们感到失去了真正的独立。中学生在现实生活中处处碰壁，如果在家里还得不到应有的温暖，久而久之，孤独感、压抑感便向他们扑面而来。而网络带来的虚拟满足往往正好消除原有的孤独感，这样他们更愿意把自己的感情寄托在虚拟的网络中，把网络当成他们最好的避风港湾场所。

（六）从众心理

中学生之间的相互影响对他们的言行起到相当重要的作用。中学生的心理特征使得他们普遍存在从众的心理，如果一个班级大部分人都上过网，大家经常讨论网络问题，这就让没上过网的同学有一种被排外的心理。现在很多人上网是为了联系朋友、同学，于是他们也开始上网。此外，现在上网已是一种时尚，为了跟随潮流，中学生们便会争先恐后地上网、玩游戏，以及吸收更多的网络知识。

三、中学生上网的利与弊

上网对中学生影响的利弊问题一直是各界争议的焦点，正如芒福德所说："技术只是人类文化中的一个元素，它起作用的好坏，取决于社会集团对其利用的好坏。"事物都是一分为二的，因此我们应该正确看待网络的利与弊。

（一）中学生上网的有利之处

未来社会是一个信息高速发展的社会，是一个充满竞争的社会，中学生上网确实有很多有利之处。

1. 中学生上网可以开阔眼界，了解更多最新的知识

以计算机、通信技术和信息技术为支撑的网络将世界各种资源联为一体，突破了地域和时间的限制，具有发展速度快、开放程度高、运行使用便捷和交互性强等特点。学生可以便捷关注和了解"家事、国事、天下事"，令思维空前开阔。利用互联网可以及时了解时事新闻，获取各种最新的知识和信息，对以后的学习和生活都有很好的指导作用。

2. 网络的远程教育给中学生学业的进步提供了必要的条件

在过去传统的教学条件下，中学生只能依靠教科书和课外书籍学习有限的知识，传授知识的老师是有限的，而且学生没有自主选择老师的权利，只能被动地接受知识。而现在的网络远程教育给中学生带来无穷的益处，学生可以在内容丰富、名师坐堂的教育网站中任意翱翔，如"有问必答""题库""专题讲座""考前辅导"等多种多样的学习方式让学生的学习成绩突飞猛进。

3. 中学生可以利用网络了解更多教育相关新闻和政策

这几年的高考还在改革探索之中，每年都会有很多新的教育政策出台，平时学生需要花大量的时间学习，一味地埋头书海，不能及时根据最新的教育动态调整复习重点。信息技术时代的来临，中学生可以利用网络了解最新的教育动态，从网上查询与教育相关的新闻，以此来调整复习重点，适应考试新举措，达到事半功倍的效果。

4. 上网可以缓解中学生的心理压力，促进社会适应

很多中学生在青春发育期会遇到很多困惑，如家庭不和、对新环境适应不良、成绩下降、与同学吵架等情况，他们不会去积极处理和解决自身的问题，而且缺乏信心，不敢与外界交流、对话。现在，学生可以通过微信、微博等现代工具，使用各种语言与素不相识的人相互咨询、交谈、讨论、倾诉、学习等。这既能激发中学生对语言的学习热情，也使得中学生的烦恼、快乐、孤独、痛苦可以自由地宣泄，在一定程度上缓解了现实生活给他们带来的各种压力。

5. 中学生上网可以提高对计算机的学习兴趣，提高实际动手能力

如自己动手做主页，把自己喜爱的图片资料传上去，开一个讨论区，发一些帖子，发表微博等。这些都有利于他们掌握计算机的基本操作技术，增加他们的社会关注度，减轻课业压力，同时有助于树立信心。

（二）中学生上网的弊端

每当一种新技术出现后，它就可能成为一把"双刃剑"，网络也不例外。网络对中学生危害主要有以下几方面。

1. 上网对中学生的人生观、价值观和世界观的形成构成潜在威胁

网上信息良莠不齐，又缺乏有效的监管，网上色情、垃圾信息大行其道，中学生的信息选择能力、是非判别能力和自我调控能力还不足以抵御这些不良信息的负面影响，很容易在不知不觉中成为不良信息"污染"的对象。首先，中学生的道德观念尚未完全形成，很容易受不正确的道德观的影响，容易在丧失约束的状况下放纵自己的行为，增加其犯错、犯罪的可能性。其次，中学生的人生观和世界观尚在形成中，容易受到异化思想的冲击，使自己的思想、行为趋于自由化和个体化，传统的文化观念受到强烈冲击，民族虚无主义开始悄悄蔓延，爱国情感在失落。最后，网络会对中学生的品德行为产生重要的影响。因为网络行为具有隐蔽性，所以中学生有机会尽情地驰骋于网络世界，自由地释放自己，而似乎可以不受现实生活中道德准则和社会规范的约束，这无疑将严重扭曲青少年的人格，酿成危害。

2. 中学生上网可能会危害他们的身心健康

中学生处于身心发展的关键期，长时间上网会对他们的身心健康造成严重危害。首先，长时间一个姿势专注于屏幕，易导致眼睛疲劳、视力下降、血压升高、植物神经功能紊乱、睡眠障碍，还会引起颈椎、腰椎病。有的学生省下吃饭钱上网，加上活动减少，易导致营养不良，食欲不振，影响身体发育。其次，上网时间过长，有的人甚至通宵达旦，不能很好地休息，上课无精打采，精神恍惚；有的注意力不集中，学习效率低下；有的为了上网甚至旷课，逃学……再次，长期上网还会引发中学生的孤独症，人际情感淡漠，对现实社会产生不认可或逃避的心理。最后，在网络环境下，中学生交往的对象、身份都不确定，这就减弱了他们获得社会角色的能力，不利于中学生的社会化。

3. 网络交往导致中学生对现实交往的冷漠化

因沉溺于网络交往，进行的是人机对话，面对的是冰冷的机器，中学生会缺乏社会沟通和人际交往训练。在现实社会中的人际交往中碰到冷遇和挫折时，他们不能积极应对，只知从网络中求得解脱，久而久之易造成思维方式异化，人际关系紧张。进而会产生对现实交往的冷漠化，会进一步演化为对现实情感的麻木，以及正义感和道德感的缺失，丧失最基本的道德判断能力，甚至颠覆青少年对社会的认识。因此，社会信息化和网络化所造成的人际交往方式的改变，对青少年的影响都是不容忽视的。

4. 互联网使许多中学生沉迷网络虚拟世界，脱离现实，荒废学业

不少中学生宁可整日沉溺于虚幻的环境而不愿面对现实生活，对日常学习、生活产生了很大的影响，学习时间被挤占，造成学习兴趣降低，学习成绩下降，严重的甚至会荒废学业。如玩游戏、聊天时都很容易上瘾，时间往往在不知不觉中过去，这样就使中学生的身体受到影响，还会影响学习的效率和质量。

第二节 中学生网络偏差行为与调适

互联网在带给人们诸多方便的同时，也带来许多负面的影响。近年来中学生偏差行为有上升趋势，其中网络偏差行为已成为中学生发生偏差行为的一个突出问题，已经影响了中学生的学习和生活，此问题已成为社会各界必须面对的一个新的难题，必须引起关注。

一、中学生网络偏差行为的内涵及类型

（一）中学生网络偏差行为的界定

网络偏差行为是指个体在以网络为媒介进行互动的过程中出现偏离或超越社会规范，虽未达到犯罪或网络成瘾的程度，但可能对他人或自身造成不良影响甚至危害，包括网络欺骗、过激、色情、发布不良言论、侵犯他人隐私等行为。中学生网络偏差行为，则是指中学生在上网过程中可能出现的偏差行为。在判定中学生的某种行为是否属于网络偏差行为时，我们还可以从以下几方面考虑：一是把该种行为与其他同学的上网行为进行比较，若明显不同于其他同龄人的上网行为，则可以看作网络偏差行为；二是与学生自身行为发展进行比较，上网后若在较长时间内存在行为发展上的退步现象，则预示着可能出现网络偏差行为；三是看其上网行为是否与家庭、学校、社会的合理要求相符，若严重偏离行为规范，则属于网络偏差行为[1]。

（二）网络偏差行为的主要表现形式

网络偏差行为的表现形式多样，国内外学者都对此进行了总结。综合以往的研究，广义的网上偏差行为的主要表现形式包括网络攻击行为、网络成瘾行为、网络色情行为、网络犯罪行为等。

1. 网络攻击行为

网络攻击行为是指个体在社交媒体平台借助网络交流工具，如微博、微信等，通过言语的形式对他人进行的有目的的伤害行为，并且这种伤害是对方想要回避的。网络攻击行为是传统攻击行为在网络上的延伸与补充，是随着信息技术兴起发展起来的新的欺凌模式。

---

[1] 李丽. 青少年网络偏差行为特点的量化分析——以内蒙古赤峰市中学生为例[J]. 兰州：兰州教育学院学报，2015，31(12):157-159.

网络攻击行为是中学生中常见的偏差行为。网络攻击行为可分为被动的反应性攻击和主动的工具性攻击。中学生在使用互联网时，由于可以不暴露自己的真实身份，在对别人进行语言攻击的时候会承受更少的压力，因此网络攻击行为可能被滥用。

2. 网络成瘾行为

网络成瘾常被定义为过度使用互联网导致个人的心理状态(包括精神和情感)受损，以及学业、职业和社会功能受影响。其主要特征是：无节制地花费大量时间上网，必须增加上网时间才能获得满足感，不能上网时出现异常情绪体验，学业失败、工作绩效变差或现实人际关系恶化，向他人说谎以隐瞒自己对网络的迷恋程度，症状反复发作等。中学生网络成瘾对于他们的身心健康、学习与生活均会造成不同程度的影响，甚至诱发精神障碍。此外，中学生精神障碍患者在现实生活中容易受挫，也会从网络中寻求认同及满足。因此，相比其他物质成瘾，中学生网络成瘾容易导致注意缺陷多动障碍和抑郁障碍、焦虑障碍、物质滥用障碍等。

处于中学阶段的中学生具有自制力差、自卑、孤独、认知能力差、逃避现实等心理特点，因此更容易在各种不利因素或网络本身特点的吸引下从网瘾倾向发展至网瘾。有关数据显示，2004至2019年期间上海市中学生网络成瘾检出率为4.3%。网络成瘾检出率男生(5.3%)高于女生(3.4%)，普通高中学生(4.6%)高于初中学生(2.8%)。女生、普通高中生、16～20岁学生、有孤独感和有学习压力感的学生网络成瘾率呈增长趋势。可见，网络成瘾现象已成为目前一个社会问题，得到了越来越多学者的关注，需要对其进行不同层次的研究。

3. 网络色情行为

中学生网络色情行为主要包括在网络上浏览色情信息、观看色情图片、观看色情动画片等形式。对正处于青春期的中学生而言，性心理的发展需求在现实生活中得到满足的渠道并不多，而在网络环境中很容易找到色情和与性相关的信息，一般而言，男生的网络色情行为多于女生，网络色情行为可以从一定程度上满足中学生的好奇心和性需求，但中学生对网络信息又缺乏选择性和抗诱惑性，也容易受到不良影响。

为了迎合少数网民的低级趣味，国内的不少知名网站也在打"激情擦边球"，如发布内容低俗、格调低下的图片、文字和视听信息；开辟类似性爱课堂的栏目，在性爱课堂的名义下，用一些边缘内容吸引网民；开通同城社区和短信交友等服务，在没有违反规定的边缘，从事事实上与网络色情有关的事情。网络过度地描写色情情境、播放具有色情倾向的镜头，对于模仿能力极强但心智又不成熟的青少年而言，难免会产生强烈的认同感和模仿效应，造成性认知的本末倒置，即不懂情爱，先知色性。

4. 网络犯罪行为

网络犯罪是指行为人运用计算机技术，借助于网络对其系统或信息进行攻击、破坏，或利用网络进行其他犯罪的总称。简言之，网络犯罪是针对和利用网络进行的犯罪，网络犯罪的本质特征是危害网络及其信息的安全与秩序。

2022年10月28日，最高人民检察院发布了《最高人民检察院关于人民检察院开展未成年人检察工作情况的报告》。该报告显示，2018年至2021年期间，检察机关受理审查起诉未成年人犯罪24.9万人，年均上升8.3%。2022年1月至9月，受理审查起诉5.6万人，同比又上升6.4%。相关研究表明，中学生犯罪中有50%是因为受到网络色情、暴力等内容的影响而走上犯罪。在校中学生网络犯罪，不仅严重影响和危害了学生的健康成长，而且严重影响社会的稳定。

二、中学生网络偏差行为的形成原因

（一）网络信息技术的特点

"没有人知道你在网络上是一条狗"，这句网络用语道出了网络的另一个突出特点：自由的匿名性。因为可以匿名，所以一些道德意志薄弱的中学生极容易利用匿名放纵自我，塑造虚拟的自我，在网上寻求满足本能需要的场所。在现实生活中，我们往往倾向于参考个人的身份来判断他的言行，而在网络空间中，我们凭借的只是随意创造的一个代号或符号，使用者可以任意隐匿真实世界中的性别、年龄、学历、职业乃至地位、身份，并决定自己想要扮演的角色，从而塑造出跟真实世界完全不同的自我形象，这便形成了虚拟社会中人与人之间交往所特有的规则和交往方式。

广阔无限的开放性和多媒体属性，是网络的突出特点之一，也让各种文化类型都能在网络中有立足之地。每个上网者都可以自由地在网上随心所欲地选择自己喜欢的内容冲浪，从中享受到纷纭的网络文化内容，而网络文化更给上网者带来既超越现实规范束缚，又能满足感官刺激的网上生活。这对涉世未深又充满好奇心的中学生来说，无疑具有极大的诱惑力。

网络的另一个特点，是表面上的无责任追究，每个人都可以自由地在网上发表个人言论。青少年对社会事件反应敏锐，喜欢思考和发表见解，网上发言是他们比较热衷参与的活动之一。一些中学生缺乏网上发布信息的道德法律意识，经常随意地在网上发布道听途说的小道消息或有害信息，如暴露隐私或造谣伤人，侵害他人的隐私权、名誉权，还可能泄露国家机密。

（二）中学生的心理发展特点

中学生具有猎奇心理，追求刺激。随着社会的进步发展，伴随着知识的增长、视野的开拓，中学生们已越来越不能满足这种传统的信息传播方式。因此，当网络走进人们生活的时候，部分中学生上网的目的就是猎奇，他们追寻一种在现实生活中难以了解，或通过正当渠道难以获得的信息，并借以获得感官刺激，如网上的花边新闻、名人轶事、明星隐私、色情内容等。也有的中学生还以对他人进行人身攻击为乐趣，有的还演化为使用黑客程序来攻击网站或制造病毒，对他人和社会进行报复性的破坏等。

此外，还有一些学习成绩不如意的中学生很难得到他人的肯定和认同，当他们学习不够自信时，就会把目光转向网络，变成古代的大侠、杀手，或其他几乎任何他想扮演的角色，通过扮演这些角色来实现自身的价值，获得心理上的补偿，而这种感觉在平时的现实生活中是很少能体验到的，长此以往，他们便会逃避现实生活而沉溺于网络之中。

（三）家庭方面

由于物质生活的改善及家长文化水平的提高，虽然家长们开始重视家庭教育，但仅仅表现在对孩子课余时间的占用上，给孩子的成长增加了很大的负担。还有些家长总是尽自己的努力满足孩子的所有需求，这种过度的宠爱使得孩子接受不了任何批评的意见，吃不了苦，不爱学习等。这不仅导致家庭网络行为教育的缺失，也使得家长与孩子缺乏良好的沟通。这个时候，孩子就会去网络上寻求网友的理解，以此对自身需求进行满足。然而家长对这种现象的认识不够，甚至可以说在教育孩子上呈现出简单粗暴的状态，这就更加激化了家长与孩子的矛盾，导致孩子愈发沉溺于网络，从而导致学生出现网络偏差行为。

此外，有些家长对网络缺乏了解，不能对网络进行有效监控，网络上的一切行为在他们看来犹如天书一般，因此孩子在网上玩些什么、看些什么，他们一无所知，即使想干涉也无从下手，从而使孩子迷恋网络而出现网络偏差行为。

（四）学校教育方面

现在各个中学都面临巨大的高考压力，各个学校往往都把时间和精力放在抓教学质量上，抓学生的学习成绩上，所以网络道德教育的效果并不理想。目前，学校在中学生网络行为教育上所采用的教育观念并不能够适应网络时代的需求，且存在形式化与表面化的现象。仅有的措施也只是采取无关痛痒的办法，如规定学生不准去网吧、组织本校老师偶尔上网吧抓学生、给予学生一定的纪律处分等，这些办法不可能从根本上解决中学生过度上网的问题。

另外，学校的不够重视还体现在计算机网络课程主要传授网络技术知识而很少涉及网络道德教育，网络道德教育在学校还基本处于盲区。针对学生中出现的网络偏差行为，如何充分利用校园网开展教育，如何开展心理咨询等，这些问题急需得到解决。

（五）国家和社会方面

互联网在中国的诞生、发展到逐渐普及，时间毕竟还不长，如何对这一新事物加以有效的管理和监控，我国政府虽然做了大量工作，但还存在一些不足。目前，由于我国既没有网络基本法，也没有媒体法和通信法，法律没有完整地规定媒体的权利与义务，也没有明确规定通信工具监管、使用的权利和义务，致使网络法先天不足。这也就意味着，目前的法律法规只是问题产生后的解决问题或者管制问题的手段，公民基本权利的保护并没有明确的规定。公民基本权利的保护与网络发展之间的关系仍处于混乱状态，这种结构性缺陷导致网络文化管理的缺失。中学生是网络世界的主要群体之一，他们是我们中国的未来和希望，但他们自身身心发展的特点，决定了他们是最容易受网络影响和伤害的一族。

此外，网络技术有待于更新、改进，必须利用技术手段对进入我国的信息进行必要的"过滤"，防止不良信息对中学生的危害。

三、中学生的网络偏差行为的调适策略

随着我国经济发展、科技进步，互联网也得到了快速的发展，虽然我国政府在网络管

理方面做了大量的工作，但是与网络的快速发展相比，我国的网络法律法规还不够健全，监控手段尚不够完备，且有些管理措施也没有落实到位，这些无疑会对中学生的健康发展产生影响。所以我们应该认真研究如何加强对网络的管理和监控，以便为中学生的健康发展创造一个良好的社会环境。

（一）完善法律责任制度，加强对网络的监督

近年来，随着数字经济快速发展，《中华人民共和国数据安全法》《中华人民共和国个人信息保护法》等法律相继制定实施，为做好网络安全法与新实施法律之间的有效衔接、协调，网络安全立法体系化还有继续优化的可能。有关部门仍需对网络安全法进行修改，完善法律责任制度，进一步保障网络安全。可以增强网络信息领域立法的实际操作性，如近年来新实施的相关法律规范对履行网络运行安全、关键信息基础设施安全、网络信息安全和个人信息保护的主体应承担的法律责任规定逐渐具体化，处罚的标准从原来的二级变为三级，处罚方式和处罚额度也视具体情况而有所调整。

此外，相关部门应提升网络监管软件的性能，通过服务器监控整个网络活动，有效过滤不良网站。同时，相关部门要相互合作，建立综合的监控机制，可通过技术、行政、法律等手段，控制信息源头。政府还应加大对校园周边网吧的整治力度，净化环境，禁止未成年人进入。

（二）重视班集体建设，营造健康上网氛围

班级应多开展丰富多彩的第二课堂活动。丰富多彩的第二课堂活动有助于学生克服网络引发的心理问题。一方面，第二课堂活动丰富了，可以多为学生提供学习、休闲、娱乐的内容，增强学生的自主选择性，避免学生因生活单调、枯燥而把注意力过多地集中在网络上；另一方面，学生多参加第二课堂活动，也有利于巩固他们的社会角色，促进他们的社会化进程。

我们可以积极创设以计算机网络为主题的班级文化活动，营造文明理性用网的班级氛围，组织学生经常开展内容不同的计算机操作、网页制作和其他创造设计的比赛活动，让大多数学生从比赛过程和获胜中领略使用计算机互联网学习及创造的乐趣，满足部分计算机高手显示才能的需要，推动中学生的计算机网络兴趣由单纯的玩耍娱乐、自我炫耀向提高学习能力和创新能力的层次升华，形成文明、理性、高效用网的自觉追求和良好风气。

（三）强化教育和引导，提高中学生的自律能力和免疫力

学校是法制教育的主渠道，要加强对学生的思想道德、遵纪守法及网络自护的教育，丰富学生的课余文化生活；各学校的德育教师要结合学生实际，在学生中以专题讲座等形式开展网络法制教育，并组织专题讨论，增强他们的道德判断能力，鼓励他们进行网络道德创新，提高个人修养，养成道德自律。同时，有条件的学校还可以建立校园网吧，给学生提供安全健康的上网环境。此外，还可以对中学生进行信息教育。信息教育的目的在于培养中学生获取信息、处理信息和创造信息的能力，使广大学生能正确认识信息网络并合理运用它，特别是要教导学生应遵循网络的"游戏规则"，争做优秀的网民，并同形形色色的有害信息做斗争。

（四）积极开展网上心理咨询

与传统的心理咨询相比，网上心理咨询具有相对程度的隐蔽性、保密性，可以免除学生的思想顾虑及心理负担。先要对其给予"会保护其隐私"的保证，给其鼓励，赢得中学生来访者的信任。然后提供疏泄机会，鼓励他(她)把自己的内心想法表达出来。老师可以就学生在情感、学习、人际交往、休闲娱乐等方面遇到的矛盾和困惑进行解答和开导，帮助其建立自信和提高应对能力，树立积极的人生态度，培养健全的人格。

（五）家长要加强对中学生上网的监管

家长一定要关心自己孩子的学习和生活情况，避免学生在不被父母知道的情况下私自去网吧上网。家长自身要有使用网络和运用网络的能力，适当控制孩子的上网时间。有条件的家庭可将计算机设备置于客厅，这样既方便孩子与家长的资源共享，又有利于家长对孩子上网时间、登录网站的管束。对喜欢到"网吧"上网的孩子，家长要积极正确疏导，教育孩子要以良好健康的心态上网，接触现代网络文化。同时，父母应该加强对孩子的网络安全教育。家长平时应告知孩子上网时可能遇到的问题及处理方法，告知孩子社会的复杂性，不要把自己的真实信息在网上公布，更不要随便与网络中结识的人见面。

此外，家长还要精心设计、安排好孩子的课余、节假日时间，多渠道、多途径培养孩子的广泛兴趣，引导孩子积极参与学校、街道、社区等社会团体组织的社会活动，让他们有机会接触社会，培养良好思想品德，增强心理承受能力和抵制网络不良影响的免疫力。

（六）充分发挥社区作用

社区是中学生校外活动的主要场所，应该为中学生身心的健康成长提供和创造良好的条件。因此，社区应发挥其支持系统的作用，如在社区开展各种有益的文体活动、社会实践活动等，加强社区人与人之间的交流与沟通，为他们的人际交往提供空间、创造机会；应组织热心的社区志愿者加强对社区内及附近网吧的巡逻、监督，防止中学生到网吧上网；有条件的社区还可以设立专门的网络教室，为中学生上网提供服务。因为网吧服务存在严重的不规范，所以国家禁止未成年人进网吧，但并不是禁止未成年人接触网络，而是要让他们在更安全、更健康的地方上网。同时，国家也提倡中学生在老师、家长或监护人的指导下，在家庭、学校、图书馆等单位内部附设的非营业性互联网服务场所上网。

第三节　中学生网络成瘾的治疗与预防

互联网技术迅猛发展，正逐渐渗透到人们的社会生活中，并对人们的生活方式、心理行为产生深刻的影响。越来越多的人对互联网产生心理上的依赖感，并达到成瘾的程度，即网络成瘾。它像酗酒、吸毒和赌博等不良嗜好一样，对人们的工作、学习和生活产生破坏性影响。自20世纪90年代末开始，网络成瘾现象越来越受到人们的关注，并成为近年来心理学、临床医学和社会学研究的热点问题。

一、网络成瘾概述

（一）概念界定

网络成瘾(internet addiction)也称为病理性网络使用、网络过度使用、问题网络使用等。美国纽约精神病医师伊凡·戈德堡(1994)首先借用《美国精神障碍与行为问题诊断标准》(DSM-Ⅳ)中关于药物依赖的判断标准，将此现象命名为"网络成瘾障碍"(internet addiction disorder，IAD)。随后，匹兹堡大学的教授金伯利·扬(1996)从DSM-Ⅳ从病理性赌博的判断标准中发展出"病理性网络使用"(pathological internet use，PIU)的概念，将它定义为"无成瘾物质作用下的上网行为冲动失控"，并将其看作一种冲动控制障碍。虽然学者们所用的名称不同，但其内涵基本相同。

因此，网络成瘾可以界定为过度使用网络而造成的一种心理障碍，它影响了正常的作息，表现为对再次上网有强烈愿望，并且停止上网时会出现戒断反应，同时伴随精神或躯体症状。严重的个体不仅会影响自己的工作和生活，还会影响家人，甚至影响社会，如做出各种违法犯罪的事情。因此，有人把网络成瘾称为"电子海洛因"。学生上网都干什么呢？据调查发现，上网查资料、聊天、网购、看视频等成为学生上网的主要活动。

（二）症状特征

网络成瘾作为行为成瘾的一种，主要表现为：情绪低落，无愉快感或兴趣丧失，睡眠障碍，生物钟紊乱，饮食下降和体重减轻，精力不足，运动迟缓，自我评价降低，能力下降，思维迟缓，有自杀意念和行为，学业失败、工作绩效变差或现实人际关系恶化，社会活动减少，症状反复发作，以及伴有大量吸烟、饮酒和滥用药物等。金伯利·扬(Kimberly Young，1996)概括的网络成瘾症状的主要特征有5种。

(1) 凸显性。网络过度使用者的思维、情感和行为都被上网这一活动所控制，上网成为其主要活动，在无法上网时会体验到强烈的渴望。

(2) 情绪改变。如果停止上网可能会产生激怒、焦躁和紧张等情绪体验。

(3) 耐受性。网络过度使用者必须逐渐增加上网时间和投入程度，才能获得以前曾有的满足感。

(4) 戒断反应。在不能上网的情况下，网络过度使用者会产生烦躁不安等情绪体验。

(5) 冲突。网络过度使用行为会导致网络过度使用者与周围环境的冲突，如与家庭、朋友关系淡漠，工作、学习成绩下降等；也会导致网络过度使用者与其他活动的冲突，如影响学习、工作、社会活动和其他爱好等。网络过度使用者内心对成瘾行为的矛盾心态：意识到过度上网的危害，但又不愿放弃上网带来的各种精神满足。

【心理测试 8-1】

测一测：你"网络成瘾"了吗？

指导语：如果下列题项中描述的情形对您来说符合，则在其后的括号里填 Y；若不符合，则在其后的括号里填 N。

1. 我曾尝试让自己花更少的时间在网络上，但无法做到。（ ）
2. 我只要有一段时间没有上网，就会觉得心里不舒服。（ ）
3. 由于上网，我和父母、老师及同学的交流、相处时间减少了。（ ）
4. 我曾不止一次因为上网的关系而睡眠不足5个小时。（ ）
5. 比起以前，我必须花更多的时间上网才能感到满足。（ ）
6. 我只要有一段时间没有上网，就会觉得自己好像错过了什么。（ ）
7. 由于上网，我花在以前喜欢的活动的时间减少。（ ）
8. 我经常上网。（ ）
9. 我常常因为熬夜上网而导致白天精神不振。（ ）
10. 我每次下网后，其实是要去做别的事，却又忍不住再次上网看看。（ ）
11. 我只要有一段时间没有上网，就会情绪低落。（ ）
12. 由于上网，我与周围其他人的关系不如以前好了，但我仍没有减少上网。（ ）
13. 我习惯减少睡眠时间，以便能有更多时间上网。（ ）
14. 从上学期以来，平均而言我每周上网的时间比以前增加了许多。（ ）
15. 我常常不能控制自己上网的行动。（ ）
16. 我非常喜欢上网。（ ）
17. 由于上网，我的学习成绩越来越不如以前了。（ ）
18. 我曾因为上网而没有按时吃饭。（ ）
19. 我每天一有空，想到的第一件事就是上网。（ ）
20. 没有网络，我的生活就毫无兴趣可言。（ ）
21. 上网使我的身体健康状况越来越不如以前了。（ ）
22. 我觉得自己花在网络上的时间比一般人少。（ ）
23. 其实我每次都只想上一会儿网，但常常一上网就很久下不来。（ ）
24. 每次只要一上网，我就有兴奋及满足的感觉。（ ）
25. 我从来没有上过网。（ ）
26. 别人曾不止一次说："你花了太多时间在网络上。"（ ）
27. 我非常讨厌上网。（ ）
28. 我曾不止一次因为上网而逃课。（ ）

评分标准

(1) 成瘾的判断标准：上述题项均以1分法记分，Y得1分，N为0分。28个题项中若有15个及以上的题项为肯定回答(即总分大于等于15分)，便可大体判定为其对网络的依赖已达成瘾程度。

(2) 成瘾症状：包括耐受性和戒断反应2个维度。

① 耐受性：耐受性的题项有1，5，10，14，19，23。

② 戒断反应：戒断反应的题项有2，6，11，15，20，24。

(3) 网络成瘾相关问题(影响)：包括人际关系与健康及时间管理2个维度。

① 人际关系与健康：人际关系与健康的题项有3，7，12，17，21。

② 时间管理：时间管理的题项有4，8，9，13，18，22，26，28。
(3) 测谎题：16，25，27。

（三）中学生网络成瘾的现状

中学生是使用网络的较大群体之一，也是网络成瘾的高发人群。广大中学生群体正处在生理和心理发展的一个既重要又特殊的时期，同时是对文化知识进行选择的一个关键性阶段，心理和生理状态尚未成熟和稳定，很容易出现网络成瘾的情况。中学生网络成瘾已成为当前严重影响其身心健康的国际性问题。网络成瘾不仅对中学生本身产生负面影响，而且对家庭、社会等均造成很大危害。2014年和2017年我国的相关调查表明，网络成瘾中学生的比例为6.96%～10.83%，其中，网瘾男生比例明显高于女生。

二、中学生网络成瘾的类型

具备不同个人特质的网络使用者，会受到不同网络功能特性的吸引，从而产生不同的网络成瘾类型。一个网络成瘾患者可以是纯粹的某个类型，也可以是几个类型的混合型，而且实际情况是混合型患者居多。根据临床表现的不同，主要有以下类型。

（一）网络关系成瘾

网络关系成瘾是指沉溺于通过网上聊天或色情网站结识朋友的一种精神病理状态。随着互联网的发展与普及，网络社交已经成为一种新型的交往方式，且在整个社交结构中的比例不断增加。同时，网络社交也成为青少年群体使用最多的网络功能。为了满足归属和自我表现的需要，他们更偏好在社交网络上建立人际关系。有研究发现，青少年社交网络的使用强度和频率已经超出满足正常心理需求的水平(Kimetal，2015)。对更偏好使用社交网络进行交流和沟通的青少年来说，更易使其形成问题性的社交网络使用行为，增加网络关系成瘾的可能性和风险。

（二）网络游戏成瘾

网络游戏成瘾通常是指沉溺于不同的计算机网络游戏，主要以角色扮演的形式体验刺激、惊险的过程，获取成就感及自我价值感。不可抑制地长时间玩网络游戏是青少年比较普遍存在的网瘾现象，而实际上，游戏的过程远比饮食、消费、赌博等行为复杂，它需要玩家更多、更深层次的参与。通过游戏，人们可以体会现实和跨越虚拟的共同感受。

此外，从网游设计的机制而言，网络游戏制作公司为了让游戏产品使人上瘾，也花了不少心思。游戏在本身具有吸引力的同时，设置了即时反馈，玩家只要稍微努力就可以获得奖励，晋级制度让玩家获得源源不断的荣誉感，就像赌博一样令人欲罢不能。这样的强化手段，对于好奇心强、好胜心强的中学生来说，极易造成网络成瘾。

（三）网络色情成瘾

网络色情成瘾是指沉迷于成人话题的聊天室和网络色情文学、沉迷于与他人进行色情聊天、沉迷于观看网络色情图片或影片等。网络色情之所以对青少年的色情行为起着直接的诱发作用，原因是极其复杂的，除网络所提供的客观环境外，青少年自身心智上的不成熟也是一个重要因素。中学生正处于青春期，性发育上的生理变化常使一些孩子感到困惑不解，他们由于对性发育好奇开始对性知识产生兴趣，这是正常现象。但如果缺少成人的正确引导，内心的疑惑得不到解答又羞于启齿询问，中学生往往会求助于网络，因此他们很容易受网络黄色淫秽信息及视频的不良影响。

（四）信息收集成瘾

信息收集成瘾是指总是不能自制地在网上搜索或下载过多的、对现实生活没有多大意义的资料或数据。一天不上网看信息就觉得自己与世隔绝，坐立不安。往往中学生为了寻求刺激、满足好奇心，或者惧怕自己所拥有的信息不足而不停地上网漫游或搜寻信息。但是网络信息种类繁多，且数量巨大、质量良莠不齐，这让许多人感觉面对浩瀚如海的信息时常常手足无措，从而变得非常盲目，只能被动接受。一些常常无节制地上网浏览信息的人，他们会强迫性地从网上收集、浏览无用的、无关紧要的信息资料。有强迫信息收集成瘾的人一般是具有强迫性格缺陷者，互联网带给他们的不再是快捷方便，而是心理上的困惑、痛苦。因此，法国信息专家罗斯奈呼吁，要像节制午餐一样进行"信息节食"。

（五）网络强迫行为

网络强迫行为是指以一种难以抵抗的冲动，着迷于在线赌博、网上贸易或者拍卖、购物等的行为。据中国互联网络信息中心（2022）报告显示，网络购物用户规模达到8.41亿人，占网民整体的80%。随着网络购物市场的迅猛发展，网络购物的"黑暗面"开始呈现。网络强迫性购买行为困扰消费者个人，损害家庭关系，甚至成为一个社会问题。贺和平（2013）的研究表明，网络强迫性购买行为与网络购物环境的特征和消费者自身心理因素有关。对于中学生而言，他们的自我控制能力有限，容易受到网络环境刺激，或基于物质主义价值观，或因激情影响，而沉迷于在网上购买游戏装备、刷新微博和朋友圈、不断地更新自己的社交平台、观看各类短视频、给主播打赏等，他们深陷其中，难以自拔。

三、中学生的网络成瘾的原因

中学生网络成瘾的原因较为复杂，综合起来可以从以下几方面来分析。

（一）网络本身的原因

网络已经不是新鲜事物了，网络的普及，特别是当前手机上网的流行，让有些人对网络过度使用，但是我们不能将这种成瘾行为简单归咎于上网这种活动本身，因为更多的网络使用者并没有出现滥用甚至成瘾行为。但是网络本身的某些特点容易使人成瘾，高科技的外衣容易使人忽略它的负面效应。网络易使人成瘾的特性主要有以下几点。

1. 信息丰富性

网络内容信息极为丰富。互联网丰富的信息来源于世界各地，各种各样的信息都能从网络上得到，如时政、教育、卫生、学习、娱乐等，呈现形式有文字、图片、视频等，这与学生在学校学到的课本知识相比，更具新颖性。但同时需注意到，这些网络信息良莠不齐，不仅有对中学生学习起促进作用的信息，也有许多不良信息，如淫秽色情、赌博、管制品买卖、毒品和暴力等不良信息。

2. 使用的匿名性

匿名性使用户摆脱了很多地域、外貌、种族等现实交往的限制，带来了现实生活中前所未有的自由。中学生在网络中感觉不到压力、约束，可以在网上尽情发泄，可以夸张性地表达自己的情感，这有助于个体满足深藏在潜意识中的、不为正常社会意识所允许的各种需求和愿望，也使得他们在内心深处不愿意从里面走出来，甚至会错把虚拟世界变成现实世界。

3. 操作的交互性

人们只需要在电脑面前轻轻点下鼠标，就可以得到自己想要的信息。如网络交流中的多对多的特点，可以使人体会到一呼百应的成就感。此外，一些仿真游戏可以充分发挥用户的主观能动性，满足其控制欲。在网络中，个体似乎更易于达到自我实现的目标。这些特性使网络对使用者有很大的吸引力。

4. 管理的松散性

网络是信息的海洋，但信息的组织结构和搜索引擎的不完善，很容易使人迷失方向。对于信息饥渴者来说什么都想看，极易造成沉迷。而网络上一些诸如色情网站之类的不良信息，对于缺乏自制力而又好奇心很强的中学生来说更是难以自拔。

（二）个人的原因

1. 生理和生物学的原因

长时间上网会使大脑中的多巴胺水平升高，这种化学物质令患者呈现短时间的高度兴奋，沉溺于网络的虚拟世界，但之后的颓废感和沮丧感较前更为严重。时间一长，这些影响就会带来一系列复杂的生理和生物学变化，尤其是自主神经功能紊乱，体内激素水平失衡，从而使免疫功能降低，导致种种疾患。

2. 心理的原因

网络成瘾的中学生常见的心理原因有以下几种。

(1) 补偿心理。有的学生在小学时学习成绩很好，但是到了中学由于优秀的学生变多，自己体验不到那种优越感了，便到网络上寻求满足感，找回曾经"优秀的自我"。

(2) 逃避心理。中学生往往在生活中的许多方面，如学习上、同学之间人际关系上和情感等，遇到挫折和危机。于是，网络成为学生逃避现实、避免紧张焦虑、寻求自我解脱的一个良好的渠道和环境。

(3) 从众心理。在中学时代，学生的心理和行为往往会受到其他同学的影响，有和其他同学保持一致的趋向，如或多或少地玩网络游戏。因为如果不和其他同学保持一致就会被看作"异类"，会在同学面前感到没面子。

3. 人格特征

网络成瘾者往往具有某些特殊的人格特征：喜欢独处，敏感，倾向于抽象思维，警觉，不服从社会规范，爱冒险，喜欢感觉寻求。中学生网络过度使用者的精神质、神经质得分显著高于正常中学生，且更加内向、孤独，自尊较强，易羞涩，情绪抑郁。网络使用者的抑郁倾向越高，其网络过度使用情况就越严重。网络过度使用病人中，大多数人患有躁狂抑郁症和社交恐惧症。此外，低自尊者、经常被他人拒绝与否定者，或是对生活感到不满足者，是最容易网络成瘾的人群。

（三）家庭原因

1. 父母教养方式

父母在孩子的成长过程中始终处于一个非常重要的位置，父母的教养方式会影响孩子的网络成瘾行为。研究表明，父亲教养方式越是偏向惩罚严厉、过分干涉、拒绝否认及过度保护，孩子染上网瘾的可能性就越大；母亲的教养方式越是偏向过分干涉保护、拒绝否认、惩罚严厉、偏爱等，孩子网络成瘾的可能性就越大。母亲的教养方式比父亲的教养方式对孩子网络成瘾的影响更为显著。

2. 亲子沟通

亲子沟通质量的好坏，往往决定着孩子成长的道路。在家庭教育的过程中，父母容易走两个极端：一是父母过分溺爱孩子，尽其所能提供一切物质条件，却忽视了孩子的心理需要和变化，对孩子心理变化缺乏敏感性，往往错过了最佳的调整时期；二是一旦发现问题，便对孩子粗暴武断，方法简单没有弹性，不能从孩子的角度来看待问题、思考问题，从而加剧了亲子冲突和隔阂。

3. 家庭功能

研究发现，网络过度使用中学生在成长过程中常常出现"父亲功能"缺失或不足的现象。所谓"父亲功能"并非简单是父亲具体人，主要指在教养过程中通常需要的父亲角色与作用，如规范性、力量性等。研究发现，网络过度使用的中学生有"父亲功能"不足甚至缺失的现象，如单亲(母亲)家庭、幼年父亲不在身边、家长过于繁忙无暇顾及子女、父亲在子女教育中很少参与等。

（四）学校及社会环境原因

1. 同伴影响

中学阶段，孩子的视线开始从家庭转向外界，与同伴的关系、交往对他们的成长起着非常重要的作用，同伴之间的语言、活动已经形成中学生群体中的一种亚文化。他们追求自我独立，凡事要求按自己的想法和主张去做，同时与父母的冲突增加，更加寻求同伴的认同和支持。同伴的网络过度使用情况直接影响中学生的网络成瘾。

2. 学校适应不良及应激事件

中学生正处于"自我同一性"形成时期，他们对学校安排的知识不感兴趣，急于认同自己，想知道别人眼中的自己，但学校、老师没有给予这方面的知识。特别是如果从老师、同伴那里得到的大部分是关于自己的负面信息，他们便会从别处寻找补偿，而网络是给予孩子补偿的最佳途径。另外，面对生活、学习中的各种竞争压力，以及发生的各种负性事件，如果不能很好地得到解决，常常会使人出现失望、痛苦、焦虑、郁闷等情绪，而网络可以使人在虚拟的世界中寻求发泄，逃避现实，小小的屏幕可以使人们暂时忘掉内心深处的各种烦恼和负担，摆脱掉在现实世界中的无能感。

3. 社会支持不够

网络过度使用的中学生体验到的社会支持较低，家庭、学校和政府等对这部分中学生的支持力度不够，相反还存在不少排斥力量。当支持力量与排斥力量发展到很不平衡的时候，中学生就容易出现网络成瘾问题。

4. 国家缺乏对网络的监管

网络发展很快，但是网络的管理还不规范，在网上什么东西都可以找到，特别是赌博、色情等在现实中不能公开进行的活动，在网上却可以进行，这就迎合了中学生的猎奇心理，长期下去易导致网络成瘾的发生。

此外，个体、家庭、学校、同伴、社会等因素，以及网络本身因素都是互相联系、互相影响、互相作用的。往往是一个环节出了问题，而另外几个环节没有给予支持或帮助，便会导致恶性循环，致使孩子走向网络成瘾的深渊而不能自拔。

【实务训练 8-1】

他为何网络成瘾

晓明，男性，16 岁，高一学生，独生子，性格较内向。其家庭经济状况一般，但从小想要的东西父母基本都会满足。父母为初中毕业，个体经营者。晓明是班级里最淘气的男孩之一。他从小身体健康，未得过什么大病。他小学学习很好，成绩优秀，考上了一所好初中，小学期间也间断上网，但时间很短。因成绩优秀，晓明要求买一台电脑作为奖励，所以父母给他买了一台电脑。当时正在暑假期间，晓明上网时间逐渐增加，甚至忘了吃饭，而且主要在玩游戏。开学以后，这种情况并没有减少，且已经严重影响学习。父母加以阻止，并要求他减少上网时间。他刚开始一周还能坚持，以后又故态复萌，甚至不能完成作业。在晓明上网时间过长时，父亲强硬制止，他异常不满，以摔东西、绝食来抗议，最终以父母妥协而告终。此后他上网时间更长，父母的阻止丝毫不起作用，甚至发展到父亲阻止而引来双方动手。后来，父亲干脆在电脑上设置了密码，甚至拔掉了网线。晓明非常气愤，于是省下零用钱，偷偷到外面的网吧去上网。晓明在校期间也经常逃课上网，有一次甚至翻围墙出去上网打游戏。

从上述案例来看，晓明已经深深陷入虚拟网络世界中，他上网的目的就是娱乐。在晓明上网的原因中，既有主观原因的影响，也有客观原因的影响。

1. 主观原因

晓明身心发育尚不成熟是导致上网成瘾的主观原因，具体表现如下。

(1) 自控能力欠缺。中学生正处于求知欲旺盛的时期，他们对于外界的各种新鲜事物都充满了好奇。相对传统媒介而言，互联网作为一个新兴事物，更能吸引他们的目光。他们在好奇心的促使下，抱着试一试、看一看的心理接触网络。但中学生正处于心理、行为上的变动期，价值观和行为方式尚未定型，与成年人相比，其自制性和自律性较为逊色，因而他们一旦上网便难于抵制网络的诱惑，往往可能被网上光怪陆离且层出不穷的新游戏、新技术和新信息网住。

(2) 认知能力有限。中国青少年从小接受的是正面教育，在涉及国家命运和民族利益的大是大非问题上，他们辨别是非和自我控制能力还是很强的。但是虚拟网络毕竟充斥着大量"垃圾信息"和"虚假资讯"，对于身处社会边缘、分辨能力有限的中学生来说，面对网上新奇、刺激的信息，他们极易受其诱惑。

(3) 自我意识强烈。中学时期是人生中自我意识和叛逆心理最强烈的时期，中学生急于摆脱学校、教师、家庭的管制，追求独立个性和成人化倾向，确立自我价值，网络恰好提供了这样一个虚拟的空间。网络自由平等的特性，为青少年创造了"海阔任鱼跃，天高任鸟飞"的天地。在网络上人人平等，在匿名的保护下可以畅所欲言，不用担心受到什么审查，带来什么惩罚，而且观点越新、奇、特，可能得到的反响越大、回应越多。网络成为中学生展现自我的平台。

(4) 中学生精力旺盛，心理上自我意识强，有实现自我的欲望，富于挑战性、冒险性。网络游戏迎合了中学生生理、心理特点，而网络游戏画面变幻莫测，内容惊险刺激，对抗性、投入性强，对中学生有强烈的吸引力，使之产生强烈的心理共鸣，生理能量得到释放，情绪得到宣泄，心理得到平衡。同时，据调查显示，中学生网络成瘾患者多半不善交际，有自卑情结，无法和同学沟通。新的生活学习环境、人际关系的突变，一部分学生产生失落感，无法建立新的心理支持系统。网络提供了一个寻找自我和宣泄不良情绪的平台。

2. 客观原因

晓明可能身处的不利环境是导致易上网成瘾的客观原因，具体表现如下。

(1) 社会环境。尽管有关部门出台了一系列禁止未成年人进入网吧的条例，但在实践中对网吧尚缺乏有效的管理措施，而不少黑心网吧老板通过各种手段吸引未成年人上网，使他们逃避各种检查。富有互动娱乐性的网络游戏和网上聊天室对中学生有着强大诱惑，促使他们将网吧当作乐土，将网络世界当作现实社会。

(2) 家庭环境。当前我国中学生多属独生子女，且城镇居民以楼房式独门独户的家居结构为主，这在某种程度上不利于身为独生子女的中学生与同龄伙伴交流。在工作生活压力较大的今天，他们的父母极有可能因忙于工作和生计而忽略了与子女的情感沟通，许多父母教育方式简单、粗暴，导致孩子与他们越来越疏远，得不到关怀、理解、赏识。那么在现实生活中缺少情感交流的中学生，便会在网络中寻找可归依的群体，迷恋于网上的互动生活。

(3) 教育环境。在电子信息时代的大环境下，电脑和网络成为中学生不可或缺的学习工具，但缺乏老师和家长有效引导的中学生则更多的是把电脑和网络当成一种娱乐工具。此外，中学生的学习压力较大，当学生学习上经常遭受挫折，又得不到家人、老师和同学的理解时，为宣泄心中的苦闷，逃避不愿面对的现实，他们往往在网上寻求安慰、刺激和快乐，以宣泄平时的压抑情绪。

四、中学生网络成瘾的治疗与预防

（一）网络成瘾的心理治疗方法

对网络成瘾者采用心理治疗是目前国内外比较通用和富有成果的方法。国外最早于20世纪90年代中后期开始这方面的研究。目前，国内外应用得比较多的心理治疗方法主要包括认知行为疗法、团体心理辅导法、焦点解决短期疗法、家庭治疗、精神分析疗法、厌恶疗法、系统脱敏疗法、强化干预法、转移注意力法、替代延迟满足法等。下面介绍在学校中较为常用的几种方法。

1. 认知行为疗法

认知行为疗法是心理治疗的常用方法。它包括认知治疗和行为治疗两部分，常使患者暴露于刺激之中，挑战上瘾者对网络的不适应性认知，并训练大脑以不同的方式进行思考。在治疗过程中，患者要接受心理医生教给他的观念和行为，并反复加以练习以使大脑得到新的学习，久而久之这种练习就变成患者自发性或习惯性的行为。

对于这种疗法的研究，美国学者金伯利·扬(1999)和加拿大学者戴维斯(2001)分别提出了自己的认知行为疗法，也是最为系统性和理论化的疗法。扬认为，由于互联网的社会性功能，因而很难对网络过度使用采取传统的节制式干预模式，应该从网络使用、情感、认知和生活事件4个方面了解网络成瘾的诱发因素，然后据此开展具体的有针对性的治疗和干预。在借鉴相关成瘾症的研究和治疗方法的基础上，扬提出了自己的认知行为治疗方法，主要分为8个步骤，分别是反向实践、外部阻止物、制定目标、节制、提醒卡、个人目标、支持小组和家庭治疗。他主要是从时间控制、认知重组和集体帮助的角度提出了一种方法，强调治疗应该帮助患者建立有效的应对策略，通过适当的帮助体系帮助患者建立有效的处理策略，进而改变其上网成瘾的行为。

而戴维斯则根据他自己提出的"病态互联网使用的认知—行为模型"，提出了一套系统的治疗网络过度使用的认知行为疗法，他把治疗过程分为7个阶段。

(1) 定向：让患者认识网络成瘾的性质、产生原因并详细列出戒断目标。
(2) 规则：与患者讨论在治疗期间必须遵循的基本规则。
(3) 等级：帮助患者制订计划，以消除与上网体验相联系的强化物。
(4) 认知重组：重新建构从网络中获得的愉快体验的认知评价。
(5) 离线社会化：学会在现实生活中有效地与他人交往。

(6) 整合：与患者讨论上网、下线时的自我，使他们意识到上网只是探查理想自我的一种方式，并引导其在现实生活中将理想自我和现实自我统一起来。

(7) 通告：回顾整个治疗过程，并讨论在这段时间中所学到的东西、达到的具体目标，以及症状减轻了多少等。

2. 团体心理辅导法

国内学者冀紫阳等人(2020)的实证研究表明，以认知疗法取向的团体心理辅导治疗可以减轻中学生的网络成瘾水平，尤其在改善成瘾者的情绪状态、应对方式及行为的自我管理方面。

团体心理辅导法是心理咨询中常用的一种方法。这种方法于20世纪90年代被介绍到我国，随着越来越多的中学生陷入网络中而不能自拔，一些学者如樊富珉、杨彦平、乐国林等将这种方法推广到防治中学生的网络过度使用上来，取得了比较好的效果。

网络成瘾的团体心理辅导有一套系统的咨询程序，它包括：团体咨询目标、来访者网络心理障碍的预处理、确定团体的规模与结构、确认团体心理咨询的咨询间隔时间和咨询方式、制订计划和确定团体活动内容、团体心理咨询过程或会面等。对网络过度使用者进行团体心理辅导的目的在于，协助网络过度使用者从失序的上网行为与失序的生活中回归次序与平衡。辅导的目标不是戒除上网，而是合理地上网，可以有控制地上网，以安排上网与非上网的时间，可以将网络世界与真实世界加以统合并达到协调与平衡。

3. 其他心理治疗方法

杨俊敏(2017)将28名网络成瘾中学男生作为实验组进行运动处方干预实验，另外将25名网络成瘾男生作为对照组，进行了为期三个月的实验干预。实验结果证明，运动处方对中学男生戒除网瘾效果明显。与此类似的干预方法还有一些。张庆锋(2020)随机调抽取了30名网络成瘾的中学生，进行体育锻炼干预，每周三次，每次40分钟，一共持续12周。干预过程包括准备部分、基本部分、整理部分。基本部分由力量、速度、耐力、灵敏等素质运动项目组成。结果显示，体育锻炼的干预既改善了中学生的网络成瘾情况，又改善了学生们的学习态度，喜欢学习的学生人数比例明显增加，学生网络成瘾的程度有所改善，学生能逐渐将学习放在比较重要的位置。边慧冕(2018)选取了24名网瘾中学生，分成实验组和对照组两组。实验组进行基于萨提亚模式提升学生自尊的团体辅导，对照组同步从事正常的课外活动，共进行了7次干预。实验结果表明，对中学生进行萨提亚模式团体辅导能显著提升网瘾中学生的自尊水平，降低网瘾水平。

此外，由于中学生网络成瘾的发生机制较复杂，因此对网络成瘾者的治疗还需与学校、家庭、社会教育紧密结合。而对于已出现心理障碍、精神症状及人格改变等网络过度使用患者，必要时需要住院治疗，采用心理治疗和药物治疗相结合的方式。

【知识链接8-1】

青少年网络文明公约

要善于网上学习，不浏览不良信息。

要诚实友好交流，不辱骂欺诈他人。
要增强自护意识，不随意约会网友。
要维护网络安全，不破坏网络秩序。
要有益身心健康，不沉溺虚拟时空。

（二）中学生网络成瘾的预防策略

对中学生网络成瘾问题要未雨绸缪，贯彻预防为主的方针。预防中学生网络成瘾综合征的发生，需要社会、学校、家庭多方面的努力和配合，主要包括社会治理、学校教育、家庭关怀等。

1. 社会治理

社会治理应主要做好网络环境净化和监管。网络给人们开启了一扇认识世界的大门，提供了无穷的信息资源。在网络这个大世界里，也是百味杂陈，泥沙俱下。低俗、色情、暴力的东西比比皆是，虚假信息、网络谣言满天飞。中学生社会经验不足，是非观念不清，尚难辨别网络内容的好坏，极易被诱惑误导。国家有关部门应加强立法，加强网络监管力度，严厉惩处网络犯罪，净化网络环境，及时澄清虚假谣传，撤销关闭不法网站，对中学生不宜的内容进行提醒。各方可以从以下几方面入手。

(1) 建设适合中学生的网站。当前，可建立专门为中学生或中学生群体服务的网站，通过服务来吸引他们的"眼球"。这种网站的特色应旗帜鲜明、积极向上。如果能很好地利用现有网站，就可以有效地整合网络资源，节约教育成本，增强教育成效。

(2) 在网络上宣传中华民族的优秀文化。继承和发扬中华民族的优秀文化，取其精华，去其糟粕，是我们对中学生一代的要求。互联网是一个多种文化相互冲突与整合的世界，我们既要引导中学生正确利用人类社会的优秀文化成果，又要增强中学生的"免疫力"，消除网络上西方意识形态的无形渗透，这是网络时代教育工作者的一个重要任务。

(3) 构建网络伦理的理论和实践规范体系。网络伦理是在计算机信息网络专门领域调节人与人、人与社会特殊利益关系的道德价值观念和行为规范。中学生的网络道德源于社会生活中的道德体系，又有别于现实道德。我们应加强对网络伦理规范的研究和探讨，明确各种网络主体之间的权利、义务和责任，以及网络道德的基本原则，构建和规范网络伦理，为中学生进入网络社会创造一个良好的道德环境。

(4) 推动网络立法工作。应修改和完善现行法律中关于计算机犯罪的惩治条款，进一步推动网络立法工作。同时，还必须加强中学生的网络法制教育，帮助他们形成正确的价值判断能力。

2. 学校教育

学校要正确引导学生使用手机。现在科学技术日新月异，手机的功能、样式不断地翻新，中学生很难不为所动。许多学生将手机带到学校，不管课上还是课下使用手机上网，都会影响学生的学习，扰乱教学秩序，破坏同学关系。例如，有的同学休息时间在宿舍玩游戏，屏幕闪烁和按键声影响其他同学休息，引起不满，甚至因此导致同学间冲突和学校暴力事件。因此，学校教育必须从根本入手，从培养中学生良好的心理素质和健全人格入手。

(1) 调整教育目标。要努力建构建立在尊重学生个性发展要求之上的，包括思想素质、政治素质、道德素质、心理素质和审美素质等在内的综合目标体系。其中，尊重和满足学生的人格发展要求，培养健全人格是基础和核心。

(2) 改革教育内容。在当下信息化时代，使用手机进行移动学习是一大趋势。学校应该面对现实，在引导学生如何正确使用手机上下功夫。例如，经常召开手机班会，发放手机使用明白纸等，大力宣传手机用途、手机构造、手机对人体的危害等信息。可适当选用一些沉迷于手机游戏等而导致学业荒废、人格扭曲、严重影响生活的案例来现身说法，提高学生警惕性。

(3) 优化心理环境。首先要大力开展校园文化建设，努力建设和谐的人际关系；其次要培养学生的社会交往能力；最后要教会学生自我调节的方法和技巧。

3. 家庭关怀

(1) 建立良好的亲子关系。父母在孩子的成长过程中始终处于一个非常重要的位置，亲子沟通质量的好坏，往往决定着孩子成长道路的好坏。良好的亲子关系，有助于培养孩子健全的人格和良好的社会适应能力。

(2) 建立科学的父母养育方式。研究表明，中学生网络成瘾和家庭养育方式密切相关，父母的养育方式影响孩子的人格形成。对手机应用应该以疏为主，疏堵结合。如果绝对不让孩子接触手机，不利于学习新知识，也不利于更好地适应社会。马洪涛(2014)调查显示，父母的"情感温暖、理解"因子得分越高，其子女手机上网成瘾的可能性越低。所以父母平常要多一些情感关怀，多与子女谈心，及时发现他们的心理问题和情感需求，及时解决心理困惑，这样就不容易使青少年将网络当作发泄情绪、寻求心理平静的场所。

(3) 完善家庭功能和社会支持。研究发现，网络成瘾中学生在成长过程中常常出现"父亲功能"缺失或不足的现象，网络成瘾者体验到的社会支持较低。所以，尽可能改善家庭关系，完善家庭功能，提高其他社会角色(如学校、政府等)对这部分孩子的支持力度，对于预防中学生网络成瘾的发生是有益的。

此外，我们应该对网络成瘾的中学生构建家庭、学校、社会互动的教育网络系统。就家庭而言，家长应熟悉电脑和网络，了解孩子常访问的网站和上网习惯，用成年人的经验帮助孩子离开网上垃圾；就学校而言，应建立一支能适应网络时代教育需要的教育者队伍；就社会而言，应加强对网络从业人员的管理和培训，建立完善的社会监督机制。只有三者共同努力、有机结合，才能从根本上预防中学生网络成瘾的发生。

【案例导读解析】

1. 对问题行为的评估和诊断

现代心理学研究认为，网瘾形成机理如同烟瘾、酒瘾、毒瘾一样，同样是操作条件反射形成、巩固、习惯化的过程。上网是操作过程，网上尝到的"甜头"是强化物，上网操作和"甜头"强化物的结合称为强化，多次强化后，便形成了"网瘾"操作性条件反射。上瘾对人都有害，烟瘾可致癌、心血管病、胃炎等；网瘾则可能妨碍学习进步，养成说谎恶习，疏远家庭，损伤网瘾者的身心健康，导致各种慢性疾病发生，并降低个体免疫力。网瘾本身是一种心理障碍和异常行为，需要正确的诊断和治疗。

例如，小军经常晚上趁父母睡后偷偷爬起上网，在学校上课时注意力分散，作业不能按时完成，常常出现焦躁、不安、郁闷、发脾气等症状，据此可以判断小军存在网络成瘾问题。

2. 辅导方法与过程

(1) 建立良好咨询关系，从多方面了解学生的情况。首先与学生建立良好的咨询关系，从他感兴趣的篮球游戏及网络信息谈起，以消除他的抵触情绪。逐渐取得他的信任后，进一步了解他的基本情况。学生本人并不认为是网络成瘾，觉得上网玩游戏没什么大不了，还可以开发智力，父母用不着神经过敏，他们的过度反应让他难以忍受。于是越不让他玩，他越要玩。由以上信息得知，小军与其父母关系对抗，亲子沟通出现问题。

(2) 认知矫正，纠正小军关于游戏试玩职业的片面认知，树立正确的上网态度。在建立较好咨询关系之后，对其进行心理测评，然后将事先整理好的有关资料交给小军，资料内容包括：怎样正确使用互联网，上网过度对个人身心健康造成的危害等，希望他回家能认真阅读一下；每天坚持写日记，记录自己每天玩游戏的时间、频率，以及对自己的影响等。通过学习资料，小军承认网络使用过度确实会影响学习成绩，但自己不同，因为自己对待游戏的态度很理智，能够把握自己，并不会像有些报道上那样，连续上网10多天甚至出现危及生命的情况。对此，向他出示了一些关于过度使用网络的诊断标准，小军表示可以接受，通过对照自己记录的时间表，他承认上网时间是多了一点。从小军接触游戏的动机可以看到，小军非常好胜，有很强的自尊心，应该激发他的成就动机并逐渐转移到学习活动上，重拾他在现实生活中的自信。根据小军对自身现状的认识，在现有资料中，选取了一些有关"电脑使用综合症"的资料，以及一些人物传记(包括电脑网络行业、篮球运动界里的著名人物)和"励志格言"等，让其回家认真阅读，仔细检查自己有哪些网络成瘾的症状和不好的想法，并记录下来，对不好的想法进行自我辩论，同时写一则人物传记的读后感。

(3) 加强亲子关系，矫正对父母的偏激认知态度，促进和谐的家庭气氛。给小军父母布置作业：每周由母或父给儿子写一封信，说出最想对孩子说的话，写出对孩子的爱和担忧。目的是通过文字传递真实的感情，缓解紧张的亲子关系，建立良好的家庭氛围。并劝说小军父亲应该抽多点时间出来陪陪孩子。要求家长根据孩子身心发展特点，多鼓励，多思想情感沟通，少指责，促进家庭建立和谐的气氛。

(4) 沉迷网络行为矫正。坚持每天进行网络使用行为日记记录，同时记录其他活动情况，并进行自我评价。制定奖励强化与惩罚抑制机制，可采用警示铃或电子提醒、转移注意法等。待经过一段时间心理辅导后，小军认识到网络游戏对自己的影响。然后建议其回校寄宿，此前由于种种借口小军不愿意在学校寄宿，但这时小军远离网络的动机逐渐强烈，所以同意在校寄宿。但在校住宿初期由于不能上网容易导致个人烦闷、脾气暴躁等情绪问题，则建议其每天坚持打篮球30分钟，并鼓励其参加即将到来的校运会，多进行体育锻炼，并对其进行放松心理训练，运用转移注意法缓解焦躁情绪。在周六日回家期间，要坚持记录行为日记，例如，上网两小时，协助家庭完成家务劳动，按时起床等，父母适当给予其奖励，强化其良好的行为习惯。当小军上网时间超过3小时不能自觉关电脑时，父母则在耳边响起刺耳铃声，进行干预和阻断，并陪小军将活动内容转移至其他方面或外出呼吸新鲜空气。

(5) 学习动机激励，对自我形象进行积极心理暗示，树立正确的人生目标；在学习方面提供必要帮助，培养学习动机等。知道小军心中怀念过去品学兼优的小学时期，除了继续训练其自我控制能力，学习动机和目标的树立是重要环节。小军以前学习好，只要自己愿意学习，提高成绩不会太难。因此可以给他留下作业，让他根据自己的实际情况写出自己将来的打算，不要写空话，而是可以遵照实行的具体计划。也请小军班主任和科任老师，根据小军的情况给予加强辅导，并利用科技创新大赛的契机，地理老师鼓励其设计小制作，最后经过努力虽然不能上送市区参加比赛，但在校内获得二等奖，对其也是一种很大的激励。另外在班里开展学习小组竞争机制，使小军在学习上有了更大的动力，小军的进步使同学对其也刮目相看。在评选班级十星的时候，小军成功获得了学习之星的称号。父母老师对他的表扬和鼓励更促进了小军的学习自觉性，现在小军来咨询时都说现在上网多数时间用于查看学习资料、了解最新的科技咨询，对网络游戏的兴趣不大。

3. 辅导效果

经过三个月的心理辅导，小军认为自己与父母关系有了很大的改进，自己上网的时间明显减少，上网的冲动也变弱了，学习动机更强了。心理测验复查结果：反映学生上网的次数明显减少了，每次上网都能主动按时下网，整个精神状态好了。为巩固现有成果，再次向其父母分析了青春期孩子的心理特点、易成瘾的原因，以及导致这种情况的家庭环境、人际关系、孩子个性特征等。建议小军父母着眼于建立良好的亲子关系、培养孩子的计划监控能力及有效的问题解决能力，提升小军自身的意志力和积极心理品质，学会对现实生活中的问题采取有效方式积极应对。其次，重建孩子在学习上的自尊自信，临时聘请家教，或者利用网络作为学习工具，将成绩追上去。最后则是培养孩子的理想和价值观，引导其对人生和未来进行规划，着眼于未来发展。为加强心理辅导效果，在心理辅导时与小军协商以下的内容，并请父母老师监督：①周末上网不超过两小时，内容以学习、查资料为主，游戏、聊天不超过半小时；②每天坚持身体锻炼，如跑步，打球；周末和同学一块儿打篮球一小时；③坚持每天写日记，给自己拟定学习计划和要求，不仅记录上网进步情况，而且记录学习上的进步及计划完成情况，培养意志力和自我效能感，加强自我调节力量。此后通过与班主任和老师沟通，我们了解到该学生虽然成绩还处于中等水平，但老师们都认为其有很大的发展潜力。

小结

网络对中学生来说既是挑战，又是机遇。一方面，互联网以信息的丰富性、传播的便捷性、时空的无限性，给青少年的学习、生活带来了无与伦比的便利，为中学生打开了一扇通往外部世界的"窗户"，成为当代中学生认知社会的重要工具；在互联网上，我们几乎可以找到涉及人类生活所有方面的信息，这些都为中学生不断提高自身素质提供了帮助。另一方面，互联网上也存在一些不良的信息，暴力、黄色信息鱼龙混杂，中学生在没有外力监督、自控力不够的情况下常常不自觉地上网成瘾，不能自拔。家庭、学校、社会要关注中学生健康成长的学习、生活环境，要共同为中学生营造温暖积极、丰富多彩的人际交往环境和学习成长环境，积极预防中学生网络成瘾，引导中学生健康成长，尤其要关注留守儿童的成长环境，为他们营造和谐关爱、健康向上的良好家庭环境和社会环境。

巩固与操作

一、思考题

1. 上网对中学生有利还是有害？
2. 中学生常见的网络偏差行为有哪些？
3. 什么是网络成瘾？网络成瘾的表现有哪些？
4. 中学生为什么会网络成瘾？
5. 网络成瘾如何预防？

二、操作题

1. 你认为上网对你的学习会产生哪些影响？
2. 假如你是一名教育工作者，你如何防止学生受到网络不良影响？

拓展阅读

1. 雷雳. 互联网心理学：新心理行为研究的兴起 [M]. 北京：北京师范大学出版社，2022.
2. 赵小明. 互联网心理学 [M]. 北京：经济管理出版社，2017.

第九章

中学生的性心理

▶ 内容提要

本章从认识性入手，首先介绍性的本质、性心理、中学生性心理发展的特点；其次介绍中学生常见的性心理问题；最后介绍中学生的性心理辅导。

▶ 学习目标

(一) 认知目标
1. 了解性的本质。
2. 理解性心理。
(二) 情感目标
1. 能联系实际理解学习性心理的意义。
2. 培养调节性心理的主动性。
(三) 能力目标
1. 学会与异性相处。
2. 能用所学方法调节自己的性心理。

【案例导读】

他的行为正常吗

一名高一学生学习注意力不集中，心事重重，成绩开始下降，其家长十分着急。在心理门诊，这位男生介绍说，在15岁的时候，有一次他的下身起了皮疹，瘙痒难受，他就去摸，结果阴茎勃起，有东西排出来，他觉得"特舒服"。男孩说，自己不敢告诉爸妈，因为书上说这是手淫，对身体不好，结婚后还可能没有小孩，他很想控制，但有时又忍不住，因此十分悔恨，整天想这件事就影响了学习[1]。

---

[1] 何先友.青少年发展与教育心理学[M].2版.北京：高等教育出版社，2016.

第一节 中学生性心理概述

"食色，性也。"性，人人皆有。性始终伴随着每个人，每个人都伴随着性的发展而成长。性是什么？性不但是一种生理现象，一种社会现象，也是一种心理现象。性有着丰富的科学内涵。

一、性的本质

（一）性的自然属性

从生物学意义上来认识性活动，对于全面了解性的本质具有重要意义。在生物进化过程中，性别的产生与生殖进化密不可分，从无性繁殖到有性繁殖，生命进化经历了一次关键性转折，增强了生物的适应能力。有性繁殖的性活动是为了物种的繁衍与进化。

从人的起源来看，人和其他动物一样为了生存、繁衍，就要生殖，但是人和动物在对待生殖问题上有着根本不同。人从进行社会性的生产劳动开始，其生殖后代就有了明确的目的性。从人成熟后性活动的生理机能来看，性活动是性器官及人体其他系统(眼、耳、鼻、舌、身)协调活动的有序的生理过程。

人的性活动也具有动物的共性，其目的也是满足性欲，体验由此带来的强烈快感。性欲是驱使动物通过追求接触异性身体，最终达到两性生殖器官直接交合，并从中获得强烈快感的动物本能欲望。

（二）性的社会属性

人的各种性需求，不仅包括生理需求，也包括社会性需求。例如，性行为受性本能所驱使，只为繁衍后代，这是最低层次的生存需要；屡禁不止的卖淫行为，多是出于经济目的；现代人追求夫妻性生活的科学与和谐，通过文明、健康的性生活使自己变得更高尚、更幸福，是一种比较高级的发展和享受的需要。现代性爱发展过程，完全是由生产力的发展状况和生产关系所有制的性质所决定的。因此，人们对于爱情、婚姻的态度，归根结底还是由其所在的社会关系所决定的。

（三）性是人的自然属性与社会属性的统一

性是人的自然属性和社会属性的统一体，这说明性既要受到人发展的生物规律、自然规律的支配，又要受到人类社会文化发展条件和各种社会需要的制约。两者是有机结合、密不可分的。

【实务训练9-1】

知性时间

1.目的

认识性的科学含义及表达方式。

2. 操作

从下面的词汇中找出你认为与性有关的词汇。

1. 快乐	2. 好玩	3. 污秽	4. 生育
5. 恐惧	6. 爱	7. 美妙	8. 信任
9. 羞耻	10. 不满足	11. 委身	12. 忠贞
13. 尴尬	14. 压力	15. 例行公事	16. 表现
17. 欢乐	18. 实验	19. 释放	20. 难为情
21. 舒服	22. 无奈	23. 罪	24. 厌恶
25. 内疚	26. 无助	27. 享受	28. 压抑
29. 乏味	30. 满足	31. 美丽	32. 征服
33. 沟通	34. 禁忌	35. 亲密	36. 融洽
37. 遗憾	38. 自卑	39. 自信	40. 和谐

3. 讨论

5~6人一组，每人在小组中交流：你选了哪些词汇？为什么这些词汇与性有关？你的感觉是以负面为主还是以正面为主？

二、认识性心理

青春期性机能的成熟唤醒了沉睡的性意识，青少年内心开始发生微妙的变化。其间有成长的喜悦，更有成长的困惑。青少年性心理的健康发展，对推动其学习与生活，促进以后恋爱的成功与婚姻的美满，以及培养高尚的性道德观念都有非常重要的意义。

（一）性心理的含义

性心理指人在性方面的心理现象，是性意识、性欲望、性情感及性梦等性心理活动的总和。

青少年性心理的发展，指个体在青少年时期顺应自己性别的生物性特点和社会性特点的种种心理发展过程。青少年期各种性心理现象存在发展的先后顺序：首先对自身性发育产生好奇，进而想了解一切与性有关的知识，而后在性欲驱使下产生性冲动，通过性梦、性幻想及手淫等来释放性欲。

（二）青春期的困惑

（1）好奇与困惑。第二性征、月经初潮、首次遗精等，使少男少女的内心充满了好奇和困惑。他们热切希望从多种渠道了解这方面的知识，并尝试通过实践解决自己的生理和心理需求。然而，实际上他们较难从家庭、学校、社会等正当渠道得到自己需要的知识，所以，很多青少年不得不诉诸文艺作品、电视、录像等媒介，不过满足好奇心之后又会有很强的罪恶感，其心理处于矛盾的状态。

(2) 对异性的好感与爱慕。青春期性心理的发展是以性意识的萌动为起点和标志的，表现为不同的发展阶段。第一阶段为异性疏远期，在这一阶段，青少年开始感受到性器官的发育，有的通过手淫等边缘性行为体验过性快感，对性的问题有了一知半解，产生了朦胧的性意识，男女双方产生了一种愿意彼此接近的倾向。不过，由于性的自然性与社会性之间的矛盾，此时的青少年觉得两性关系充满了神秘，因而心存戒备。他们在异性面前显得局促不安。即使在一些必要的学习、生活交往活动中，也很腼腆，不再是儿时的"青梅竹马，两小无猜"状况，此为两性关系暂时疏远的现象。小学高年级和初中低年级学生处于这一时期。第二阶段为异性接近期。随着性知识的积累和与异性交往的增多，男女之间产生情感吸引，有了彼此接近的需要。但这种爱慕的基础不够牢固，爱慕的对象也不专一、不稳定，其性意识大多停留于内心的活动，并通过折射的方式不知不觉地表达出来。如女孩特别喜欢照镜子，注意自身的打扮，以引起男孩的注意；男孩则喜欢在女孩面前故作姿态，力图以自己的表现引起女孩的注意。这一阶段的青少年往往分不清好感、爱慕与初恋的区别，从而产生各种苦恼。所谓的"早恋"在这一阶段就有可能出现。第三阶段为异性初恋期。随着大脑功能的逐步完善，兴奋与抑制过程日趋平衡，社会活动范围的不断扩大和性经验的丰富，青少年的性意识有了更多的自觉性，减少了盲目性和幼稚性。这时，男女青年的性意识达到初步成熟的程度，形成了一定的恋爱观。在恋爱观的支配下，有的人开始在异性中选择自己的对象。但这一时期许多人把恋爱的对象偶像化。如果对方某个特点符合自己的择偶要求便"一见钟情"，一旦闹矛盾就分手。显然，这离成熟的恋爱还有一段距离。在多数情况下，他们不轻易向异性表露情感。但是，一旦表露出来，则往往热情奔放，难分难舍。此时，他们爱情认为至高无上、神圣纯洁，彼此倾慕、情投意合，对未来充满信心。

（三）青春期性心理的敏感问题

在青春期，性生理的成熟常常带来强弱不同的性冲动。科学合理地认识、接纳它们，有利于促进青少年身心的健康发展。

(1) 手淫，是指用手或工具刺激生殖器而获得性快感的一种行为。现代性学研究表明，手淫其实是一个极为普遍的现象，在幼儿时期就已存在，如幼儿夹腿、摩擦生殖器等。青少年生理迅速成熟后，性冲动难以抑制。这时，没有合法的满足途径，手淫虽然不是完美的性满足方式，但无害于他人，是一种自我心理慰藉，在一定程度上能宣泄能量，缓解性紧张。因此，适当的、有节制的手淫是无害的。然而许多人从儿童时代起，就被反复告知，手淫是不可饶恕的恶习，是各种严重疾病的根源，是下流的行为，是人格低下、道德败坏的表现，等等。这些先入为主的观念给青少年带来了难以磨灭的影响，可能导致青少年会不断承受来自内心的谴责，自卑感、自责感、不道德感甚至犯罪感会时常涌上心头，影响正常的学习和生活。因此，客观认识手淫是非常重要的。

(2) 性梦，是指在正常睡眠中与性对象接触，而出现性冲动或性高潮的梦。性梦的内容大多是与异性发生性行为或边缘性行为。男性的性梦多于女性，多发生在青春期中；而女性的性梦则多发生在青春期后。初中生的性梦对象多为熟人，高中生的性梦对象多为陌生人。性梦是正常的生理、心理现象，与道德无关，也是缓解性欲冲动的途径之一。青少年可顺其自然，不必大惊小怪，更不必为此感到焦虑和羞怯，以免影响正常的学习和生活。

(3) 性幻想，是指在某种特定因素诱导下，自编、自导、自演与性交往内容有关的心理活动过程。由于性幻想具有任意组合形象的特性，所以能最大程度地满足个体的心理欲望，增加性欲和性快感。性幻想在入睡前及睡醒后卧床的那段时间，以及闲暇时出现较多。性幻想也是缓解性冲动的形式之一，属于青少年性成熟过程中的正常现象。但是，如果经常沉湎于性幻想，则有可能发展成病态的性妄想。这不仅影响自己的身心健康，也会对别人造成危害，应该及时接受治疗。

【知识链接9-1】

月经与遗精

月经是指女子进入青春期以后，每月一次的子宫出血现象。第一次来月经，叫作月经初潮。月经初潮是女性生殖系统正常发育的标志，它表明生殖系统已开始成熟。所以月经是一种正常的生理现象，切不可视为污物或"倒霉"。月经初潮时间因人而异，多数在11~13岁，有人可提前到8岁，有人可推迟到18岁甚至更晚些。如果身体和其他第二性征发育都正常，月经初潮早些、晚些没什么关系。规则的月经每月一次，每次3～5天。初潮后半年到一年内月经周期不大规则，两次月经相隔时间可能长些、短些；每次来月经的时间也可能长些、短些，但月经周期(两次月经的间隔时间)如果延长到6个月以上或每次月经超过11天就属于不正常了，这就要及时到医院治疗。

男性生殖器官睾丸产生的精子，精囊腺产生的精囊液，前列腺产生的前列腺液，混合在一起后叫作精液。精液不定期从阴茎溢出的现象叫作遗精。遗精多在梦中发生，所以也称为梦遗。进入青春期后，第一次发生的遗精现象叫作首次遗精，首次遗精一般发生在12~14岁。首次遗精的出现，是男性生殖器官趋于成熟的标志，是正常的生理现象，不必惊奇或恐惧。不是所有的男生都会发生遗精现象。是否发生遗精，应顺其自然而不能攀比。只要生殖器官发育正常，有没有遗精现象都属于正常。

三、中学生性心理发展特点

（一）赫洛克的性心理发展阶段理论

美国心理学家赫洛克(H. Hurlock)将青少年期的性心理发展分为四个时期。

(1) 性的反感期(疏远期，12~14岁)。青少年通过自己的生理发育变化发现人类的性生理奥秘，进而产生对性的不安、害羞和反感，认为恋爱是不纯洁的表现，他们会选择同性做伙伴，对异性采取回避、冷淡、粗暴的态度。

(2) 牛犊恋期(14~16岁)。这一时期的青少年像小牛恋母牛似的倾倒于所向往的年长异性的一举一动，对所向往的年长异性想入非非。"牛犊恋期"的表现一般只是默默地向往，而不会爆发出来成为真正的追求和恋爱。

(3) 狂热期(17~19岁)。青少年的向往对象转为年龄相仿的异性，他们设法引起异性对自己的注意，但由于双方都具有理想主义倾向，自我意识太强，所以冲突会增多，故经常变换向往对象。

(4) 恋爱期(20岁以后)。浪漫恋爱的显著标志是爱情集中于一个异性，对其他异性的关心明显减少。喜欢与自己选择的对象在一起，而不愿意参加集体性社会活动，经常陷入结婚的幻想之中。

（二）中学生性心理的表现特征

1. 本能性和朦胧性

这种本能性和朦胧性缺乏深刻的社会内容，基本还是生理急剧变化带来的本能作用。他们对异性的认识还披着一层朦胧的面纱，对异性的兴趣、好感和爱慕主要是单纯的异性间的吸引。不少青春期的学生不了解性的知识，认为性有很多神秘感。

2. 内在强烈性和外在文饰性

青少年的性心理通常会以一种反向形式显示出来。他们虽然十分重视自己在异性心目中的印象和评价，但表面上表现出拘谨、羞涩和冷漠的样子；他们心里可能对某一异性很感兴趣，但表现出无动于衷、不屑一顾的样子，甚至还会以无礼、粗鲁的方式来对待自己感兴趣的异性；他们表面上十分厌恶异性间的亲昵和接触，实际上却很渴望能体验一下。

3. 动荡性和压抑性

青春期是人一生中性能量最旺盛的时期，但由于青少年的心理还不成熟，他们的性心理极易受到外界不良因素的影响而动荡不安。同时，有的青少年由于性能量得不到合理的疏导，而导致过分压抑，少数青少年还可能以扭曲、不良，甚至变态的行为方式表现出来。

4. 男女性心理的差异

女性性心理比男性成熟早，而男性获得某些性感的体验在年龄上要比女姓早。在对异性感情的流露上，男生较外显热烈，女生则含蓄深沉；在内心体验上，男生多新奇、喜悦和神秘，而女生则常常惊慌、羞涩和不知所措；在表达方式上，男生一般较主动，女生往往采取暗示的方式。此外，男生的性冲动易被视觉刺激唤起，而女生则易在听觉、触觉刺激下引起兴奋。

第二节 中学生常见的性心理问题

中学生性心理问题的产生原因主要是对青春期性意识发展的无知和错误认识。然而，普及性生理、性心理知识，纠正错误观念并不困难，中学生的文化素养使他们更容易建立健康的认知，一旦他们具备了应有的性生理、心理知识，原有的错误观念得以纠正，问题往往比较容易得到解决。

一、手淫

青少年时期，性意识的觉醒会导致性冲动的产生，部分青少年为了获取性冲动的满足而常常采用手淫行为(或称自慰行为)，久而久之容易形成不良习惯。这种习惯不会对青少年的身体产生直接影响，它主要危害青少年的心理健康。长期的手淫会造成青少年心理的挫伤，他们会感到懊悔、惶恐、羞耻，内心充满罪恶感，承受巨大的心理压力。手淫在青少年中普遍存在，它所造成的危害远远不如人们对手淫的恐惧和把手淫的后果夸大所带来的危害大。把手淫的危害估计过高，甚至渲染到能引起精神疾病的程度，是误导人的错误观念。

基于以上的知识，老师、家长和社会对青少年手淫应采取客观理智的态度，正确地进行指导，青少年也应该积极地进行自我心理调适，培养健康向上的生活情趣，把手淫行为控制到最低限度，进而根除。青少年可以采取以下措施。

(1) 出现手淫行为后，不要惊慌失措、烦恼自责，要科学地认识这种行为，努力保持积极健康的心理。

(2) 及时转移手淫所带来的不良情绪，积极参加各种新颖有趣的活动，尝试一些新的社交方式，为工作学习制定新的目标等。

(3) 勤洗澡，勤换内裤，保持身体特别是生殖器官的清洁，穿宽松的内衣内裤，务必使身体轻快、心情舒畅。

(4) 个别手淫特别严重或持续时间较长的青少年，要求助专业医生，或者到心理门诊进行咨询，检查是否有精神发育迟缓和精神障碍方面的问题。

二、性早熟

性早熟是指在青少年阶段出现了成年人的性欲、意向和行为。众所周知，性的成熟除了生物学基础，尤其是神经内分泌因素的影响外，与环境因素，如家庭教养方式和其他社会因素关系更密切。例如，父母对子女过度的亲昵行为或较大年龄女孩仍和父亲同床睡，较大年龄的男孩仍在吸吮或玩母亲的乳房或与母亲同床睡，有的男孩子青春发育阶段还要母亲为其洗澡等。这些肉体接触和过分亲密的行为对儿童是过度的刺激，使其性早熟。其他环境因素，如孩子看到父母的性活动或亲密行为，以及孩子受到色情影视、书刊的不良影响，均可产生性兴奋。其结果可能促使他发生早恋或过早性行为，以及心理异常。由此可见，家庭、学校对青少年的性教育至关重要。

三、青春期性幻想

性幻想是指人在清醒状态下对不能实现的与性有关事件的想象，也指自编、自演的带有性色彩的"连续故事"，其内容不着边际，是不由自主地幻想自己投入浪漫的爱情或与异性发生性行为的一种性心理活动。由于性幻想过程如同做梦，所以又称"性白日梦"。性幻想在青少年中大量存在。据国外一些资料报道，大约有27%的男性和25%的女性肯定他们在完全没有性知识时就有了性幻想，28%的男性和25%的女性在青春期前就有这种性幻想。据我国调查，在 19 岁以下的青少年中，有性幻想的占 68.8%，幻想的内容丰富多彩，各不相同。有的是阅读了某部文艺作品或观看了影视片后，把其中青年男女的浪漫情节进行追忆与组合，加以回味和改变，虚构出自己与爱慕的异性在一起的种种情景，如约会、嬉戏、抚摸、拥抱等；有的是随意编造，按照自己的想象而发挥，虚构出以自己为主人公的恋爱故事。性幻想通常会给青少年造成烦躁不安、厌恶感、苦恼或相当严重的紧张焦虑等，从而影响其生活、学习，及与异性的正常交往。

四、性识别障碍

在日常生活中，经常看到这样的现象：有的男生处处模仿女生，有的女生则以"假小子"自称，这说明青少年在认识自己的性身份、性角色时出现了意识偏差，表现为男生具有女性气质和行为倾向，女生具有男性气质和行为倾向，均不喜欢甚至厌恶自己的自然性别。如有的初中女生对于自己的性别十分不满，很想做一个男孩子，表现为留男式发型、穿男式服装，甚至模仿男孩子踢球、打架、称兄道弟等。究其原因是这个时期的女孩子突然发现身边的男孩子身上发生了巨大的变化，她们对于男孩子的某些个性特征，如坚毅豪爽的男子气等产生了莫名的羡慕，于是对自己的性别角色产生怀疑，羡慕男孩子，希望自己身上也具有一些男孩子的特点。少男少女过分异性化的表现往往会受到周围人的排斥，同性朋友也会与之渐渐疏远，造成人际关系紧张。这会给他们的学习和生活带来沉重的心理负担，由此产生严重的紧张和焦虑。

五、身体关注

儿童很少注意自己的外在形象，如身高、美丑、生殖器发育情况等，但到了青春期，几乎所有青少年都开始关注身体特征和身体的变化。青少年随着性心理的发育，对自己身体的适当关心并不为过，但缺乏生理卫生知识的过分担忧则是不必要的。如果在担心之余，进一步采取幼稚的可能损害自己健康的行动则更不可取。例如，某些少女为了减肥拼命节食，这对发育期的青少年来说，可能会对健康造成永久性的损害。青少年对自己的身体或身体变化有疑虑时，不妨先请教医学专家，切忌私下采取行动或暗暗忧虑。

六、遗精恐怖和初潮焦虑

一些少男之所以感到焦虑，一是因为他们对"黏糊糊的液体"的突然出现缺乏了解，二是因为偏听了民间流传的遗精有损健康的谬论。事实上，正常遗精的精液损失对身体健康并无损害，对遗精缺乏正确认识的少年，不能理解这种正常的生理现象，又因其来自阴部，羞于启齿，便焦虑不安。久而久之，他们会出现继发性的神经衰弱症状，如头痛、失眠、记忆力下降、无力等。一旦他们懂得遗精完全是正常的生理现象，一切惊恐、疑惧也就荡然无存了。

少女月经初潮的头几年，经量通常不恒定，会时多时少，周期也不规律，或一月来几次，或几个月来一次，一般情况下，这些都属正常现象，这与体内神经内分泌环境不稳定有关。对生理卫生缺乏正确认识的女孩，也会感到恐慌、烦恼，且比男孩更害羞，不知如何是好。这种情况的出现，与社会、学校和家庭长久以来对性教育的错误认识有关[①]。

第三节　中学生的性心理辅导

中学生健康的性心理关乎学生未来的发展和成才，因此，做好中学生健康性心理的培养至关重要。

一、性心理健康的标准

（一）有正常的性需要和性欲望

任何一个成熟的个体，都应该有正常的性需要和性欲望。性需要和性欲望是能够获得性爱和性生活的前提条件。一个人如果没有性欲望，就不会有性爱和和谐的性生活，性心理就无从谈起。但性需要和性欲望并非都是正常的，有的人的性需要和性欲望很强烈，且很古怪，如恋物癖等。正常的性需要和性欲望的标志是性需要和欲望的对象是指向成熟的异性，而不是同性或以物品为替代物。

（二）有科学的性知识，能够正确认识自我，愉快地接纳自己的性别

一个性心理健康的人，能够正视自己性心理的发育、性心理的变化，会自觉地融入社会这个大背景下认识自我，能客观地评价自己和他人，并乐于承担相应的性别角色。不仇视自己的性别，能以坦然的心理接受自己，注重在社会化的过程中优化自己的性别心理。

（三）性心理特点和性行为符合相应的性心理发展年龄特征

人在不同年龄发展阶段，其心理特点与行为特征是不同的。但是，一个正常发展的人的心理特点与行为特征必定符合他的年龄发展阶段。在性的成熟过程中，性心理特点和性行为同性心理发展的年龄特征要求是相符合的。如果一个人的性行为与其性心理发展不协调，或严重偏离同龄人的特征，那么他的性心理就不健康。

（四）能和异性保持和谐的人际关系

随着性生理与性心理的发育和成熟，个体自然而正常的性要求就是与异性交往，并能保持良好的关系。性心理健康的个体，能够在日常学习生活中与异性进行自然的、符合社会规范要求的交往。在彼此的交往过程中，能保持独立而完整的人格，有自知之明，做到互相尊重、互相信任，得体大方。

（五）性行为符合社会道德规范

性心理健康的人具有一定的性知识和性道德修养，能自觉地分辨性文化中的精华与糟

---

① 何先友. 青少年发展与教育心理学 [M]. 2 版. 北京：高等教育出版社，2016.

粕、淫秽与纯洁、庸俗与高雅、谬误与真理，自觉抵制腐朽没落性文化的侵蚀，并以自己文明的性行为、性形象增进社会风尚的文明。

【知识链接 9-2】

性心理健康的标准

综合有关资料和性心理咨询实践，可以初步提出下列参考标准。
- 性心理活动与性行为表现基本一致。
- 性心理、性行为的特点与生理年龄基本符合。
- 性活动中情绪积极稳定，与当时所处的情境相适应。
- 能随时调整自己的性行为，调适性心理。
- 性活动中的个性特征完整和谐。
- 性心理状态与社会环境协调。
- 性的认知基本符合自身的社会文化背景。
- 在两性人际关系中，能较好地进行社会适应和相互适应。

二、中学生健康性心理的培养途径

（一）科学地掌握性知识

中学生一般缺乏规范的性健康教育，首先应该选择阅读一些正规出版发行的性生理和性心理方面的科普书籍或一些性社会学、性伦理学、性法律学等专门论著，使自己构建合理的性知识结构。其次，应该请教已具备了性知识、性经验的父母，性教育工作者或有关医生。这样有助于帮助自己消除误解，解除心理负担，进而避免自卑、自责的不良情绪。一些中学生受传统观念影响，有了性的困惑不愿意向家人、老师、医生求助或探讨，而是在网上寻找有关性的知识内容，这些内容往往是"黄色"的、淫秽的、不科学的、富有煽动性的。这样不仅不能帮助中学生掌握健康的性知识，还会给中学生性心理和性行为的形成带来畸形冲击。

（二）积极进行自我调节

首先，正确认识，端正思想。中学生应正确对待性冲动，接受性冲动的自然性和合理性；学习性生理、性心理的有关知识；了解青春期性意识发展规律；树立科学与健康的性意识观念；提高感官刺激阈限，培养挫折耐受力。青年期性欲望、性冲动、性兴趣频繁出现的时期，应努力培养自己的性抑制力，以便适应复杂多变的文化环境和生活环境。既要遵从人的自然本性，又要符合道德规范，还必须加强法制观念；防止自己在两性吸引和性欲冲动中，以及在偶然诱因影响下冲动或出现越轨行为。性是每个人的事情，谁都不能回避，但性又不只是每个人的事情，处理不好，便会给个人、他人和社会带来严重的破坏性影响。

其次，积极导引，良好适应。要大方而潇洒地与异性交往，男女交往有利于性压抑的减缓，有助于培养中学生健康的情感，从而调节深层的本能，使之趋于高尚。但是，在与异性交往中，要注意摆脱低级趣味，不要限于身体的吸引；尤其不要与庸俗的异性接触，避开一些人在物质、精神、肉体等各方面的诱惑。正确处理学习与爱情的关系，顺其自然地处理两性关系，不必刻意追求，如果为了满足自我的需要而刻意去追求，甚至不顾一切地恋爱至上，则是不可取的。

通常，性心理困扰的直接后果是自卑、自责和自我否定的倾向，它不仅影响学生的情绪，还会影响学生的人际交往和学习效率。所以一旦发现自己存在性心理问题，就应及时处理。许多中学生的性心理困扰是源于对自己性身份、性幻想、性欲望、性冲动的害怕。因此，最好找知心朋友交流，一方面宣泄自己的不良情绪，另一方面获得一些如何应对青春期烦恼的信息和经验，有助于自我调节。必要时可找心理专家咨询，消除心理困扰。对一些较严重的心理问题，如失恋后的自贬心理、性心理变态等，应向心理专家咨询。

【身边故事 9-1】

听见每一个求助[①]

"咚、咚、咚"，伴随敲门声，工作室走进一位中年妇女。"你是陈教授吗？我是慕名而来求助的。"我请她坐下谈，且递给她一杯茶。"谢谢。我和老公都是纺织工人，没读多少书。前些年，工厂改制，我们都下岗了，只得给人打工谋生。生了个女儿，一直读书不用父母管。如今读初三了，长得比我还高，像个大姑娘。"讲到这里，她停下来，连喝了两口水。话锋一转，就数落女儿。"嘿，陈教授，丢丑了。不晓得她哪根神经搭错了，都快一年了，她把我视为仇人，不看我，不理我，不叫我，不跟我说话。我弄饭给她吃，买衣服给她穿，挣钱给她花，对她一百个好，怎么养成一个无情无义的白眼狼？"说到伤心处，这位一脸愁云的妈妈哭了。我递上纸巾，任其宣泄，没有插嘴。

待她稍微平静后，我问："女儿何时来例假的？"母亲一愣："小学六年级。""母女关系一直紧张吗？""不。""怎么突然变了？""我弄不明白。""你和她爸爸没有与女儿沟通？""死丫头什么都不说。""青春期的女孩最敏感、脆弱、多变。她不叫你、不与你说话，一定有她的理由。关键要找到那个心结。"妈妈点头认同，立马求助我，叫女儿来谈谈。"她愿意来吗？"她摇摇头说："我和她爸肯定叫不动。"想了想，我给她一个建议："请班主任动员女儿来。"母亲认为这个方案可行，不妨试试。

星期天上午，女儿跟在妈妈后面走进了工作室。我请母女坐下，然后沏好两杯茶。凡走进我的工作室，就是我的客人。"欢迎你。"我伸出右手。女生不习惯，停顿片刻，还是与我握手了。"挺面善漂亮的青春女孩嘛。""谢谢。"听到夸奖，小女孩略显羞涩。"妈妈前几天来找我，说快一年了，女儿不叫妈，不与她说话。你知道吗？妈妈心里难受呀！那天在我这里痛哭了一场。"女儿脸蛋依旧阴沉，两颗眼珠看我，还有她妈妈，快速转动了一下。"你愿意同陈老师聊聊吗？"她没有认同，也没有表示反对。"女儿不叫妈，不与妈说话，我想，一定是有理由的。"这句话让女生产生了兴趣，她的眼神说了话。"我俩聊聊，妈妈可以旁听吗？"她慢慢晃了晃脑袋。妈妈看见了，起身说："好，我出去。"随手把门关上了。

[①] 根据陈忠工作室的求助故事改编。

妈妈走了，女生似乎有一种轻松感、安全感。"快一年了，你不叫妈妈，不与妈妈交谈，却在家里吃住，天天低头不见抬头见，出门不见进门见，你心里也一定很不好受。是吗？"一句被理解的话，打开了泪门，无声的泪珠成串地往下掉。我用手指指桌面的纸巾。待她平静后，我说："你愿意把不理妈妈、不叫妈妈的缘由，说给陈老师听听吗？"她用纸巾擦擦眼泪和鼻涕，喝了一口茶，终于开口说话了……

"从小，爸爸妈妈很疼我。慢慢长大后，逐渐懂事，知道他们下岗谋生不容易。我更用心读书。尽管他们很忙，文化程度不高，难以陪我学习，做女儿的总会感恩父母的。初一开始，我发育很快，一下变成了大姑娘。从这时候开始，妈妈喜欢唠叨，总说男孩子好坏，要我远离他们，当心吃亏上当受到伤害。说一次、两次就算了，老挂在嘴上烦不烦？一年前的某天下午，放学早，有位同组的男生向我借书，便一道来到我家。拿了书，就坐到我房间里说闲话。他很幽默善谈，平日阅读广泛，是个浑身有故事的帅哥，大家都喜欢他。正当我俩有说有笑时，妈妈下班回家了，看见男孩坐在我床边，立马拉长了脸，大声问我：'怎么这么早回来了？'同学见状，起身拿书就走。我送他到大门外。当我返回房间，看见妈妈正翻被子和床单反复查看。开始，我没有反应过来，问她找什么，她没作声，却找得很仔细。我突然脸红了。'天呐，母亲怎么能这么做？'她分明在找毛发！在找血印！'你把女儿当成什么人了？'我的尊严被毁了，怒火三丈高，立刻叫她走！然后，我关门痛哭，晚饭也不吃。自此之后，我不愿同她说话，也懒得叫她。为什么她不认错？为什么她不向我赔礼道歉？一想到她翻被子床单的场景，我没法跨过那道心坎！太伤我的心了！第二天去学校，那个男生看见我说：'你妈妈怎么那么凶？'陈老师，你叫我怎么做人啦？"

原来是这么一回事。我理解青春期女孩的情绪变化。"你想化解母女矛盾、改善母女关系吗？"她一直望着我，迟迟不吭声。也许内心正在纠结，进行思想斗争。喝过一口水，她缓缓地点点头。这是我期待的结果。"去，把妈妈请进来。"她起身出去。一会儿，妈妈跟着女儿后面走进了工作室。此时，我从桌上书堆里，找出贾容韬的《改变孩子先改变自己》，对妈妈说："孩子的问题常常不是孩子的问题。父母是儿女的天然老师。别看孩子天天在我们身边，父母真懂女儿吗？未必。"我又把孙云晓的《拯救女孩》摆在她俩面前，建议买来好好读读，看看女孩女人的生理特点、心理特点、行为特点、情感特点。"长大真的不容易呀！人们常说女大十八变，啥时候变？怎么大变？"妈妈和女儿都没有回答。我再拿出第三本书，杜启龙的《陪孩子度过青春期》。"青春期是人生一个'暴风骤雨'的阶段，很多身心健康问题都始于此。我们常赞美青春美好，殊不知，青春阳光下可能隐藏着青春迷茫、青春疼痛、青春不知所措。所以，需要关注，需要学习，需要陪伴。"

做好这些铺垫后，我便把女儿刚刚说的那些话，原原本本复述给妈妈听。妈妈一脸疑惑，说："这是事儿吗？当年外婆不就是这样教我的吗？我错啦？"我微笑地问："你小时候在哪里？""在农村长大。""孩子外婆读过书没有？""世代为农，文盲一个。我也是小学毕业。""现在时代不同了，生活不同了，观念不同了，你承传的乡下妈妈的话，在城里长大的女儿不愿听。你按照当年妈妈思维做出的事，如今时尚的女儿特反感。真是好坏一句话，好坏一件事，源于'代沟'。"听话听音，机灵的妈妈立刻转身面对女儿，像自言自语，又像认错自责："没想到，我做事，竟伤害了女儿。真抱歉。"我立即抓住时机对女生说："不容易，妈妈认错了、道歉了。来，站起来，跟妈妈握握手，再抱抱。"

当母女握手拥抱时，两人都哭了。女儿抱着妈妈的肩膀边哭边说："妈妈，我也不好。"一年来的亲情纠葛终于化解了。

临走之前，妈妈把手机递给女儿说："把那本三本书拍下来，好网购。我们都要多读读书。"

（三）拒绝黄色诱惑，预防性病和艾滋病

1. 拒绝黄色诱惑

人们常把淫秽书刊、淫秽录像对青少年的腐蚀和毒害比喻成"精神毒品"和"杀人不见血的软刀子"。在淫秽书刊、淫秽录像面前，不仅天真无邪的青少年，就连有知识、有文化的成年人也难以抵御。有关专家认为，淫秽物品之所以导致人的堕落或犯罪，是由于它能够摧毁人的心理防卫机制，这种防卫机制主要由社会的思想道德观念、法制观念构成。由于它是建立在性禁锢基础之上的，所以在各种黄色诱惑下，就显得非常脆弱，极易被摧毁。几乎所有的淫秽出版物，都在直接或间接地宣扬性自由、性开放的主张，并通过活生生的形象表现这种开放的毫无节制的自由放纵，诱惑人忘记一切社会规范，为了满足性欲，变得疯狂与不择手段。因此，正在成长中的中学生应自觉地抵制黄色出版物的侵蚀，保持健康的性心理。

2. 预防性病和艾滋病

常见的性病有梅毒、淋病、软下疳、性病性淋巴肉芽肿、非淋菌性尿道炎、尖锐湿疣、生殖器疱疹和滴虫病等。据世界卫生组织(WHO)报道，性传播疾病传染的速度非常快，估计世界上每秒钟就有4人会感染上性病病毒，易感人群是20~24岁的青年。性传播疾病已成为世界性的公害。

艾滋病的全称为获得性免疫缺陷综合征(AIDS)，是由一种名为"人类免疫缺陷病毒"导致的性传播疾病。这种病主要损害人体免疫系统，破坏人体的抵抗力。随着全球艾滋病流行重心逐渐向亚洲转移，我国的蔓延趋势也十分严峻。艾滋病的传播途径一般有：性接触传染，血液和器械传播，母婴直接传染，身上的皮肤或黏膜的破损伤口接触等传染。

性病、艾滋病不仅仅是一种生理上的疾病，还是一种社会性的疾病。它和人们的道德自律、性生活的检点，以及吸毒、卖淫、嫖娼等社会性的丑恶行为密切相关。正在成长发展中的中学生应该加强道德自律，洁身自爱，杜绝吸毒、性错乱等社会的丑恶行为，这样才能远离性病和艾滋病，保持身心健康，也为将来的幸福生活奠定美好的基础。

三、中学生性心理问题辅导要点

（一）及早进行性知识和性道德教育

在南太平洋的萨摩亚群岛上居住的人们，有一个传统的社会风俗，就是孩子长到10岁左右便由父母教授结婚生育常识等。他们长大以后，并不把男女关系看得神秘莫测。在

调查中，很少发现少男少女有性问题的烦恼。他们通过早期的性教育，获得了"后天的免疫性"。因此，要预防青少年性心理问题，家长、学校要及时地对青少年进行性教育，培养青少年健康的性心理。而目前我国青春期教育现状却不容乐观。据一项对北京市初中生的调查结果显示：有近半数的初中生缺乏对性知识的正确认知，并缺乏最基本的性卫生保健常识。调查发现，有32.8%的母亲在其女儿第一次来月经前，没有告诉过孩子如何进行处理。进一步调查表明，有76.6%的学生认为"学校里讲授有关性的知识应该跟讲授语文和数学一样重要""如果能在学校里接受科学的性教育，长大了会对性问题做出更聪明的决策"。这在一定程度上表达出他们渴望得到青春期教育的主观愿望。而在谈及目前学校开展的性教育现状时，则有47.7%的初中生表示不满，认为"当前学校性教育太保守"。青春期性教育不能再等了，家长、学校一定要引起高度重视，通过科学、规范的性教育，使青少年形成对性的自然态度，树立起健康、积极、科学的性观念。

（二）净化社会文化环境

不可否认，青少年性心理问题的发生，与当今社会不良的文化环境有密切的关系。大众传媒的快速发展，一方面丰富了人们的生活，方便了人们的工作，加快了整个社会现代化的进程；另一方面，借助大众媒体所涌现的"黄色狂潮""色情文化"，严重毒害着青少年幼稚的心灵，使部分青少年沉溺其中不能自拔，有的甚至坠入罪恶的深渊。因此，加强对青少年性心理问题的防范，必须净化社会环境，控制传媒污染，创造适宜青少年健康成长的优良文化环境。

（三）培养青少年健康的情趣

青少年正处于急剧的生理和心理变化时期，他们机体能量激增，精力充沛，因而在学习之余还有过多的能量需要释放，因此，家长和老师应引导青少年发展健康有益的兴趣爱好，培养高尚的生活情趣，多参加有益于身心健康的活动。学校可在学生中广泛开展丰富多彩的文化娱乐活动，如科技活动、体育活动及琴棋书画比赛等，通过这些喜闻乐见的活动，既能陶冶青少年的性情，充实他们的生活，又可以抑制青少年的性生理冲动，分散青少年对性的注意力，可谓一举多得。

（四）引导青少年学会与异性相处

进入青春期的青少年，对异性的探究意识增强，自身性别角色意识进一步确立，与异性交往的需要也进一步加强。异性间的良好交往，会满足青少年的这些心理需要，使青少年产生愉悦的情绪体验，使青少年群体出现和谐融洽的心理气氛。这不仅能够激发青少年的生理潜能，提高其抗御疾病的能力，而且对青少年心理的健康发展和个性的完善有积极的影响。因此，要引导广大青少年树立健康的交往意识，掌握异性交往的原则，学会与异性同学相处。

（五）加强学校心理健康教育

青春期性意识的觉醒给青少年带来了许多烦恼和困惑，但他们由于闭锁心理，很少向家长、老师吐露，只有在压抑中任其自然发泄或增长，久而久之，就有可能发展到严重的心理障碍。针对这一情况，学校应加强心理健康教育，设立专门的心理辅导机构，并配备心理辅导专职教师。学校开展心理健康教育，一方面可面向全体学生开设心理健康教育课，让学生系统了解青春期身心发育的知识，了解自身的心理特点，学会自我心理保健方法，以及遭遇心理困惑时如何寻求帮助；另一方面可针对学生的不良情绪和问题行为开展心理辅导，使学生出现的一些心理问题能够得到及时的疏导。

【案例导读解析】

不少青少年错误地认为手淫是不好的事，从而觉得自己是不好的人，在这种负罪感压力下，许多人的学习生活受到极大影响。

对策：首先应端正对手淫的认识，手淫是青春期的一个正常性行为，是性生理发育和性心理发展的自然产物，它是一种正常的自慰行为。一般来说，手淫本身并无特别的害处，也不会影响日后的性生活和生育。中学生如果手淫太过频繁，沉溺于其中而不能专心学习时，家长和老师就要帮助其进行行为调整。常用的调整方法有转移注意力，如听音乐，想自己感兴趣的事，或者当出现这种念头时就在手上用力弹橡皮筋；注意锻炼身体，就寝前做适当的运动，上床后尽快入睡，早上醒来不要赖床不起。必要时可向心理咨询师咨询。

小结

青春期性意识的觉醒给中学生带来了许多烦恼和困惑。青春期性机能的成熟唤醒了沉睡的性意识，中学生内心开始发生微妙的变化。其间有成长的喜悦，更有成长的困惑。中学生性心理的健康发展，对推动其学习与生活，促进以后恋爱的成功与婚姻的美满，以及培养高尚的性道德观念都有着非常重要的意义。通过本章的学习，读者可以认识性的本质，认识性心理，了解中学生性心理发展的特点，了解中学生常见的性心理问题，有效地发挥中学生性心理辅导的功能。

巩固与操作

一、思考题

1. 什么是性？
2. 性的属性有哪些？
3. 青春期性心理的敏感问题是什么？
4. 中学生性心理发展特点有哪些？
5. 中学生常见的性心理问题是什么？

二、操作题

1. 结合性心理问题辅导要点，分析如何引导青少年学会与异性相处。
2. 试着用所学方法调节自己的性心理。

拓展阅读

1. 胡佳威.重要的"性"，影响孩子一生 [M].北京：中信出版社，2020.
2. 凯莉·邓纳姆.给女孩的身体书 [M].北京：中信出版社，2020.
3. 凯莉·邓纳姆.给男孩的身体书 [M].北京：中信出版社，2020.

第十章

中学生的生涯教育与时间管理

▶ 内容提要

中学生正处于心理和生理逐渐成熟的关键时期，自我意识正迅猛发展，对未来生活充满期待和幻想。他们开始发现自己的兴趣和特长，关注自身的能力水平，衡量自己的职业理想和能力之间的差距，并能根据自己的职业理想有意识地调整自己。职业生涯的探索和管理是确立职业的理性前提和基础，是决定能否赢在起点的重要阶段。能否在这个关键时期获得人生设计的意识和能力，将极大地影响他们今后的生活。本章主要介绍职业生涯规划的概念、阶段及步骤，中学生职业生涯教育的重要性，中学生职业生涯规划教育的方法，以及中学生时间管理的方法等。

▶ 学习目标

（一）认知目标
1. 了解职业生涯规划的步骤。
2. 掌握职业生涯教育的策略。
3. 掌握中学生时间管理的方法。
（二）情感目标
1. 认识中学生职业生涯规划的重要性。
2. 培养中学生科学利用时间的意识。
（三）能力目标
1. 能对中学生进行有效的职业生涯教育。
2. 能指导中学生科学地管理和利用时间。

【案例导读】

小冰的困惑

小冰是一名高一学生，学生成绩还不错，属于比较有主见的人，有自己的一套学习方法，平时还能抽空写文章。最近，小冰的班主任找我说她的状态不是很好，她和家里人闹矛盾，因为她对地理环境特别感兴趣，但她的父母都是医生，爷爷奶奶也是医药行业出身，可以说是医学世家，家里人希望小冰将来从事和医学相关的专业领域，这样家里也好帮助她。但是她比较喜欢研究环境变化、地质变化等内容，家里人苦口婆心地劝她，说学习地质将来出路还是个未知数，希望她能够转变观点。班主任找到我之后，我主动找到了小冰，希望能做些什么帮助她。

第一节 职业生涯规划概述

青少年是祖国的未来、民族的希望。2019年3月18日，习近平总书记在学校思想政治理论课教师座谈会上强调，青少年阶段是人生的"拔节孕穗期"，最需要精心引导和栽培。祖国的青年一代要有理想、有追求、有担当，才能为实现中华民族的伟大复兴提供源源不断的青春力量。因此，做好职业生涯规划，提升自我管理能力就显得尤为必要了。

一、职业生涯概述

职业生涯在狭义上等同于生涯。广义生涯概念的内涵，可以从不同角度来界定。从经济学的观点看，生涯是个人在一生中所经历的一系列的职位，是个人接受培训教育及职业发展所形成的结果；从社会学的角度看，生涯被看成人一生中不同阶段所扮演的一系列的生活角色；从职业发展的过程来看，生涯被看成个人通过从事工作所创造出的一个有目的、延续一定时间的生活模式和不断发展的职业角色，包括职业认知、理解、选择、发展等方面。

职业生涯规划最早由有"职业指导之父"之称的E.帕森斯(1908)所倡导，并首次提出了"职业咨询"的概念。之后，美国职业生涯管理专家舒伯(1953)提出了经典的"生涯"概念。他认为，个人在发展历程中，随着年龄的增长会扮演不同的角色，生涯是个人终其一生所扮演角色的整个过程，所以生涯既有横贯一生的生活广度，也有纵观上下的生活空间。也就是说，职业生涯是一个人在就业领域所经历的一系列岗位、工作或职业，以及相关的态度、价值观、愿望等连续的过程。

综上所述，职业生涯规划可以定义为个人结合自身情况，以及眼前的机遇和制约因素，为自己确立职业目标，选择职业道路，确定教育、培训和发展计划等，并为自己实现职业生涯目标而确定行动方向、行动时间和行动方案。

二、职业生涯规划的阶段

每个人在能力、兴趣上均有差异，在个性特征上各有不同，且个人的职业偏好、能力、工作环境和自我观念都会随着时间与经验而改变，因此，职业的选择和适应会成为一种持续不断的过程。舒伯(1953)提出了一个诠释职业发展的生涯发展理论。舒伯认为，一个人可能经历的主要职业阶段大体可划分为五个阶段。

（一）成长阶段

成长阶段大体上可以界定在从一个人出生到14岁这一年龄段上。在这一阶段，通过对家庭成员、朋友和老师的认同，以及与他们之间的相互作用，个体开始发展自我概念。

成长阶段又可以分为幻想期、兴趣期和能力期。

(1) 幻想期：个体发展以需要的满足为主，幻想中的角色扮演甚为重要。

(2) 兴趣期：兴趣是个体抱负与参加社会活动的主要决定因素。

(3) 能力期：此时能力的重要性日益显现。

成长阶段的主要任务是发展自我概念，培养正确的价值观念，并初步了解工作的意义。

【身边故事 10-1】

城区八千余名学子体验职业梦想

近日，一年一度的全市初中生职业体验日活动正式启动。其间，宜昌城区八千多名初三学生分批走进宜昌市职教园，深入体验职业课堂。

4月18日，记者跟随宜昌市五中的近三百名初三学生，深度体验网络主播、智能制造产业工人等多个职业，了解新业态、新技术，培养正确职业观、劳动观和人生观。

走进湖北三峡技师学院智能制造实训基地，同学们参观了校企合作生产线、数控设备、产品样品，体验了现代生产技术的先进性……"有了这些数控车床，生产这个圆形构件较原来人工操作节约一半以上时间""这个柔性生产线，可以通过对工作模块进行随意搭建，高效完成各种生产任务"……听完校中企湖北瑞尔鑫公司工人和学校老师们的介绍，整天沉浸在书海里的"准中考生们"惊奇不已。

"技能傍身，百业可为。学好一门技能，也可以为社会做很好的贡献。我们应该多鼓励学生根据自己的特点，选择不同的成才之路。"宜昌市五中副校长徐校长表示。

走进三峡中专电商实训中心，同学们在老师和优秀学生代表的指导下，模拟网点运营、企业沙盘，体验直播带货。市五中306班语文汤老师和学生现场带货口红，惹得同学们欢呼声一片。汤老师表示："术业有专攻，网络主播看着容易，做好也需要很多技巧。"

此外，中西餐烹饪、心理健康测评、3D打印观摩、VR游戏体验、机器人、财务等项目，也受到同学们的欢迎。他们纷纷表示，职业体验改变的是大家的学习方式，不变的是学习的态度和初心。同学们通过体验，学习生涯规划，做更好的自己。

"我市职业体验日活动已经坚持了六年。"市教育局职成教科负责人表示，"职业体验日活动，为中学生搭建了职业体验的多元学习与互动平台，同学们在真实工作环境中、体验中启发职业意识、增强职业认识、感受职业乐趣、领略职教风采，用'小体验'触发'大未来'，发掘中学生的职业潜能，促进全面发展。"

（二）探索阶段

探索阶段大约在一个人15～24岁这一年龄段上。在这一时期中，个体在学校、课外活动及各种体验中，进行自我检讨、角色探索并认真地探索各种可能的职业选择。

探索阶段又可以分为感受期、过渡期和尝试期。

(1) 感受期：此时的个体常常考虑需要、兴趣、能力和机会，做出暂时的决定，并在课程学习及实习中加以尝试。

(2) 过渡期：此时个体会进入就业市场或进行专业训练，更重视现实的考虑，并试图展现自我。

(3) 尝试期：职业生涯的方向被暂时确定，个体会探索其作为长期职业发展方向的可能性，若不适应则可重新确定职业发展方向。

人们在这一阶段上和以后的职业阶段上需要完成的最重要的任务，就是对自己的能力和天资形成一种现实性的评价。处于这一阶段的人还必须根据各种职业选择的可靠信息来做出相应的教育决策。

（三）确立阶段

确立阶段大约在一个人 24～44 岁这一年龄段上，它是大多数人工作生命周期中的核心部分。个人通常希望在这一阶段的早期能够找到合适的职业，随之全力以赴地投入到有助于自己在此职业中取得永久发展的各种活动之中。

确立阶段又包括试验—承诺稳定期和完全建立期。

(1) 试验—承诺稳定期：此时个体可能因生活或工作上的多次变动而对职业发展不满意。

(2) 完全建立期：此时个体致力于保持工作上的稳固状态，大部分人处于最具创意的时期，表现优良。

确立阶段的任务是调整、保持稳定并力求上进。

（四）维持阶段

在 45～65 岁这一年龄段，许多人很简单地进入了维持阶段。在职业生涯的这一后期阶段，人们一般都已经在自己的工作领域中为自己创立了一席之地，取得了一定的社会地位。他们的重点多放在如何维持先有工作的状态，工作中较少有新意。此外，个体还要面对新进人员的挑战。

（五）下降阶段

因为个体的身心健康水平衰退，当退休临近的时候，人们就不得不面临职业生涯中的下降阶段。在这一阶段，许多人都不得不面临这样一种前景：停止原来的工作状态，接受权利和责任减少的现实，需要发展新的角色，寻求不同方式的满足。也就是说，退休后，人们所面临的选择就是如何打发原来用在工作上的时间。

下降阶段的任务是生活减速、退休。

三、职业生涯规划的步骤

职业生涯规划是这样一个过程：先觉知、有意愿、量己力、衡外情、定目标、找策略、重实践、善反省、再调整、重出发的生涯规划循环历程。每个人都渴望成功，但并非都能如愿。了解自己、有坚定的奋斗目标,并按照情况的变化及时调整自己的计划,才有可能实现自己的愿望,这就需要进行职业生涯的自我规划。职业生涯规划的步骤具体介绍如下。

(一)自我评估

自我评估是对自身有客观、全面的了解,具体包括对自己的兴趣、特长、性格的了解,也包括对自己的学识、技能、智商、情商的认知,以及对自己思维方式、思维方法、道德水准的评价等。所谓生涯赢家,就是对自己了解得很清楚,知道自己想要什么,想做什么,想过怎样人生的人。为此,我们首先要准确地评估自己掌握的知识和技能,其次要善于剖析自己的个性特征,这是职业生涯规划的基础。

(二)职业生涯机会的评估

职业生涯机会的评估,主要是评估周边各种环境因素对自己职业生涯发展的影响。在制定个人的职业生涯规划时,要充分了解所处环境的特点,掌握职业环境的发展变化情况,明确自己在这个环境中的地位,以及环境对自己提出的要求和创造的条件等。只有对环境因素充分了解和把握,才能做到在复杂的环境中避害趋利,使自己的职业生涯规划具有实际意义。环境因素主要包括组织环境、政治环境、社会环境、经济环境。为了了解个人的兴趣方向,进行科学的自我探索,下面分别介绍三个生涯规划的测量工具。

1. 霍兰德职业兴趣测试量表

美国约翰·霍普金斯大学心理学教授约翰·霍兰德于1959年提出了具有广泛社会影响的职业兴趣理论。他认为人的人格类型、兴趣与职业密切相关,兴趣是人们活动的巨大动力,凡是具有职业兴趣的职业,都可以提高人们的积极性,促使人们积极、愉快地从事该职业,且职业兴趣与人格之间存在很高的相关性。在霍兰德职业兴趣测试量表中,他将劳动者分为实际型、研究型、艺术型、社会型、管理型和事务型六种类型。

2. 迈尔斯–布里格斯类型指标

迈尔斯–布里格斯类型指标(Myers-Briggs Type Indicator,MBTI)是由美国作家伊莎贝尔·布里格斯·迈尔斯和她的母亲凯瑟琳·库克·布里格斯共同编制的。

该指标以瑞士心理学家卡尔·荣格划分的8种心理类型为基础,经扩展后进一步提出功能等级等概念,并有效地为每种类型确定了其功能等级的次序,又提出了类型的终生发展理论,形成四个维度,即外倾—内倾、感觉—直觉、思维—情感、判断—理解。施测者可以根据一个人的性格类型,找到与之相匹配的职业(见表10-1)。

表10-1 各种性格类型的特点和与之相匹配的职业

类型	特点	职业
创业者 ESTP	实际、乐观、性格坚毅,机智、灵巧、风趣,有着戏剧般活跃的心态,具有洞察事物的本领,敏感,喜爱冒险、刺激,能够在危机时刻保持镇静并自如操作,不拘礼仪	管理人员,企业家,推销员,仲裁者,辩护律师,实业家,房地产开发商,演艺制作人

(续表)

类型	特点	职业
手艺者 ISTP	实际、乐观、热衷于学习艺术和手艺，易冲动，向往对他人产生影响，喜好寻求刺激，性格坚毅，谨慎，喜欢孤独，非常无畏，视等级和权威为不必要的，表达上存在欠缺	商人，机械师，手艺者、宝石匠，驾驶员，外科医生，美术家，运动员，音乐家
表演者 ESFP	最具天赋的展示者，表达力极强，热衷于学习技巧和手艺，乐观，自信，极不喜欢孤独，容易受到诱惑力的冲击，对忧虑的承受力最差，慷慨大度，仁慈友好，具有情绪表现力和深厚感情	舞台表演者，小学教师，房地产代理商
创作者 ISFP	实际，乐观，热衷于学习技巧和手艺，自信，性格友善，宁静，谨慎，沉默寡言，对任何活动都非常投入，专心致志地工作，最为友善	护士，园艺家，林业家，兽医，教师，画家，雕刻师，编舞者，导演，作曲家，剧作家、小说家，诗人，厨师，时尚设计家
监督者 ESTJ	热衷于学习商业技能，沉迷于道德理论，尽职、悲观、坚韧、坚毅，信赖权威，向往归属感，寻求安全保障，脚踏实地，热心、勤奋	法律工作者、政治家、警务人员、军人
检查者 ISTJ	尽职、悲观、坚韧，信赖权威，向往归属感，生性坚毅、矜持、较有耐心、值得信赖，朴素、保守	银行查核员、审计员、会计税务代理、图书管理员、牙科医生、验光师、法律研究员、教师
供应者 ESFJ	热衷于为他人服务，承担社会奉献者的角色，尽职、信赖权威，向往归属感，生性友善，温柔、外向、风度翩翩，健谈，喜好交际，擅长与人协作，富于同情心，情感充沛	推销员，教师，神职人员
保护者 ISFJ	尽职，情深义重，宁静矜持，乐于助人，谨慎，古道热肠，富有同情心，真挚，具有严肃的意志，做事彻底，喜欢独立工作，值得信赖	监护人，图书馆馆员，中层管理人员，综合性开业医生，保险代理人
教导者 ENFJ	希望学习有关人文方面的知识，痴迷于信念，满腔热情，信赖直觉，向往浪漫，珍视赞誉，生性善于安排事物，乐观，有卓越的感召力，值得信赖，是天才的领导者，重视和谐的人际关系，外向	大众传播业，神职人员，临床医学家，教育家，基础护理医师
劝告者 INFJ	比较隐秘，敏于理解，满腔热情，宁静而矜持，内涵丰富，有可能表露出一种理解超自然现象的能力，有远见卓识，富有诗意，有优秀的语言才能，重视集体和睦，善于聆听	临床医学家，临床心理学家，精神病医学家，特殊领域教师及作家
奋斗者 ENFP	富于感染力，活泼有生气，生性喜欢调查和研究，对新奇事物有极大热情，善于表达，不愿受约束，热心而敏锐，率直，有出色的直觉力，积极向上，有良好的公众形象	教导者，政府官员，新闻记者，演说家，小说家，电影编剧，剧作家
化解者 INFP	喜好隐居，矜持，刻意而谨慎，在工作中具有适应力，欢迎新思想、新知识，有出色的语言方面的才能，时刻警惕来自外界的侵犯	政府工作人员，宣传工作者，社会工作者，幼儿咨询员，人文学科方面的教育家
陆军元帅型 ENTJ	聪敏、自主、坚定，信赖理性，渴求知识，本性果断，善于谋划，坦率，极端的实用主义者	陆军元帅，高级管理人员
策划者 INTJ	聪敏、自主、坚定，本性果断，善于谋划，矜持，思想开明，自信，意志坚强，工作态度持久、努力、坚定，难以满足	科学研究人员，经营主管人员

(续表)

类型	特点	职业
发明家 ENTP	聪敏、自主、坚定，信赖理性，渴求知识，好奇心强，忽视标准、传统和权威，擅长功能分析，健谈，多才多艺，思维敏捷	教师，创新事业中的企业家
建筑师 INTP	聪敏、自主、坚定，全神贯注于技术，性情矜持，注意力高度集中，简明扼要，敏锐的观察力，顺从，性情平和	教师，逻辑学家，数学家，技术专家，科学家

3. 生涯成熟度问卷

生涯成熟度问卷(career maturity inventory，CMI)由克莱特斯编制，旨在测量被试事业选择态度，已由中国台湾的夏林清、李黛蒂修订为中文版。该问卷的理论基础为克莱特斯的青少年职业成熟度模型。问卷采用是非题，分为态度分量表和能力分量表。态度分量表包括卷入度、取向性、独立性、确定性、妥协性五个维度，能力分量表包括自我评估、职业信息获取、目标设置、职业规划、问题解决五个维度。

（三）确定职业发展目标

立志是人生的起跑点，反映一个人的理想、胸怀、情趣和价值观。在准确地对自己和环境做出了评估之后，我们可以确定适合自己、有实现可能的职业发展目标。在确定职业发展的目标时，要注意自己性格、兴趣、特长与选定职业的匹配，更重要的是考察自己所处的内外环境与职业目标是否相适应，不能妄自菲薄，也不能好高骛远。合理、可行的职业生涯目标的确立，决定了职业发展中的行为和结果，是制定职业生涯规划的关键。

【身边故事 10-2】

"稻田守望者"袁隆平

小时候，母亲给袁隆平讲"赵匡胤千里送京娘"的传奇故事，京娘和赵匡胤分别后，不久在战乱中死去。后来赵匡胤在一次夜战中迷路，忽然飞来一只萤火虫为他引路，把他带出险境，传说这是京娘死后特地化为萤火虫赶来相救。在袁隆平幼小的心灵中，他认为萤火虫是美丽善良的京娘的化身，从那以后，他再也不忍心捕捉那可爱的萤火虫了。这引导了袁隆平从小就立志要做一个善良的人，一个懂得感恩的人，也让袁隆平立志做一个能够帮助他人的有用之人。

袁隆平 6 岁的时候，一家人迁居到了汉口。母亲带袁隆平兄弟俩游览了汉口附近的神农洞，这里供奉着炎帝的塑像。母亲带他们向炎帝恭恭敬敬三鞠躬，并且告诉他们，炎帝兴修水利，耕地播种，收获五谷，造福百姓，是中华民族的始祖。在那个战乱的年代，年幼的袁隆平亲眼目睹了不少人饥困交加，对炎帝的故事向往不已，也在心里默念：我长大以后，也要像炎帝那样勤于耕种，收获很多粮食，好让穷苦的人都能吃饱饭。

1939 年，日本侵华战火吞噬着祖国的大好河山，袁隆平一家为避难迁往重庆。袁隆平亲眼目睹了侵华日军的暴行，让他学会了终生不忘的抗日救亡歌曲，也让他自小就受到了爱国主义的熏陶。在袁隆平童年的记忆里，印象最深的是母亲曾经跟他讲过的关于土地的故事，这让袁隆平更加坚定地热爱祖国的大好河山。没事的时候，他还会经常到重庆郊外游玩，手里捏着柔软的泥土，闻着泥土发出来的淡淡清香。或许就是从在重庆的那些日子开始，袁隆平对祖国的大好河山和土地产生了浓郁的感情，凄厉的警报声和震耳欲聋的轰炸声，让他痛楚地感受到了祖国大好河山正在被侵略者摧残，这是国难，于是他激励自己要做个有用的人报效祖国。

1948年，袁隆平一家跟随父亲迁居南京。第二年袁隆平高中毕业，面临着他的第一个人生抉择：该报考哪所大学呢？当父亲郑重地问袁隆平未来的志向是什么的时候，袁隆平用坚毅的目光看着父亲，缓缓地说："我唯一的选择就是希望自己能够成为一个出色的农业科学家。"

父亲对儿子的回答感到诧异，带着提醒的用意，父亲又追问了一句："你想成为一个身上充满了庄稼味儿的学者吗？"袁隆平不假思索地回答父亲："如果这世间没有庄稼味儿，只有硝烟味儿，那该多么可怕！"母亲在旁赶忙打圆场，提醒袁隆平应该考虑一下父亲的意见，但也肯定了袁隆平的理想，认为立志学农也是个不错的选择。所幸的是，开明的父亲终究还是理解并尊重了儿子的选择。后来，每当袁隆平回忆起人生第一次最重要的抉择时，始终感激父母的理解和支持，他曾把自己比喻为一粒种子，如果没有父母的理解和支持，这粒种子怎么能发芽呢？

大学期间，袁隆平就开始接触世界上著名的生物学家米丘林、李森科、孟德尔、摩尔根等。这些名家的观点和思想在他脑海中不断发生碰撞，促使他反复进行比较和研究。袁隆平在对这些名家的观点和思想进行反复比较和研究后，认为要批判地吸收其中的科学知识，从中提炼出自己的观点和见解。整个大学时代，袁隆平都是用这种思维来进行学习和探索的。这时候，举国掀起抗美援朝热潮，袁隆平毅然报名参加志愿军，因为各方面出色的条件，袁隆平被录取为八名飞行员之一。但考虑到急需在校大学生参加国家经济建设，所以大学生一律留校继续读书。1953年夏，袁隆平到湖南省农业厅报到，紧接着马不停蹄地赶往湖南省最偏僻的湘西安江农校，他成了这所农校的教师。

那时，正是苏联生物学家米丘林、李森科的学说大行其道的年代，袁隆平带着学生们按照这两位生物学家的学说进行了多种作物的无性杂交试验，培育出了一批又一批农作物新品种。袁隆平的试验成果备受赞誉。1958年，袁隆平将嫁接培育的特殊种子适时播种，可长出来的作物却令他非常失望，月光花与红薯嫁接的种子长出来依旧是月光花，而没有红薯的踪影。这让袁隆平对无性杂交研究开始动摇，也对苏联生物学家的观点产生了怀疑。于是，袁隆平开始了深入灵魂的思考：进行这样的无性杂交试验，前途在哪里？

面对现实中亲眼目睹的试验结果，袁隆平心里慢慢开始滋生挑战权威与传统观念的种子，他始终认为，科学就是来不得半点虚假的学问，一就是一，二就是二。既然此路不通，那就不能固执地抱残守缺了。在现实面前，袁隆平不得不舍弃自己耗费多年心血的成果，这种选择与舍弃的痛苦可想而知，但袁隆平终究做出了理性的选择，要大胆探索新路子！

在这期间，袁隆平反复学习毛主席的两部著作《实践论》和《矛盾论》，毛主席著作中提出的"人的正确思想只能源于社会实践"的著名观点，让袁隆平拨云见日，开始着手从理论和实践相结合的角度进行更加深入的探索和研究。

袁隆平在吸收借鉴奥地利遗传学家孟德尔和美国遗传学家摩尔根理论的基础上,把此前研究苏联生物学家米丘林、李森科所得的成果,以及研究达尔文、魏斯迈的心得结合起来,在实践中进行反复比较分析。

在长期工作中,袁隆平慢慢养成了时刻用心观察身边事物的习惯。1960年初春的一天,袁隆平在一个橘园里看到橘树枝头开满了密密麻麻的小白花,长势极好,让人陶醉。但这时候,他看到一个果农用剪刀把长了许多小花的枝条全都剪掉了。袁隆平忍不住对果农说,把许多橘花都剪掉了多可惜啊!果农说,花长得太密,难结果啊!果农的话犹如一道闪电掠过袁隆平心头,让他深受启发:自己不正像这橘树一样吗,橘树的花太密而难以结果;自己的人生目标太多了,也就难以实现啊!

于是,袁隆平想到自己已到而立之年,该选准自己的拼搏目标和科研课题,再也不能东一锤子,西一斧子了。经过慎重思考,袁隆平认为粮食作物是陆地生态系统的主体,是全人类赖以生存的基础。而水稻则是地球上最主要的粮食作物之一,在一定意义上来说,不正是稻米养育了生生不息的人类吗?就这样,袁隆平从这年春季开始,选择了水稻纯系选育和人工杂交试验的科研课题,试验场地就是学校分配给他的半亩自留地。

从这一刻开始,袁隆平就踏上了这条充满艰辛,又充满挑战的研究杂交水稻的伟大之路!

(四)选择职业生涯发展路线

在职业目标确定后,可以根据自己的特点选择向哪一路线发展,是技能型还是研究型,或是其他类型,由于发展路线不同,对职业发展的要求也不同。因此,在职业生涯规划中,必须对发展路线做出抉择,以便及时调整自己的学习、工作及各种行动措施,以期沿着预定的方向前进。

【知识链接 10-1】

中华人民共和国职业分类大典(2022版)(社会公示稿)简介

1. 党的机关、国家机关、群众团体和社会组织、企事业单位负责人

具体包括:中国共产党机关负责人;国家机关负责人;民主党派和工商联负责人;人民团体和群众团体、社会组织及其他成员组织负责人;基层群众自治组织负责人;企事业单位负责人。

2. 专业技术人员

具体包括:科学研究人员;工程技术人员;农业技术人员;飞机和船舶技术人员;卫生专业技术人员;经济和金融专业人员;监察、法律、社会和宗教专业人员教学人员;文学艺术、体育专业人员;新闻出版、文化专业人员;其他专业技术人员。

3. 办事人员和有关人员

具体包括:行政办事及辅助人员;安全和消防及辅助人员;法律事务及辅助人员;其他办事人员和有关人员。

4. 社会生产服务和生活服务人员

具体包括：批发与零售服务人员；交通运输、仓储物流和邮政业服务人员；住宿和餐饮服务人员；信息传输、软件和信息技术服务人员；金融服务人员；房地产服务人员；租赁和商务服务人员；技术辅助服务人员；水利、环境和公共设施管理服务人员；居民服务人员；电力、燃气及水供应服务人员；修理及制作服务人员；文化和教育服务人员；健康、体育和休闲服务人员；其他社会生产服务和生活服务人员。

5. 农、林、牧、渔业生产及辅助人员

具体包括：农业生产人员；林业生产人员；畜牧业生产人员；渔业生产人员；农、林、牧、渔业生产辅助人员；其他农、林、牧、渔业生产及辅助人员。

6. 生产制造及有关人员

具体包括：农副产品加工人员；食品、饮料生产加工人员；烟草及其制品加工人员；纺织、针织、印染人员；纺织品、服装和皮革、毛皮制品加工制作人员；木材加工、家具与木制品制作人员；纸及纸制品生产加工人员；印刷和记录媒介复制人员；文教、工美、体育和娱乐用品制造人员；石油加工和炼焦、煤化工生产人员；化学原料和化学制品制造人员；医药制造人员；化学纤维制造人员；橡胶和塑料制品制造人员；非金属矿物制品制造人员；采矿人员；金属冶炼和压延加工人员；机械制造基础加工人员；金属制品制造人员；通用设备制造人员；专用设备制造人员；铁路、船舶、航空设备制造人员；电气机械和器材制造人员；计算机、通信和其他电子设备制造人员；仪器仪表制造人员；再生资源综合利用人员；电力、热力、气体、水生产和输配人员；建筑施工人员；运输设备和通用工程机械操作人员及有关人员；生产辅助人员，其他生产制造及有关人员。

7. 军队人员

具体包括：军官(警官)、军士(警士)、义务兵、文职人员。

8. 不便分类的其他从业人员

（五）制订计划与措施

在确定了职业生涯的终极目标并选定职业发展的路线后，行动便成了关键的环节。对应自己的行动计划，可将职业目标进行分解，即分解为短期目标、中期目标和长期目标。其中，短期目标可分为日目标、周目标、月目标、年目标；中期目标一般为3～5年；长期目标为5～10年。分解后的目标有利于跟踪检查，同时可以根据环境变化制订和调整短期行动计划，并针对具体计划目标采取有效措施。职业生涯中的措施主要指为达成既定目标，在提高工作效率、学习知识、掌握技能、开发潜能等方面选用的方法。行动计划要对应相应的措施，要层层分解、具体落实，细致的计划与措施便于进行定时检查和及时调整。

（六）修正与完善

影响职业生涯规划的因素很多，有的变化因素是可以预测的，而有的变化因素难以预

测。在此状态下，要使职业生涯规划行之有效，就必须不断对职业生涯规划执行情况进行总结与评定。首先，要对年度目标的执行情况进行总结，确定哪些目标已按计划完成，哪些目标未完成。然后，对未完成目标进行分析，找出未完成原因及发展障碍，制定相应解决障碍的对策及方法。最后，依据评估结果对下年的计划进行修正与完善。如果有必要，也可考虑对职业目标和路线进行修正，但一定要谨慎考虑。

【实务训练 10-1】

如何制定一个科学的职业生涯规划

1. 职业生涯规划的步骤

1) 自我评估

主要包括对个人的需求、能力、兴趣、性格、气质等的分析，以确定什么样的职业比较适合自己。

2) 组织与社会环境分析

短期的规划比较注重组织环境的分析，长期的规划要更多地注重社会环境的分析。

3) 生涯机会评估

生涯机会的评估包括对长期机会和短期机会的评估。

4) 生涯目标确定

首先要根据个人的专业、性格、气质和价值观，以及社会的发展趋势确定自己的人生目标和长期目标，然后把人生目标和长期目标细化，根据个人的经历和所处的组织环境制定相应的中期目标和短期目标。

5) 制定行动方案

即把目标转化成具体的方案和措施。这一过程中比较重要的行动方案有职业生涯发展路线的选择、职业的选择，相应的教育和培训计划的制订。

6) 评估与反馈

职业生涯规划的评估与反馈过程是个人对自己不断认识的过程，也是对社会不断认识的过程，是使职业生涯规划更加有效的有力手段。

2. 职业生涯规划的五大前提

1) 正确的职业理想，明确的职业目标

职业理想在人们职业生涯设计过程中起着调节和指南作用。一个人选择什么样的职业，以及为什么选择某种职业，通常是以其职业理想为出发点的。任何人的职业理想必然要受到社会环境、社会现实的制约。大学生的职业理想更应把个人志向与国家利益和社会需要有机地结合起来。

2) 正确进行自我分析和职业分析

首先，要通过科学认知的方法和手段，对自己的职业兴趣、气质、性格、能力等进行全面认识，清楚自己的优势与特长、劣势与不足。避免设计中的盲目性，达到设计高度适宜。其次，现代职业具有自身的区域性、行业性、岗位性等特点。要对该职业所在的行业现状和发展前景有比较深入的了解，如人才供给情况、平均工资状况、行业的非正式团体规范等；还要了解职业所需要的特殊能力。

3) 构建合理的知识结构

知识的积累是成才的基础和必要条件，但单纯的知识数量并不足以表明一个人真正的知识水平，人不仅要具有相当数量的知识，还必须形成合理的知识结构，没有合理的知识结构，就不能发挥其创造的功能。合理的知识结构一般指宝塔型和网络型两种。

4) 培养职业需要的实践能力

综合能力和知识面是用人单位选择人才的依据。一般来说，进入岗位的新人，应重点培养满足社会需要的决策能力、创造能力、社交能力、实际操作能力、组织管理能力，以及自我发展的终身学习能力、心理调适能力、随机应变能力等。

5) 参加有益的职业训练

职业训练包括职业技能的培训，对自我职业的适应性考核、职业意向的科学测定等。可以通过"三下乡"活动、大学生"青年志愿者"活动、毕业实习、校园创业及从事社会兼职、模拟性职业实践、职业意向测评等进行职业训练。

3. 职业生涯规划的八条原则

1) 利益整合原则

利益整合是指员工利益与组织利益的整合。这种整合不是牺牲员工的利益，而是处理好员工个人发展和组织发展的关系，寻找个人发展与组织发展的结合点。每个个体都是在一定的组织环境与社会环境中学习发展的，因此，个体必须认可组织的目的和价值观，并把他的价值观、知识和努力集中于组织的需要和机会上。

2) 公平、公开原则

在职业生涯规划方面，企业在提供有关职业发展的各种信息、教育培训机会、任职机会时，都应当公开其条件标准，保持高度的透明度。这是组织成员的人格受到尊重的体现，是维护管理人员整体积极性的保证。

3) 协作进行原则

协作进行原则即职业生涯规划的各项活动，都要由组织与员工双方共同制定、共同实施、共同参与完成。职业生涯规划本是好事，应当有利于组织与员工双方。

4) 动态目标原则

一般来说，组织是变动的，组织的职位是动态的，因此组织对于员工的职业生涯规划也应当是动态的。在未来职位的供给方面，组织除了要用自身的良好成长加以保证，还要注重员工在成长中所能开拓和创造的岗位。

5) 时间梯度原则

由于人生具有发展阶段和职业生涯周期发展的任务，故而职业生涯规划与管理的内容必须分解为若干个阶段，并划分到不同的时间段内完成。每个时间阶段又有起点和终点，即开始执行和完成目标两个时间坐标。如果没有明确的时间规定，则会使职业生涯规划陷于空谈和失败。

6) 发展创新原则

发挥员工的创造性这一点，在确定职业生涯目标时就应得到体现。职业生涯规划和管理工作，并不是指制定一套规章程序，让员工循规蹈矩、按部就班地完成，而是要让员工发挥自己的能力和潜能，达到自我实现、创造组织效益的目的。

7) 全程推动原则

在实施职业生涯规划的各个环节上，对员工进行全过程的观察、设计、实施和调整，以保证职业生涯规划与管理活动的持续性，使其效果得到保证。

8) 全面评价原则

为了对员工的职业生涯发展状况和组织的职业生涯规划与管理工作状况有正确的了解，要由组织、员工个人、上级管理者、家庭成员及社会有关方面对职业生涯进行全面的评价。在评价中，要特别注意下级对上级的评价。

第二节　中学生的职业生涯教育

随着社会的发展，知识的更新，社会分工的精细，工作对个人来说不只是维持生存的基本需要，而是要追求更高层次的社会和心理的满足。工作和人的关系，由以前的为生活而工作，发展为工作即生活。教育部教育发展研究中心所做的一项针对初三和高三学生的调研显示，高三学生对高考志愿中专业的了解程度为"一小部分"和"全不了解"的比例为75.2%，初三学生只有11.4%的城市学生和7.1%的县镇学生认为自己可以从容就业。高考生对所选专业与学校的了解程度为：非常了解2.1%，完全不了解10.0%，比较了解26.8%，不太了解35.5%，说不清楚25.6%。这些数据表明，从小培养生涯规划的理念和能力很重要。

一、中学生职业生涯教育概述

职业生涯教育是有目的、有计划、有组织地培养个体规划自我职业生涯的知识与技能，发展个体综合职业能力，促进个体职业生涯发展的活动，是以引导个体进行并落实职业生涯规划为主线的综合性教育活动。学生在中学阶段开展系统的职业生涯规划活动的过程，主要包括学习规划与职业规划。

国外职业生涯教育具有悠久的历史，并已形成较为完善的制度和模式，已实现从职业教育到生涯教育的转变，形成了有意识的、全面系统的终身教育理念，体现了人本主义理念，关注中学生的自我价值，强调学校应根据学生个体的差异性和兴趣爱好来帮助学生规划其未来职业，并使其有意识、负责任地计划其职业生涯。这对我国职业生涯教育的实施提供有益的经验与启示。美国是最早进行职业生涯教育的国家，发展至今，已形成系统职业生涯教育课程。职业生涯教育课程主要通过以下三种途径得以实施：第一，课堂教学，课堂教学是以授课的形式向中学生传授相关的职业知识；第二，参加职业体验，开展职业实践活动，父母周末带孩子去体验他们的工作内容，让孩子切身感受职业生涯教育的意义；

第三，通过教育立法、资金投入和专业人员指导与交流来保障职业课程活动的开展，国家财政拨款的支持，校企和校社的合作，再加上专业教师的配备，使得中学真正成为学习职业生涯课程的场所。可见，对中学生进行职业生涯教育是切实可行的。

二、中学生职业生涯教育的重要性

中学生的年龄大多在 13～18 岁，他们正处于心理和生理逐渐成熟的关键时期。他们开始逐渐认识自己，了解自己的兴趣、能力和机会，关注、探索职业的意义和未来的发展，并尝试规划自己的人生。可见，在中学阶段开展职业生涯教育，对学生进行职业选择，以及确定他们职业的发展方向都至关重要。

（一）有助于促进中学生正确认识自我

学习不是为了考大学，也不是为了一纸文凭，而是为了今后有一个自己喜欢的、并愿意为之付出的工作。如果职业生涯规划从中小学时期做起，将对人的一生产生重要影响。职业生涯教育首先强调"生涯"的主体是学生本人，通过自我认识的方式来思考自己的兴趣、爱好、能力、特长及个性特点，这样就可以使中学生更科学地规划自己的人生。

（二）有助于促进中学生自觉地学习

心理学研究表明，人类的任何行为都是有目的的，即行为动机论。职业生涯规划的意义在于寻找适合自身发展需要的职业，从而确定人生的方向，为准确定位的人生目标努力学习。"为中华之崛起而读书"就是一个非常生动和熟悉的例子。让中学生树立学习的信念和理想，可以使学生目前的学习更有目标和意义，从而有效地增强学生的学习动机，增强学习的主动性和自觉性。

（三）有助于解决升学与就业的困惑

生涯规划对青少年学生特别重要，因为他们在从学校过渡到工作世界的过程中，要面对很多和事业相关的抉择。能够有效地规划人生和事业是青少年学生的一个重要成长任务。无论是初中生还是高中生，他们都面临着升学和就业的选择。即使是继续升学，也同样面临选择专业(事实上与日后的职业选择密切相关)的问题。每当学生初中或高中毕业时，许多家长与学生都四处咨询，是读技校还是升高中，是学文还是学理，是报考这所学校还是那所学校。这个时期的中学生虽然都有着强烈的自我设计的渴望，但他们各方面还不够成熟，还不能理性地根据自身的具体情况进行职业生涯设计，他们迫切需要外界的指导与帮助。

（四）有助于进行科学自我定位

你今天站在哪里并不重要，可你下一步迈向哪里却很重要。职业生涯规划的重要前提是认识自我。只有认识自我、了解自我，才能有针对性地明确职业方向，而不盲目化。认识自我是对自我深层次的解剖，了解自己能力的大小，明确自己的优势和劣势，根据过去的经验、经历，选择未来可能的工作方向，从而彻底解决"我想干什么"和"我能干什么"

的问题。也就是说，中学生要根据不同的职业特点准确评价个人特点和强项，认真分析个人目标与现实的差距，找准努力的方向，把握时代机遇。在此基础上，中学生应通过了解行业的特性、所需的能力、就业渠道、工作内容、工作发展前景、行业的薪资待遇等外部环境，理性地确定自己所具备的资本；还应根据不同的职业要求重塑自我形象，增加职业竞争力。

（五）有助于找到实现理想的通道

中学开展职业生涯教育有利于学生理性选择专业，实现人生理想，也可以促进人才合理分流，缓解教育和就业压力，促进社会合理分工。职业生涯规划让我们拥有明确的目标，会围绕目标去学习和提升，即使目标不够明确，也会沿着既定的方向前行，这就是实现理想的通道。只有在发现和确定了人生奋斗的大目标之后，围绕这个中心，我们平常的行为才会更有效率和价值，进而让职业生涯规划成为实现理想的通道。职业生涯规划为我们的人生之旅设定了导航仪，指引我们走向成功。哈佛大学的一项追踪研究表明，获得成功的人的共同点在于，他们为自己的职业生涯早早确定了明确的目标，并且始终坚持。

三、中学生职业生涯教育的现状

为了适应世界教育发展的大趋势，实现学生个性化的职业选择，引导学生进行职业生涯规划是十分必要的。纵观我国高等教育的现状，学生在进入大学之后，专业已经基本确定。因此，国内高校的职业生涯教育可以说只是一种"临时抱佛脚"的短期行为，很难收到真正的效果。要改变这种被动的局面，职业生涯教育的重心应放到基础教育阶段。

《国家中长期教育改革和发展规划纲要(2010—2020年)》中提出，建立学生发展指导制度，加强对学生的理想、心理、学业等多方面指导。随着我国经济的不断发展，就业形势越来越严峻，各级教育部门逐步认识到在中学阶段开展职业生涯教育的重要性，经济发达的城市和地区已陆续在中学阶段实施职业生涯教育。

然而，在我国中学生的职业生涯规划教育中，存在以下问题：没有得到应有的重视，组织机构与制度不健全或缺失，专职专业师资队伍不足等。这不仅使中学生在中学的学习阶段缺乏基本的职业意识，而且使中学生在对自我的认知方面存在严重不足，中学生不了解自己的职业兴趣是什么，更没有职场规划，即使有的中学生虽然有自己的人生理想，但只有极少数的中学生意识到如何实践自己的人生理想。具体来说，主要存在以下几方面的问题。

（一）缺乏合适的理论指导

我国的生涯辅导理论主要引自国外，并且对国外生涯发展与生涯辅导理论的研究大都停留在简单的介绍阶段。文献的写作模式一般是先介绍国外一系列理论，但对这些理论的思想精髓、适用对象、如何运用等问题还缺乏深入的研究。针对这种状况，我国一些研究者提出，生涯辅导理论的本土化有待进一步加强，以更好地指导我国的中学生生涯辅导实践。

（二）保障体系不完善

1992年，国家颁发《普通中学职业指导教育纲要草案》，从政策上陆续要求把职业指导教育作为普通中学教育的一个组成部分加以研究和实施。2010年，《国家中长期教育改革和发展规划纲要(2010—2020年)》首次明确提出"学生发展指导"，强调建立学生发展指导制度，加强对学生理想、心理、学业等多方面的指导；关注学生不同特点和个性差异，发展每一个学生的优势潜能。但至今为止，国家并没有进一步深化并制定具体的有关中学生生涯辅导的政策。

（三）专业化程度低

由于我国中小学的生涯辅导尚处于实验阶段，许多教师缺乏系统、正规的培训。许多学校不仅缺乏职业辅导专家，甚至连专门的职业辅导人员都难以配备，生涯辅导的职责大多由学校学科教师及其他人员共同分担。这些人员均为兼职，很多人并不具备有关职业的知识及心理辅导、咨询的技能，使得辅导效果难如人意。

（四）缺乏专门的生涯辅导课程

在我国的初中阶段，对学生自我意识、兴趣、价值观的培养大部分融入语文和政治课的教学中，旨在引导学生学习或理解一些正确的价值观或自我意识。辅导并无所需的系统材料，辅导的内容也是临时设置的，辅导的目的或许也不是依据学生的兴趣、能力和价值观，而是依据学生的成绩。即使有专门的就业指导课，其主要内容往往空洞乏味，如讲述就业形势、制作简历之类，这些对于学生的实际用处并不大。

（五）辅导范围过于狭窄

大学生生涯辅导已深入我国各高校，而中学生生涯辅导只在个别地区试行，而且还只是试验阶段，大多以课题研究的形式进行。而加拿大的中学生生涯辅导已成为整个生涯辅导的重要领域，在全国范围推广。其次，我国中学生生涯辅导对象也过于狭窄，大多面向的是临近升学或就业的学生或健康学生。而加拿大中学生生涯辅导的对象包括中学各级学生及特殊群体。同时，我国中学教师的辅导主要以学生的成绩为准则，而不是依据学生的发展需求。教师往往关注成绩较好的学生的职业前途，而对成绩较差的学生很少进行个别的就业指导。

四、加强中学生职业生涯教育的对策

（一）开设切实可行的职业生涯教育课程

课堂教学因其集体教学、信息量多、效率高的优势，历来是教育教学的主渠道，因而开设职业生涯教育课程是实施职业生涯教育的主要途径之一。通过提供自我认识的测试和辅导，使学生掌握自我认识的方式和方法；通过系统地介绍有关职业、经济形势等方面的知识，使学生根据自己的实际，判断自己的职业取向。

由于中学不同学段(初中和高中)的学生对生涯的认知与关注程度不同，在综合考虑学生的认知发展水平、心理发展水平、生涯发展的阶段性特征后，建议初中年级的生涯教育侧重学生生涯关注、生涯控制能力的培养与提升，以自我探索、生涯体验等内容为主。通过创设生涯情境(如比赛、艺术节、走进企业等)，为学生提供学习、尝试的机会，激发学生探索自我与环境的行动，让学生在探索与体验中产生对真实生涯的好奇与关注。高中年级的生涯教育则侧重学生生涯好奇、生涯自信的提升，在进一步探索自我的基础上，在对未来的职业世界有相当程度的了解后，通过整合自己的兴趣取向与能力特长，将自我与未来学业发展相匹配，不断聚焦生涯选项。基于此，职业生涯课程可以通过学科教学、专题讲座，并结合录像、课件等多种形式开展教学。如在学科教学中，讲授道德与法治学科的教师可以讲与法律相关的职业信息，历史学科教师讲与考古类、历史类相关的职业信息等，又如可以设计生涯教育专题讲座，向学生宣讲适应辅导、认识自我、学会学习与生活、良好的社会适应、生涯探索等方面的内容。

（二）加强宣传，使中学生职业生涯教育深入人心

家庭、学校和社会作为教育环境的三大要素，只有三者形成合力，才能使教育取得良好的效果。全社会及所有的家庭、学校，都应该认识到中学生职业生涯教育的重要性，为其营造一个良好的大环境。

首先，加强中学生职业生涯教育理念的宣传，使全社会共同关心和支持这项事业。其次，父母的教育方式及家庭氛围对学生的健康成长起着举足轻重的作用，父母应树立对孩子进行职业生涯教育的意识，在日常生活中注重加强对孩子在社会交往能力、独立思考能力、人生规划、职业准备等方面的学习与训练。学生利用节假日跟随父母上班，观察、记录、体验、感悟、交流。再次，学校工作应以育人为目标，应该认识到这项工作的重要意义，并科学开展职业生涯教育活动，帮助学生开展职业生涯设计。最后，不少学生对未来的职业选择缺乏认识，错误地认为职业只是一种糊口的方式，觉得学习并不重要。这样会促使学生产生消极学习的心态，对他们的成长不利。教师要采用案例教学法，让学生寻找身边的例子，看看学习带来的好处，以及如何促进人们更好地工作。这样能让学生感受到知识的力量，进而更主动地投入学习。

（三）加强职业生涯教育机构和师资队伍建设，切实开展工作

要推动中学生职业生涯教育工作健康快速发展，必须成立专门的职业生涯教育机构，并配置有专职职业生涯规划指导师。由于社会和职业的需求会随着经济的发展不断变化，因此职业生涯规划指导师也必须跟上形势，不断更新观念，及时掌握职业的需求动向，才能行之有效地开展职业生涯指导。职业生涯规划指导师积极参加高校的招生咨询会和双选会，熟悉就业市场，是他们不断提高职业指导水平的一个重要途径。

（四）开展职业体验，进行生涯教育实践

若想提升学生对职业的认识，了解社会现状和未来发展方向，职业体验是一种直接有效的方式。随着我国经济的飞速发展，各级城区和乡镇遍布不同类型的民营企业或私营企业。学校可以与这些企业联系，甚至可以长期合作成为实践基地，利用寒暑假或节假日的

时间，组织中学生进入搭建好的职业场所或平台，由职业人士进行专业指导和培训，让不同年级的学生进行职业初体验。学校所在的社区、居委会等各级行政部门和团体，也是中学生开展实践活动的重要基地，如做志愿者、安全卫生监督者等。学校可以与这些组织建立长期联系，让中学生走进这些组织参加体验工作，使他们在实践中开阔眼界、增长知识、锻炼能力，树立为他人和社会做贡献的价值观念，增强社会责任感。

（五）组织中学生制定职业生涯规划，实施职业生涯差异化教育

中学生是职业生涯教育的对象之一，要使职业生涯教育落到实处，做好中学生个人的职业生涯规划是关键。因此，学校应组织即将毕业的中学生制定自己的职业生涯规划，即形成文字，时刻对照、鞭策自己的职业生涯实施情况。

由于每个中学生的智力水平、个性特点、家庭环境都不相同，学校职业指导教师还应注重中学生职业生涯差异化教育，挖掘和发展他们的优势和特长，使每个中学生的潜能都能在原有基础上得到充分的发展，从而促进中学生自身素质的全面提升。

第三节　中学生的时间管理

勤奋者抓紧时间；懒惰者消磨时间；有志者珍惜时间；无为者浪费时间；忠诚者遵守时间；投机者等待时间；聪明者积累时间；愚昧者忽略时间；求知者利用时间；无知者荒度时间；实干者重视时间；浪荡者践踏时间；谦虚者赢得时间；乐观者赞美时间；悲观者叹息时间。时间是一种重要的资源，具有不可变性、无贮存性、无替代性，但我们可以对时间进行有效的管理与使用。善于管理时间的人能力强、事业有成，在专业领域中获得成功的可能性大。科学合理地使用时间，是现代人社会性格的一个重要标志。时间管理和使用已成为国内心理学研究中的一个新领域。

【心理测试10-1】

个人时间管理测验

指导语：本测验为单选题，请你根据自己在日常学习与生活中对待时间的方式与态度，选择最适合于你的一种答案。

1. 星期天，你早晨醒来时发现外面正在下雨而且天气阴沉，你会怎么办？　　（　　）
a. 接着再睡。
b. 仍在床上逗留。
c. 按照一贯的生活规律，穿衣起床。
2. 吃完早饭后，在上课之前，你还有一段自由时间，你怎么利用？　　（　　）
a. 无所事事，根本没有考虑学习点什么，不知不觉地过去了。
b. 准备学点什么，但又不知道学什么好。
c. 按照预先订好的学习计划进行，充分利用这一段自由时间。
3. 除每天上课外，对所学的各门课程，在课余时间里怎样安排？　　（　　）

a. 没有任何学习计划，高兴学什么就学什么。

b. 按照自己最大的能量来安排复习、作业、预习，并紧张地学习。

c. 按照当天所学的课程和明天要学的内容制订计划，严格有序地学习。

4. 你每天晚上怎样安排第二天的学习时间？　　　　　　　　　　（　　）

a. 不考虑。

b. 心中和口头做些安排。

c. 书面写出第二天的学习计划。

5. 为自己拟定了"每日学习计划表"，并严格执行。　　　　　　　（　　）

a. 很少如此。

b. 有时如此。

c. 经常如此。

6. 我每天的休息时间表有一定的灵活性，以使自己有一定时间应付预想不到的事情。

（　　）

a. 很少如此。

b. 有时如此。

c. 经常如此。

7. 当你发现自己近来浪费时间比较严重时，你有何感受？　　　　（　　）

a. 无所谓。

b. 感到很痛心。

c. 感到应该从现在起尽量抓紧时间。

8. 当你学习忙得不可开交的时候，而又感到有点力不从心时，你怎样处理？（　　）

a. 开始有些泄气，认为自己脑袋笨，自暴自弃。

b. 有干劲，有用不完的精力，但又感到时间太少，仍然拼命学习。

c. 开始分析检查自己的学习时间分配是否合理，找出合理安排学习时间的方法，在有限的时间里提高学习效率。

9. 在学习时，常常被人干扰打断，你怎么办？　　　　　　　　　（　　）

a. 听之任之。

b. 抱怨，但又毫无办法。

c. 采取措施防止外界干扰。

10. 当你学习效率不高时，你怎么办？　　　　　　　　　　　　（　　）

a. 强打精神，坚持学习。

b. 休息一下，活动活动，轻松轻松，以利再战。

c. 把学习暂停下来，转换一下兴奋中心，待效率最佳的时刻到来，再高效率地学习。

11. 阅读课外书籍，怎样进行？　　　　　　　　　　　　　　　（　　）

a. 无明确目的，见什么看什么，并经常读出声来。

b. 能一边阅读一边选择。

c. 有明确目的进行阅读，运用快速阅读法加强自己的阅读能力。

12. 你喜欢什么样的生活？　　　　　　　　　　　　　　　　　（　　）

a. 按部就班、平静如水的生活。
b. 急急忙忙、精神紧张的生活。
c. 轻松愉快、节奏明显的生活。

13. 你的手表或书房的闹钟经常处于什么状态？（　　）
a. 常常慢。
b. 比较准确。
c. 经常比标准时间快一些。

14. 你的书桌井然有序吗？（　　）
a. 很少如此。
b. 偶尔如此。
c. 常常如此。

15. 你经常反省自己处理时间的方法吗？（　　）
a. 很少如此。
b. 偶尔如此。
c. 常常如此。

评分标准

选择 a，得 1 分；选择 b，得 2 分；选择 c，得 3 分。

将你各题的得分加起来，然后根据下面的评析判断出自己的时间管理能力和水平。

- 35～45 分，有很强的时间管理能力。在时间管理上，你是一个成功者，不仅时间观念强，而且还能有目的、有计划、合理有效地安排学习和生活时间，时间的利用率高，学习效果良好。
- 25～34 分，较善于对时间进行自我管理，时间管理能力较强，有较强的时间观念，但是，在时间的安排和使用方法上还有待进一步提高。
- 15～24 分，时间自我管理能力一般，在时间的安排和使用上缺乏明确的目的性，计划性也较差，时间观念较淡薄。
- 14 分以下，不善于时间管理，时间自我管理的能力很差，在时间的自我管理上是一个失败者，不仅时间观念淡薄，而且不会合理地安排和支配自己的学习、生活时间。你需要好好地训练自己，逐步掌握时间管理的技巧。

一、时间管理概述

（一）时间管理的内涵

时间管理是指通过事先规划并运用一定的技巧、方法与工具实现对时间的灵活及有效运用，从而实现个人或组织的既定目标。

个人在利用和支配时间上的倾向不仅表现在行为上，而且与其对待时间的态度及时间价值观念密切相联系。对待时间的态度和时间的价值观念，促使人朝着一定的目标而行动。由此可见，时间管理倾向具有动力性，在不同人身上有不同表现程度、跨情境性和潜在的可测度 3 个特征。我国学者黄希庭等人在国外学者研究的基础上，编制出我国青少年的时间管理倾向量表。黄希庭等人 (2001) 认为，时间管理倾向是一种具有多维度、多层次心理结构的人格特征，包括时间价值感、时间监控观和时间效能感 3 个维度。

（二）中学生时间管理的意义

一寸光阴一寸金，寸金难买寸光阴。时间管理与青少年的学习生活是密切相关的，合理、科学的时间管理不仅是他们获得良好知识储备的基本保障，也是他们个体成长与发展的必然前提。华罗庚曾说过，时间是由分秒积成的，善于利用零星时间的人，才会做出更好的成绩来。很多中学生因自己不能科学、合理地利用和运筹时间而造成学习成绩较差。研究表明，时间管理与学业成绩、成就动机、自尊、心理健康密切相关。也有研究发现，时间管理不是成绩的直接前提，而是有助于个人获得控制感，这会积极影响成绩和满意感，并降低紧张和压力反应。

因此，有效利用时间是走向职业成功的重要源泉，可以适应快速发展的社会的需要。而掌握良好的时间管理方法，形成良好的时间管理行为习惯，可以增加学生的自我管理和自我控制感，增强学生的自信心，进而提高学生的学业成绩。

【实务训练 10-2】

时间的意义：时间尺游戏

首先，你要准备 80 寸长的软尺。假如你有 80 岁寿命，那么每 1 寸就代表 1 年，1~20 岁可能是你不能自主的，截下不谈。现在你的软尺有 60 寸，表示你 20~80 岁的时间。你 60~80 岁这 20 年是老年时期，处于半退休状态，所以你可以用剪刀把软尺上表示 60~80 岁老年时期的 20 寸剪去。现在你的软尺只剩下 40 寸——你一生的黄金时间。

一般人平均每天睡眠 8 小时，一年 365 天，一年平均的睡眠时间约是三分之一，40 年中睡眠时间是 13 年，软尺便剩下 27 寸。

一般人每天早中晚三餐，平均需要 2.5 小时，一年大约用去 912 小时，40 年便是 36 480 小时，相当于 4 年时间，所以请你把软尺剪去 4 寸，现在的软尺只剩下 23 寸。

在交通上，如今一般人用于交通的时间平均为 1.5 小时，如果是外勤或推销员，所需要的时间可能是它的 2~3 倍。现在你问问自己每天用在交通方面的时间有多少？如果答案是 1.5 小时，40 年便是 2.19 万小时，约等于 2.5 年。请你在软尺上剪下 2.5 寸，现在软尺剩下 20.5 寸了。

如果你每天用于与亲友同事聊天闲谈、打电话的时间，或平时闲聊的时间是 1 小时，40 年就用去了 1.46 万小时，约等于 1.5 年，那么现在你的软尺应该剩下 19 寸。

据统计，一般人平均每天花在看电视上时间接近 3 小时，而一些事业有成的社会精英则每星期少于 1 小时。假设你每天平均看电视 3 小时，40 年所用去的时间就是 4.38 万小时，亦即约等于 5 年时间。请你减去 5 寸，现在它剩下来应该是 14 寸。也就是仅有 14 年时光……

你是否计算过自己每星期用于娱乐、锻炼身体的时间有多少？周末晚上有什么消遣？看电影、搓麻将、打球、看书？如果你周末娱乐用去的时间每天平均 3 小时，40 年就是 4.38 万小时，约等于 5 年。你又剪去 5 寸，它现在是 9 寸。

每人每日做的几件事是：刷牙洗脸、大小两便及洗澡，还有女士的化妆，男士用来剃须、看报纸的时间，以上各项如果你每天用1小时，40年就是1.46万小时，约为1.5年。那么现在你手里的软尺还有7.5寸。

如果你一年有7天休假，40年就等于0.672万小时；如果你每天都做白日梦或浑噩1小时，40年就是1.46万小时；如果你每天因为闹情绪，无法集中精力工作1小时，40年便是1.46万小时。把以上各项相加，虚度时间的综述为3.59万小时，约等于4.1年。请你将软尺上的7.5寸减去4.1寸，剩下的只有3.4寸，也就是3.4年的时间。

若是上述计算时间方法很中肯的话，试问：以这短短3.4年的时光去养活自己80年的人生，可能吗？

答案是否定的，这个游戏告诉我们：人生就是时间，能够把握时间的价值，才能把握人生存在的价值。

二、中学生在时间管理中存在的问题

中学生在时间管理中主要存在以下几方面的问题。

（一）浪费不易被人们觉察的时间

浪费不易被人们觉察的时间是一种潜在的和隐性的时间浪费。在中学生中，隐性的时间浪费主要表现在：课堂上，有些学生不能保证认真听老师讲授课程，总是有同学"身在曹营心在汉"，或是因对老师讲课不感兴趣就趴在桌子上睡觉。最普遍的现象是，有一些同学，也许天生就具有一种躁性，老想一下子就把学习任务完成，然后到他自己的"小天地"去"自由自由"，结果在学习上就马马虎虎、粗心大意，不是丢"东"，就是落"西"。

（二）不善利用课余的和零碎的时间

较小学阶段，中学阶段的学习任务和学习科目逐渐增多。老师在课堂上讲的内容很多，这就要求中学生一定要学会抓住知识的重点，要及时把一些重点、难点记录下来，为复习巩固保留依据与素材。一般来说，老师都很乐意接受学生的提问，课堂上难免有些内容听不懂或者对某些知识点理解有些模糊，中学生可以在课后主动找老师答疑解惑或寻求同学的帮助。中学生还要善于利用零碎的时间，睡前几分钟、洗漱后、吃饭前后、走路、等车、坐车、闭目养神、课间等这些时间都是零碎的时间，都是可以充分利用的学习时间，可以帮助中学生在休息调整的同时兼顾学习。然而，有些中学生存在一些不适宜的学习模式，如忽略课余时间的价值，对课余时间不给予足够的重视。这种学习模式不利于学生养成良好的时间管理策略。

（三）做事情拖延，有浪费时间的不良习惯

在中学生身上，拖延现象非常普遍。即使在家长和老师的催促下，他们也不能在规定的时间内完成学习任务，不能及时上交作业就会受老师批评，受批评后，有的同学便会产生不良情绪，慢慢地会影响师生关系。师生关系紧张，使学生对学习和老师产生抵触情绪，这些情绪又影响好的时间管理习惯的形成，加重学生浪费时间的倾向。更有甚者，一些学

生的大部分时间直接通过上网、出去找同伴玩、睡觉等方式被消遣了。他们认识不到时间的有限和可贵，这些浪费时间的习惯一旦养成，对学生的学业成绩、自我效能感、自我评价等方面都会产生负面影响。

（四）学困生和学优生的时间管理能力有差异

一个班集体的存在，由好多群体构成，按学习成绩分类可分为学困生与学优生。学困生与学优生在时间管理上存在很大的差别。学困生在学习时间管理能力上相对滞后，这种滞后在学习的很多环节上都能反映出来，如学习习惯拖沓涣散，不能有效地利用时间等。而学优生相对来说会主动选择适合自己的学习方法，合理安排学习活动，能够最大程度地利用时间，对时间进行有效管理，很少有浪费和拖延时间的习惯。他们会根据学习成绩或进行自我监控，反思和调整自己的学习节奏，优化适合自己的并能有效提高学习效率的时间管理策略。

三、对中学生有效的时间管理方法

时间管理是指通过事先规划和运用一定的技巧、方法实现对时间的灵活及有效运用，提高单位时间的办事效率。对中学生而言，时间管理的重要性不言而喻，尤其是现阶段中学生所面临的学习任务重，学习难度又大。学生有效的时间管理意识和行为的形成，需要教师不断教育、灌输和指导。教师需要帮助学生意识到时间管理的重要性，也要让学生了解时间管理能力是可以通过后天训练得以提高的。具体来说，教师要让中学生对他们的时间使用状况有一个明确的认识，如一天或一周的时间里个人时间的浪费情况，以及如何减少或消除对时间的浪费，要求中学生进行监控，并对成功和失败的结果进行自我分析。此外，我们还可以让他们掌握良好的时间管理方法，形成良好的时间管理行为习惯，进而可以提高他们的学业成绩。

（一）时间管理的四大法宝

1. 以 SMART 为导向的目标原则

时间管理教学中要强调，目标原则不单单是有目标，而且是要让目标达到 SMART 标准。这里的 SMART 标准包括以下几方面。

(1) 具体性(specific)，指学习目标必须是清晰的，可产生行为导向的。例如，目标"我要成为一个优秀的中学生"不是一个具体的目标，但目标"我这个学期年级排名前进 5 名"或"我期末考试数学要突破 90 分"就算得上是具体的目标了。

(2) 可衡量性(measurable)，指目标必须用指标量化表达。如上面"我这个学期年级排名前进 5 名"或"我期末考试数学要突破 90 分"的目标，它就对应着量化的指标——排名、考试成绩等。

(3) 可行性(attainable)，这里可行性有两层意思：一是目标应该在能力范围内；二是目标应该有一定难度。一般人在这点上往往只注意前者，其实后者也相当重要。如果学习目标经常达不到，的确会让人沮丧，但同时应注意，太容易达到的学习目标会让学生失去激情。

(4) 相关性 (relevant)，指与具体学科学习相关，而不是简单的"白日梦"。

(5) 及时性 (time-based)，指学习目标必须确定完成的日期。在这一点上，教师要教育学生不但要确定最终目标的完成时间，还要设立多个小时间段上的"时间里程碑"，以便进行学习进度的监控。

2. 关注第二象限原则

根据重要性和紧迫性，我们可以将所有的事件分成 4 类，即建立一个二维四象限的指标体系，如表 10-2 所示。

表 10-2　时间管理四象限的指标体系

类别	特征	相关事宜
第一象限	"重要紧迫"的事件	如临考准备、完成有期限压力的作业等
第二象限	"重要但不紧迫"的事件	如知识的积累、总结、定期复习等
第三象限	"不重要但紧迫"的事件	如不速之客、某些电话、会议、信件、邀请等
第四象限	"不重要且不紧迫"的事件或"浪费时间"的事件	如阅读令人上瘾的无聊小说、收看毫无价值的电视节目等

根据时间管理四象限法则，中学生可以将学习或社团等活动按照重要性和紧迫性两个维度分为四类：一是重要且紧迫的活动，二是重要不紧迫的活动，三是不重要但紧迫的活动，四是既不重要也不紧迫的活动。重要且紧迫的活动需要最先完成，重要不紧迫的活动按计划完成，紧迫不重要的活动可以授权他人完成，既不重要也不紧迫的事情可以不做。

一般情形下，第三象限的收缩和第四象限的舍弃是众所周知的时间管理方式，但在第一象限与第二象限的处理上，人们却往往不那么明智。大多数学生更关注于第一象限的事件，这将会使学生长期处于高压力的学习状态下，经常忙于考前磨枪和应付老师检查，这很容易使学生精疲力竭，长此以往既不利于健康也不利于学习。所以教师对学生进行时间管理培训，必须引导学生转换关注的方向，这样才可得到根本的改变。这主要是因为第一象限与第二象限的事本来就是互通的，第二象限的扩大会使第一象限的任务减少。而且处理时由于时间比较充足，效果都会比较好，这样也可以增强学生的自信。

3. 赶跑时间第一大盗的韵律原则

中学生作为一个未成年群体，大多数时间处于学校这个相对安静的大环境中，受到的打扰相对较少，但也占了其时间支出的很大比例。为了解决这个问题，应该运用时间管理法则——"韵律原则"来帮助学生管好自己的时间。它包括两方面的内容。一是保持自己的韵律，具体的方法包括对无意义的邀请要学会礼貌地拒绝，按照自己效率最高的作息规律安排时间。中学生喜欢表现自己，缺乏时间管理意识和必要的交际技巧，往往把来自各方的请托都不假思索地接受下来，但这不是一种明智的行为。量力而行地说"不"，是做到有效时间管理的必要条件。二是要与别人的韵律相协调，具体的方法包括以班会的形式让全班同学了解每个同学的作息习惯；设一个专门的时间管理墙报栏，每个同学把自己每天的时间安排张贴到此处；同学间要互相珍视对方的时间，不要随意打扰对方，有事要先看对方的时间安排。

4. 执着于流程优化的精简原则

著名的时间管理理论"崔西定律"指出，任何工作的困难度与其执行步骤数目的平方成正比。例如，完成一项工作有 3 个执行步骤，则此工作的困难度是 9，如果完成一项工作有 5 个执行步骤，则此工作的困难度是 25，所以必须要简化任务流程。

可见，无论是对于中学生个人而言，还是对于班级、学校而言，都应该尽量减少各种活动的流程，做到凡事皆有计划，计划简化优化。每次去掉一个多余的环节，就少了一个延误时间的可能，这意味着节省了大量时间。

（二）时间管理的十一条法则

1. 要和你的价值观相吻合

你一定要确立个人的价值观，假如价值观不明确，你就很难知道什么对你最重要，这样就无法做好时间分配管理。时间管理的重点不在于管理时间，而在于如何分配时间。你永远没有时间做每件事，但你永远有时间做对你来说最重要的事。

2. 设立明确的目标

时间管理的目的是让你在最短时间内实现更多你想要实现的目标；你必须把今年的 4~10 个目标写出来，找出一个核心目标，并依次排列重要性，然后依照你的目标设定一些详细的计划，你的关键就是依照计划进行。

3. 改变你的想法

美国心理学之父威廉·詹姆士对时间行为学的研究发现这样两种对待时间的态度："这件工作必须完成，它实在讨厌，所以我能拖便尽量拖"和"这不是件令人愉快的工作，但它必须完成，所以我得马上动手，好让自己能早些摆脱它"。当你有了动机，迅速踏出第一步是很重要的。不要想立刻推翻自己的整个习惯，只需强迫自己现在就去做你所拖延的某件事。然后，从明早开始，每天都从你的时间安排列表中选出最不想做的事情先做完。

4. 遵循 20∶80 定律

生活中肯定会有一些突发和迫不及待要解决的问题，如果你发现自己天天都在处理这些事情，那表示你的时间管理并不理想。成功者花最多时间在做最重要的事，而不是最紧急的事情上，然而一般人都是做紧急但不重要的事。

5. 安排"不被干扰"时间

每天要有半小时到一小时的"不被干扰"时间。假如你能有一个小时完全不受任何人干扰，把自己关在自己的空间里面思考或者学习，这一个小时可以抵过你一天的学习效率，甚至有时候这一小时比你 3 天的学习效果还要好。

6. 严格规定完成期限

帕金森(2007)在其所著的《帕金森法则》中写下这段话："工作效率低下的人不一定显得无所事事，工作量不多的人也不一定显得清闲散漫。完成某项工作的时间要视其重要性和复杂性而定。"那么，对于中学生而言，如果你有一整天的时间可以做某项学习任务，你就会花一天的时间去做它。而如果你只有一小时的时间可以做这项任务，你就会更迅速有效地在一小时内做完它。

7. 做好时间日志

想要管理时间，你必须先记录时间，把每天花的时间一一记录下来。表10-3所示为时间日志的参考形式。这个环节里最重要的是，你必须要在任务来临的"当时"立即加以记录，而不能事后凭记忆补记，不然你可能花费了很长时间还是没能养成习惯。此外，你还需要对你的记录进行定期核对，看看完成进度如何。核对的周期可以根据你现阶段的情况而定，你可以每天记录每天核查，也可以一周核查一次，或者两周核查一次。这会使你清晰地发现浪费了哪些时间。这和记账是一个道理，当你找到浪费时间的根源时，你才有办法改变。

表10-3 时间日志

_____月_____日　　　　　　　　　　　　　　时间单位：分钟

所做事件	洗漱	早餐	搭车	拜访朋友	上网	做作业	……
所花时间							
所做事件							
所花时间							

8. 理解时间大于金钱

一寸光阴一寸金，寸金难买寸光阴。陶渊明说过："盛年不重来，一日难再晨。及时当勉励，岁月不待人。"人生短短数十秋，想要在如此短的时间内，取得成功，登上人生的顶峰，谈何容易。也正因为如此，珍惜时间就显得异常重要。例如，在做时间管理时，要学会统筹安排，平行作业。换句话说，你要学会让性质相同的活动同时进行。例如，有同学来你家做客，用于准备的时间只有十分钟，这十分钟你要做的事情有洗水果、洗茶杯、烧开水、准备零食。不妨在烧开水的同时，依次洗水果、洗茶杯和准备零食，刚好十分钟，这样安排最省时合理。

9. 学会列清单

把自己要做的每件事情都写下来，这样做首先能让你随时都明确自己手头上的任务。不要轻信自己可以用脑子把每件事情都记住，而当你看到自己长长的清单时，也会产生紧迫感。时间管理表可参考表10-4所示的形式制作。

表 10-4　时间管理表

_____ 月 _____ 日

时间段	计划内容	重要性排序	预期完成时间	实际完成情况

10. 同一类的事情最好一次把它做完

假如你在做纸上作业，则那段时间都做纸上作业；假如你是在思考，则用一段时间只做思考；打电话的话，最好把电话累积到某一时间一次性打完。当你重复做一件事情时，你会熟能生巧，效率一定会提高。

11. 每分每秒都做最有效率的事情

你必须思考一下要做好一份工作，到底哪几件事情是对你最有效率的，把它们列下来，分配时间把它们做好。零星的时间，如果能敏捷地加以利用，可成为完整的时间。所谓积土成山是也，失去一日甚易，欲得回已无途。

【案例导读解析】

小冰同学的困惑是生涯规划的问题。根据生涯发展理论，高中生正处于职业生涯探索和初步定向阶段，是个体生涯发展的重要时期。随着教育事业的发展，国家越来越重视高中生生涯发展和生涯规划能力的提升。中学生如何合理地进行生涯规划呢？

在本案例中可以采取的做法是：首先通过自我探索协助小冰认清自己的兴趣和能力所在，了解自己所看重的是什么，确定自己未来为之努力的方向，并为这个目标制订详细的计划，在边实践边修改的道路上前进。同时，小冰之所以困惑还有一个很关键的因素就是家人的意见。我们作为家庭的重要一员，父母的意见对于我们来说很重要，我们也要尊重他们的想法，也要让他们明白自己的选择不是一时盲目的选择。自己为什么会做出这样的选择，和家人一起探讨，耐心地交流和沟通，让他们明白自己为什么会做出这样的选择，并通过努力获得家人的支持。

小结

中学生职业生涯教育是指按照中学生的成长成才规律，通过学习、测评、实践、分析等多种教育方式，使中学生尽早厘清自我，了解各种职业，学会科学的职业抉择，设置合理的职业追求，这对中学生未来职业的发展具有重要意义。此外，在当前科技快速发展、竞争空前激烈的大背景下，中学生能够充分利用碎片时间，多渠道、高效利用资源，对时间进行规划和管理，这对他们的学习、生活及工作都具有重要的意义。本章对中学生职业生涯和时间管理进行了分析，提出了有利于中学生职业生涯规划和时间管理的方法，从而对他们的学习和生活具有指导作用。

巩固与操作

一、思考题

1. 职业生涯规划的步骤有哪些？
2. 中学生职业生涯规划教育的意义是什么？
3. 加强中学生职业生涯教育的策略有哪些？
4. 中学生在时间管理上存在哪些问题？
5. 时间管理的原则有哪些？

二、操作题

1. 如果你是一名班主任，你如何对学生进行职业生涯教育？
2. 你的时间管理情况如何？你如何有效利用时间？

拓展阅读

1. 缪仁票，缪佳禾. 我的人生我选择——高中生生涯规划(操作手册)[M]. 杭州：浙江大学出版社，2023.
2. 何一萍，李萍. 让梦想起飞——生涯规划(中学)[M]. 南京：江苏科学技术出版社，2016.
3. 贾永春，李攀. 以从容之姿面对未来——初中生涯教育理论与实务[M]. 上海：华东师范大学出版社，2022.

第十一章

中学生心理辅导的支持系统

▶ 内容提要

本章主要内容有中学生心理辅导的家庭支持、学校支持和社会支持，其中家庭支持主要包括家长素质、家庭氛围、教育方式、亲子沟通等方面；学校支持包括专业人员支持、教师及班主任支持、学科渗透、朋辈支持等方面；社会支持主要包括社会大环境和社区小环境支持。

▶ 学习目标

（一）认知目标
1. 了解家庭、学校、社会为心理辅导提供的各种支持。
2. 掌握建立中学生心理辅导的支持系统的方法。
（二）情感目标
1. 感受教师对中学生心辅导的作用。
2. 激发全员关心中学生心理健康的情感。
（三）能力目标
1. 掌握学科渗透等心理辅导的支持方式。
2. 能利用班会等活动为心理辅导提供支持。
3. 能调动心理辅导的全方位支持手段。

【案例导读】

痛苦的女儿

小华，某高中高一年级学生，经常撒谎，不对母亲说真话；讨厌母亲，与母亲无情感沟通，不愿接受母亲的管教；害怕回家，不愿看见母亲。小华在单亲家庭中成长，父母离异，与母亲生活，家庭经济状况不太好。在小华小时候，母亲很爱她，但对她期望值过高，要求极严。小华在小学五年级时因与同学外出游玩回家晚，被母亲打骂，并找到同学威胁她们说，以后不准约她女儿出去玩，因此再没有同学与小华玩。小华觉得孤独无助，变得内向而且越来越自卑，学习成绩也一蹶不振，于是，母亲的打骂也越来越多。

第一节 中学生心理辅导的家庭支持

家庭作为孩子重要及所处时间最长的生活环境，对孩子的成长有着重要的、无可比拟的作用。家庭教育和家庭环境是影响孩子成长的首要因素。家长对孩子的影响是潜移默化的。和睦的家庭给他们带来的是身体和心灵上的快乐，不良的家庭环境则会对孩子造成负面影响。中学生心理辅导需要家庭的支持和配合，在学校与家庭拥有一致的目标下，相互配合才能达到良好的教育效果。为此，家长需要做到以下几点。

一、家长应提高自身素质，为孩子树立榜样

家长是子女的第一任老师，对孩子有着权威性的影响，因此，做好榜样是非常重要的。如果父母希望自己的孩子具备诚实的品质，那么他们就必须每天向孩子展示自己的诚实；如果父母希望自己的孩子具备慷慨的品质，那么他们也必须表现出慷慨的气度；如果父母想让自己的孩子真善美，那么他们自己也应该具备真善美的品质。反之，若是家长表现出不良的行为习惯或个性品质，孩子则会有学有样，学会不良的习惯和行为。

（一）提高文化和心理素质

未来的家庭是学习型家庭，父母不断学习文化知识，不仅能提高家庭教育的水平，而且这种学习态度和学习精神，也为孩子树立了榜样。一般来说，家长的知识水平越高，越有利于科学地实施家庭教育，培养优秀的子女。具体来说，家长应当掌握基础文化、艺术、生活方面的知识，这些知识是与子女沟通、保证家庭生活质量和促进子女健康发展的不可缺少的知识。在教育子女方面，家长必须具备一定的科学养育知识。家长还要懂得孩子的身体和心理、智力和品德都是互相依存的，决不能为了一方面的发展而忽视另一方面的发展。此外，家长通过人才学知识，要了解人才的时代特征和人才成长的规律，为子女成才提供合适的家庭条件，指导子女通过自身的勤奋努力争取成才，成才后还要根据社会需要与个人实际需要向前迈进。

（二）加强品德修养

父母是孩子接触最多、最信任的人，父母的言行会对孩子产生重要影响，如果处理不好，则会给孩子留下心理阴影，甚至影响他们的一生。品德修养更多地体现在家长待人接物、为人处世等生活小节中。家长常常注意了大节，而忽略了小节，殊不知子女耳濡目染的是父母的日常小节，所以在这些小节中表现出来的品德修养对子女的影响更大。因此，家长应随时检点自己的言行，以身作则，有意识地在学习、道德行为、锻炼身体等方面，给孩子做出良好的榜样。父母言教身教一致，将有利于孩子规范自己的道德行为，强化自己的心理健康。然而，有的家长不能对自己严格要求，只是一味地要求孩子如何去做，这

样的教育方式由于缺乏对孩子的有效引导，必然不能使孩子信服，心理健康的教育效果也将会大打折扣。

（三）有进取心和责任感

一个人一生有多大的成就，很大程度上取决于他进取心的强烈程度。所谓进取心，是指不满足于现状，坚持不懈地向新的目标追求的蓬勃向上的心理状态。而人的进取心，主要是在童年和青少年时期培养起来的。家长作为孩子的人生导师，对培养孩子的进取心作用巨大，家长的教养方式会影响孩子的人格，并且在很大程度上决定了孩子进取心的强弱。孩子的行为就是父母的翻版，父母希望孩子能富有进取心，那么同样在父母的身上也应当具有这一特质。如果父母日常生活懒散，不思进取、无所事事，孩子身处在这样的环境当中又怎么能够有上进心呢？

家长的责任感表现在强烈的事业心和爱岗敬业的精神上。家长的事业心、责任感和进取精神本身就是教育，会对孩子的学习态度及人生观产生重要影响。家长可以用自己奋斗的实践来教育和引导孩子，或是将先辈们奋斗进取的经历讲给孩子听，也可以将一些名人的奋斗进取经历讲给孩子听。家长要引导孩子多读一些能够激励人奋斗方面的书，也要鼓励孩子多看一些伟人及名人传记，让孩子产生学习和奋进的欲望，在潜移默化中教育孩子，从而让孩子的进取之心萌发。

（四）有良好的生活习惯

教育孩子，先从培养孩子的好习惯开始。想要传给孩子好习惯，父母就要先养成好习惯。若是有的家长生活规律变化无常，脏衣破鞋随处乱丢乱放，杯盘狼藉无人收拾，久而久之，孩子适应了这种脏、乱、差的生活环境，会导致自己的玩具、图书随意乱丢、损坏，衣服鞋袜不会收拾保管，进而上课时常迟到，丢失课本和学习用品，做作业时边做边玩，不专心，虎头蛇尾；进而造成生活、学习都缺乏自觉性、计划性，费时费力，事倍功半，劳而无成，信心降低，性格偏差；进而影响到审美意识、自制能力和个人行为习惯的培养。

陶行知认为，思想决定行动，行动养成习惯，习惯形成品质，品质决定命运。因此，作为家长，要让自己有良好的生活习惯，尽量不要有各种不良嗜好，如吸烟、喝酒、打麻将等。

二、家长要创建温馨的家庭氛围

家庭氛围也称家庭气氛，是指家庭中占优势的态度、感受和情绪。家庭成员之间的和谐氛围，是让学生拥有良好心理的重要因素。这种氛围直接影响家庭中每个家庭成员的心理，尤其对孩子个性品格的形成特别有意义。作为家长，应着力营造宽松、和谐的家庭氛围，给孩子创造良好的环境，这就是对学校心理健康教育的一种支持。

（一）家庭氛围对中学生的影响

在家庭教育中最重要的就是氛围的营造。实际上需要通过家庭氛围与中学生成长的关系来进行实践，在增强家庭环境的良好影响下，促进中学生的健康成长，帮助其度过容易躁动的时期。有研究者(黎继东，2017)研究表明，活跃的家庭氛围能够使中学生参与家庭生活，从中实现社交的锻炼；这种开放性的氛围，能够使中学生理解情感的重要性，并完成针对中学生的情感教育，增加其人性中的感性部分，使它与学校的知识教育进行融合，共同促进学生成长；而沉郁的家庭氛围往往使中学生与家庭之间形成了一种家族性的荣誉理念，造成了学生被孤立的事实，因此学生在相对单独的生活、学习空间之内，往往因难于调整自身，并在这种氛围影响下不断增强这种感受，从而造成性格偏于内向，并逐步厌恶家庭生活，不利于健康生长；不和谐的家庭氛围下，中学生往往因难以忍受争吵而离家出走，或经常不回家，或者自行其是进行逃学、吸烟，以及沉迷于游戏等。

（二）家长要为孩子创设良好家庭氛围

父母要增加与孩子的亲密度，通过创建一些积极的活动，让孩子在紧张的学习环境中适当放松，并感受到父母给予自己的温暖(曹艳瑛，2021)。经营家庭是一种智慧，家长在家庭中时刻营造民主、温暖、快乐、有爱的氛围，才能与孩子建立亲密的关系。家长要用自身的正能量影响自己的孩子，营造良好的家庭氛围。而和睦、融洽的家庭氛围，对中学生的性格形成能产生积极的效应，能促使他们生活愉快和身心健康发展。然而，创造民主和谐的家庭氛围并不是一件容易的事情，而是需要全体家庭成员的一致努力，特别是家长更要做出积极的努力。具体来说，家长要做到以下几点。

1. 家长要学会控制情绪

家长要做情绪的主人，这有利于孩子健康成长。家长在面对孩子的负性情绪时，重要的是要保持良好的心态。现实生活难免不尽如人意，常常会引起家长自己情绪失调，甚至任意发泄自己的不良情绪，并迁怒到孩子身上，把孩子作为撒气的对象。一旦看到一些不顺眼的事就唠唠叨叨、没完没了，这样对培养孩子的良好心态是非常不利。家庭教育并不需要父母多么"优秀"，父母心态平和、情绪稳定，就是孩子最好的起跑线。家长应用理智来控制、支配自己的不良情绪，保持开阔的胸怀和乐观开朗的性格，学会以宽容的态度对待孩子，才能更好地教育孩子。而把好情绪留给孩子，让孩子保持快乐的情绪，未来他走到哪里都能看见光芒。

2. 家庭成员之间和睦相处

家庭冲突往往是由下列原因引起的：对孩子教育不一致；家务分工不均；性格不和；亲属关系不和等。但这些问题无论有多严重，只要通过推心置腹的谈心沟通、协商，而不是意气用事、独断专行，都是可以迎刃而解的。我们常常能见到父母因为这些琐事而争吵。作为父母，首先要做到夫妻关系良好，让学生每天能够免于父母吵闹对其的影响。

家庭成员之间要经常保持相互平等、尊重、信任、支持的态度，能倾听别人(包括孩子)的意见，能开诚布公地交换意见，重要决策一定由全家讨论解决。夫妻关系也要建立在接纳、体谅、帮助、支持的基点之上，平时要多宽容，少挑剔；多信任，少猜疑；多安慰，少粗暴；多出力，少推诿，齐心保证整个家庭的幸福快乐。

3. 家长要允许孩子有不同看法

目前，家长说了算，家长和子女不平等，甚至对孩子随意打骂现象依然存在。这样是不可取的，会使孩子形成许多坏习惯。家长有事要同孩子商量，自己有缺点要勇于向孩子承认。孩子有了缺点错误，家长不应打骂，应对孩子动之以情，晓之以理，鼓励孩子改正。凡事应征求孩子的意见，给孩子选择的可能性；善于聆听，不着急做评断。有时家长需要把父母的权威和强势藏起来，做孩子忠实的朋友。当在孩子教育过程中需要进行一个选择时，应先与孩子商量，询问孩子的意见，并尊重孩子的选择，如是否去课外辅导班时，应注意孩子是否自愿，注意是否符合孩子的需求。家长应积极培养孩子的兴趣爱好，而不是一味抹杀孩子的兴趣。

4. 家长要重视家庭文化氛围建设

良好的家庭文化氛围，可以开拓孩子的文化视野，激发孩子的审美情趣，提高孩子的求知欲望和自觉汲取社会、科学、文化等各方面信息的能力。家长可以把爱书、买书、读书、论书作为家庭中一件共同参与的乐事；可以经常和孩子一起收看电视，收听音乐，欣赏文学、艺术作品，议论国际大事，培养孩子健康向上、格调高雅的文化兴趣和评价能力；可以经常带领孩子到大自然的怀抱中去，爬山、远足、划船、游泳、放风筝、采野菜等，锻炼孩子健康的体魄和吃苦耐劳的意志，欣赏山林风光，开阔视野，陶冶情操。

三、家长要有恰当的教育方式

赵爱芹等（2021）的一项调查研究表明，在家庭教育中，体罚及娇惯教育模式十分不利于中学生心理健康，因此，需针对不同的家庭教育模式，展开有针对性的应对措施，改善家庭教育方式，使中学生身心能够得到有益的成长。

（一）采用民主式教育方式

一般而言，家庭教育有以下3种方式：一是民主式或宽容式的教育方式，表现为父母对孩子的活动在加以保护的同时进行社会和文化的训练，对孩子的要求给予满足的同时，在某种程度上加以限制或禁止，父母与子女之间的关系非常融洽。二是专制或武断的教育方式，表现为父母对孩子的一举一动都横加限制或斥责。在该种家庭中，父母将尊卑秩序放在首位，漠视孩子的自身需求。家长决定家庭事务时武断直接，不在乎孩子的感受，长此以往下去会令孩子形成自卑或者叛逆的性格。三是放纵的或溺爱的教育方式，表现为父母对孩子百般宠爱，过于娇惯，如会有包办代替、过于迁就、过度保护、特殊待遇、害怕孩子哭泣种种表现，对他们的一些过分要求也百依百顺。

家庭教育方式的不同可产生不同的个性特征。如上述第一种类型教育方式下成长的孩子，大多会表现谦虚而有礼貌，待人亲切诚恳等；第二种类型教育方式下成长的孩子，易使孩子形成社交恐惧，做事缺乏自信，说谎，待人不诚实甚至有恶意等；第三种教育方式的结果，往往使孩子形成好吃懒做，依赖性强，胆小自私，蛮横无理等习惯。多项研究也表明，家庭教养方式对青少年健康成长和发展具有重要影响，父母对孩子采用民主的管教方式，更能让孩子感觉到被充分尊重，可促进其心理健康成长。

【实务训练 11-1】

家长该如何管教孩子

刚刚念初中的孩子，显著的特点是"变"。生理上在变，孩子开始发育了；心理上也在变，家长会发现不知从什么时候起，孩子不听话了，甚至还可能与家长"对着干"。你要东，他偏朝西；你要西，他偏朝东，心理学上称这种现象为"逆反心理"。

孩子的逆反心理是如何产生的？从小学进入中学对孩子来说是一个飞跃。他们认为自己已不是小孩而是大人了，独立活动的愿望变得越来越强烈，他们一方面想摆脱父母，自作主张；另一方面又必须依赖家庭。这个时期的孩子，由于缺乏生活经验，不完全恰当地理解自尊，强烈要求别人把他们看作成人。如果这时家长还把他们当小孩来看待，无微不至地"关怀"，啰啰嗦嗦地"叮咛"，他就会厌烦，就会觉得伤害了自尊心，就会产生反抗的心理，萌发对立的情绪。如果父母在同伴和异性面前管教他们，那么，他们的"逆反心理"会更强烈。

父母要管教，子女要独立，于是矛盾必然产生，反抗行为在所难免。反抗形式多种多样，有的不与父母交谈，有的与父母阳奉阴违，有的离家出走，甚至走上犯罪道路。为此，家长光满足于表面上了解孩子是不够的，家长必须学点心理学知识，尤其是关于青少年的心理学。只有这样，家长才能更深入地了解孩子、理解孩子，积极地教育孩子。那么，家长该如何对待孩子的逆反心理？

首先，应了解逆反心理产生的原因。逆反心理产生的原因有三种。一是好奇心，例如，一些不健康的文艺作品，越是受批评，人们越是想看，想方设法要弄到手，一睹为快。这些都是由于好奇心的缘故。二是对立情绪，任凭你"苦口婆心"，千言万语，他却无动于衷，认为你是虚情假意，吹毛求疵。三是心理上的需要，孩子对于越是得不到的东西，越想得到；越是不能接触的东西，越想接触；越是不让知道的事情，越想知道。这是人们心理发展的一般规律，由于孩子理智程度较差，这种欲求也更强烈。

其次，应了解"心理断乳"期的实质。"心理断乳"期是孩子从幼稚走向成熟的转折时期。从总体上讲，"心理断乳"期的各种心理现象，反映了少年儿童心理上的进步。从心理上依附于父母，到出现独立意向，这是重大的变化。父母要珍视子女的这一时期，正确看待这一时期，采取欢迎的态度。为此，对于孩子逆反心理的消极面，家长应根据孩子的心理特点，循循善诱，进行教育。家长更应看到逆反心理的积极一面，如因逆反心理出现的好奇心，是一种渴求认知事物的欲望，是求知的动力。逆反心理往往具有求异和思辨的特点，是孩子智慧的火花、创造的源泉，家长应留心注意，因势利导，促其成材。

最后，应善于理解孩子。在这一点上，第一，家长要看到孩子的成长，尊重孩子的自尊心，与他们建立一种亲密的、平等的朋友关系，并允许孩子也能参与家庭的管理。第二，家长要相信孩子有独立处理事情的能力，尽可能支持他们，在其遇到困难、失败时，应鼓励安慰，成功了要立即表扬。第三，家长要有勇气向孩子请教，有勇气承认自己的过失。

同时，子女应理解父母。父母需要受到孩子的尊重，他们大都视子女的幸福为自己的生命。他们的忠告，往往是自己生活经验的总结，有一定的参考价值，作为子女应经常向父母谈谈自己的思想和活动内容。当自己的选择与父母的愿望相违时,要通过商量来解决,要摆出事实,以此证明自己的选择是正确的。

(二)家长不要溺爱孩子

苏联教育学家马卡连柯说:"过分的溺爱,虽然是一种伟大的感情,却会使孩子遭到毁灭。"溺爱就是家庭对子女过分的宠爱,把子女置于不恰当的突出地位,给以过分的待遇。溺爱主要表现在:一是娇生惯养,家庭把孩子视作"掌上明珠",对子女百般宠爱;二是百依百顺,一切听之顺之,一切按孩子的要求办;三是袒护包庇,家长表现为爱护短,唯恐自己的孩子受委屈;四是纵容放任,家长对孩子的不良行为采取听之任之的态度。在这些家庭当中,父母的爱简直有点过火。但是,爱是需要代价的,爱也能造成代价,我们希望天下的父母不要让自己的爱变成对孩子的伤害。家长对孩子的爱应该做到爱而不溺,在对孩子的教育中应当注意以下几点。

1. 家长要有理智、有分寸地关心和爱护孩子

这种爱的效果既要让孩子感到父母真挚的爱,使其感受到家庭的温暖,激发其积极向上的愿望,又要让孩子懂得关心父母和其他家庭成员,并逐步要求孩子做一些力所能及的自我服务性劳动和家务劳动,这不仅有利于培养孩子热爱劳动和关心集体的良好品质,而且有利于培养孩子的智力和自理能力。父母可以允许孩子在正常界限范围内自由、舒畅地活动、成长,锻炼能力,充分发挥他们的潜在力量,形成积极向上、性情开朗的良好性格。

2. 家长要正确对待孩子的要求

人都是有要求的,而且要求也是永无止境的。父母不听孩子的意见,或者总听孩子的意见,孩子可能会变得要么沉默寡言,要么任性无理。因此,家长要认真对待孩子的要求,理解他真实的诉求。然后,家长按照事先定好的可以遵循的规则,视情况给出合理的回答,并且尽量告诉孩子真实的理由。家长要以家庭的经济状况和有利于孩子的身心健康为前提,既要积极为促进孩子的身心健康创造条件,也要教育孩子注意节俭,防止养成挥霍浪费的不良习惯。

(三)家庭内部教育观念要一致

常常可以见到父母故意在孩子面前扮演黑白脸。这种不统一的教育方式和观念会让孩子失去心理上的稳定感和安全感,无所适从,因为他们还没有形成自己正确的判断能力,无法判断成人之间的对与错。

所以,首先要对家庭教育观念进行统一。父母要经常性地在一起讨论教育孩子的方式、方法,在教育孩子的过程中,要做到步调一致,并不断总结经验和反思失误。其次,父母作为孩子的第一监护人,还要做好祖父母的工作,不能让他们一味地溺爱孩子,要使他们的立场与父母保持一致。再次,家庭内部要主动配合。孩子是家庭所有长辈的教育对象,不是某个人的私有财产。家长在教育孩子时要主动采取与别的家庭成员相一致的做法,尽量不要因自己的教育而否定了别人的教育。

总之，在教育孩子时要注意横向联系，使整个家庭教育形成合力。家长如果在教育孩子的问题上有不一致的意见，应该背着孩子去协调，协调好了再教育孩子，切不可把矛盾暴露在孩子面前，尤其不要把孩子当作筹码，攻击对方。

（四）掌握批评的艺术

家长批评教育孩子，是对孩子的深切关爱，也是家长应该履行的职责与义务。在孩子犯了错误之后家长应及时教导，不纵容、不过激，严格掌控对孩子的教育尺度，从而帮助其消除思想困惑，促使其心理健康发展，帮助其树立正确的人生观、价值观与世界观。家长在批评教育孩子时，还要注意以下几点。

1. 避免夸大事实

不要用"你总是""你肯定""你从来"这样的句式。这样的过火语言只能使孩子感到无所谓，认为自己的错误没那么严重，爱说什么说什么吧，不往心里去。孩子认为你无非就是撒撒气而已，批评的效果无形中就降低了许多。当然批评、惩罚太轻也不行，太轻不足以引起孩子警惕。最好的办法就是调查清楚，合理、公正、适度地批评。所谓"度"就是质与量的界限，超过了"度"就会走向反面。我们的批评一定不要夸大其词，要实事求是，恰如其分。平心而论，你的本意并非认为自己的孩子真的"总是如此""肯定如此""从来如此"，所以应避免类似的话语，而改成"你这次……"。

2. 避免笼统模糊

如果你对孩子的某种行为不满，要避免笼统地指责"你这个孩子……"，而应该具体地说"你这个行为……""你这件事……"。因为你真正不满意的是他的某个行为，而不是他这个"人"。也就是说，要想孩子虚心接受批评，父母要学会就事论事，明确指出他错在哪里，以后要怎样改正，切忌东拉西扯，找不到重点。

3. 善于认错

家长也有无理的时候，认错时不要说"好了，好了，都是我的错""反正你总是对的，我都是错的"，而准确的表达应该是"也许你是对的""也许是我错了"。道歉是一种非常有力量的行为，它不仅能很好地修复与孩子的关系，还能给孩子树立榜样，孩子可以通过父母的道歉行为，理解道歉的价值，以及学会如何道歉。在这个过程中，孩子能感受到尊重，并学会担当。

四、家长要增强亲子沟通

蒲昭谦等人(2008)的研究表明，孩子与家长沟通较多者出现心理问题的现象少于沟通较少者，良好的沟通有利于学生心理健康成长，父母给予孩子更多关爱，子女出现行为问题的可能性就会降低。融洽的亲子沟通能够让孩子感受到父母的关爱、包容与肯定，产生更多的信任感、安全感与幸福感，增强自身的"内心力量"。建议家长做出以下尝试。

（一）关注孩子的身心变化

进入中学，孩子生理上和心理上都发生很大的变化，表现在成人感、独立感的增强，产生认识自己、塑造自己的需要。此时的他们很多时候不愿意听到父母的唠叨，更多的是觉得自己长大了，想要独立、摆脱父母的管束，这时父母可以从了解孩子的内心需求开始关心孩子。对于中学生而言，他们希望父母能够以更加平等、公平的态度对待他们，更加渴望获得他人的尊重，期望亲子间平等地沟通。同时，他们想独立、自主生活，不愿父母过多地干涉，但又摆脱不了现实中对父母的依赖，希望父母多给他们理解、支持与关爱，此时家长要扮演"关注者"和"支持者"的角色，及时给孩子提供鼓励与支持。

1. 了解孩子的心理特点

中学生正处于生长发育的旺盛阶段，感觉、知觉、注意、记忆、思维等都在不断发展，生活体验不断加深，好奇和疑问互相交织，情绪波动很大，叛逆心理突出，喜欢独立思考，渴望了解社会，思考人生。他们面临着许多新问题，也有许多新困惑，内心同样经历着深刻的变化。中学生所有这些心理特点都是家长必须及时加以了解的。

2. 关注孩子的身心保健

家长养育孩子要及时关注他们的生理保健和心理健康状况：一是注意孩子平衡而充分的营养；二是引导孩子参加适合自己年龄特点的运动；三是提醒孩子注意预防疾病；四是帮助孩子认识自己、超越自己、改变自己，确保孩子的身心健康。

3. 及时排除孩子的心理困惑

家长要关注孩子成长中出现的烦恼和困惑，帮助其及时走出心理困境，以防他们产生心理疾病。在孩子遇到挫折或出现心理困惑时，家长要针对孩子存在的心理问题，有的放矢地提供必要的心理疏导，及时了解孩子的心理状况，分析他们产生心理问题的主要原因，鼓励孩子树立认识自我、改变自我的勇气、信心和毅力。

（二）尊重孩子、平等相处

在每天的日常生活中，不少家长往往缺少理解、尊重子女的态度。有的父母与孩子虽天天相处一屋，心理却相隔很远。做子女的视父母如同"冤家"，有的动辄跟父母顶嘴发脾气，有的闭锁自己疏离家庭，有的甚至离家出走；做父母的欲恨不能，欲爱无从入手，看着自己亲手抚育、一点一点长大的孩子，竟是如此陌生。

因此，父母要积极与子女沟通。沟通时，父母要积极回应孩子的感受，表达自己对孩子的理解与接纳。也许孩子的有些想法在家长眼中较为"幼稚"，但可以先以包容的态度，接纳孩子的想法，再和孩子一起探讨有没有更好的方式看待问题、解决问题。父母的积极接纳会给孩子带来被尊重的感觉，让孩子们更愿意与父母分享感受，一起寻找问题的答案。家长在与孩子沟通时还应该放下架子，与子女面对面平等交流，了解子女的需要，尊重他们的合理需要，而不是一味强加给他们。当孩子犯错时，家长要做到有爱心、耐心、细心，适时地给予帮助，告诉他们正确的做法，不要轻易地批评、训斥、讽刺、打击孩子。这些都是很好的沟通方式。走入子女的内心世界，帮助他们建立良好的身心健康，对家长来说是非常重要的。

（三）倾听孩子的心声

能言善辩固然是一种能耐，但善于倾听也是一种涵养。卡耐基的被人喜爱的6个秘诀之一就是"做一名忠实的听众"。善于倾听、欣赏别人说话的才能，比其他任何才能更难具备，因为人们往往只考虑自己所说的，而把别人所说的当耳旁风。家长易犯的一个毛病就是，总是希望孩子听自己的，却很少主动去听孩子的。

因此，在孩子遭遇挫折、遇到困难、感到难过时，家长要善于主动接近孩子，愿意倾听孩子的心声，让孩子表达情绪，把不快的话说出来，家长要认真地听进去，并且能听懂孩子话里的真实意思，这样才能知道孩子困惑或烦恼，然后用正确的方法引导孩子，为其排忧解难。在倾听时，父母要多鼓励孩子继续说下去，不要随意打断，切忌急于下结论或否定孩子的想法。家长还可以在倾听过程中，通过眼神关注、目光交流、适当重复孩子的感受、回应简单语句等方式，及时、适当地给予反馈，让孩子感受到家长的关注与真诚。

（四）换位思考，理解孩子的意图

家长在教育孩子时，要用积极感情，以情换情，以心换心；设身处地从孩子的角度体会他们的感觉、需要与情绪，理解孩子的意图；学会以恰当的方式表达自己对孩子的理解并回应孩子的意图，注意尊重孩子的个性及能力，不要凭自己的感情用事。当家长的期望与孩子的观点存在较大反差时，不要简单采取排斥的态度，要善于以和谐的态度表达自己与孩子不同的观点。

（五）抓住孩子的闪光点，加强信任

实际生活中，家长要尽量不把孩子与其他家庭的孩子进行比较，尤其不要在孩子面前夸奖其他的孩子，而批评自己的孩子。这样的情况容易催生孩子的逆反心理。有些孩子学习成绩不优秀，并非智力低，通常是因为家长给孩子施加较大的压力。还有些家长在孩子面前放大自己的情绪，不论表情还是声音，对成绩不满意的孩子来讲，都是更大的心理压力。例如，马元培考上北京大学的案例就值得家长们深思，马元培的家长做得非常好，在高三的一次模拟考当中，马元培的成绩下滑非常厉害，教师与家长都非常着急，可家长虽然比较紧张，但是表现得十分淡定，向马元培说："我对你非常有信心，经过多次考试的磨砺，你的内心非常强大，我相信你能够自己解决这件事情。"最终马元培考入北京大学。经过这个案例的研究，家长也能够认识到家人的鼓励与信任是孩子增强自信心的重要手段。

总之，学生的心理健康发展，离不开家长和家庭教育，家长应更加努力地为他们营造一个良好的家庭环境，提供家庭关爱与支持，促进中学生心理健康发展。

第二节 中学生心理辅导的学校支持

中学生的健康成长离不开家庭、学校、社会的教育，而学校教育是一块主阵地。在对

中学生进行心理辅导和教育的工作中，要注重构建来自学校的支持系统，学校要从各个方面对学生的心理辅导工作提供支持。

一、专业辅导人员支持

按照教育部2021年10号文件《教育部办公厅关于加强学生心理健康管理工作的通知》的要求，每所中小学至少要配备1名专职心理健康教育教师，县级教研机构要配备心理教研员。县级教育部门要为区域性中小学生心理辅导中心配备专门场地空间及软硬件设备，各地教育部门要进一步推动中小学建立健全心理辅导室。学校应在年度预算中统筹各类资金保障心理健康教育工作基础经费，确定生均标准，足额按时拨付，并视情建立增长机制。由此可见，在学校里设置心理辅导室，已成为开展学生心理健康教育辅导工作的一项基本措施。

（一）全面的心理健康教育

中学心理咨询工作主要是疏导学生的学业压力，帮助其调节情绪，增强学生的适应能力，协助学生改善认知结构，帮助学生协调人际关系，指导学生进行心理卫生的自我修养等。

1. 学校要建立专兼职心理辅导教师队伍

心理辅导人员即心理教师，指的是受过心理学与教育专业训练，在学校为儿童、青少年及教师、家长提供服务的专业人员。与普通教师相比，学校心理工作的特殊性对心理教师有较高要求。联合国教科文组织要求学校心理学家必须具备3个条件，即修完有关心理学课程、具有教学文凭和教师资格证书以及5年以上的教学经验；中国香港地区规定辅导老师(指在中小学兼职的心理辅导老师)必须经过4个月的培训学习；美国和日本对学校心理工作者的要求一般是硕士以上的学历。

因此，学校必须通过多种途径对从事心理辅导专业的教师进行培训，建立一支合格的心理辅导教师队伍。学校要保证所有的心理辅导人员具有较高的素质，严格遵守心理教育工作者的职业道德，具备一定的专业知识，以真诚、尊重、理解的态度对待学生，将学生的心理需求作为教育的出发点，尊重学生的主体地位，发挥学生的主体作用，促进学生的全面发展。此外，心理辅导教师还应该具备良好的与人合作的能力，善于沟通协调学校内部之间，以及学校、家庭和社会之间的各种教育力量，形成教育合力，共同促进学生心理的健全发展。在建立起一支专门从事心理辅导的队伍后，学校还应注重教师队伍建设，组建心理健康教育骨干队伍和开展全员心理健康教育师资培训，让每个教师都学会心理健康教育的基本理念，树立"全员、全程、全方位"的心理健康教育意识，使教师意识到自己的语言和行为，以及和学生的每次互动，都能激发学生的潜力，从而达到尊重和理解学生的效果。

2. 学校要开设专门的心理健康教育课程

近年来，学校心理健康教育呈现出一些新变化，如心理健康教育的普及程度提高，心理健康教育的专业化、规范化水平不断提升，在中小学也开设了心理健康教育课程。但我国学校心理健康教育仍存在很多突出问题，表现在：一是不重视心理健康教育课程的开发，精力投入不足；二是心理健康教育缺乏统一高质量的教材；三是当前学校心理健康教育普遍存在形式化问题。因此，学校要正确认识和开展心理辅导教育课程。

心理辅导课程的设计要帮助学生了解心理科学知识，掌握一定的心理调节技术，使学生不断正确认识自我，增强调控自我、承受挫折、适应环境的能力，培养学生健全的人格和良好的个性心理品质。

1) 心理辅导课的设计原则

心理辅导课的设计原则主要有：课程目标应体现发展性，要从大多数学生的长远发展着想，让学生学习、体验和感悟未来成长所需要的知识、经验和技能；辅导内容的选择应符合学生的心理发展规律；要注意与其他课程相协调与配合；在课程的安排上要强调知、情、意、行的发展，在辅导策略上则强调从学生的生活经验出发，唤醒学生在认知、情感、行为上的各种体验；重视应用性和操作性，要设计矛盾冲突的情境，引起学生的共鸣和感悟，达到帮助学生自助的目的。

2) 心理辅导课程

心理辅导课程可以分为两部分：一部分为知识理论课，如心理卫生常识讲座、心理调节问题答疑、焦点问题讨论等，在心理知识的学习中明确认识、矫正观念，以积极的态度对待自己的心理冲突；另一部分为活动训练课，这是在中学生中开展心理健康教育最为有效的方法。活动内容包括小品表演、角色模拟游戏、互访互问及其他活动形式。在活动中，中学生不仅可以学习介绍自己、了解别人、与人交往的技能，还可以掌握一些诸如转移情绪、宣泄痛苦、发泄愤怒的心理调节手段，防患于未然。

【实务训练 11-2】

拍卖价值观

中学时代是人生可塑性最强的时代，中学生的价值观对其人生态度有重要的影响。中学生处于价值观形成和发展时期，很多价值观念还是模糊不清的，中学生的价值观念往往受其所处的社会背景、家庭传统、家庭教育等方面的影响较大。这时可以设计一项团体活动，即用类似拍卖商品的方法，帮助学生了解有关爱情、友谊、健康、美貌、爱心、金钱、欢乐等多方面的价值观念：因为在拍卖会上，学生个人的价值观念将直接影响学生在拍卖时的选择，学生可以从自己的取舍中了解自己的价值观和人生态度，思考和澄清自己的价值观和人生态度。

具体活动过程介绍如下。

1. 活动准备

(1) "起价表"一份，如表 11-1 所示。各价值项目用不同的颜色制成卡片，粘贴在起价表上，以增加拍卖的趣味性及方便拍卖进行。

(2) "拍卖锤"一个。

(3) 宣布游戏规则。老师(或选一位学生)手持"拍卖锤"当拍卖师。每个学生有 10000 元钱，可以随意叫卖"起价表"中的东西，以起价为基准，每次出价以 1000 元为单位，最终以价高者得到东西，有出价 10000 元的，立即成交。并由拍卖师做好记录，同时得标者也做好相应的记录(用多少钱买到了什么)。

表 11-1　起价表

1. 权力	1000 元	9. 自由	2000 元
2. 财富	1000 元	10. 欢乐	1000 元
3. 健康	2000 元	11. 自尊	2000 元
4. 爱情	1000 元	12. 诚实	1000 元
5. 礼貌	1000 元	13. 学历	1000 元
6. 美貌	1000 元	14. 工作	2000 元
7. 友谊	1000 元	15. 长寿	1000 元
8. 爱心	1000 元		

2. 引发动机

(1) 教师问："有谁不喜欢金钱？"(预计学生会一致说没有，并且反应是热烈的)
(2) 教师继续问："若你有 10000 元，你希望得到什么？"(让一两位学生回答)
(3) 给每个学生每人 10000 元，介绍拍卖游戏的方法和拍卖的东西。

3. 开始拍卖

(1) 由教师主持拍卖。
(2) 按游戏方法进行，到所有拍卖东西卖出为止，然后请学生认真考虑买回来的东西。

4. 组织讨论(以下是示例)

(1) 你是否后悔得到你所买的东西？为什么？(可能的答案)
a. 不后悔，因为"爱情"是最令人快乐的体验
b. "权力"使我高人一等，受人尊重
c. "诚实"是美德
d. "学历"等于美好前程，一生无忧……
(2) 在拍卖过程中，你的心情如何？(可能的答案)
a. 很紧张，一定要赢
b. 有时叫到高价就舍不得再叫
(3) 有没有同学什么都没有买？为什么不买？(可能的答案)
a. 有，因为没什么值得买
b. 有，因为钱最重要
c. 有，因为叫输了

5. 教师总结，引发思考

(1) 假如现在已经是人生的尽头，请看看你手上所拥有的是什么东西？
(2) 它们对你来说是否仍有意义？
(3) 你是否后悔刚才为自己争取的东西太少？
(4) 你争取回来的东西是否是你最想得到的东西？
(5) 金钱是否一定会带来幸福和欢乐？
(6) 有没有一些东西比金钱更重要，或比金钱带来更大的满足感呢？
(7) 以上问题都没有一定的答案，然而，你是否甘愿为了拥有金钱、权力而放弃一切呢？
(8) 有没有比这些更值得追寻的东西呢？
这些都是值得我们深思的。

6. 活动结束

类似的心理活动还有很多，如"信任之旅""信任背摔""信任跌倒""踩报纸""叠罗汉""大风吹""解开千千结""回旋沟通"等。

（二）积极开展个别心理辅导

对少数有心理困扰或心理障碍的中学生，要由专业人员给予科学有效的心理咨询和辅导，使他们尽快摆脱障碍。学校要格外关注少数有心理困惑、心理问题及障碍的学生，改善、恢复学生的心理健康，从根本上提高学校心理辅导教育的效果。

1. 为学生建立心理档案

在面向全体学生开展心理辅导时，咨询室要通过各种渠道收集有关学生心理健康状况的信息资料，以增强心理辅导的针对性和指导性。在使用和管理心理测量工具和测量数据时，对学生心理健康状况的资料要严格保密。也就是说，由心理辅导室的专门人员负责这项工作，使用心理测验和保管学生心理健康资料的工作必须加以严格控制。

2. 心理辅导的服务方式要灵活多样

心理辅导室的接待时间应该灵活一些，可以安排在学生课余的时间，午休时间常常是学生最容易利用的机会。咨询室的名称也可以灵活一些，如有些学校的咨询室牌子上写的是"心灵驿站""聊天室""温馨小屋"等，可以避免学生因对心理咨询有误解而不愿意前去求助。此外，咨询的方式也应该灵活多样化，除了面谈咨询，还可以通过电话、书信等形式为学生提供咨询服务。

二、教师及班主任支持

教师是人类的灵魂工程师，善之本在教，教之本在师。教师及班主任作为中学生在学校环境中的重要他人，对学生的身心健康起着关键作用。教师不仅仅要"教书"，还要肩负"育人"的重担。作为教师，要多与学生沟通和交流，答疑解惑，此外还要帮助他们自我认识，制订学习计划，找寻发展的方向，进而提高学生的心理适应能力，促进学生健康成长。

（一）教师要有良好的心理品质

加强教师自身修养，提高教师自身的心理品质，是促进学生心理健康的有效途径之一。因为教师的言传身教会直接影响学生的心理健康，教师的衣着、表情、言谈举止、待人接物、为人处世，都可以给学生留下深刻的印象。教师对学生的尊重和公正无私的爱，会使学生获得良好的心理素质。高素质的教师在教育中能给学生创造一种和谐温馨的气氛，使学生如沐春风、兴趣盎然、心情舒畅，有利于学生全面、健康发展。

1. 宽容失误

宽容是教师所需要的一种重要精神。宽容能让学生在教学活动中有心理安全感，愿意表达自己与众不同的见解而不用担心被挖苦、嘲笑；宽容能增进学生的自信，学生即使在学习中遭遇失败，也应相信自己经过努力总会成功；宽容能增添学生的自我效能感，使他们感到自己有价值、被尊重，从而愿意以更大的热情投入学习活动，即使学习任务很艰巨也不畏惧、不退缩。中学生的思维相当活跃，他们的言行与规范要求不那么合拍，也不那么中规中矩。因此，教师要有宽广的胸怀，能够容人、容事、容误会、容委屈，要"宰相肚里能撑船"。为师者，千万不可置之不理、轻易否定，甚至一棒打死。

2. 善待差异

由于每个学生所处的家庭和社会环境不同，所受的前期教育不同，因此他们之间存在差异性。如果教师忽视这些差异，要求所有的学生按照自己的设想，在同样的时间内、运用同样的探究方法、以同样的探究速度找到标准统一的答案，达到同样的学习水平，那么探究教学就会变为另一种形式的"一刀切"教学。

教师应懂得学生有自己独特的认知经验、情感特点和精神世界，有不同于成人的观察、思考和解决问题的方式，教师应理解这种差异，尊重这种差异。当学生没能立刻发现教师想要他们发现的问题时，教师不必马上呈现问题；当学生提出看起来很"幼稚"、很"异想天开"的设想时，教师不能嗤之以鼻，而应真诚予以鼓励；当学生没能按教师的方式与途径来解决问题而遇到障碍时，教师不应过于干涉、"牵着"学生走捷径；当学生得出与教师意见不一致的答案时，教师不应急于否定、强求一律，而应和学生一起找出不一致的原因。

3. 言行一致

车尔尼雪夫斯基认为，教师把学生造成一种什么人，自己就该当是这种人。中学生的可塑性大，模仿性强，教师的作风习惯、为人处世，甚至一举一动、一颦一笑都通过他们的眼睛在心灵的底片上留下影像，对他们的精神世界起着无声无息的作用。教师在教育学生的同时，要不断提高自己的修养，言行一致，表里如一，严于律己，以身作则。要求学生做到的，教师自己要率先做到，这样才能使学生信服、仿效，才能塑造学生美好的心灵。

此外，教师还要有积极、向上、乐观的心态，有热情、开朗、豁达、合群的性格，以及坚强的意志。在学校工作中，学校要重视加强全体教师的心理知识培训，更新思想观念，让教师在教学过程中渗透心理健康教育的原则和方法，使知识传授和心理健康教育有机结合起来，这不仅有助于提高课堂教学效果，更有助于学生良好品质的培养和学生潜能的开发。

（二）教师要关心学生的心理健康

1. 在生活上尊重和关心学生

中学生较小学生的自我意识进一步发展，他们要求独立自主，不喜欢别人管头管脚，自尊心强，要求别人把他们当作成人一样对待，爱发表意见。如果得不到教师的理解与尊重，他们就容易发生心理反常，或烦躁不安，或口服心不服，有的甚至与教师公开对抗，桀骜不驯。因此，教师一定要用审慎的态度对待学生的言行。

教师要把学生作为与自己平等的人来看待，倾听他们的意见和要求。教师要尊重学生的人格，允许学生在思想、情感、行为上具有独立性和不可替代性，允许他们有独立的活动时空；要尊重学生的创造性，相信每个学生都能够成功。学生的发展潜能是巨大的，其优势发展潜能又是各有所长、不尽相同的。教师要坚信每个学生都有与生俱来的成功欲望，用微笑、抚摸与他们进行精神对话，用表扬、赞美为他们高喊"加油"，在他们心中播撒自信的种子，使其品尝到成功的喜悦，感受到被欣赏的幸福。

教师不仅要关心学生的身体健康和生理卫生，而且要重视学生的心理健康问题。这就要求教师多了解心理健康和心理教育的知识和技能，争取成为一名合格的心理辅导员。教师不仅要将心理健康教育渗透到学校的各项日常工作之中去，还要能为有心理困扰和心理障碍的学生提供及时、有效的指导与帮助。教师要做学生的朋友和指引者，在他们需要的时候，给他们以必要的支持，帮助他们面对和战胜成长过程中的各种心理困惑和问题。

2. 在课堂中关注和帮助学生

目前，由于许多中学课堂规模过大，教师往往只关注学习好的学生，给予他们更多的关注和赞扬，后进学生则往往被忽视，甚至受到惩罚。因此，教师要以宽广的胸怀爱全体学生，对任何学生都不偏袒、不姑息、不讲个人私情。成绩好的学生平时往往得到教师的赏识、赞许，同教师之间没有太多的矛盾冲突，后进生则受表扬的机会较少，挨批评的时候较多，感觉自己没有别人那么光彩，他们正在发展着的自尊心与他们所处的地位发生严重的矛盾。因此，教师要尽量帮助、关心、爱护学生，与他们形成和谐的师生关系，使他们"亲其师，信其言"。

此外，由于授课任务繁重，课堂几乎单纯地成为教学的场所。很多教师被有些学生不注意听讲、随便说话、小动作频繁等问题困扰，由此导致师生冲突、惩罚等频频发生。殊不知，课堂环境正是学生学校适应问题集中表现的场所。学习成绩好的学生，感受到的教师支持多，成绩差的学生由于缺乏教师支持，学业自尊则会下降，与此同时，同伴的社交自尊也会受到不良影响，这种恶性循环就会导致这部分学生的学校适应困难加剧。

课堂环境是教师和学生直接接触和交流最为集中和频繁的地点，教师应该争取在课堂教学中增加和大多数学生的亲密感，增强满意度，减少惩罚和冲突，提高教师对大多数学生的关注度。

（三）教师要增强与学生的沟通与交流

师生对话是一种双向交流的沟通形式，能够促进师生之间的陪伴与亲密感，正所谓"亲其师，信其道"。然而，传统的师生之间的对话是谈心多在办公室这样的正式场所进行，这无形中增加了教师的威严，学生必然会产生拘束感，师生之间的亲密感很难在这样的环境中形成。有经验的教师往往会选择操场或其他非正式场所，谈论的话题也不仅仅局限于学习情况。教师要放下架子，与学生建立平等的关系，跟学生做朋友，这样才能无所不谈。

1. 学会共情，为沟通构建理解的基础

共情就是能设身处地体会当事人的内心感受，用别人的眼睛看世界，这是心理咨询的核心特质之一。沟通先于情感，教师要学会换位思考，把自己的心理放到和学生同一个高度，体验学生的感受。例如，有一名学生说："这段时间情绪低落，做什么都没有兴趣，上课注意力也不能集中，我觉得学习要跟不上了……"作为教师该如何回答？一些老师会说："千万不要灰心，人不应该悲观沉沦，要记住世上无难事，只怕有心人……"其实，类似这样的话都没有能够理解学生的感受。当教师与学生共情后，可能会有截然不同的反应，如"你的心情很不好，感到精神疲惫，并担心会因此影响学习，是这样吗？"仅仅是这样几句简单的话语，学生都会感受到老师对他的理解，老师在此基础上才能更好地与学生交谈并进一步分析原因。

2. 运用积极关注，让沟通成为激励学生的方式

积极关注是以积极的态度对待学生，对学生言语和行为中积极的一面予以有选择的、特别的关注。教师要不断发现学生身上的价值和力量，让沟通真正成为激励学生成长的方式。现实心理治疗学派的葛拉塞提出："我们相信每个人都有一种健康的成长动力，而基本上人都希望生活中能感到满足，可以享受一个成功的身份，都可以有负责的行为表现，同时都能享受有意义的人际关系。"

这种对学生的关注，其实也是一种对学生的积极心理暗示，其中暗含着教师的期望，这种期望能够激发出学生自身成长的动力，从而不断追求成功。要知道，沟通不是当学生出现错误后的训话，也并非不断发现学生的缺点。在沟通中，学会积极关注，教师还可以运用倾听技巧。倾听并不是简单地听，它是全身心投入、专注地听，这种倾听的习惯和态度很重要，它本身就能够向学生传达教师对学生关注的信息。

3. 用尊重和真诚为沟通建立一个信任的平台

爱默森说，教育成功的秘密在于尊重学生。教育要尊重人，要让学生感到自己受尊重、被接纳，获得一种自我价值的体验。而尊重意味着完整接纳一个人，接纳一个既有优点，又有缺点的人，而不是仅仅接受学生的光明面，排斥其消极面。

真诚是内心的自然流露，教师不要戴着面具，扮演角色或像完成例行公事般与学生交流，这样永远不能达到有效的沟通。真诚意味着教师要真实展现自己，坦然地对待学生。师生交流中，强调自我开放技术的运用，教师可以适当开放(如平时可以和学生谈谈自己的一些快乐、烦恼)，透露自己的某些经历、思想、情感等。

4. 就事论事，增强沟通的针对性

就事论事是指学生只是在这件事上做错了，而并非他整个人有问题。教师和学生进行

交流的时候，很容易忽略这一点，因为教师和学生朝夕相处，很容易受学生过去信息的影响，而对学生进行刻板的评价。当学生犯错误时，老师习惯于翻旧账，提及过去如何如何，最后还要加上一句"你就是这样一个人"，这样会使得沟通的大门还未来得及打开就已经关闭了。

例如，当学生说："老师，我很努力了，可成绩为何还是提高不了，我真的感到心力交瘁……"老师们往往这样回答："不要着急，慢慢来，你会提高的。""坚持下去，一切都会好的。"等等，这样的回答没有错，但无益于师生沟通。其实，教师可以这样与学生交流："你肯定很失望，到底哪里出现了问题？让我们一同分析一下吧。"有效的沟通可以使我们的教育深入学生的心灵，让师生的思想、智慧和情感得到交流、分享，让教师和学生的心灵与生命获得共同的成长。

此外，计算机网络的迅速发展，电子邮件、微博、QQ、微信等网络工具的普及，促进了师生之间的交流和对话。而且这种非面对面的对话形式，在某种程度上更有利于师生之间交流的双向性、开放性和平等性。

（四）班主任要经常开展心理主题班会

1. 班会及心理班会的特点

班会是学校集体活动中最主要的组织活动之一，是指在班主任领导和指导下，以班级为单位，围绕一个或几个主题组织，对全班同学开展教育的活动。班会的开展内容没有一定的限制，丰富多彩的班会主题既可以是专门为解决班级目前存在的某个问题而召开，也可以就某项教育展开，如团结互助、文明礼貌、助人为乐、学习心得交流等。活动形式也多种多样，不同的班会主题，其开展形式和具体程序也有所差异。

而心理班会运用心理教育的理念和理论，在班会课中渗透心理学原理，发挥班主任以人为本的教育意识，运用团体辅导、角色扮演、心理剧、心理活动体验等心理教育的方法倾听学生心声，为学生排解心理困惑。所以，心理班会少了传统意义上班会课的说教，使教师从高高在上的管理者转变为对学生更有耐心、更理解、更尊重的指导者，可以有效促进学生的心灵成长。

2. 心理班会的主题

心理班会开展最重要的是确定班会主题。如何确定班会主题，需要考虑以下3个问题：班里学生存在的倾向性问题是什么？他们的年龄特点是什么？班会想要解决什么问题？这样的主题才会受到学生的欢迎。

1) 根据学生发展预设主题

作为初中阶段的起始年级，初一年级的学生实现了小学生到初中生角色的转变，辅导的主题可选择"让学生尽快适应初中新生活"，讨论方向包括新环境的适应、学习方法的衔接、心理上的适应等。还可以针对新生的不同心理有选择地开展辅导，如有的同学认为该歇歇脚，放松了对自己的要求，盲目骄傲，有松懈心理；而有的学生，开学后的考试没考好，便对自己产生怀疑，悲观失望。因此，初一年级的主题应重视养成教育，注重行为习惯的培养及和谐班风的形成。

到了初二年级，适应问题告一段落，很多孩子渐渐在集体中站稳脚跟，找准了自己的位置，在学习上表现出较强的冲劲，这时两极分化现象较为突出。初二年级心理班会的主题可以定为"时间管理——学习计划的制订""轻松学习——学习策略的训练"等学习心理指导主题。同时进入青春期，由于性心理的发育，如何引导学生正确处理男女生之间的交往十分重要，可以选择"青春做伴——如何与异性交往"等主题。

针对初三年级学生很快就要面对中考这一事实，将"正确认识自我""增强自信克服自卑""克服考试焦虑"作为心理班会的主题，将会受到学生的欢迎。同时，班主任还可组织以"对未来的憧憬"为主题的讨论团体，激发学生内在的动力与热情，调节初三年级备战应考单调乏味的学习生活。

2) 根据某些事件临时选择主题

由于学生个体的多样性，所以会产生各种各样的问题，仅根据学生的心理发展预设一些心理班会是远远不够的。教育过程中经常会有一些突发事件，这些事件会对学生产生极大的心理冲击。在遇到这些问题时，如果能及时、有针对性地开设相应的心理班会来解决，会极大减少班主任后续工作的压力。

例如，一位班主任针对家长反映孩子与家长沟通不畅，时常对家长发火，也不愿意告诉家长在学校的情况，开设了心理班会"感恩与前行——我们和我们的父母"。班会首先通过心理剧的形式，展现家长和孩子发生冲突的场面，引发学生的反省；然后通过视频展示孩子来到世界的过程，以及成长过程中与父母之间的各种温馨场面，激发学生对父母的感激之心，再通过交流分享等形式让学生表达对父母的感激之情；最后通过角色扮演方式，帮助学生体悟父母的心情，最终理解父母并能与他们以正确的方式沟通。

其实无论是根据学生发展规律预设一些心理班会，还是在学生发展过程中临时起意选取主题开展班会，都需要班主任密切关注学生的心理动态。这些心理班会的开展自然融合在日常的班级管理中，有的能在学生问题集中爆发前防患于未然，有的能在问题发生后解决问题，帮助学生进行健康心态的构建。

3. 心理班会的开展模式

心理班会的模式一般为"引入—活动—产生体验—对体验进行概括总结和分析—指导学生寻找解决问题的方法"。

主题引入的方法和形式有游戏、短剧表演、情景演绎、故事、歌曲等，只要能够抓住学生的注意力，让学生关注问题所在即可。例如，在心理班会"我为父母做了什么"中，可以让学生用一件物品、一种动物或一种食品来形容对家庭的感受，并说出理由。目的是了解学生对家庭的看法，活跃班会气氛。也可以尝试运用短剧的形式，如在心理班会"品一路风景——自信篇"中，学生用心理情景剧的表现形式引入主题，让学生表演军训过程中从没有自信到充满自信的转变，在情感上触动学生。

活动后，尽量引导学生说出自己的真实感受，不仅可以让学生自我报告，还可以通过设计问卷或者做情景替换选择达到获取学生真实感受的目的。

三、心理辅导的学科渗透

心理辅导的学科渗透是指把心理辅导与教学活动相结合，在各科教学中渗透对学生的心理教育。这是学校对心理辅导提供的重要支持途径之一，是预防和解决学生心理问题、促进学生个性全面发展的有效手段。它也是改革传统教学活动的有力支撑点。

（一）学科渗透心理辅导的意义

首先，学科渗透为心理学理论在课堂教学中的应用，开辟了一个广阔的领域。因为学科渗透涉及心理学的许多分支学科，如教育心理学、发展心理学、人格心理学、个性心理学、社会心理学等，在实践教学过程中，可以充分发挥这些心理学理论对课堂教学的指导作用，使课堂教学与心理学原理充分结合。

其次，学科渗透可以让所有教师参与心理辅导，有利于在学校中营造促进学生心理健康的环境氛围。学校心理辅导单靠心理辅导教师开展工作，孤掌难鸣，势薄力单。学科渗透是一种全员性策略，教师的职责是教书育人，育人的一项重要内容是育心。从这个意义上讲，每个教师都应该是心理辅导者。

最后，学科渗透可以促进更多的教师学习心理学理论，运用心理学理论提高其理论素养和教学能力。传统的课堂教学只注重知识的讲授，忽视对学生学习准备状态的了解，更不重视调动学生积极的心理因素。学科渗透要求教师研究学生的学习心理，既要培养学生的智力因素，又要培养学生的非智力因素。传统的课堂教学只是把教学内容本身作为一种教育资源；学科渗透则要求多渠道开发教育资源，尤其要把学生自身作为一种教育资源，开发学生的学习潜能。学科渗透对教师提出了更高的要求，要求教师必须从传授型的"教书匠"转变为研究型的"教学家"。

（二）学科渗透心理辅导的方法

1. 创设积极的课堂气氛

课堂心理气氛对学生学习具有潜在影响。和谐、合作的气氛，有助于学生积极参与课堂教学活动，使得课堂教学能生动活泼开展。而紧张对抗的气氛，则会大大抑制学生学习的热情，从而使得课堂教学刻板生硬、死气沉沉。课堂心理气氛的营造涉及众多因素，可以从以下几方面入手。

(1) 改进评分方法，淡化竞争气氛。目前教学中的弊端之一是过分强调竞争，认为促进学生学习的主要动力是竞争。其实课堂竞争中优胜者只是一小部分，大多数学生是竞争的失败者。因此，竞争更容易诱发学习困难学生的自卑、自弃心理。这是因为课堂里的竞争是以人际比较为前提的，这种人际比较给学生带来的压力较大，尤其对于学习困难学生更是如此。传统的百分制评分对低分者的心理打击很大，应予以改革，不要给学生打不及格分数。也可以采用鼓励性评分，只要学生在原有基础上有进步就可以得到一个好分数。

(2) 提倡互助与协作。合作的课堂学习环境强调教师与学生之间、学生与学生之间的互助与协作。如南京师范大学的学者们曾做过一个专门实验，他们根据小组内全员沟通原则、小组间素质均等原则和不同学科的小组人员避免重复的原则，以5～7人的规模组织课堂学习小组进行教学活动，提出改变当今的"秧田型空间关系"为"马蹄组合型"。这种新型的教学模式被命名为"集体教学模式"。它不仅有利于学生相互启发和共同提高，还可提高教学效率，也为学生提供了良好的交往条件，为所有学生，特别为在个体教学模式中受忽视的学生提供了更多的参与课堂活动的机会，也为充分发挥所有学生个性、积极性提供了舞台，培养了学生的参与意识、尊重意识、学习意识、合作意识和表现意识，锻炼和发展了他们的社会能力。

2. 激发学习动机

学习动机是学生掌握知识、形成高尚完美品格的重要组成因素，甚至还有人认为动机是"学习过程的核心"。培养与激发学生的学习动机，通常可以采用以下途径。

(1) 通过多种教育与活动使学生提高学习自觉性。加强思想教育，明确学习目的；促进动机迁移，产生学习需要。

(2) 通过优化教学情境，培养和激发学生的认识兴趣。创设问题情境，激发求知欲。教师在教学活动中，要尽量变换采用新颖多样的教学方法，不断激发学生的好奇心、求知欲，消除单调感、枯燥感、疲劳感与厌倦情绪；要善于调节教学气氛，使师生保持良好情绪。

(3) 利用外界诱因，强化学习动机。如及时反馈学习结果，恰当地运用表扬、批评手段来评价学生的学习行为。此外，还要努力提高学生的成就动机，学生的成就动机往往与他过去成功与失败的经验有关。成功经验能增强学生的成就动机；而过多的失败，则会大大削弱学生的成就动机。因此，在教学中一定要非常注意创造机会，帮助学生获得成功的体验。

3. 学习方法指导

帮助学生学会学习是当代的教育潮流。当代社会是终身学习的社会。一个现代公民要能在社会上立足，并为社会做贡献，就得"活到老，学到老"。学会学习就是要学生掌握有效的学习方法和自我调控学习过程的能力。

学习方法指导的范围非常广泛，主要有：帮助学生学会制订计划；指导学生善于抓住学习的最佳时机，充分利用时间；教给学生预习的方法、听课的方法、复习的方法、做作业的方法，以及科学的记忆方法、灵活的思维方法、独立的自学方法等。

由于学习方法自身的特点，我们在进行指导时，要遵循整体性原则、实践性原则、渗透性原则、启发性原则和自觉性原则等。

4. 培养良好的学习习惯

学习习惯的内容很多，如学习卫生习惯、按时独立完成作业的习惯、课后复习和课前预习的习惯、广泛阅读的习惯等。

捷克教育家夸美纽斯主张，好习惯的培养"最好是心理还很清新"，没有形成错误观念，没有养成坏习惯时就开始，并要注意根据不同的年龄特点，不断提出新的培养要求，要求一旦提出，就要持之以恒，反复强化。

心理辅导的学科渗透对于教师是一项富有挑战性的工作，需要教师努力学习理论，钻研理论，勇于实践；同时它又是富有创造性的工作，为教师才华的施展提供了广泛的舞台。

四、朋友及同伴支持

中学生的大部分活动时间是在校园里和自己的同伴一起度过的，他们最重要的人际关系是同伴关系。大多数中学生在遇到生活困难和情绪问题时，往往会找同学、朋友寻求帮助。相似的年龄，相近的经历，给了他们互相之间的信任和理解。

学校教育中，要继续鼓励、完善来自朋友的支持系统。中学生在与同学朋友的交流中，容易接受同龄人的建议和劝告，而更多的学生通过帮助身边的人，充分发挥了学生心理教育的主动性，形成自助—助人—互助的机制。在学校的心理健康教育中，还可以开展同伴辅导，即在校学生中挑选出部分学生作为同伴辅导员，对其进行心理知识和技能的培训及督导，然后通过同伴辅导员促进其他学生心理素质的提升和自我潜能发掘。

（一）开展中学生同伴辅导的重要性

"同伴"含有"朋友"和"同辈"的意思，同伴辅导的过程是在同辈及朋友之间进行的，因为同伴通常会有较为接近的价值观念、经验，共同的生活方式、生活理念，且年龄相近，所关注的问题相同等。因此，同伴辅导更符合学生的心理需求，有助于学生掌握自助和互助技术。此外，开展同伴辅导能弥补专业心理咨询人员的不足，是对专业心理辅导的重要补充。

1. 同伴辅导员通过助人自助，达到自我完善

同伴辅导不仅可以培养同伴辅导员自信、负责等心理品质，还锻炼了他们各个方面的能力，有利于同伴辅导员助人和自助目标的实现，从而使他们全面健康地成长。同时，同伴辅导员也处于青春期这个特殊时期，也会出现自身的烦恼和困惑，并且还会出现来自辅导过程中的一些困惑，虽然他们心理素质比较好且有能力辅导其他学生，但也会出现一些心理危机。在接受督导的过程中，同伴辅导员能够更清楚地认识自己的缺陷和优势，并不断克服自己的缺陷，发挥自己的优势，从而发展自己的潜能，提高自己的心理健康水平和综合素质，从而达到自我发展和自我完善。

2. 提高受辅导学生的心理素质，从而使他们健康成长

首先，同伴辅导员乐观、开朗、积极进取、热爱生活的这些品质，都可以成为受辅导者学习的榜样，对受辅导同学的心理也起到了积极的暗示作用。

其次，对处于青春期和叛逆期的初中生来说，同伴辅导员的辅导有着重大的意义。他们理智的分析、真诚的安慰，甚至只是一次专注的倾听、一句合理的劝导，都会帮助到这些困惑的同学。

通过同伴辅导，受辅导学生不仅解开了心结、改善了情绪、提高了学习效率和生活质量，而且感受到了真诚的爱。在辅导过程中，他们心理自我调节的能力也有了很大的提高，从他助转向了自助。总之，同伴辅导能够提高受辅导学生的心理素质，从而使他们更加健康地成长。

3. 推动教师参与心理健康教育，营造学校心理健康教育的氛围

虽然我国中小学心理健康教育有一定程度的发展，但是真正参与心理健康教育的教师少之又少，学校培养的心理老师也较少开展心理健康教育，并且教师说教的观念很难转变。同伴辅导更能够反映出广大学生的心理困惑，从而使广大教师认识到注重学生心理健康的重要性，并参与到学校心理健康教育中来。同时，作为同伴辅导员督导老师的心理健康老师，会更加积极地学习心理健康教育知识，从而更好地督导同伴辅导员。另外，同伴辅导的开展能够带动全校的师生了解心理健康知识、参与心理健康教育，从而形成全校心理健康教育的氛围，为学生身心健康发展、学校的素质教育及学校的长远发展提供了保障。

（二）同伴辅导的开展方法

1. 同伴辅导员候选人的甄选

同伴辅导员也可以称心理委员，要具备如下特征：对心理健康教育有一定的了解，对心理知识和心理辅导有浓厚兴趣；性格外向、为人热情开朗；亲和力较高、善解人意、关心他人；观察能力、语言表达能力、沟通能力较强；思维清晰、善于倾听；有健康的人生观、价值观；具有组织学生团体活动的经验；能严格遵守心理健康教育工作的保密原则；工作责任心强，道德品质良好；具有良好的心理素质；等等。

在招募同伴辅导员或心理委员时，首先通过日常的心理健康教育宣传，让学生们都对心理辅导很感兴趣，并且愿意加入同伴辅导员的行列。在招募同伴辅导员时，可以通过心理量表测试和面试，对报名学生进行筛选，确定同伴辅导员人选。此外，学生需经班主任和家长同意后，才可加入同伴辅导员行列。

2. 对同伴辅导员的培训

由培训者组织对学生的测验和面试，确定同伴辅导员候选人名单，然后开展培训。由培训者对同伴辅导员候选人开展培训工作，培训课程由若干个单元组成，培训内容包括：心理健康教育知识；基本的个体咨询技术，如倾听技术、同理心技术、具体化技术等；基本的团体辅导技术，如团体辅导目标和内容的制定、团体活动的组织和实施、活动内容如何总结和反馈等。

除此以外，还需了解作为心理辅导员应该遵守的制度与道德规范，如辅导员应遵守保密性原则，不能向第三者透露求助同学的个人信息。

3. 加强同伴辅导员的心理督导

我们知道，在心理咨询与辅导工作中，心理咨询人员自身的心理素质很重要。本身心理素质薄弱的人在对来访者进行心理帮助的过程中，可能会受到不良的心理暗示而影响自身的心理健康。而同伴辅导员的知识技能与专业咨询师相比还有很大差距，在如何进行有效辅导的问题上会存在一定的困惑，所以加强同伴心理辅导员的心理督导是必要的，应由专业心理咨询师或心理辅导教师来负责这项工作。

第三节 中学生心理辅导的社会支持

在中学生的心理教育中，建立有效的社会支持系统是解决中学生心理问题、促进中学生社会适应的重要途径。

一、社会大环境支持

社会环境对学生心理的影响主要是以渗透的、潜移默化的方式实现的，这种独特的方式时时处处存在并感染、引导、激励、教育着他们。社会要从各个方面为学生的心理健康提供支持和保障，具体表现在以下几方面。

（一）弘扬传统文化

教育是培养人的一种社会活动，广泛存在于人类社会生活中。事实上，人的教育过程是一种社会化过程，社会文化传统对人的非智力因素培养有着广泛而深刻的影响。社会文化传统是在漫长的社会发展中逐渐形成的，是社会成员长期共同生活方式的总和，包括价值观、知识、信仰、宗教、法律、艺术、风俗习惯、生活态度、道德和行为准则，以及物质表现形式，所有这些都会直接或间接地影响每个社会成员。

一定的社会文化背景，如风俗习惯、道德观等，从出生之日起就以一种无形的力量影响着他们，使他们逐渐形成理想、信念、世界观、需要、动机、兴趣和态度等心理品质。不同的文化对人的心理健康有不同影响，其中有些是健康的，有些则是不健康的。社会意识形态对人的心理健康的影响，是通过社会信息作为媒介的。中学生对社会信息的获得，可来自自己的直接观察，也可来自别人的见解传授，如网络、报纸杂志、电视、书籍、电影、广播等。健康的社会信息，有助于中学生心理健康发展；而不健康的、腐朽没落的社会信息，则会造成种种危害，如暴力电视或电影会引起中学生的攻击和犯罪行为。

自古以来，我们民族就有勤劳勇敢、艰苦奋斗、吃苦耐劳、自强不息、不畏强暴的精神，还有尊老爱幼、助人为乐的传统美德和民族精神。这些传统文化的精华有助于培养中学生的道德情操、成就动机、意志品质等良好心理品质。我们要积极吸取传统文化的精华，不断发扬传统文化，充分发挥优良的社会文化传统对中学生健康人格培养的积极作用。

（二）净化社会风气

社会风气与中学生的关系就像自然气候与植物的关系一样。社会风气可以通过家庭、同伴、传媒等途径影响其心理健康。而不良风气，会使一些中学生的心理受到扭曲，难以形成正确的人生观、世界观。

因此，要确保中学生心理健康发展，学校、家庭和社会要共同抵制不良社会风气的影响，净化环境，树立健康向上的社会风气。学校应加强与有关部门的沟通联系，说服他们通过立法、执法等手段，遏制坏的社会风气，倡导好的风气。例如，对不健康的贺卡，要加强监管，适时禁止，取缔其流通；对于封建迷信活动，要坚决予以打击，决不姑息纵容，以免危害中学生。

（三）治理网络环境

网络是一把双刃剑，在带来信息和便捷沟通的同时，也产生了大量的网络垃圾文化。中学生尚处于世界观形成阶段，极易受到不健康文化的影响，导致理想信念淡化，个人主义、享乐主义滋长。而且，由于网络的开放性和难以监控性，势必会使学生受到网络不良信息的影响，不利于中学生良好心理素质的培养。

国家要积极构建和谐的网络环境，要强化政府监督功能，开展宣传教育，引导行业自律，倡导绿色文明的网络行为；还需要深化互联网行业管理的各项工作，按照"谁经营、谁负责"的原则，增强电信运营企业的信息安全意识和社会责任感；建立健全网吧上网的管理体制，杜绝中学生进入网吧；引导和帮助广大网民培养健康上网的习惯等。总之，全社会要共同参与，尽一切努力保护和促进广大中学生的身心健康发展。

（四）提供政策保障

尽管国家和各级地方政府出台了不少中小学生心理健康教育的相关文件，但以柔性建议为主，没有具体落实办法，在硬性指标上有所欠缺。学校心理健康教育存在于政策层面，只是为了应付上级检查，心理健康教育课被其他学科课程所占用等现象。

一方面，国家需要进一步重视国家心理健康政策的设计与完善。这方面可以借鉴发达国家的经验。各级教育行政部门，则应进一步制定完善相关的政策、法规，积极创造条件解决学校心理健康教育工作中存在的实际问题，逐步完善心理健康教育规范，学校应实实在在加以贯彻执行。

另一方面，国家心理健康政策应强调各方主体的参与度，应覆盖各级各类学校教育场域，也应延伸至家庭、社区、职场等相关社会生活场域。在诸如网吧治理、社区心理的优化、家庭心理保健、媒体环境净化等方面，均需要加强政策引导和支持的力度，以此营造最佳的心理健康教育社会整体环境。

二、社区小环境支持

社区是指若干群体或社会组织(机关、团体)聚集在某一地域内形成的一个在生活上相互关联的大集体，如街道、住宅小区、村庄、小镇等。社区对生活在其中的中学生的心理健康的作用，主要是通过社会环境和社区活动产生的。

（一）建立良好的社区环境

国家应当加大力度发展社区经济，完善社区服务设施，改善社区成员的生活质量。社区的物质文化环境状况直接影响其成员的生活质量，因此应当加大对社区环境建设的投资力度。要完善公共服务设施，如体育器材的购置，社区内道路设施的改善，社区图书馆、文化馆、超市的建设，社区医疗卫生机构的设置，文化娱乐场地的扩建，社区环境的绿化等。中学生生活在良好环境中，有利于提高其心理健康水平和思想品德素养。

（二）丰富社区活动，营造良好氛围

丰富多样的社区活动可以团结人心、凝聚力量、增强归属感，使更多的社区成员加入到活动中来，从而营造健康积极向上的社区氛围。这样轻松愉快的良好氛围有利于中学生塑造健康的人格、净化心灵、陶冶情操。学校和家长应充分发挥社区对中学生心理的辅导作用，例如，有选择地组织中学生观看健康的、符合其年龄特点的电影、电视；欣赏音乐会、美术、摄影展等；充分挖掘社区环境中的积极因素，组织中学生参加社区的各种公益活动，如绿地认养、照顾孤寡老人、环保宣传等，从这些有意义的活动中，中学生的能力可以得到锻炼，心理会变得更加成熟。

（三）建立健全社区心理健康机构

心理健康越来越受到社会的关注，但目前的心理服务模式主要是设在医院和大专院校中单一的心理咨询，远远不能满足社会需要。同一社区的人具有相似的生活环境，经历着相似的社会事件，在社区开展心理健康服务工作，能够更宏观地提前预防整个社区成员出现某些由社会环境的因素引发和恶化的心理问题。

社区可以建立心理健康服务中心，大的社区还应该配备专业心理辅导员，小的社区可以与心理机构联合起来，采用心理健康讲座、宣传栏等方式，开展丰富多彩的心理健康宣传活动。具体来说，可以开展如下活动：①开设心理健康教育宣传工作，编制一些心理健康宣传材料，通过报刊、网络等媒体，以及宣传橱窗、传单的形式进行心理健康知识宣传；②定期或不定期地邀请高校心理学专业教授，来社区举办心理健康教育方面的讲座及开展免费咨询活动，普及心理健康小常识和常用心理健康保健方法；③开展各种丰富多彩的心理卫生宣传教育活动，如在社区播放心理知识宣传片、心理影片、教育影片等，还可以组织各种文艺活动来开展心理健康知识宣传，从而扩大心理健康知识的普及面，丰富社区居民的心理健康知识；④通过政府部门，制定心理健康主题宣传日，组织大型专题咨询、专题文艺晚会等活动，以此营造社会关注和社会支持的氛围。

总之，通过宣传、预防、教育与治疗相结合，普及心理健康知识，传授一定的自我心理调节机能，可以帮助社区居民解除各种心理障碍，提升心理健康水平。此外，还要注意对个别中学生及家庭进行干预，在社区心理辅导和治疗的工作程序中，形成社区、家长及学校的联动机制，共同维护好中学生健康成长的良好环境。

【知识链接 11-1】

守护青少年心理健康

——来自一些国家的采访报道

青少年时期是人类个体生长和心理发育的重要阶段。许多国家积极探索实践，通过广泛普及心理健康知识、提高从业人员专业化水平、引进心理健康课程、推广同龄人互助机制等方式，动员社会、家庭、学校等形成合力，守护青少年心理健康，促进青少年健康成长。

1. 新加坡——构建充满关爱与温暖的社会安全网

一名刚满 17 岁的新加坡女孩在迈入大学校园后，因为面临新的人际环境和课业压力而频繁地焦虑和失眠。她向学校求助,在老师的帮助下渐渐找到应对压力的办法,并开始积极与同学们交流,互相排解负面情绪。这是新加坡媒体公布的一个校园心理问题案例,旨在鼓励同学们在遇到心理问题时,要给予足够重视、及时寻求援助。

由于经历生理与心理上的多重变化,青少年群体的心理健康发展面临种种挑战。据统计,与2015年相比,2020年间因抑郁症到新加坡心理卫生学院求医的青少年人数增加了约六成。青少年心理健康成为新加坡社会特别关注的问题。该国政府认为,增强青少年心理韧性需要社会各方通力合作,营造包容的环境。

目前,新加坡正在将心理健康课程引入各级学校,并在每个学校安排具有专业资质的辅导员,为学生提供心理咨询服务。针对需要心理援助的同学,辅导员会和心理卫生学院联系,由学院派遣专家为学生做专业评估并制定援助方案。

同时,学校注重发挥同伴支持的作用,许多学校都建立起了同辈互助机制。该机制由学校或班级安排数名学生接受培训,学习倾听的技巧、鼓励同伴的方法及常见心理问题的应对策略等,他们定期向学校反馈同学们的心理健康状况,并在遇到紧急情况时通知老师。

家庭对青少年的心理健康发挥着至关重要的作用。新加坡政府针对家长推出了正面育儿计划、工作坊等,向家长普及心理知识,帮助他们为孩子提供情感支持。该国教育部、保健促进局的网站上也有大量面向家长的心理科普资料。很多学校还成立了家长支援小组,邀请有意愿的家长与学校合作,共同关注孩子情绪问题并找出应对方法。

为了让青少年拥有更多寻求心理帮助的渠道,新加坡政府与心理卫生学院合作,为新加坡心理健康协会、新加坡儿童会等社会服务机构提供培训,帮助他们更好地服务于有需要的群体。2020年2月,在新加坡政府的支持下,青年心理健康网络正式成立。该网络汇聚各行各业力量,共同制定改善青少年心理健康状况的方案。目前已经有20多个项目处于开发和运行阶段:有的项目面向10岁至12岁儿童,由志愿者带领孩子们参加钓鱼、骑行、画画等活动,帮助他们扩大社交圈、提升自信心;也有的项目将心理健康知识提炼、汇总成册,供家长们参考使用。

保护青少年心理健康需要营造良好的网络生态,教育引导他们合理使用智能设备。据调查,新加坡约2/3的7岁至9岁儿童每天使用智能手机上网,2/3的青年遭遇过网络伤害。新加坡政府计划拟定新的互联网行为准则,规定网络平台采取必要措施,包括为儿童账户提供内容过滤工具、设立父母监督机制等,降低青少年群体接触有害内容的风险。

新加坡教育部部长表示,新加坡需构建一个充满关爱与温暖的社会安全网,让需要帮助的人知道他们不必独自面对困难,更不会因此遭到排挤。

2. 德国——心理治疗师提供专业援助

德国医疗保险公司BARMER发布的报告显示,相比2009年,2019年德国接受心理治疗的青少年人数增加了104%,达到了82.3万人次。BARMER公司总裁克里斯多夫·施特劳布分析认为,接受心理治疗的青少年人数增加,主要是因为社会对该群体心理健康重视程度不断提高。此外,德国心理治疗师人数增加、接受心理治疗的便利性提高,也帮助了更多青少年及时接受专业的心理治疗。

"相比成年人，孩子们往往不太能注意到自己的心理状态，也不太会用合适的语言表达不适。"德国北威州儿童精神科专家马丁·霍尔特曼告诉记者，在德国，约有1%的学龄前儿童和2%的小学生正受到抑郁症的困扰，而在12岁至17岁的青少年中，这一比例最高甚至达到了10%。他介绍，当有些孩子表现出无心玩耍、头疼、肚子疼等症状时，其背后往往隐藏着抑郁症等心理疾病。

霍尔特曼强调，正是由于青少年心理问题的表现形式与成人区别很大，所以其诊断和治疗都需要专业心理治疗师的参与。让霍尔特曼欣慰的是，越来越多的人开始了解和重视青少年心理健康，他说："在一二十年前，很少有人相信儿童也会患抑郁症，现在这种情况大有改善。"

1999年初，德国开始施行《心理学心理治疗师和青少年心理治疗师法》，从法律上对心理行业从业人员的资质进行规范，并促成了青少年心理治疗师这一职业的诞生。要获得该资质，需要通过专门的执业考试，并掌握教育学、社会教育学等专业知识。

据德国联邦统计局数据，2015年至2019年，包括青少年心理治疗师在内，德国心理治疗师从业人数上升了19%，达到了约4.8万人。2003年至2016年期间，在通过心理治疗师资质考试的总人数中，青少年心理治疗师的占比达到近30%。

除了医院、诊所等提供专业心理诊疗服务的机构，德国各级政府、社会机构也努力保障青少年心理健康。以柏林为例，当地政府设置了心理治疗专员职位，还在各区开设青少年精神科。这些科室和学校、儿童援助机构密切联系，为孩子们提供医学、心理学和社会教育学方面的专业援助。在柏林市政府的政务服务网站输入关键词"青少年心理治疗"，可以很方便地找到几十名有资质认证的心理治疗师的联系方式。

德国"数字应对烦恼"协会成立于1980年，该协会在成立之初就设置了帮助青少年解决心理问题的热线电话。目前，该协会共有76条电话线路和2235名受过专业培训的志愿者提供心理咨询服务，服务完全免费并且覆盖德国全境。孩子们无论有任何困扰，都可以在周一到周六的下午2点到晚上8点之间拨打电话求助。值得一提的是，每周六的这个时间段，守候在电话另一端的是16岁到21岁的年轻志愿者，以便有需要的孩子们放心地向同龄人倾诉。"对于那些急需帮助的孩子而言，有人愿意倾听并且表示理解他们时，就已经得到了一种非常积极的反馈。这有利于双方进一步建立信任，共同寻求解决问题的方法。"协会工作人员扎哈里亚斯表示。

3. 阿根廷——营造科学看待心理问题的社会氛围

阿根廷圣地亚哥-德尔埃斯特罗省，心理咨询师加西亚正在为一名小学生的母亲提供线上咨询。加西亚的工作很忙，因为随着学生们陆续返校，一些孩子出现心理问题，前来咨询的人数明显增加。

加西亚所在的心理援助小组成立于2020年，目前有44名心理学家在此服务，他们通过远程心理援助设备为居民提供线上咨询。在阿根廷，心理健康主题的电视节目收视率很高，心理咨询类的书籍也颇为畅销。据统计，曾接受过心理咨询的阿根廷人比例达到35%。布宜诺斯艾利斯市场研究公司新近调查显示，阿根廷全国约有5万名心理行业从业人员，平均每 690 名居民就拥有一名心理咨询师，这一比例在世界范围内位居前列。

青少年时期是人身心健康发展的关键时期，关注青少年心理状态，对于帮助其健康成长至关重要。在阿根廷，不少父母会单独或带着孩子一同前往心理诊所寻求帮助。阿根廷心理学会主席戈德斯坦表示，阿根廷拥有丰富的心理治疗资源，民众愿意在有需要时接受心理咨询，关注青少年心理健康已经成为阿根廷社会文化的一部分。

在守护青少年心理健康的过程中，学校和家庭扮演了重要的角色。在布宜诺斯艾利斯，学校十分重视对老师的心理健康监测，老师在应聘时需提供心理健康证明，部分学校还为老师提供心理咨询课程，以保护其心理健康。与此同时，许多学校很重视与家长在学生心理方面的交流，帮助家长了解孩子的心理发展特征，并掌握基本的危机预警知识和干预措施。

近年来，阿根廷对青少年心理学领域的研究不断细化，其应用场景也更加多元化。以阿根廷两支最出名的球队博卡青年队和河床队为例，两队均十分关注青少年球员的心理健康，注重培养球员的心理素质。博卡青年 U19 队主教练罗兰多·斯基亚维说，球队对青少年球员进行全方位培养，配备心理专家随时关注球员心理状况。从事该领域研究的心理咨询师普雷森基则表示，训练场不同于学校，球员们需要了解如何度过伤病、低谷等困难时期，健康向上的精神状态有助于充分发挥运动员的天赋，我们要让青少年球员们知道，寻求帮助是件好事。

戈德斯坦表示，关注青少年的心理健康，需要营造宽松的、科学看待心理问题的社会氛围，要让人们意识到心理治疗是和吃饭、运动一样平常的事情，避免对其抱着排斥的情绪。青少年的心理问题有着复杂的成因，通过早期干预手段可以有效预防其心理问题恶化，因此，持续监测青少年的心理健康是一项基本且必要的工作，需要推动社会、家庭、学校共同关注青少年的心理问题。

4. 英国——通过课堂教育维护心理健康

在英国街头和地铁站中，心理热线信息和心理健康主题广告随处可见。新冠疫情的蔓延给英国大众的心理健康带来挑战，而青少年群体的心理状况尤其受到关注。据英国《卫报》报道，英国卫生部披露，疫情期间，英国青少年的心理问题加剧，2022 年 2 月，仅在英格兰地区就有 42 万名青少年因心理健康问题接受治疗，创下历史纪录。为此，英国不断加大应对力度，从政府、学校、社会机构等多方面给予支持，维护青少年心理健康。

英国研究人员认为，幼年时期心理健康与否会影响孩子们的认知和学习能力，并对其成年后的身体、心理健康，以及社会融入产生长久影响。学校是对心理问题进行早期预防和干预的重要一环。有研究表明，一些孩子在出现心理问题之后不愿与家人沟通，而是倾向于接受学校老师的帮助。因此，英国政府重视发挥中小学校在预防、鉴别孩子心理问题，提供及时心理援助方面发挥的作用。2017 年，英国卫生部和教育部联合发布绿皮书《改善儿童青少年心理健康》，绿皮书强调，通过课堂教育维护青少年心理健康，是英国心理健康教育的重中之重。

自2020年9月起，英国中小学全面引入心理健康教育课程，旨在通过系统性的心理知识普及和专业教职人员的心理疏导，为学生提供支持与帮助。其中，小学阶段的心理健康课重点在于引导学生认识心理健康基本知识，了解寻求心理援助的渠道；在中学阶段，学校则需向学生普及常见的心理问题和精神疾病，帮助学生了解自己的情绪变化、正确评估心理健康状况。

为了帮助老师更好地扮演学生"知心人"的角色，英格兰公共卫生局制作了一批心理健康课件，供老师们下载使用。课件的主题和内容设置不仅实用性强，而且颇具针对性：应对考试压力的课件，能够帮助老师了解学生在考试前后的心理特征变化，引导学生正确应对考试压力；应对环境变化的课件则关注因升学而面临环境变化的学生，指导老师帮助学生顺利度过这个阶段。

英国的社会机构也积极开辟心理知识普及和咨询渠道，为民众提供专业的心理支援服务。英国心理健康机构MIND开设了电话热线和网络聊天页面，向公众普及心理健康知识，并为有需要的人士提供信息和建议。还有许多志愿者组织推出面向青少年的倾听服务，帮助他们释放情绪、纾解压力。

伦敦安娜·弗洛伊德国家儿童和家庭中心为家长和孩子提供了心理咨询、临床诊断、持续治疗等一系列服务，其下属的家庭部门免费为有需要的家庭提供心理支持。中心还为在校老师提供专业的心理健康培训，一些接受过培训的老师表示，专业的课程知识让他们在应对学生的心理问题时更加得心应手。中心首席执行官彼得·弗纳吉表示，心理健康状况不佳不仅仅是个人的问题，也是社会状况的一部分，人们应该关怀需要帮助的人。

【案例导读解析】

1. 案例分析与诊断

小华同学的问题，其形成与家庭是分不开关系的。父母该如何对待自己的子女，才能让他们健康快乐地成长呢？父母的心理健康对孩子具有重要的意义，美国心理学家埃利斯认为，父母的心理素质对儿童的心理健康具有深远的影响，一个情绪平稳、心态豁达、行为具有理性的父母，会使孩子的身心得到健康发展，并为他们的健康人格奠基。如果成年人心理不健康，会在不经意中向孩子传递不健康的思维方式和行为模式，那么要求儿童具有健康的心理就成为"空中楼阁"。在这个案例中，母亲若是能够站在女儿的角度思考(毕竟做父母的也年少过)，至少不会做出"骂走前来邀请女儿的同学"这样过于伤害女儿自尊心的行为。结合本案例中小华和母亲的表现，可以诊断小华的问题为亲子关系问题。

2. 辅导要点

第一阶段以理性情绪疗法为主，以改变母女双方对待对方的态度；第二阶段以行为疗法为主，小华和母亲一起制定各自的行为目标，控制自己的不良行为，依据行为目标制订具体计划，并记录自我评价。

3. 反思

现代家庭中普遍存在"代沟"问题，如果父母在子女的成长过程中，与子女缺乏适当的沟通，"代沟"问题就可能会导致父母与子女之间的关系不和谐，相互之间轻则互不理解，重则抱有敌意。所以要构建和谐的亲子关系，必须通过沟通等手段让代与代之间曾经断裂的心理联系接续起来，从而达到交流的顺畅和相处的和谐。需注意以下几点。

(1) 要把孩子当成独立的生命体来看待。
(2) 家长要以民主平等的态度与孩子沟通，并学会欣赏孩子。
(3) 家长要确立终身学习的理念，不断改变自我，完善自我。

构建和谐的亲子关系，需要亲子间持久不断的相互关爱、理解与合作。这既是一门艺术，又是一门科学。必须付出真心真情，配之以科学合理的方法，才能收到预期的效果。只有学会平等真诚沟通，学会热爱生活，才能跨越代沟，建立起和谐的亲子关系。

中学生各种不健康的心态会使他们产生易怒、抑郁、焦虑、怨恨等心理反应，情绪波动大，或认知消极，容易对自身的身心健康成长构成威胁，也会对学校乃至社会秩序的稳定产生非常不利的影响。作为希望孩子成功的家长和教育工作者，作为希望祖国繁荣昌盛的每位公民，我们都可以为维护学生心理健康贡献自己的一份力量。而这项工作，对于我们来说还有很长的路要走。

小结

心理辅导是一项综合系统的工程，不仅需要专职教师的努力，更需要其他学科教师、班主任、家长、社会各界的积极配合和共同努力。只有家庭、学校、社会和学生本人密切配合，共同参与，才有利于中学生摆脱心理困境、促进心理健康发展，才有利于全面落实素质教育、为国家培养高素质人才，才有利于社会的和谐与稳定。

巩固与操作

一、思考题

1. 家庭如何为心理辅导提供支持？
2. 什么是心理辅导的学科渗透？
3. 心理辅导的教师支持有哪些？
4. 什么是朋辈辅导？
5. 如何为心理辅导提供社会支持？

二、操作题

1. 针对中学生的叛逆问题，设计一堂主题班会课。
2. 对于部分学生存在网络游戏成瘾的问题，家庭、学校和社会该如何为网络成瘾的辅导提供有效支持？

拓展阅读

1. 张文霞. 团体心理辅导[M]. 北京：清华大学出版社，2022.
2. 刘梅. 儿童心理发展与家庭教育[M]. 北京：清华大学出版社，2023.
3. 斯坦伯格著. 青少年心理学[M]. 梁君英，董策，王宇译. 北京：机械工业出版社，2015.

第十二章

中学教师的心理健康

▶ 内容提要

本章主要介绍有效心理辅导员必备的特征及条件,中学教师心理健康的含义、标准及维护心理健康的重要意义,中学教师常见的心理困扰及产生的原因,教师职业倦怠及其特征,职业适应不良的含义及中学教师职业适应不良的表现,中学教师心理健康调适的具体策略。

▶ 学习目标

(一)认知目标
1. 了解有效的心理辅导员必须具备的特征。
2. 掌握心理健康的含义及中学教师心理健康的标准。
3. 了解中学教师常见的心理困扰及产生的原因。
4. 理解职业不良及中学教师职业不良的主要表现。
5. 掌握中学教师心理健康调适的具体策略。
(二)情感目标
1. 了解成为有效的心理辅导员的重要意义。
2. 了解教师心理健康的重要意义。
(三)能力目标
1. 掌握中学教师如何成为有效的心理辅导员。
2. 掌握中学教师心理健康调适的具体策略。

【案例导读】

老师,你们到底怎么了

众所周知,学校是教书育人之处,教师是为人师表之人。我国素有尊师重教的传统,"一日为师终身为父""爱生如子"的古训流传至今。可是近年来,在这片圣洁的教育园地里,却接二连三地发生了一些令人毛骨悚然的事情。

【案例1】2019年3月29日，某实验学校教师许某某用笤帚木把对未达到英语月考目标分数的25名学生进行体罚，造成部分学生腿部、臀部、背部等部位淤血、红肿。

【案例2】2021年4月，某国际幼儿园教师彭某某在课上将幼儿石某某掉落的鞋子踢还给本人，击中嘴巴导致该幼儿乳牙掉落受伤。

人们普遍认为教师的职业是太阳底下最光辉、最神圣的职业，因为它维系着千百万孩子的健康成长，维系着千百万家庭的幸福快乐，因而是最蕴涵生命力和创造性、充满幸福和快乐的职业。在人们心目中，教师是人类文化的传递者、人类心灵的工程师，是真理和文明的化身，教师从外表到内涵，似乎应该有一种温文尔雅、宽容仁慈的谦谦君子风度。然而令人难以置信的是，在人们对教师的尊敬与颂扬中，却发生了上述那一幕幕不该发生在教师身上的恶性事件。教师为什么要这样对待自己的学生？是师德不良，还是另有其原因？难怪一声声令人难堪的责问不绝于耳：老师，你们到底怎么了？

第一节 中学教师的心理辅导职责

教师要培养全面发展的学生，需要承担多重角色。教师不仅是文化知识的传递者、学生集体的领导者、以身立教的示范者、开拓创新的研究者，还承担着心理健康的辅导者等多种角色。中学阶段是个体发育过程充满生机、最为宝贵的一个阶段，也是最易产生心理冲突和行为过失的危险年龄阶段。现代社会生活的发展，对学生心理健康教育工作提出了严峻的挑战，由于教育方式不妥导致学生产生心理问题的案例比比皆是。苏霍姆林斯基把教育中违反心理卫生要求导致的心理异常或心理疾病称作"学校病"。如何减少"学校病"的发生、促进学生心理健康水平的提高，是教师应当承担的职责。教师要担此重任，就必须接受从事学校心理辅导工作的专业培训，掌握学校心理辅导的基本理论、专业知识和操作技能，还要加强自身的人格修养，自觉维护和促进自身的心理健康。

一、教师成为有效心理辅导员的重要性

虽然学校心理辅导属于专业性很强的工作，但学校心理辅导不只是专职的心理辅导教师的工作，普通教师同样承担着心理健康教育的任务。普通教师在学校心理辅导工作中所起的作用有其特殊的意义，具体表现在以下方面[1]。

(1) 支持。普通教师可以采用各种方式对心理健康教师提供专业或精神上的支持，普通科任教师可以利用班级活动支持专业心理教师，使他们的心理教育计划能得到有效实施。

(2) 转介。转介是学校心理工作中的重要环节，主要目的在于把有心理辅导需要的学生推荐给专业人员，使学生能获得最有效的帮助。普通教师应及时发现问题学生并做好转介工作，转介过程应该以学生的利益为中心，力求给予最适当的服务。

(3) 服务。学校内所有教育教学人员都是服务性的，包括对学生的服务、教师之间的彼此支持，以及对社区内团体与机构的服务。普通教师与专职心理教师在承担学校心理辅

---

[1] 伍新春. 中学生心理辅导[M]. 北京：高等教育出版社，2010.

导工作时并无绝对界线，例如，他们都可能做咨询、转介、家长辅导等工作，双方的差异可能只是在层次与深度上的不同。

二、有效的心理辅导员所必备的特征

中学心理辅导是一项专业性很强的工作，心理辅导员作为对学生进行心理健康教育的工作人员，肩负着很大的责任，他们素质的高低对于能否做好心理健康教育工作至关重要。那么，有效的心理辅导员应具备什么样的特征呢？

（一）正确的职业理念

正确的职业理念是教师胜任心理辅导能力的前提，它会在个人哲学观和职业角色观等方面体现出来。

教师的哲学观是指教师本人对人性、现实世界、生命存在、生活的价值、个人生活态度等问题的一些基本假设和看法，具体包括人性观、价值观等。美国心理学家考瑞(Corey)指出，从教学与督导的经验得知，对价值的察觉、价值观从何而来与如何获得，以及咨询者的价值观如何影响来访者，都是十分重要。在探索自己的历程中，一个焦点就是检查个人的价值观如何影响其身为咨询者的工作。当代心理学家帕特森(Patterson)也强调，咨询者的价值观不可能脱离治疗历程。此外，心理辅导的理论都建立在对人性的假设基础上，每个心理辅导员也都有自己的人性假设。只有自身的人性观与心理辅导理论的人性观相一致时，心理辅导者才能真正有效地使用这种理论来帮助别人。教师的人性观、价值观、生活哲学和基本的生活态度等，在心理辅导的过程中具有非常重要的价值。教师应不断吸取、内化健康积极的价值观，通过沟通、讨论等丰富多样的形式，引导学生思考、感悟、选择，建立积极向上的价值观和人性观，帮助他们健康成长。

教师的职业角色观是指教师对自己在教育职业中所担当角色的一种认识。新课程的实施使教师从传统的角色定位束缚中走出来，现代教师的职业角色不再是说教者、灌输者和评论者，而是商谈者、接纳者和辅导者。建构主义认为，学生不是被动接纳信息的容器，他们是在用自己的自身经验、情感表达和思维方式来选择并接收外界的信息输入，构建自己的人生观和价值观。因此，教师在心理辅导的过程中要注重对学生人生观和价值观的梳理、良好情绪的重建及认知方式的转变。

（二）扎实的专业知识

扎实的专业知识是教师作为有效心理辅导员最基本的特征。中学心理辅导工作是一项专业性很强的工作，需要教师具有扎实的专业知识。心理辅导教师必须具备心理学、教育学基础知识，以及心理咨询辅导的专业知识，具体包括：对普通心理学、教育心理学、人格心理学、情绪心理学知识的了解；对心理卫生、变态心理、心理测量与诊断等知识的了解；对心理辅导、心理咨询与治疗知识的了解。

（三）熟练的专业技能

扎实的理论准备是从事心理健康教育工作的前提，熟练的专业技能是从事心理健康教育工作的关键。教师掌握心理辅导的基本理论和知识并不是目的，更重要的是教师要把这些基本理论和知识转化成熟练的咨询与辅导技能，以促进学生心理品质的发展，维护学生的心理健康。因此，有效的心理辅导员还必须具备熟练的专业技能，具体包括：心理健康教育课的教学能力，如针对不同年级学生选择合适的教学内容、举办校级专题心理讲座、课堂活动的组织与监控能力；心理辅导和咨询的能力，如建立咨询关系、正确运用心理测评工具、决策与诊断、观察、移情、倾听、问题行为矫正等各种咨询技术；学校心理活动策划和组织能力，如选择有新意且符合学生实际情况的主题活动、协调各部门人力与物质资源为活动服务[1]。

（四）较强的科研能力

在所有教师的专业化发展过程中，都要求教师有较高的科研能力，能深刻领悟课程的核心和要点。一方面，心理健康教育还有许多地方需要进一步深入、系统的研究和探讨。例如，心理健康教育的目标、内容、模式、方法等都尚未形成统一的意见和看法，这势必影响心理健康教育工作的有效性和有序性。另一方面，心理健康教育工作有很强的地域性，有极强的地方特色。例如，东部沿海发达地区普通高中学生的心理问题与西部内陆欠发达地区普通高中学生的心理问题是存在较大差异的，因此，心理健康教育的内容与方式肯定会有相应的不同；同为西部的大中城市与县级城市，不同城市、不同学校的学生也都存在较大差异，因此我们的心理健康教育工作在承认其共性的同时，更要注重其个别性、特殊性。学校应研究调查本地区、本校学生的心理现状和问题，有的放矢，制定出能适应本校学生的心理健康教育方案；加强本校心理健康教育课程的研究与开发，探索符合本地区、本校实际的心理健康教育课程，做到以研促教，科研兴校，将心理健康教育工作做出实效、做出特色。因此，心理健康教育教师必须具备较强的科研能力。

（五）完善的人格特征

由于心理辅导是一项严肃的工作，它直接面对当事人的"心灵"，这种工作的特殊性需要心理辅导员必须具备优秀的人格特征，这是教师胜任中学心理辅导工作的核心和关键。有研究表明，学校心理健康教育教师的胜任结构中宜人性和尽责性是必备的两种人格特质[2]。教师人格特征中的宜人性主要指教师是否值得信赖、是否具有同情心、是否愿意与人合作等方面的特征，包括宽容、助人为乐等特质；教师人格特征中的尽责性主要指教师对工作的控制力状况，包括自信、责任感等特质。心理辅导工作要求教师以一种理解和接纳的态度来看待学生及其行为，去寻找这些行为背后可能的心理需求，从人性的角度去理解和教育他们。教师要与学生建立起相互支持、理解和信任的关系，真正实现师生之间心灵上的沟通与互动，从而增强教育的针对性和实效性。

---

[1] 唐瑛.浅析心理健康教育教师职业胜任力及发展路径[J].牡丹江教育学院学报，2011，128(4)：73，85.
[2] 王智，张大均.学校心理健康教育教师胜任特征结构及测量[J].心理科学，2011，34(2)：481-487.

【身边故事 12-1】

心理老师跳楼自杀

不久前,哈尔滨市呼兰区二八镇中学青年教师张健跳楼自杀。这位专门给学生做心理健康指导的老师,最终没能解开自己的心结,在巨大的心理压力下彻底崩溃。张健的一些同事告诉记者,张健是一名非常优秀的教师,他是学校唯一的一名市级骨干老师,他不但教学出色,而且做学生思想工作也很有办法,一些淘气的学生都很服张老师。

身为省内一级教师的张健,曾先后十多次荣获先进教师等荣誉称号,而且获得了黑龙江省心理学会颁发的心理健康指导教师结业证书。但是,这位很会做学生思想工作的优秀老师最终没能做通自己的思想工作。在张健自杀前一个多星期,张健在日记中留下了这样一段话:"昨天到哈市看了一趟病,又花了不少钱,我不是心疼钱,而是心疼自己的病,是我自己太脆弱了,走不出自我折磨的误区,我现在急需解决的是战胜自己,接受自己,就是(当)一个普通老师又能如何?如果不能上班又能如何?不是也得活着吗?"

对于张健的死因,有人推测可能和他没有当上教导主任有关。年初,哈尔滨市进行教师人事制度改革,学校拟提拔一个教导主任,作为候选人之一的张健没有当上,同事之间的几次闲聊中,都听到张健表示对此事有一些看法。就是这样一位大家都公认的好老师,因为工作变动的事而没能走出自己的心理误区,选择了轻生。

你认为当一名优秀的心理辅导老师,除了必须具备扎实的专业知识和熟练的专业技能,还应该具备哪些特征呢?

三、成为有效的心理辅导员必备的条件

(一)主观条件

1. 追求自我发展

自我发展是指对求知的一种积极的认识倾向与情绪状态,具有直接引起、维持并推动个体求知活动以达到一定目标的认知内驱力。教师有很强的学习需要和动机,希望通过主动学习来提高自身的水平,关注自己的专业成长。自我发展是中学心理辅导教师的鉴别性胜任特征,通过教师是否追求自我发展,可以鉴别出中学心理辅导教师是否优秀。

首先,中学生正处在"人生的暴风雨期",他们思想丰富,问题频出。相同的问题背后可能有不同的原因,同一个问题因人而异,可能需要不同的技术来处理。同时,社会的发展和时代的进步使中学生的知识越来越丰富。这就需要中学心理辅导教师必须不断丰富心理咨询与辅导的理论和技术,以及自己各方面的知识,树立终身学习的理念。其次,中学教师也并非完人,他们自身也会存在诸多问题,需要不断关注自我成长,及时发现自身存在的问题并进行改正。只有这样才能更好地完成中学心理辅导与教学工作。

2. 提升专业素养

中学心理辅导教师的专业素养是指具备深厚的心理学专业知识,受过系统的专业训练,具有丰富的工作经验和实践知识，具有对中学生进行心理咨询的专业技能和素养。中学心理辅导教师要能够熟练运用专业知识，对专业既有纵深方向的理解和研究，又能紧跟专业发展掌握专业发展趋势。研究表明，专业素养较高的教师能够熟练运用专业知识解决实际问题，能够把心理学知识应用到实际工作中去。相反，专业素养较低的教师遇到问题时不知道如何处理，咨询时不知道采用什么方法去处理等。

2000年教育部印发的《中小学心理健康教育指导纲要》已经明确指出，心理咨询是一项科学性、专业性很强的工作，也是心理健康教育的一条重要渠道。然而，目前中学心理辅导教师的专业化水平总体较低，从事心理健康教育教师的质量参差不齐，有的甚至根本没学过心理学，而是半路出身。为了提高当前中学心理辅导教师的专业素养，保证心理健康教育工作有效开展，在职的心理辅导教师必须接受系统的专业培训，提高其专业素养。由于教育理念和咨询技术的不断发展，心理辅导教师需要不断学习，更新专业知识，这是提高专业素养的有效方法。

心理辅导教师的培训可以分为职前培训与职后培训。职前培训是指入职前，完善师范院校教师教育课程结构，加强师范生心理咨询基础理论知识的学习与基本技能的训练，加强教师的心理健康教育。职后培训阶段，要拓展继续教育资源，为广大在职教师提供心理健康教育培训。职后心理健康教育培训的重点是促进教师对自身心理状态的反思，结合职业经验，理解教师心理健康对学生发展及教育教学工作质量的影响，成为有心理健康意识的教师，并进一步掌握自我减压、自我调节的技巧。

3. 学会不断反思

反思就是要求学校心理健康教育教师，着眼于自己的活动过程来分析自己所做出的某种行为、决策，以及所产生结果的过程。

反思包括自我反思、同行交流反思与专家督导反思。自我反思是指心理辅导教师以自己的职业活动作为思考对象，对自己在从事心理辅导过程中所做出的行为及所产生的结果进行分析的过程。同行交流反思是指通过心理教师之间的交流对话、分享经验、相互学习，在听取别人的同时审视自己。专家督导反思是指在专家的指导下对自己运作心理健康课或个案等进行反思，及时总结并给出具体的指导建议。

反思的内容主要包含对自身角色的反思、心理课堂教学反思及个案反思等一切与从事心理辅导活动有关的反思。

教师通过自我反思发掘或揭示这些事件、经验或行为背后的教育思想、理念，从而发现心理辅导的本质、规律与价值等，让教师能够清晰地看到个人成长的轨迹和内在专业结构发展的过程。此外，对于发生在周围或他人身上的对自身影响较大的事件，教师也要深刻剖析，因为这些教育经验、教学策略等都蕴涵较高的实际应用价值，对心理辅导教师自身的专业成长有很大帮助。

4. 参与行动研究

中学心理辅导教师参与行动研究是指教师在心理辅导的实际工作需要中寻找课题，在实际工作过程中参与研究，并把心理辅导的研究成果运用于实践的过程。这是提高教师专业化的重要途径。

首先，教师可以把实验课题研究和心理辅导二者结合起来同时进行。教师可以针对学生普遍存在的问题，如自我意识、学习适应、人际交往、人格心理、网络心理、性健康教育、职业生涯等研究课题，设计成专题心理辅导。其次，教师还可以进行心理辅导的个案研究。中学心理辅导应该注重对中学阶段存在的典型案例进行剖析与研究。教师可以在实践中收集和选择典型案例，深入剖析、比较和归纳这些个案，在不断总结、评价和反思中提高自己的心理咨询与辅导技能，然后将其运用于案例进行拓展实践。

（二）客观条件

1. 更新教育观念

尽管教育部在1999年就颁布了《关于加强中小学心理健康教育的若干意见》的文件，要求重视学校心理健康教育的呼声越来越高涨，学校管理者对此项工作的认同度也在提高，但事实上相当一部分管理者的观念并未根本转变，还停留在"说起来重要，忙起来次要，做起来不要"的"行动哲学"中。因此，心理健康教育在许多学校只是"成为一种时髦的口号、实施素质教育的粉饰品和应付上级检查及汇报工作的美妙装饰物"。许多学校没有真正把学生心理健康教育落到实处，他们表面应付、不讲实效、流于形式。其中的主要原因可能是观念上的误区。由于长期受应试教育的影响，关心中学生成长的热点大多集中在孩子的学业成绩及升学就业上，而忽视了学生的心理健康教育。虽然国家已认识到应试教育的弊端，大力提倡素质教育已有很多年，但考试制度导致实际实行的还是应试教育。

21世纪是充满激烈竞争的社会，是一个需要具备综合素质人才的时代，是一个倡导以人为本的时代。未来世界的建设者和接班人除必须掌握现代科学技术知识外，还应该具备坚强的意志力、非凡的创造力、灵敏的应变力、卓越的竞争力及良好的社会交往能力等。因此，学校不仅要注意培养学生的"智"，还要注意培养学生德、体、美、劳等综合素质，而且更重要的是要关注学生健全人格的养成。在现代竞争社会条件下，一个人只学习成绩好、考试能力强、掌握知识多是远远不够的，如果缺乏良好的心理素质和健康完善的人格特征，即便其他能力再强，也很难成才。反之，一个人格健全、心理素质良好的人，即便一时遇到困难和失败，也能通过自身不懈的努力赢得支持，走出困境，获得成功。

教育行政部门领导及负责人员、学校领导和心理辅导老师，首先要努力学习有关学校心理咨询与辅导的相关理论知识，并在学校教师、学生家长和学生中不断扩大宣传教育，使正确的教育观念不断深入人们的思想意识。其他教育工作者也都需要加强自身的修养和学习，深入理解学校心理辅导工作的重要性、目标、内容、方法等有关知识。

2. 完善制度体系

为了促进学校心理辅导工作良性持续地向前发展，更加具有人性化，建立起一个相对完整全面的学校心理辅导制度非常必要。学校心理辅导制度的建立，归根结底，其宗旨就是给学校心理辅导工作提供指导和保障，确保学校心理辅导工作落实到实处，为学生心理健康提供保证。

首先，要强化教育行政部门的责任意识，完善对学校心理辅导工作的管理和规划。以教育部颁发的《关于加强中小学心理健康教育的若干意见》等相关文件为蓝本，拟定学校有关心理辅导的制度文本，结合各地区的实际情况，根据学校具体要求，编写切实可行的学校心理辅导相关制度。教育行政部门对学校心理辅导相关制度要统一安排部署，保障贯彻落实。

其次，要落实校长责任制。学校党政要把学校心理辅导制度纳入学校的中心任务来抓，建立起以校长为组长的领导小组，建立一个分层次、有重点的教育体系，并由心理健康辅导工作领导小组具体实施方案，列出每个学期学校心理辅导工作的主要任务，安排各项活动，定期检查，并对发生在学生中的应激事件制定处理方案。在校长的领导下，建立起以分管德育工作的校领导牵头，以学工组长、政治辅导员、团总支书记和班主任为主体，专兼职心理辅导教师为骨干，全体教师共同参与的学校心理辅导工作体制。

再次，要建立健全学校心理健康教育机构。要建立起由指导机构、执行机构、管理机构3部分组合而成的学校心理健康教育机构。心理健康教育的指导机构一般是校长室，在校长领导下，全面负责学校心理健康教育工作。学校心理健康教育的执行机构是心理健康教育室，具体负责学校心理健康教育工作，由班主任、专兼职心理辅导教师组成。学校心理健康教育的管理机构是学生工作部，主要是完成学校心理辅导的日常工作。指导机构、执行机构、管理机构各部门之间，既有分工又有合作，统一接受校长责任制的领导。

最后，要完善学校心理辅导工作的评价机制，确保学校心理辅导工作有序进行。通过对学校组织管理工作、教学活动，以及学生心理健康知识和心理健康状况的评价，对学校心理辅导工作起监督和规范作用。

3. 加强教师培训

建设一支优良的学校心理辅导教师队伍，是做好学校心理辅导工作的关键；提高心理辅导教师的业务能力，是保障心理健康教育正常开展的重要条件。提高师资队伍的整体素质应落实在教师的培养培训上。心理辅导工作是一项专业性很强的工作，必须通过相关培训使教师掌握心理学的基本理论和知识，具备进行心理咨询与辅导所需的知识和能力。

首先要明确培养培训的对象。开展心理辅导工作的培养培训，其对象不仅仅是学校的专兼职心理辅导教师，还包括学校分管领导、各学科教师及学生管理工作者。多层次全方位的培训，有助于提升教师的教学素质，使教师在教学活动中把握学生心理活动动态，将学校心理健康教育渗透到学校日常教育工作的方方面面。此外，对学校心理辅导教师的专业培训要列入学校师资培训计划。通过培训，心理辅导教师应掌握心理辅导所具备的知识和能力，同时提高对心理辅导工作重要性的认识。

【知识链接12-1】

心理辅导教师培训中存在的问题

1. 没有确定专门的培训机构

目前，我国还没有规定培训学校心理辅导人员的专门机构，对学校心理辅导人员的培训仍处于自发状态，基本上是某些师范大学或机构、学术团体及个人的自发行为，缺乏行业管理与监督。由于缺乏管理与监督，培训机构鱼龙混杂，不管有无条件均举办各类培训班；至于培训课程的设置、培训方式的运用、培训时间的长短，更是五花八门，没有统一的规定，使得培训质量难以得到保证。

2. 专业辅导人员不足

国内心理辅导起步较晚且发展非常迅速，对学校心理辅导人员的需求量很大。联合国教科文组织要求，6000～7500名学生中至少要有1名学校心理辅导员。目前，学校心理辅导员的专业人员极少，大部分是非专业人员，他们大多未经专业系统培训，只是经过短期培训后边摸索边实践。

3. 培训内容不全面

心理辅导员培训的内容应包括心理学、职业道德、人格素养、方法与技术、实习等。而目前的各类短期培训比较重视心理学理论知识的学习，忽视心理辅导方法和技术的训练及从业人员素质的培养，实习这一环节几乎没有。

4. 培训的针对性不强

目前国内心理辅导人员主要由医务人员、德育教师、中小学班主任或其他教师构成。他们的知识背景差别很大，专业水平参差不齐。例如，具有心理学背景的辅导员在大学时已系统学过普通心理学、发展心理学、教育心理学、人格心理学、心理测验学和变态心理学等课程，有的在学校中就是教授普通心理学、发展心理学、教育心理学课程的教师，他们对这些知识非常熟悉，无须再重新学习。其他知识背景的辅导员在大学时也系统地学过普通心理学、发展心理学、教育心理学；有医学背景的辅导员曾学过医学心理学、变态心理学；而有的辅导员只学过普通心理学。但目前的各类短期培训并未考虑他们之间的差别，而是所有的人员都接受同样的培训，并且这些培训又主要针对心理学的基础知识进行，内容单一，造成在有限的时间内重复学习已不需要学的内容，而真正需要学的内容却没有学。

4. 重视环境建设

学校的心理辅导工作并不是仅靠几个心理辅导教师就能够担此重任的，它需要家庭、学校、社会及教育行政部门的关心、理解和支持。家长要积极支持和配合学校心理辅导工作，努力营造良好的家庭环境，通过提高自身素质，树立科学的家庭教育观念，从而增强学校心理辅导工作的效果。学校要将心理健康教育作为教师继续教育的重要内容之一，要给教师提供一个良好的工作环境，注重对教师进行人文关怀，减轻教师的工作压力和生活压力，保证教师的合法权益不受侵犯。社会及有关教育行政部门要真正倡导尊师重教的社会风尚，不断改善教师的经济待遇、工作环境和生活条件，努力提高教师的社会地位和经济地位。

第二节 中学教师心理健康的标准

近年来，中、小学生心理健康问题日益为社会所关注，作为对学生心理健康有重要影响的教师的心理问题却没有得到应有的重视。专家指出，过高的社会期望、单一的职业评价标准、学生分数与升学指标等，正使中、小学教师们面临巨大的心理压力。在众多的压力之下，教师不堪重负，于是各种各样的心理问题便随之产生。要提高学生的心理健康水平，首先教师要有较高的心理健康水平。一个优秀的教师，除具备丰富的专业知识、精熟的教学技能外，更应拥有健全的人格和健康的心灵。因为只有心理健康的教师，才更能通过教学培养出身心健康的学生。因此，有效地维护中学教师的心理健康，对做好学校心理辅导工作具有十分重要的意义。

一、心理健康的含义及标准

（一）心理健康的含义

联合国世界卫生组织1989年指出，健康包括躯体健康、心理健康、社会适应良好和道德健康。心理健康是个体健康不可缺少的一部分，是个体在谋求健全发展过程中，生理、心理与情绪上之健全结合。对于心理健康，可以从以下几点来理解和把握[①]。

1. 心理健康是指一种持续的积极因素发展的心理状态

在这种状态下，主体能对社会做出良好的适应，能充分发挥身心潜能，而不仅仅是没有心理疾病。每个人都处在极健康和极不健康的两端连接线的某一点上，它只反映人在某个特定时间内的特定状态。

2. 心理健康的状态具有相对性

一个人是否心理健康与一个人是否有不健康的心理和行为，并非完全是一回事。一个人偶尔出现一些不健康的心理和行为，正如伤风感冒一样，谁也不能完全避免。只要有办法解决问题，便是健康。人的心理健康具有相对性，与人们所处的时代、环境、年龄、文化背景等方面的因素有关，所以不能仅仅从一种行为或者一种偶然的行为来判断他人或自己心理是否健康。

3. 心理健康的状态具有动态性

一个人的心理健康是一个动态变化的心理状态过程，是健康与不健康、平衡与失衡的互动交替过程。心理健康与心理病态之间没有明确界限，只是一个比较模糊和宽泛的范围。在心理病态范围内，至少可以分为心理问题、心理障碍、心理疾病3个等级。如果一个人不注意心理保健，经常出现不良的心理状态，那么心理健康水平就会下降，甚至出现心理障碍和心理疾病。但如果出现心理问题时能及时调整和寻求帮助并化解烦恼，那么就会恢复健康的心理。这种动态性使得心理健康自我教育目标的实现成为可能。我们可以通过努力，使得心理处于不健康、亚健康状态的人健康起来，使得相当健康、非常健康的人保持健康并且追求更加健康。

（二）心理健康的标准

综合国内外学者对心理健康标准的看法，可以简单概括如下：第一，了解自我与自我接纳；第二，保持情绪的平衡与稳定；第三，社会适应性强；第四，人际关系和谐；第五，人格结构稳定、协调；第六，完善的自我。

---

① 胡谊，杨翠蓉，鞠瑞利，等.教师心理学[M].北京：中国轻工业出版社，2009.

此外，理解心理健康标准时，还要把握以下几点。

(1) 心理健康标准的确定是以个体外部适应是否良好与内部心理机能是否协调一致为标准的。虽然心理活动作为一个黑箱，我们通过外部行为表现判断其内部状况是研究心理遵循的一个原则，但也要考虑个体的各项心理机能是否健全、人格结构是否完整。

(2) 心理健康的概念是一种理想的尺度。人的心理健康具有不同的层次，如果没有心理疾病，那仅仅是低层次的心理健康，高层次的心理健康不仅指没有心理疾病，而且能充分发展个体身心潜能的丰富状态。心理健康的标准对个体充分发挥自身潜能，提高自身心理健康水平的方向和目标具有重要的实际意义。

(3) 心理健康的标准所描述的是一个过程。衡量一个个体是否心理健康，不仅要看他是否在较长一段时间内没有失败、焦虑和痛苦的状态，还要看当他遇到心理问题时，是否能主动解决这些困难，不影响正常工作、学习和生活。

(4) 心理健康显示的是一种人生的态度。从某种意义上说，心理健康首先反映个体对待人生的态度。如果个体懂得人生的意义，树立了正确的人生观和世界观，就会追求高尚的生活目标，积极对待人生，始终保持健康发展的心理。

二、教师心理健康的含义及标准

（一）教师心理健康的含义

对于不同的职业和群体，心理健康有不同的含义和特点，可以从心理健康的状态和心理健康的预防与维持两方面综合考虑。所谓教师心理健康，是指教师在教育教学过程中有意识地完善人格，发挥心理潜能，维护和增强心理各方面的机能和社会适应能力，预防各种心理疾病，使个人的心理机能发挥到最佳状态。

这个概念包括以下3层含义：其一是指教师的心理健康状态，包括良好的认知品质、稳定一致的情绪状态、坚定的意志品质，以及健全的人格和良好的行为习惯；其二是指教师的各种心理关系，如良好的人际关系；其三是指教师在教学、生活中保持良好的心理状态，培养健全人格，提高社会适应能力，维持良好关系，使自己的潜能得到充分发挥。

（二）教师心理健康的标准

中央教育科学研究所心理研究中心俞国良等提出的教师心理健康标准如下。

(1) 认同教师这一角色，热爱教育工作，勤于教育工作，且积极投入教育工作；将自身的才能在教育工作中表现出来，并由此获得成就感和满足感，免除不必要的忧虑。

(2) 有良好和谐的人际关系。具体表现在如下方面。

① 了解交往双方彼此的权利和义务，将相互之间的关系建立在互惠的基础上，个人的思想、目标、行为能与社会要求相互协调。

② 能客观地了解和评价别人，不以貌取人，也不以偏概全。

③ 与人相处时，尊重、信任、赞美、喜悦等正面态度多于仇恨、妒忌、厌恶等反面态度。

④ 能积极地与他人进行真诚沟通。教师良好的人际关系在师生互动中表现为师生关

系融洽，教师能建立自己的威信，善于领导学生，能够理解并乐于帮助学生，不满、惩戒、犹豫等行为较少。

(3) 能正确地了解自我、体验自我和控制自我，对现实环境有正确的感知，能平衡自我与现实、理想与现实的关系。在教育活动中主要表现为如下方面。

① 能根据自身的实际情况确定工作目标和个人抱负。

② 具有较高的个人一般教育效能感。一般教育效能感指教师对于教育在学生发展中的作用等问题的一般看法和判断，即教师是否相信教育能够克服社会、家庭及学生本身素质对学生的消极影响，有效地促进学生的发展。

③ 能在教学活动中进行自我监控，并据此调整自己的教育观念，完善自己的知识结构，做出更适当的教学行为。

④ 能通过他人认识自己，学生及同事的评价与自我评价较为一致。

⑤ 具有自我控制、自我调适的能力。

(4) 具有教育独创性，在教学活动中不断学习，不断进步，不断创造。能根据学生的生理、心理和社会性特点富有创造性地理解教材，选择教学方法，设计教学环节，使用教学语言，布置作业等。

(5) 在教育活动和日常生活中均能真实地感受情绪，并恰如其分地控制情绪。由于教师劳动和服务的对象是人，因此，情绪健康对于教师而言尤为重要。具体表现在如下方面。

① 保持乐观积极的心态。

② 不将生活中不愉快的情绪带入课堂，不迁怒于学生。

③ 能冷静地处理课堂情境中的不良事件。

④ 克制偏爱情绪，一视同仁地对待学生。

⑤ 不将工作中的不良情绪带入家庭。

【心理测试 12-1】

心理健康自我测量

请回答下列问题。请你就最近一段时间里的情况进行自我测试。下面列出的每种情况，若你的情况大体如此，计2分；如果基本未出现，计0分；若介于两者之间，计1分。

1. 想事或做事时常无故走神，注意力难以集中，脑子里想东想西，记忆力下降。

2. 出门后常想门或抽屉是否锁好，信寄出后总怀疑是否有差错，常常强迫自己想或做些无意义的事情，明知不必要却又无法控制。

3. 常常失眠，或入睡困难，或浅睡多梦，频频醒来，次日感到精力不足。

4. 处于敏感、紧张焦虑的心境之中，惧怕并尽可能躲避某人某地、某事某物，渐渐失去信心，心情抑郁。

5. 最近看什么都不顺眼，心烦，动不动就发脾气，砸东西，骂人，甚至想找人打一架。

6. 有时不明原因会觉得疲劳，精力不足，浑身乏力，肢体有麻木感。

7. 情绪低落，感到生活道路上有太多的挫折和困难，前途悲观，工作、学习、娱乐都提不起精神和兴趣。

8. 感到身体有某种不适和疼痛，觉得身体有病，但检查结果说没病，怀疑是误诊或漏诊，心中老想着此事，非常烦恼。

9. 无法控制自己的情绪和行动，常不分时间和场合地发脾气，易兴奋，想到好笑的事就笑，控制不住；或心情不好时晕倒，甚至突然失语、失明、胸闷、抽搐，发脾气后又后悔。

10. 常处于昏昏欲睡的状态，头晕眼花，或者呆呆地坐着，无所事事，无动于衷。

评分规则

如果上述否定回答占多数，说明心理健康；如果答案平分秋色，说明心理有健康的一面，也存在一些问题；如果否定的回答占少数，而肯定的回答较多，则一定要注意对自己的心理进行调适和治疗。

三、中学教师心理健康的现状

提高教育的质量，关键在于建设一支高素质的教师队伍。教师不仅应具有现代教育知识、创新理念、扎实的专业知识和较强的教育教学能力，更重要的是还要有健康的心理。但令人担忧的是，近年来国内外众多调查研究发现，教师普遍存在不同程度的心理问题。

（一）国外调查

例如，美国斯坦福大学的一项调查研究显示，有77.6%的教师是心理健康者，对教育工作能达到良好的适应；有22.4%的教师心理不健康。美国全国教育联合会的调查发现，有15%～20%的教师心理不健康，并直接危及了正常的教育教学工作。1976年美国《教师》杂志也调查过教师的心理健康问题，发现在教师所答的9000多份调查问卷中，84%的教师认为教学工作可能会危及健康，75%的教师因压力或疾病等原因影响过正常的教学工作。美国有关教师不良适应的统计资料表明，35 000名纽约教师中，4%患有精神障碍，13%需要治疗；5150名抽查教师中，37.5%苦于持续性的烦恼；600名抽查教师中，17.5%患过度神经质或神经病，10.5%患神经障碍症。1938年，美国教育协会对5150教师进行调查，发现有37.5%的教师有严重的焦虑和精神紧张的现象，还发现，约有30%教师想改行从事其他行业，同时有40%的教师会提前退休和提前离职。可见，美国教师的心理健康问题已越来越严重[1]。

（二）国内调查

在一次心理保健讲座上，主办方用心理健康测试表对在场教师进行测试，结果显示，近半数教师的心理健康受到不同程度的影响，31.5%的教师有轻度心理障碍，12.37%的教师有中度心理障碍，21%的教师已构成心理疾病。中国健康教育研究所对部分中小学教师进行调查统计，发现教师群体中患神经病的占10%以上，而其他的人群中患病比例平均在2%左右。

---

[1] 刘晓明，王丽荣. 新课程与教师心理素质[M]. 长春：东北师范大学出版社，2004.

我国学者王玲曾对广州和中国澳门两地 184 名中小学教师心理健康状况进行调查,研究结果发现,两地教师心身健康状况比我国其他地区普通人群的要差一些,主要表现在强迫症状、人际关系敏感、焦虑、恐怖、躯体化症状等方面。高峰、袁军对上海市 97 所小学中 305 名教师所进行的调查发现,上海市小学教师有相当普遍的心理健康问题。躯体化、强迫症状和焦虑是小学教师中最主要的心理健康问题,而且小学教师群体内部的心理健康问题差异十分明显,不仅有性别、年龄差异,还有所任职务性质的差异。国家中小学心理健康教育课题组曾以辽宁省 14 个城市 168 所城乡中小学的 2292 名教师为调查对象,调查产生了一个令人惊诧的结果:51.23%的中小学教师存在心理问题,其中 32.18%的教师属于轻度心理障碍,16.56%的教师属于中度心理障碍,2.49%的教师已构成心理疾病。

据世界卫生组织(WHO)2017 年发布的数据,全球超过 3 亿人患有抑郁症,中国有超过 5400 万名抑郁症患者,占中国总人口的 4.2%。中国人民大学公共管理学院组织与人力资源研究所做过一项调查,结果表明,被调查的教师中,超过 80%反映压力较大,近 30%存在严重的工作倦怠,近 90%存在一定的工作倦怠,近 40%心理健康状况不佳。2019 年,中国教师教育发展协会指导发行的国家级刊物《明日》杂志曾发表过一篇关于教师心理健康问题分析的文章。该文通过访谈和问卷调查分析得出,32.4%的被调查教师感觉工作压力非常大。教师中亚健康心理患者占到 72%,其中 61.2%的中小学教师有焦虑征兆,表现为社会适应能力差、人际关系紧张、心胸狭隘、自我封闭、情绪不稳定、牢骚满腹、过于自卑或自负等。造成中国教师生存状况不佳的主要原因有:薪酬与回报、管理制度与体系、绩效管理、社会环境[1]。

窥一斑而知全豹,事实表明教师心理问题客观存在,如果不能尽快改善教师的心理健康状况,必将危及我国素质教育的发展。因此,关注教师的心理问题并探索有效的干预措施是当前亟待解决的重大课题。

【身边故事 12-2】

你挨过打吗?可能是老师心理有病哦

教师体罚学生不完全记录如下。
(1) 中学生半夜罚跪挨打。
(2) 一中学女生因上课时溜出去上厕所,遭老师打骂。
(3) 7 岁女生讲台前当众罚跪,只因上课贪玩。
(4) 经常被老师打耳光,小学生负气出走。
(5) 女老师一耳光打"傻"学生,判学校赔偿。

教师心理不健康案例报道如下。
(1) 2006 年 5 月 7 日,孩子放学回家脱衣冲凉时,孩子妈妈张女士发现孩子上身与双臂布满红肿的伤痕,仔细检查上身及两臂共有 11 处伤痕。再三追问才知道是教生物的吴老师用雨伞殴打所致,事后,吴老师还交代不许把这事告诉家长。一位不愿透露姓名的老师告诉记者,吴老师的教学水平和人品都不错,在同事和学生中口碑一直很好,发生这样的事他们也没有料到。

---

[1] 寇冬泉.中学生心理发展与教育[M].南京:江苏人民出版社,2021.

(2) 2010年6月23日中午,郧县实验中学校团委书记、业务骨干聂君虎老师,因不满女学生疏远他,竟在该县郧阳路上,将该校不满16岁的初三毕业学生小丽(化名)当街刺成重伤,而后搭乘出租车逃跑,在郧县江汉大桥上跳下自杀。

(3) 河北馆陶县第一中学老师赵鹏因工作压力大,服用敌敌畏自杀。他在留下的遗书中称:"活着实在太累了,天天这样无休止的上班让人窒息,所领的工资只能月光。"

(4) 2022年5月24日下午,网上出现"山东临沂沂水县夏蔚镇回峰涧小学教师体罚学生的视频",一女童身上被老师殴打多处瘀青。经查,教师宋某某体罚学生曹某某事件属实,涉事教师已被刑拘。

近些年,教师体罚学生的案例,成为公众关注的又一焦点。在这些案例中,一方面,教师体罚学生的行为受到了谴责——作为人类灵魂的工程师,他们决不应选择暴力的方式。另一方面,这些教师在教育学生的过程中,为何会选择暴力的方式也引起了人们的深思。教师属于高压力群体,他们要面对来自个人家庭方面的问题,也要面对升学指标的压力;还有繁重的教学任务,需要批改学生作业、备课、进修学习等。同时,他们也和社会其他阶层一样,面临竞争、下岗、学历教育、计算机考级等,如果这些压力没有得到有效的释放,往往会以暴力的方式发泄出来。

近年来,教师因心理问题而导致各种极端行为的事件频频见诸报道,大量调查结果也表明,教师的心理健康状况不容乐观。教师作为学校心理健康教育的主力军和推动者,其心理健康状况将直接影响其教育职能的实现、教育价值的体现,关系到学校心理健康教育的成败,关系到下一代的健康成长。因此,教师心理健康问题当引起教育部门乃至整个社会的广泛关注。

四、中学教师心理健康的意义

首先从个体层面看,教师心理健康有着人类心理健康的普遍意义,它直接影响自身的健康、生活、工作及家庭幸福。其次,从教师的职业层面上看,教师心理健康有其特殊意义。大家常说:"有怎样的校长,就有怎样的学校;有怎样的教师,就有怎样的学生。"教师是学生心目中的重要人物,是学生学习的榜样,教师之影响力无人可比。因此,要培养出心理健全的下一代,保持教师心理健康是其必要条件。最后,从整个社会发展的角度来看,教师心理健康对全社会都具有重要意义。

具体来说,中学教师心理健康的重要意义体现在以下方面。

(一)个人意义

教师的心理健康是教师自身职业适应和职业发展的基础条件。心理健康是人们学习、生活和工作的基本条件,教师也不例外。教师的基本职能、劳动对象和劳动手段的特殊性,决定了教师的劳动具有复杂性和艰巨性,也对教师的心理健康提出了更高的要求。特别是近几年来,为适应现代社会发展的需要,教育发生了很大的变革,教育改革方案不断涌现,教育改革力度不断加大,这就使教师工作显得复杂而艰巨。教师只有拥有健康的心理,以积极的心态面对现实,迎接挑战,主动实现自身的角色转换,在不断自我调整中寻求平衡点,才能表现出良好的适应性,才能锐意进取,加快职业发展的步伐。

(二)教育意义

教师的心理健康是实施素质教育的重要保证。素质教育的提出既是对我国以往的教育理论与实践反思的结果，也为今后的教育改革和发展指明了方向。现代教育的终极目标，应是培养心理健康、人格健全、适应社会发展的人才。现代教育理念对教师素质提出了更高的要求，其中心理素质被视为教师素质的核心，教师的人格被认为是巨大的教育资源，无人格根基的教育过程难以发挥教育应有的作用。教师心理健康既直接影响教师教育影响的发挥，同时又潜移默化地影响学生的心理健康和人格健全。因此，教师健全的人格、良好的心理素质成为实施素质教育的前提条件和重要保证。

【身边故事 12-3】

学生心理问题的污染源在哪里[①]

美国《各级学校的健康问题报告》中专门指出："由于情绪不稳定的教师对于儿童的决定性影响，就不应该让他们留在学校里。一个有不能自制的脾气、严重的忧郁、极度的偏见、凶恶、讽刺刻毒或习惯性谩骂的教师，对于儿童心理健康的威胁，犹如肺结核或其他危险传染病对儿童身体健康的威胁一样严重。"

有一个成年强迫症患者自述其症状是不断吐唾沫，一直吐得嘴巴发干起泡还要吐。心理医生用催眠法唤醒他的童年记忆，才找到了病根：一次他因钓鱼误了学业，老师罚他生吞小鱼，从此埋下心理疾病的隐患。

有一个小学三年级的女孩子，性格内向，胆子较小，一向做事认真，学习成绩也不错，担任班里的算术课代表。一天自习课后，她收齐了作业本，高高兴兴地来到老师办公室。当她把一大堆作业本放到王老师的书桌上后，不知为什么，王老师把作业本一下子全都扔到了地上。女孩吓了一大跳，她赶紧蹲在地上把作业一本一本拾起来，重新放到老师的书桌上，没想到，第二次又被老师扔到了地上。女孩吓得不知所措，浑身哆嗦。回家后，女孩当天夜里就做噩梦，说胡话，第二天说什么也不敢到学校去了。经医院诊断，她患了学校恐怖症。事后了解，王老师因为被领导批评了几句，心里憋了一肚子气，结果就把学生当成了出气筒。

据有关方面统计，90%的学校恐怖症是由于教师的非正常教学行为引起的。由于一些教师在与学生交往中表现得过于情绪化，对学生的态度与评价倾向很容易受自己情绪的影响，缺乏应有的自制力。这种消极的、不稳定的情绪带给学生的不仅是一时的伤害，有时很可能会影响他们长期的甚至一生的发展。实践证明，由于教师心理不健康而对学生造成的伤害远远大于讲课水平低下所造成的伤害，教师心理不健康会源源不断制造出心理不健康的学生。

(三)社会意义

教师的心理是否健康不仅仅是个人的事情，它关系到其他社会工作者，进而影响社会的方方面面。在一个寓言中，"国王把最代表荣誉的花戴到了教师的胸前"，因为没有教

[①] 方方.教师心理健康研究[M].北京：人民教育出版社，2003.

师的谆谆教诲，我们的社会就不会有科学家、政治家和文学家等优秀人才。可见，教师对社会的意义是重大的。如果一个工人的心理不健康，会损坏机器，生产出废品，浪费国家财富；一个医生有心理问题，会误导患者，妨碍治疗进程。而工人和医生都是经过教师教育的，他们受教师的影响很大。所以，教师的心理健康状况对于受教育者的影响很大，并间接地影响社会的各个方面。因此，解决教师的心理问题对于解决社会问题有积极意义。它不但可以增强国家的教育竞争力，而且对改善整个社会风貌及促进社会的发展都有很大的推动作用。

第三节 中学教师常见的心理问题

中学教师的心理问题主要表现为职业适应不良、职业行为异常、人际交往障碍、人格异常、神经症及职业倦怠六大方面。

一、职业适应不良

职业适应不良是指教师个体与职业环境不能协调一致的一种心理过程和状态。它直接影响个体的生存和发展。

中学教师职业适应不良主要表现在以下几方面。

（一）对来自各方面的众多角色的不适应

长期以来，"人类灵魂工程师"的角色定位使教师被赋予太多的使命与责任，教师承担着多重角色，既是知识的传播者又是科研成果的创造者；既是学生群体的领导者又是学校领导的管理者；既要做班级的管理者又要当好学生父母的代理人，还要与同事、家长、领导打交道，积极应对现实生活中的多种人际关系。凡此种种，都需要教师具有较强的自我调控和随时进行适应的能力，而这种高度的自我调控能力是一般人难以具备的，这往往是教师心理健康问题的根源所在。

（二）对不断提升的知识水平和教学技能的不适应

随着信息技术的发展和教育体制改革的不断深化，各种新要求也在不断冲击和影响中学教师的心理健康。网络时代的到来使教师已不再是学生唯一的信息源，教师在学生心目中的权威地位正受到前所未有的挑战。特别是中小学教育教学改革进入一个新的阶段，教师对日益变革的教育思想和观念、教学课程和内容、教学方法和手段等方面存在诸多不适应，社会的发展对教师职业的要求日益提高，中学教师感受到了强烈的危机感和紧迫感。

（三）对日益提高的学生家长的期望的不适应

当今社会，多数家庭都是独生子女，家长往往把上几代人的希望全寄托在孩子身上，"望子成龙""望女成凤"的心情十分迫切。他们对"小皇帝""小公主"的安全、成长、前途等问题十分担忧，这种消极的心理状态日积月累并逐渐投射到教师身上，往往使教师如履薄冰、战战兢兢。此外，社会对教师的期望不断提升，这无形中增加了教师的心理负担，可能给教师带来恐惧、焦虑等诸多不良情绪。

（四）对日趋激烈的职业竞争的不适应

目前，社会各行各业人才辈出、竞争激烈。而学校的兴衰存亡取决于教师能否培育出全面发展的高素质人才，因此，学校需要引入教师职业竞争机制，对教师的业务水平、师德、教育成果等诸方面进行综合评价。这种对教师优胜劣汰的管理方案，使教师的职业安全感大幅下降，职业危机感已成为一部分教师的心病，给他们带来了巨大的心理压力。

【实务训练 12-1】

"迷失"的新老师[1]

刚参加工作的某新教师，上大学时各方面表现优秀，被评为优秀大学毕业生，毕业后分配到一所硬件、软件均不错的重点中学。他担任班主任并承担两个班的数学教学任务。但工作半年后，他就感到力不从心，面容憔悴，没想到大学里学的与现实的教学工作相差甚远。他刚开始很想在教育领域大干一场，他对当下的应试教育体制很有意见，因此他自己主动参加了市里的一项教学创新实验研究。他很想干一点自己喜欢干的富有特色的教育活动，但当时就招来身边一群具有多年教育经验的老师"劝导"：这样做会有什么不好，会带来什么样的后果等。他开始还不服气，可期末的考试成绩倒数第一却让他心灰意冷，工作热情骤然下降。从此以后，这位教师干什么工作都有一种缩手缩脚之感，力求"规范"，以确保与周围的老教师们步调一致。

你认为这位新教师患有何种职业适应不良？

二、职业行为异常

上述的职业适应不良导致了部分教师的职业行为问题。教师的职业行为问题可以归为以下几类。

（一）抱怨型

对教师职业的荣誉感和价值观直接影响教师的心理健康水平。有些教师身在教育岗位，却看不起教师职业，不能理直气壮地承认和悦纳自己的职业。这样的教师表现为对教育教学缺乏耐心和责任感，对学生缺少感情，不热爱自己的教育事业。这类教师只是把从事教师职业作为谋生的一种手段，选择教师职业是一种"无可奈何""不得已而为之"。因此，这类教师在教育中遇到挫折时只会怨天尤人，抱怨学生素质差、学校条件差、政府不重视教育等。

（二）自私型

这类教师由于受个人主义影响，往往以自我为中心，自私自利，不愿意帮助别人，过

---

[1] 胡谊，杨翠蓉，鞠瑞利，等.教师心理学[M].北京：中国轻工业出版社，2009.

多关注自己的利益，喜欢夸耀或吹嘘与自己有关的人或事，虚荣心强，目中无人，见不得别人比自己好，与同事勾心斗角，人际关系紧张。

（三）情绪型

这类教师由于长期以自我为中心，久而久之导致个人的情绪极其不稳定。他们常常出尔反尔、喜怒无常，不能控制自己的喜怒哀乐，对学生也是忽冷忽热，前后不一，处理问题往往情绪化，令学生无所适从。

【心理测试 12-2】

情商自我测试

自从人类行为学专家、情感智能理论的创始者戴聂耳·苟勒门博士向高智商导致成功的传统理论提出挑战以来，越来越多的专家开始认识到在人的成才过程中，不是 IQ 而是 EQ 在起着很重要的作用。你想知道你的 EQ 有多高吗？请完成以下测验。

1. 与你的恋人或者爱人发生争吵后，你能在他人面前掩饰住你的沮丧。
2. 当工作进行得不顺利时，你认为这是对未来的一个警告。
3. 你最好的朋友开口说话以前，你就能分辨出他(她)处于何种情绪状态。
4. 当担忧某件事时，你在夜里几个小时难以入眠。
5. 你认为大多数人必须更加努力而不要轻易放弃。
6. 与最好的朋友告诉你一些好消息相比，你更易受一部浪漫影片的感染。
7. 当你的情况不妙时，你认为到了你该改变的时候了。
8. 你经常想知道别人是怎样看待你的。
9. 你对自己几乎能使每个人高兴起来而感到自豪。
10. 你厌烦讨价还价，尽管你知道讨价还价还能使你少花 20 元钱。
11. 你十分相信直率地说话，而且认为这样能使一切事情变得更为容易。
12. 尽管你知道自己是正确的，你也会转换这一话题，而不愿进行一场争论。
13. 你在工作中做出一个决定后，会担心它是否正确。
14. 你不会担心环境的改变。
15. 你似乎是这样一个人：对于周末去干什么，你总是能够提出很有趣的设想。
16. 假如你有一根魔棒，你将挥动它来改变你的外貌和个性。
17. 不管工作多么尽心尽力，你的上级似乎总是催促着你。
18. 你认为你的恋人或爱人对你寄予厚望。
19. 你认为一点小小压力不会伤害任何人。
20. 你会把任何事情都告诉你最好的朋友，即使是个人隐私。

评分规则

每道题选"同意"得 1 分，选"不同意"不得分，将你的得分累加起来。

- 16 分或 16 分以上：你对你的能力是自信和放心的，因此，当处于强烈的情感边缘时，你不会被击垮。即使你在愤怒时，你也能进行有效的自我控制，保持着彬彬有礼的君子风度。在控制你的情感方面，你是出类拔萃的，与他人相处也很融洽。但是你太依赖社交技巧而忽视成功所需的其他重要因素，如艰苦奋斗的作风。

- 7分到15分：你意识到自己和他人的情感，但有时忽视它们，不知道这对你的幸福是多么重要。你对下一步的提升和买一幢漂亮的房子等诸如此类事情的关心支配着你的生活。然而，无论实现多少物质目标，你仍然感到不足。试着去分析和理解你的情感，并且按照它去行动，你会更幸福。记住，人们可能会压制你，使你暂时消沉，但是，你总是能够从挫折中吸取教训，重新创造你的优势。

（四）暴戾型

这类教师脾气暴躁、傲慢至极、盛气凌人，不容易与人相处，稍不如意就会大喊大叫、出言不逊、破坏公物甚至对学生拳脚相加，他们极具攻击性，经常对学生施以体罚，与同事发生争执。

（五）不良型

这类教师生活方式和行为不检点。有的故意在单位制造事端，搬弄是非、蛊惑人心、造谣生事、唯恐天下不乱；有的行为表现放荡、趣味低俗、做事与教师身份不符，有损教师形象；有的甚至违背国家法律、法规，走上违法犯罪的道路。

三、人际交往障碍

人类的心理适应，最主要是对于人际关系的适应，良好的人际关系是心理健康发展的重要条件之一。教师职业的特殊性决定了教师面对的人际关系更为复杂，他们不仅要处理好师生关系，还要花大量的时间和精力处理好与学校领导、同事及学生家长的关系等。因此，教师容易在人际关系中表现出适应不良。调查发现，中小学教师经常与他人交往的只有16.99%，在校外与他人交往的只有11.49%，校园内有推心置腹的朋友的教师只有11%。

教师人际交往障碍具体表现如下。
(1) 由于缺乏对教师交往重要性的认识或因工作繁忙等，很少与人交往与沟通。
(2) 缺乏必要的交往手段和技能，使教师人际交往受阻。
(3) 不良的人格特征阻碍了教师正常的人际交往。

四、人格异常

一般人对于表现在外的异常行为较容易注意与提防，至于内在的心理不适则会忽略与不重视。有一些人虽然没有精神病或心理疾病，但当其人格特质变得僵硬且不适应时，行为缺乏弹性反应，经常呈现固定形态的异常反应，这些人格特质会明显地破坏个人发挥生活功能的能力，引起主观的痛苦，影响个人的身心适应。因为这种行为反应障碍是一种长期性的性格问题，或是人格的发展与结构发生缺陷，所以称为人格异常 (personality disorder)。

教师的人格异常多表现为教师的人格缺陷。人格缺陷是介于正常人格与人格障碍之间的一种人格状态，是人格发展的一种不良倾向。教师常见的人格缺陷主要表现为自卑、焦虑、抑郁、孤僻、敌对、多疑等。另外，教师人格异常比较严重的表现为人格障碍。人格障碍是人格缺陷发展到严重的程度而造成的。教师最常见的人格障碍主要有强迫型人格、偏执型人格、依赖型人格、冲动型人格及回避型人格等。

（一）强迫型人格

强迫型人格障碍主要表现为具有强烈的自制心理和自控行为，对自我过分克制，表现过分固执、严肃、认真和谨慎，墨守成规、应变能力差；他们的责任感很强，把标准定得太高，做事要求完美、按部就班、注意细节但忽视全局和重点；不合理地要求他人完全遵照自己的方式做事；不相信他人而拒绝让别人做等。在感情上以焦虑、紧张、悔恨为多，轻松愉快较少。

（二）偏执型人格

偏执型人格又称妄想型人格，该类患者固执呆板、感情用事，并伴有攻击行为；经常为一些细节问题与人争执，对人充满不信任感和戒备感；对别人特别嫉妒又非常羡慕，对别人获得成就和荣誉感到不安；对自己过分关心，无端夸大自己的重要性，惯于把失败和责任归咎于他人；过高要求他人，但从来不信任他人。

（三）依赖型人格

依赖型人格障碍患者缺乏主见，过度依赖别人。如果所依赖的人不在，就会表现出焦虑和抑郁。他们有非常强烈的归属感，但这种归属感是强迫的、盲目的、非理性的，与真实的感情无关。由于处处依赖他人，当自己的需求得不到满足时，患者就会感到压抑，从而导致严重的心理问题。

（四）冲动型人格

冲动型人格障碍表现为情绪不稳定、易激动，容忍性差、易激怒；做事不考虑行为后果，自控力差；有短时间的暴力、谩骂和伤人毁物现象，有时也自伤，但事后易后悔。

（五）回避型人格

回避型人格障碍的主要特征是自卑，行为退缩，面对挑战采取逃避态度或无力应对；想与人交往又怕被人拒绝，想得到领导、同事的关心和体贴，又害羞不敢亲近。这种人格障碍的人并不安于或欣赏自己的孤独，不与人来往并非出自自己的内心，而是被迫应用众多的防御机制。

五、神经症

神经症又叫神经官能症，是一种非器质性的轻型大脑功能失调的心理障碍的总称，主要表现为抑郁、焦虑、恐怖、强迫、神经衰弱等。下面简单阐述教师中最常见的几种神经症。

（一）强迫症

强迫症是指以不能为主观意志所克制而反复出现的观念、意向和行为为临床特征的一组心理障碍。根据强迫症的临床表现，可分为强迫观念和强迫行为两类。

强迫观念是一种思维障碍，表现为反复而持久的观念、思想、印象，也可以是冲动的念头。这些体验不是患者自愿产生的，但仍属于患者的意识，他们想努力摆脱但摆脱不了，因而心理上会出现紧张、焦虑不安、心烦意乱，同时还会出现一些躯体症状。例如，反复怀疑门窗是否关好，电视是否关好；对过去做过的事、讲过的话反反复复地回忆，唯恐做错、讲错，有的根本毫无目的性，或者对过去的经历反复在脑际回荡，因无法摆脱而苦恼。

强迫行为又叫强迫动作，指不断重复一种无意义的行为。患者明知道这种动作毫无意义，但又非做不可，做了之后能暂时消除紧张，但不久又会感到不舒服，非做不可。例如，反复扣衣服纽扣；出门后反复回家几次看门是否锁上、水龙头是否关好；有的患有强迫洁癖，担心在外传染病菌，回家后反复洗手。

（二）抑郁症

抑郁症通常是一种情绪障碍，是一种以心境低落为主要特征的综合征。这种障碍可以从情绪的所谓正常到轻度的情绪不佳以致严重抑郁。抑郁者临床表现为情绪低落、闷闷不乐、思维缓慢、郁郁寡欢、缺乏活力、不愿社交、提不起精神，对生活缺乏信心，工作无动力，对他人漠然，体验不到快乐，食欲减退，睡眠不好，莫名其妙地烦躁不安，倦怠疲乏，丧失自尊或有自罪感，注意力不能集中或犹豫不决，有自杀意念或想法。

（三）焦虑症

焦虑是当个体主观预料将会有某种不良后果产生或模糊的威胁出现时而产生的一种不安情绪。焦虑有反应性焦虑和神经性焦虑。反应性焦虑是一种暂时而波动的情绪状态，它由可以知觉到的外在危机引起，具有客观性、意识性，是每个人都会碰到的一种体验，如人们在重大考试前，在身体不佳接受体检之前，等待一次重要会见之前，教师在一次重要的公开课之前等，常常会经历焦虑体验。而神经性焦虑则是由于长期的焦虑体验的积累，在人格特质中残余成为一种相对稳定的成分，成为一种根深蒂固的特质。神经性焦虑患者终日毫无理由地忧心忡忡，如临末日，随时随地在任何无关的情境中都会感到焦虑。且这种焦虑具有潜意识性，它源于不合理的冲突，主体不能清醒地意识到。

焦虑的症状表现为：情绪紧张不安、恐惧、惊慌；植物性神经功能失调症状；生化改变，如血糖、肾上腺素、糖皮质激素升高等。

（四）恐怖症

恐怖症指接触到特定事物或处境时具有强烈的恐怖情绪，在这种恐惧情绪出现时，患者采取回避行为，并有焦虑症状和植物神经功能障碍伴随发生。正常人都有过恐怖的心态，但恐怖症患者对某些情境和场合的恐惧心情是完全不必要的，可自己却不能自控，不仅别人难以理解，就连他们自己也知道这是不切实际、不合情理的，却不能摆脱，因此特别苦恼。

恐怖症可分为社交恐怖症、广场恐怖症和特殊恐怖症。社交恐怖症表现为害怕被人审视，回避社交。如在公共场所吃饭、讲话或与异性交谈都会感到紧张不安，害怕被人观看、注视。广场恐怖症包括对人群拥挤的场合、商店、剧院、车厢或机舱等感到恐怖，也包括害怕空旷的地方，害怕离家或独自一人在家等。特殊恐怖症指特殊物体或情境引起的不合理焦虑，如害怕登高、雷雨、黑暗、锐器、外伤或出血，害怕接触某些动物或疾病等。

（五）神经衰弱

神经衰弱是指由于长期处于紧张和压力下，出现精神易兴奋和脑力易疲乏现象，常伴有情绪烦恼、易激惹、睡眠障碍、肌肉紧张性疼痛等。有调查研究指出，中小学教师中神经衰弱患病率为 5.06%，且女性患病率高于男性。

神经衰弱有两类表现：一种类型的特点是，患者用脑后备感疲倦，常伴有职业成就或应付日常事务效率一定程度的下降；另一类型的特点是，在轻微的体力劳动后即感虚弱和极为疲乏，伴以肌肉疼痛和不能放松。

六、职业倦怠

（一）教师职业倦怠的界定

1974 年，美国临床心理学家弗登伯格 (H. J. Freudenberger) 首次将"职业倦怠"一词引入心理学领域。所谓职业倦怠，是指工作强度过高并且无视个人需要所引起的疲惫不堪的状态。职业倦怠容易发生在医疗护理、教育等与人打交道的行业中，教师是职业倦怠的高发人群。教师职业倦怠是教师不能顺利应对工作压力的一种极端反应，是他们在长期压力体验下所产生的生理、情绪、认知、行为等方面的耗竭状态。这种心理状态持续存在则会导致自身潜能难以充分发挥，工作能力和工作绩效下降。

（二）教师职业倦怠的典型特征

1. 耗竭感

耗竭感指个体感到自己的能量和资源耗尽。它主要表现在生理耗竭和情感耗竭两方面。生理耗竭是职业耗竭的临床指标，表现为极度的慢性疲劳、力不从心、疲乏虚弱、睡眠障碍(失眠/嗜睡)、头痛、食欲异常(厌食/贪食)等；情感衰竭是职业倦怠的核心维度，也是最明显的症状表现，特指丧失工作热情、情绪波动大、迁怒他人，感到自己的感情处于极度的疲劳状态。

处于耗竭感的教师表现为疲劳、烦躁、易怒、过敏、情绪紧张，常常表现为害怕早晨去上班，形成对学生消极的玩世不恭的态度。

2. 去人格化

去人格化指刻意在自身和工作对象间保持距离，对工作对象和环境采用冷漠和忽视的态度。

去人格化的教师表现为减少或断绝与学生的联系。例如，教师减少与学生接触，从身体距离上远离学生，不理睬或拒绝了解学生，给学生取贬损性的称呼、外号，或给学生贴标签。除此之外，对同事也常常持多疑妄想的态度，对他人过度反应，导致人际关系恶化。

3. 低个人成就感

低个人成就感指倾向于消极地评价自己、个人成就感降低、自我效能感低下，对自己工作的意义和价值的评价下降，工作变得机械化且效率低下，缺乏适应性。

当教师感觉他们无法给学生的生活带来更大的变化时，若他们一旦发现他们的职业为他们提供较少的反馈(如金钱、社会认可)，就会产生较强的自卑感，不再做出努力。这时失败会成为一种生活方式，从而形成"学者型的无力感"。

【心理测试 12-3】

教师职业倦怠测量

认真阅读下列问题，请根据自己的情况，选择符合自己的分数。1代表从未如此，2代表很少如此，3代表说不清楚，4代表有时如此，5代表总是如此。

1. 对工作感到挫折感。	1 2 3 4 5
2. 觉得自己不被理解。	1 2 3 4 5
3. 我的工作让我情绪疲惫。	1 2 3 4 5
4. 我觉得我高度努力工作。	1 2 3 4 5
5. 面对工作时，有力不从心的感觉。	1 2 3 4 5
6. 工作时感到心灰意冷。	1 2 3 4 5
7. 觉得自己推行工作的方式不恰当。	1 2 3 4 5
8. 想暂时休息一阵子，或另调其他职务。	1 2 3 4 5
9. 只要努力就能取得好的结果。	1 2 3 4 5
10. 我能肯定这份工作的价值。	1 2 3 4 5
11. 认为这是一份相当有意义的工作。	1 2 3 4 5
12. 我可以从工作中获得心理上的满足。	1 2 3 4 5
13. 我有自己的工作目标和理想。	1 2 3 4 5
14. 我在工作时精力充沛。	1 2 3 4 5
15. 我乐于学习工作上的新知。	1 2 3 4 5
16. 我能够冷静地处理情绪上的问题。	1 2 3 4 5
17. 从事这份工作后，我觉得对人变得冷漠了。	1 2 3 4 5
18. 对某些同事所发生的事，我并不关心。	1 2 3 4 5
19. 同事将他们遭遇到的问题归咎于我。	1 2 3 4 5
20. 我担心这份工作会使我逐渐失去耐性。	1 2 3 4 5
21. 面对同事示好时，感到有很大压力。	1 2 3 4 5
22. 常盼有假期，可以不用上班。	1 2 3 4 5

计分方法

这个测试包括职业倦怠的3方面，即情绪衰竭（第1～8题）、低成就感（第9～16题）、人格解体（第17～22题）。其中，9～16题为反向计分，即选5计1分，选4计2分，选3计3分，选2计4分，选1计5分。其余题目正常计分，选1计1分，选2计2分，……，选5计5分。

将所有的题目得分相加，然后除以22得到平均分，即代表自己的职业倦怠问题的严重程度。1表示没有职业倦怠，5代表职业倦怠问题严重。得分越高，代表职业倦怠程度越严重。

分别求出自己在情感衰竭、低人格成就感、人格解体方面的平均分，即代表自己在这方面的倦怠程度。

第四节 中学教师心理健康的调适

教师出现心理健康问题是在自身心理素质和外界压力的互动下形成的。因此，要维护与促进中学教师的心理健康，就要从内因与外因两方面入手。这里的外因主要指社会、学校及家庭等方面提供的外部支持，而内因是指教师本身的自我辅导。

一、建立针对中学教师的多层次外部支持系统

支持系统对中学教师心理健康有积极的影响，当教师可以体会到更多的支持时，其心理压力或应激可以得到一定的缓解。多层次支持体系包括从宏观的社会体制层面到中观的学校层面，再到微观的每个学生家庭层面。教师的心理问题在某种意义上可以说是社会问题在教师身上的反映，因此解决教师的心理问题必须标本兼治。要从政策、管理各方面尽可能地为教师创造宽松、愉快的工作环境。

（一）社会方面

1. 牢固树立"教师心理需要保健"的正确观念，营造良好舆论环境

在教师心理健康及心理问题上，社会各界、各类学校甚至教师个体都或多或少地存在"认识误区"。一部分人通常认为，中学教师作为成年人不可能有心理问题。心理学理论认为，人类心理问题的产生是不分职业类型、不分年龄阶段的。因此，社会各界都要牢固树立"教师心理需要保健"的正确观念，对中学教师可能存在的心理问题给予足够的关注，动员各方积极营造良好的舆论环境。

2. 关注教师的心理健康问题，严把教师职业的"准入和退出"关

关注教师的心理健康问题，不能仅仅依靠相应的补救措施来实现其目的，更需要从源头解决问题。例如，可以从教师准入制度开始，严把教师准入过程中的心理健康关，将教师的心理品质作为一项考核内容纳入教师准入过程的考核范围。与过硬的教育教学专业技

能相比，个体的性格特点、心理素质、事业态度更为重要。建议各地教育行政管理部门进一步完善教师职业准入、提升和退出机制。把握教育部印发《关于进一步扩大中小学教师资格考试与定期注册制度改革试点的通知》的政策机遇，完善教师招聘办法，增加招聘面试交谈时间和心理测试环节，畅通有兴趣、有热情、有能力的人进入教师队伍的通道。积极搭建入职教师成长平台，在心理健康等方面为中学教师提供专业化帮助。建立健全教师师德和能力综合评价机制，推进不适合从事教师行业的人实现稳妥有序的退出。

3. 定期对教师进行专业的心理测试和评估，把好监测检查关

由于缺乏专业化的心理测验机构和定期检查等制度性安排，多数教师对自身的心理健康现状的了解，客观上难以达到全面、系统、准确。因此，建议各县区教育行政管理部门试点出台教师心理状况定期检查制度，设立专业的心理咨询场所，配备专用微机程序、规范化的检测量表等软硬件设施，在专家指导下进行专业干预，遴选一批专业的心理咨询师，进行教师心理健康状况检测监测，提供保健服务，帮助他们及时、正确地调适心理，从主观上调整认知，提高适应压力的能力。

4. 政府要加大教育投入，提高教师的经济地位和社会地位

教师的职业特点决定了教师比较重视高层次需要的满足，但我们不能因此而忽视教师物质需要的满足。因为物质需要满足是一个人生活、工作的基础，政府要解决教师职业劳动价值和劳动报酬相背离的问题，使教师的经济收入与职业价值相一致。

5. 教育行政部门要制定切实可行的政策法规，提高教师的工作热情

在政策方面，教育行政部门可以通过相应的政策干预来提高教师的社会地位、待遇，大力提倡教师群体职业化的进程，关注教师职前、职后培训，引导社会形成尊师重教的风气，增加教师的工作责任感和兴趣，提高职业满意度。教育行政部门还应启动"教师心理健康工程"或成立"教师心理健康指导中心"，把教师心理健康教育工作作为"教师继续教育工程"的一部分。

6. 大众传播媒介要通过舆论宣传，增强教师的职业威望

大众传播媒介要客观地宣传，坚持正面导向，准确反映教师在人才培养、经济建设及社会发展中所做的突出贡献，真实报道教师的工作、学习及生活现状，避免过度宣传教师的负面形象给教师带来的消极影响，从而导致公众对教师的误解。要通过媒体宣传，促使全社会形成尊师重教、支持教师的意识倾向与心理氛围，使教师增加自豪感和荣誉感。

（二）学校方面

1. 创造良好的人文工作环境

升学率、按考分排队、末位淘汰、评职晋级、学历层次要求都给教师带来了无形的压力，造成教师心理负担过重。学校要创设有益于教师发展的工作环境和心理环境。学校在管理决策上要向一线教师倾斜，合理配置资源，建立有效的工作机制，营造和谐宽松、求

真务实、严谨治学、团结互助、积极向上的学术氛围，避免由各种形式主义给教师带来的工作负担和心理压力。

2. 完善教育领域内部的激励和竞争机制

竞争是人类生存和发展的基本法则。公平合理、有序的竞争能激发人无穷无尽的活力，也是社会发展前进的巨大动力。教育领域要确立完善的教育竞争机制，必须有科学的聘任制、考评制和筛选制等配套措施，而且要做到公正、公开。学校在制定教学、科研及职称评定等相关制度时，要增加透明度，做到平等竞争。通过合理的激励机制和竞争机制对教师实行客观、科学、规范、准确的考评，以满足教师的成就需要，促进教师心理健康水平的提升。

3. 开展形式多样的教师心理辅导和培训

教师人格的健全发展是其心理健康的重要标志，而心理健康的水平又会影响教师人格的健全，两者相互影响。因此，建议各县区教育行政管理部门及中小学校，将教师的心理健康和人格健康成长与学生心理保健同步谋划、同步实施，开展形式多样、从个体到群体的教师心理辅导和培训，支持教师利用继续教育等形式接受全面、系统的心理健康教育课程，帮助教师掌握心理卫生和保健常识、心理调节技术诀窍，促进广大教师构建健康人格，形成健康心理，助力学生成长。

4. 举办丰富多彩的业余文化活动

教师的职业特点决定了教师的工作负荷量大、业余兴趣和课外生活单调乏味，这会给教师心理健康带来不利的影响。学校可以通过开展多种多样的活动，丰富教师的业余文化生活。例如，开展文学、艺术、体育、社会公益等活动，还可以利用周末或节假日时间组织教师外出考察、观光、旅游等。通过丰富多彩的活动培养教师良好的兴趣特长及审美能力，增强社会适应性，促进其心理健康。

5. 营造良好的学校人际关系氛围

教师心理健康状态由学校良好的心理环境熏陶而成，而良好的学校心理环境又由学校人际关系构成。要保持良好的心理必须建立良好的学校人际关系。学校领导要加强自身修养，在工作中要注意密切联系群众，与普通教师建立起平等、和谐的人际关系，对所有教师都一视同仁、公正无私，为教师们树立良好人际关系的榜样。学校领导不仅要与普通教师进行真诚的互动与沟通，还要帮助普通教师消除人际交往中的消极因素，有效处理和化解各种人际纠纷和冲突，使每个教师都在良好的人际环境中心情愉悦地工作、学习和生活。

此外，学校要加强对学生家长的培训，让家长更多地了解学校生活与教师职责，建立和谐的"家校"系统，为教师提供强有力的支持。

二、中学教师要关注自身心理健康，做到自我调适

社会支持是影响教师心理健康水平的重要因素，但教师要克服自身的心理问题，从根本上讲还需要通过教师自身的努力。

(一)教师个人要有正确的社会价值取向

孔子说过:"知之者不如好之者,好之者不如乐之者。"只有发自内心的"乐而为之",才能对自己所从事的事业满腔热忱,才能在困难与挫折面前不气馁,才能热爱学生并从这种爱中得到极大的职业享受。一些优秀教师即使遇到多种困难,但他们一到学生中间,烦恼、忧虑很快便会消散。教师要想到"乐而为之",必须有正确的社会价值取向。这种正确的社会价值取向来源于教师个人对教师职业的正确认识,即要认识到教师这个职业,从其对社会推动作用这一角度来讲,是一种高尚的事业。这是保持教师最佳心境的思想基础。

(二)调整认知方式,增强自己对心理压力的承受能力

人的情绪通过认知的折射而产生。正确的认知产生积极的情绪,不良的认知产生消极的情绪。由于人们对压力的理解和解释不同,在同一环境里,人们经常体验到的压力程度也往往不一样。因此,教师积极调整、修正自己在现实生活中存在的一些模糊的认识或不切实际的观念,将有助于增强他们的耐压性,变心理压力为心理动力,变逆境与困境为发展机遇。一方面,面对激烈的竞争,社会的高要求,教育改革进程中暂时出现的矛盾和困难,以及工作、生活、家庭角色的冲突等外部刺激,教师应该以比较理智和宽容的心态去看待,坦然地去面对,以积极主动的行为去适应。另一方面,教师要正确地认识自己,既能欣赏自己的优点,也能欣然地悦纳自己的不足,恰当地为自己定位,避免用非理性的完美主义衡量自己、苛求自己。

【实务训练 12-2】

"绰号老师"怕见学生[①]

给老师取绰号是一些调皮学生爱干的事,老师往往一笑置之。可带人身攻击的绰号可真让中年教师林某大受其伤,平时在路上碰见学生也感觉到丝丝恐惧。

林老师是某普通中学的政治课老师,因牙齿不齐并略有外凸,被学生取名"地包天"。这个绰号很快在学生当中流传。林老师平时对学生比较严厉,一些调皮学生就对他颇有微词。个别曾被他"教训"过的学生远远地见了他,甚至会高喊"包是什么包,地包天的包"。自从有了这个绰号之后,林老师越来越怕上课,有时讲课时如有学生在交头接耳,他都感觉是不是在嘲笑他的牙齿。甚至课余时间在路上碰见班上学生,他也会早早地躲开。

试想一下,如果班里的学生给你取了绰号,你应该如何调节自己的认知和情绪?

(三)掌握科学的方法,提高对情绪的自我调控能力

良好而稳定的情绪,使人心情开朗、轻松安定、精力充沛,对生活充满信心和热情,对身体状态的自我感觉是舒适的。相反,如果一个人情绪不稳定,患得患失,喜怒无常,就会导致心理失衡和心理危机。教师也有自己的喜怒哀乐,生活中不良情绪的产生在所难免。如果强行压抑不良情绪,不但不能从根本上解决问题,而且会陷入更深的心理困境,带来更大的心理危害。因此,教师要学会管理自己的情绪,掌握一些积极调节情绪的技术

[①] 寇冬泉.中学生心理发展与教育[M].南京:江苏人民出版社,2021.

和方法，如合理宣泄法、理智法、转移法、幽默法、适度让步法、升华法、音乐法，及时地调整自己的情绪，使自己恢复身心平衡状态。

（四）掌握沟通技巧，建立良好的人际关系，取得社会支持

教师因工作方式的相对独立性，容易形成人际交往的有限性和自我封闭性，致使他们在面对压力和挫折情境时深感孤独失落和无助。因此，教师应自觉地培养自己的交往意识和积极坦率的社会交往方式，提高人际沟通技能，形成融洽的人际关系，使自己在遇到挫折和困难时能获得来自同事、朋友、亲属等强有力的社会支持，减轻或化解心理压力。

（五）采取合理有效的工作方式，学会休闲

教师在学校教育中所担负的是一种复杂的脑力劳动，教师必须采取科学有效的工作方式，才能使自己轻松愉快地工作和生活，维护心理健康。首先，教师要在工作中逐渐形成一种积极乐观的生活和工作态度，这是教师心理健康的最基本也是最重要的条件。其次，教师应掌握时间管理技巧。具体来说，要进行任务分析和时间的组织和预算，将目标按轻重缓急进行划分，建立一张科学可行的时间表，避免陷入琐碎而又毫无目的与章法的"瞎忙"状态，从而使工作、生活更有效率，减轻过重负荷。再次，教师还应当注意适度用脑，避免持续疲劳，同时要注意饮食营养，关心脑健康。最后，教师在工作之余要学会休闲，根据自己的兴趣和爱好参加各种文体活动，使业余生活丰富多彩，以调节情绪，增进心理健康。

【身边故事 12-4】

教师心理健康的自我调适——放下过多的心理负担，轻装上阵

曾经看到过这样一个故事：一个旅行者步履蹒跚地走着，他左手拿着一块大石头，右手拿着一块砖头，背上背着一袋泥土，腰上缠着一圈圈草绳，头上还顶着一个南瓜。

他遇到一个农夫。农夫问他："疲惫的人啊，你为何要拿着一块大石头呢？"旅行者回答："咦！对啊！我实在没有注意到。"所以，他把那块大石头扔了，觉得这下好多了。

他又碰到一个村庄里的人，那人问他："疲惫的人啊，你为何头上顶着那么重的南瓜呢？"旅行者说："真高兴你告诉我！我不知道我在做什么呢？"所以，他又把南瓜扔掉，更轻松地赶路。

村庄里的人使他知道了抛弃不必要的负担，所以，他一个又一个地把包袱丢掉。最后，他是自由的人，轻轻松松地赶路去了。

生活中，我们同这位旅行者一样，也给自己的心理承载了太多的负担，不必要的禁忌、消极的思想、阴郁的情绪，以及时时困扰心灵的焦虑等，都让我们举步维艰。我们还总是关注别人对自己的看法，总试图获得他人的支持，更加重了对心灵的束缚。所以，放下不必要的心理负担，才能轻装上阵，这样既可以集中精力于你应该完成的事，也可以给内心腾出更多的空间，使心理的潜力释放出来，享受精神的自由。

【案例导读解析】

本章案例导读所列举的发生在教师身上的一些真实事件，其实对有的教师来说确实是出于师德原因。他们法制观念淡薄，民主意识欠缺，道德水平低下，不爱自己的职业，讨厌自己的学生，从而想方设法地对学生进行体罚、变相体罚及心理虐待，让学生在他们手下没有好日子过。可是对有些教师来说，情况却不是这样。他们其实很热爱自己的职业和学生，对工作也很负责。他们有时也会咬牙切齿、凶神恶煞地对待学生，可在他们内心体验到的却是一种"爱之深，恨之切"的情感，他们在"恨铁不成钢"的极度焦虑下体罚学生，就像父母"恨铁不成钢"而体罚子女一样。

心理学研究表明，凡是对他人高度负责的角色，都要经受相当多的内心冲突和不安。教师除了脑力劳动强度较高，还要对社会、对家长、对年轻一代的成长高度负责，每天都要接触带有情绪色彩的活动，体验情绪上的紧张与痛苦。尤其是在目前形势下，教师的教学任务重，升学压力大，学生不听话，工作超负荷，待遇不高，家长和领导的期望却越来越高。这些问题长期得不到解决，由此而产生的不良情绪长期得不到化解，日积月累，恶劣情绪最终会以"零存整取"的形式突破心理承受的极限而爆发。这种不良情绪向何处排遣？避强欺弱是人的本能，人们便选择了相对而言的弱势群体——学生。这时候，体罚和变相体罚就可能发生了。所以，教师对学生的伤害是高压下应激状态下的失常反应，教师并不是不知道这种伤害不对，是由于自身心理素质不良而导致这样的恶果。

小结

作为学生心理健康的影响者和知识技能的传授者，中学教师必须具备良好的心理素质。正如所罗门教授所说："在个体人格发展方面，教师的影响仅次于父母。"因此，教师的心理健康问题是关系到教育事业能否顺利发展的战略问题。本章的目的不仅是让学生掌握中学教师心理健康的相关知识，更重要的是让学生深刻理解中学教师心理健康对一个教育工作者的重要意义。

巩固与操作

一、思考题

1. 有效的心理辅导员所必备的特征是什么？
2. 成为有效的心理辅导员必备的条件有哪些？
3. 什么是心理健康？中学教师心理健康的标准是什么？
4. 什么是职业适应不良？中学教师职业适应不良的主要表现有哪些？
5. 中学教师常见的心理问题有哪些？产生的原因是什么？
6. 何为职业倦怠？职业倦怠的典型特征是什么？
7. 如何调适中学教师的心理健康？

8. 联系实际谈谈当前中学教师的心理健康现状，以及维护中学教师心理健康的重要意义。

二、操作题

1. 对所在地区的教师心理健康状况进行调查分析，并就如何维护和促进教师自身的心理健康提出操作性方案。

2. 请看下面一位教师的自述：

一次，组织学生秋游，上船时，我发现少了一个学生的船费。于是，我悄悄地把钱添上，但又忘记是哪位同学未交船费。钱，老师可以添，没有交费的学生的思想问题如何添补呢？即使疏忽忘记交钱，心无不良动机，也存在教育问题。我没有开会专门讲这件事情，没有把问题扩大，而是在一次班会结束的时候，真诚地做了自我批评，说："上次我们乘船外出秋游，由于自己粗心大意，少收了一个同学的船费，我办事真粗心，这么一点小事都搞不好，希望同学们吸取我的教训。从现在起，我们要培养细心严谨的作风。"下课后，我还未走出教室，一个学生红着脸走到老师跟前："老师，开始是我忘了交船费，后来想起来了又故意不想交，我错了。"他边说边将钱交给了我。

你认为这位老师处理问题的方法对吗？为什么？请你用本章有关理论评述这位教师的做法。假如你是这位教师，你会选择什么样的处理方法呢？

拓展阅读

1. 董琦. 知心育人——适合每位教师的心理健康教育指导手册(中学版)[M]. 北京：教育科学出版社，2021.

2. 寇冬泉. 中学生心理发展与教育(其中的专题十五教师的心理健康与维护)[M]. 南京：江苏人民出版社，2021.

3. 井上麻纪. 谁来维护教师的心理健康：从预防到应对[M]. 北京：中国人民大学出版社，2018.

4. 傅宏. 轻松做教师[M]. 南京：江苏凤凰教育出版社有限公司，2021.

参考文献

[1] 安妮塔·伍尔福克著. 教育心理学 [M]. 何先友, 等译. 北京：中国轻工业出版社, 2008.

[2] 艾伦·艾维, 迈克尔·丹德烈亚, 等著. 心理咨询与治疗理论多元文化视角 [M]. 5版. 汤臻, 等译. 北京：世界图书出版公司, 2008.

[3] 边保旗. 美国学校心理辅导的发展历程及启示 [J]. 石家庄：教育实践与研究, 2001(12).

[4] 布拉德利·T. 埃尔福特著. 心理咨询师必知的40项技术 [M]. 2版. 北京：中国人民大学出版社, 2020.

[5] 边慧冕. 基于自尊提升的萨提亚团体辅导治疗中学生网络成瘾的研究 [D]. 上海：华中师范大学, 2018.

[6] 彩虹, 贾学萍, 夏学萍, 等. 哈尔滨市中学生网络成瘾现状及其影响因素分析 [J]. 蚌埠：中国学校卫生, 2007, 28(4).

[7] 曹艳瑛. 中学生心理健康状况与其家庭环境的关系 [C]. 北京：2021传统文化与教育创新理论研讨会论文集, 2021.

[8] 陈光磊, 黄济民. 青少年网络心理 [M]. 北京：中国传媒大学出版社, 2008.

[9] 陈国海, 刘勇. 心理倾诉——朋辈心理咨询 [M]. 广州：暨南大学出版社, 2001.

[10] 陈功香, 石建军. 中学生心理辅导 [M]. 北京：中国人民大学出版社, 2022.

[11] 陈琦, 刘儒德. 当代教育心理学 [M]. 3版. 北京：北京师范大学出版社, 2019.

[12] 陈定湾, 何凡, 刘碧瑶. 中小学生心理健康状况与家庭环境特征的相关性分析 [J]. 蚌埠：中国学校卫生, 2007, 28(9).

[13] 陈红. 学校心理健康教育教师胜任力研究 [D]. 福州：福建师范大学, 2007.

[14] 陈红兵. 中学生安排学习时间策略的调查研究 [J]. 北京：心理发展与教育, 1991(2).

[15] 崔丽娟, 才源源. 社会心理学 [M]. 上海：华东师范大学出版社, 2008.

[16] 邓凌, 黄希庭. 校风班风与人格教育 [M]. 北京：新华出版社, 2001.

[17] 戴维·迈尔斯. 社会心理学 [M]. 北京：人民邮电出版社, 2006.

[18] 董卫东.试析家庭教育对中学生心理健康的影响及对策研究 [J].广东：当代家庭教育，2020(32).

[19] 董琦.知心育人——适合每位教师的心理健康教育指导手册(中学版)[M].北京：教育科学出版社，2021.

[20] 董彦艳.中学生职业生涯教育的难题与出路 [J].南京：文教资料，2019(10).

[21] 樊富珉，费俊峰.大学生心理健康十六讲 [M].北京：高等教育出版社，2020.

[22] 方芳.教师心理健康研究 [M].北京：人民教育出版社，2003.

[23] 方勇，季为民，沈杰.青少年蓝皮书：中国未成年人互联网运用报告(2022)[M].北京：社会科学文献出版社，2022.

[24] 傅宏.咨询心理学高级教程 [M].合肥：安徽人民出版社，2008.

[25] 傅宏.轻松做教师 [M].南京：江苏凤凰教育出版社有限公司，2021.

[26] 弗洛伊德.精神分析引论新编 [M].北京：商务印书馆，1987.

[27] 弗洛伊德.梦的解析 [M].罗林，译.北京：九州出版社，2004.

[28] 盖伊·温奇著.情绪急救：应对各种日常心理伤害的策略与方法 [M].孙璐译.上海：上海社会科学院出版社，2015.

[29] 葛文辉.同伴心理辅导实务 [M].杭州：西泠印社出版社，2010.

[30] 葛梅，张晋光.时间管理：华为成功之法宝 [J].哈尔滨：商业研究，2005(4).

[31] 格里高利·费希特，艾丽卡·罗森博格.心理学：联系的世界 [M].北京：电子工业出版社，2012.

[32] 桂守财，欧何生.基础心理学 [M].北京：人民教育出版社，2007.

[33] 郭俐.谈学校心理辅导的学科渗透 [J].齐齐哈尔：理论观察，2004(6).

[34] 何一萍，李萍.让梦想起飞——生涯规划(中学)[M].南京：江苏科学技术出版社，2016.

[35] 何先友.青少年发展与教育心理学 [M].2版.北京：高等教育出版社，2016.

[36] 贺和平.网络强迫性购买行为研究脉络梳理及未来展望 [J].上海：外国经济与管理，2013，35(1).

[37] 胡寅生.小学教育学教程 [M].北京：人民教育出版社，2000.

[38] 胡谊，杨翠蓉，鞠瑞利，等.教师心理学 [M].北京：中国轻工业出版社，2009.

[39] 胡晓燕.中学生自我意识偏差的表现与矫治 [J].武汉：学校党建与思想教育，2006(5).

[40] 黄希庭，张志杰.青少年时间管理倾向量表的编制 [J].北京：心理学报，2001，33(4).

[41] 黄希庭，张志杰.论个人的时间管理倾向 [J].上海：心理科学，2001，24(5).

[42] 黄岳辉.职业生涯教育研究及其对我国普通高中的启示 [D].上海：上海师范大学，2006.

[43] 黄小忠，龚阳春.朋辈咨询的发展与启示 [J].蚌埠：中国学校卫生，2007(12).

[44] 冀紫阳，李晏，谷景阳，等.认知行为取向团体心理治疗对网络成瘾中学生应对方式、时间管理与家庭功能的影响 [J].济宁：中华行为医学与脑科学杂志，2020，29(2).

[45] 杰拉德·科里.心理咨询与治疗的理论及实践[M].朱智佩,等译.北京：中国轻工业出版社,2021.

[46] 贾永春,李攀.以从容之姿面对未来——初中生涯教育理论与实务[M].上海：华东师范大学出版社,2022.

[47] 江光荣.心理咨询的理论与实务[M].2版.北京：高等教育出版社,2012.

[48] 姜淑梅.教育心理学[M].长春：吉林大学出版社,2011.

[49] 姜淑梅,张文霞,张春梅.中学生心理辅导[M].2版.北京：清华大学出版社,2021.

[50] 杰拉德·科里著.心理咨询与治疗的理论及实践[M].朱智佩,等译.北京：中国轻工业出版社,2021.

[51] 井上麻纪.谁来维护教师的心理健康：从预防到应对[M].北京：中国人民大学出版社,2018.

[52] 康利.如何控制自己的情绪[M].谢传刚译.北京：中信出版社,2014.

[53] 科瑞.心理咨询和治疗的理论与实践[M].石林,等译.北京：中国轻工业出版社,2004.

[54] 寇冬泉.中学生心理发展与教育[M].南京：江苏人民出版社,2021.

[55] 林崇德.中学生心理学[M].北京：中国轻工业出版社,2013.

[56] 林崇德.发展心理学[M].3版.北京：人民教育出版社,2023.

[57] 梁斌,郭英,周升群.中学生心理辅导[M].北京：科学出版社,2011.

[58] 赖宇凡.边界意识：摆脱情绪勒索破解人际关系难题[M].北京：北京联合出版有限责任公司,2023.

[59] 劳伦斯·斯坦伯格.与青春期和解：理解青少年思想行为的心理学指南[M].北京：人民邮电出版社,2023.

[60] 乐庆辉.青少年情绪心理学[M].北京：当代中国出版社,2023.

[61] 雷雳.互联网心理学：新心理行为研究的兴起[M].北京：北京师范大学出版社,2022.

[62] 卢家楣.青少年心理与辅导——理论与实践[M].上海：上海教育出版社,2009.

[63] 陆海东.学校教育心理学[M].长春：东北师范大学出版社,2000.

[64] 罗小兰.教师心理学[M].北京：中国社会出版社,2008.

[65] 刘春雷,姜淑梅,孙崇勇.青少年心理咨询与辅导[M].北京：清华大学出版社,2011.

[66] 刘金花.儿童发展心理学[M].上海：华东师范大学出版社,1998.

[67] 刘国权,孙崇勇,赵晓光.心理学[M].长春：吉林大学出版社,2009.

[68] 刘晓明,钱福永,等.学校心理咨询模式[M].长春：吉林大学出版社,2000.

[69] 刘晓明,王丽荣.新课程与教师心理素质[M].长春：东北师范大学出版社,2004.

[70] 刘晓新,毕爱萍.人际交往心理学[M].北京：首都师范大学出版社,2003.

[71] 刘宣文.学校发展性辅导[M].北京：人民教育出版社,2004.

[72] 李国强，高芳红. 我国学校心理健康教育政策的演进与展望 [J]. 娄底：湖南人文科技学院学报，2013(4).

[73] 刘梅. 儿童心理发展与家庭教育 [M]. 北京：清华大学出版社，2023.

[74] 李丽. 青少年网络偏差行为特点的量化分析——以内蒙古赤峰市中学生为例 [J]. 兰州：兰州教育学院学报，2015，31(12).

[75] 李世强. 人际交往心理学 [M]. 北京：台海出版社，2023.

[76] 李婷. 学校心理辅导教师的素质要求 [J]. 北京：少年儿童研究，2012(14).

[77] 李晓辉，陆桂芝. 时间管理策略在中学生学习中的应用 [J]. 哈尔滨：黑龙江教育学院学报，2013(9).

[78] 李正云，张华. 美国学校心理辅导：历史、现状、动向及其启示 [J]. 上海：外国中小学教育，2007(6).

[79] 李伯黍，燕国材. 教育心理学 [M]. 上海：华东师范大学出版社，2001.

[80] 黎继东. 不同的家庭氛围对中学生的影响分析 [J]. 武汉：情感读本，2017(06).

[81] 黎龙辉，刘良华. 我国中小学心理健康教育发展的历史与现状——基于文献研究的思考 [J]. 北京：中小学心理健康教育，2006(5).

[82] 乐庆辉. 青少年情绪心理学 [M]. 北京：当代中国出版社，2023.

[83] 雷雳，李冬梅. 青少年网上偏差行为的研究 [J]. 北京：中国信息技术教育，2008(10).

[84] 雷雳，李宏利. 病理性使用互联网的界定与测量 [J]. 北京：心理科学进展，2003(1).

[85] 卢官庐，郭继志，庄立辉. 青少年网络成瘾防治研究进展 [J]. 武汉：中国社会医学杂志，2006(23).

[86] 刘春雷，姜淑梅，孙崇勇. 青少年心理咨询与辅导 [M]. 北京：清华大学出版社，2011.

[87] 林绚晖. 网络成瘾现象研究概述 [J]. 长沙：中国临床心理学杂志，2002(10).

[88] 林绚晖，阎巩固. 大学生上网行为及网络成瘾探讨 [J]. 北京：中国心理卫生杂志，2001(15).

[89] 梅洁，魏耀发. 基于学生成长需要的学习心理辅导实践研究 [M]. 上海：上海三联出版社，2020.

[90] 缪仁票，缪佳禾. 我的人生我选择——高中生生涯规划(操作手册)[M]. 杭州：浙江大学出版社，2023.

[91] 马晓辉，雷雳. 青少年网络道德与其网络偏差行为的关系 [J]. 北京：心理学报，2010(42).

[92] 孟洁. 情感虐待与忽视对中学生网络攻击行为的影响 [D]. 郑州：郑州大学，2021.

[93] 帕金森. 帕金森法则 [M]. 北京：中国人民大学出版社，2007.

[94] 潘琼，肖水源. 病理性互联网使用研究进展 [J]. 长沙：中国临床心理学杂志，2002(10).

[95] 庞海波，吴一智，曾永峰，等. 青少年网络成瘾的人格特征研究 [J]. 上海：心理科学，2010(33).

[96] 彭聃龄. 普通心理学 [M]. 5 版. 北京：北京师范大学出版社，2019.

[97] 皮连生. 学与教的心理学 [M]. 3 版. 上海：华东师范大学出版社，2003.

[98] 乔建中. 中学生心理辅导 [M]. 北京：北京师范大学出版社，2013.

[99] 钱铭怡. 心理咨询与心理治疗 [M]. 北京：北京大学出版社，2005.

[100] 屈亚玲. 校本研究与中学教师专业化 [D]. 武汉：华中师范大学，2006.

[101] 桑标. 当代儿童发展心理学 [M]. 上海：上海教育出版社，2003.

[102] 石红. 心理剧与心理情景剧实务手册 [M]. 北京：北京师范大学出版社，2006.

[103] 申雯. 焦点解决短期心理咨询概述 [J]. 北京：北京教育学院学报，2007，2(1).

[104] 申喆，周策. 从政策角度看我国中小学心理健康教育的发展特点及趋势 [J]. 太原：教学与管理，2013(7).

[105] 时蓉华. 社会心理学 [M]. 杭州：浙江教育出版社，1998.

[106] 斯坦伯格著. 青少年心理学 [M]. 梁君英，董策，王宇译. 北京：机械工业出版社，2015.

[107] 沃建中，林崇德，马红中，等. 中学生人际关系发展特点研究 [J]. 北京：心理发展与教育，2001(17).

[108] 吴翠平，娄晓民，戚珊，等. 中学生心理健康状况及影响因素分析 [J]. 沈阳：中国公共卫生，2011(27).

[109] 王宏方. 国际学校心理学现状与展望 [J]. 北京：中小学心理健康教育，2002(12).

[110] 王振宏，郭德俊，方平. 不同同伴关系初中生的自我概念与应对方式 [J]. 上海：心理科学，2004(27).

[111] 王建国，张国富，祁富生，等. 青少年网络成瘾的影响因素分析 [J]. 唐山：中国健康心理学杂志，2009(17).

[112] 王科成，崔建平. 中小学心理健康教育教师专业化问题的思考 [J]. 北京：中小学心理健康教育，2006(9).

[113] 王智，张大均. 学校心理健康教育教师胜任特征结构及测量 [J]. 上海：心理科学，2011(34).

[114] 王晓琴. 太原市中学生上网现状分析 [J]. 太原：山西医药杂志，2012(5).

[115] 王小荣. 亲子性话题沟通、青少年性心理健康与青少年网络色情偏差行为的关系 [D]. 济南：山东师范大学，2017.

[116] 王海花. 农村留守中学生网络成瘾及其与父母教养方式、同伴关系的相关研究 [D]. 武汉：华中师范大学，2013.

[117] 伍新春，臧伟伟. 中学生心理辅导 [M]. 2 版. 北京：高等教育出版社，2022.

[118] 王以仁，陈芳玲，林本乔. 教师心理卫生 [M]. 北京：中国轻工业出版社，1999.

[119] 韦洪涛，邢延清，王倩. 基于胜任力模型的中学心理健康教育教师专业化发展 [J]. 北京：中小学心理健康教育，2010.

[120] 文竹. 情绪掌控术 [M]. 北京：中国商业出版社，2023.

[121] 吴增强. 现代学校心理辅导 [M]. 上海：上海科学技术文献出版社，2002.

[122] 吴增强. 学校心理辅导通论——原理·方法·务实 [M]. 上海：上海科技教育出版社，2004.

[123] 西格蒙德·弗洛伊德著. 弗洛伊德论抑郁 [M]. 宋文里译. 浙江：浙江文艺出版社，2022.

[124] 夏凤琴. 教育心理学 [M]. 北京：高等教育出版社，2010.

[125] 夏凤琴，姜淑梅，孙崇勇. 教育心理学 [M]. 北京：高等教育出版社，2010.

[126] 肖明华. 校风、班风与人格教育 [M]. 北京：新华出版社，2001.

[127] 许燕. 心理咨询与治疗 [M]. 合肥：安徽人民出版社，2007.

[128] 徐光兴. 学校心理学——教育与辅导的心理 [M]. 2版. 上海：华东师范大学出版社，2014.

[129] 薛泰山. 基于潜能培养的中学生职业生涯教育策略研究 [J]. 张家口：张家口职业技术学院学报，2020(33).

[130] 严琼，杨妍婷，祁月，等. 上海市2004—2019年青少年网络成瘾变化趋势 [J]. 蚌埠：中国学校卫生，2022(43).

[131] 杨波. 人格与成瘾 [M]. 北京：新华出版社，2005.

[132] 姚本先. 学校心理健康教育新论 [M]. 北京：高等教育出版社，2009.

[133] 姚本先. 学校心理健康教育概论 [M]. 北京：高等教育出版社，2010.

[134] 颜茵. 当代中学生人际交往的表现、特点以及归因分析 [J]. 安顺：安顺师范高等专科学校学报，2005(7).

[135] 杨平，周和岭. 后现代疗法对我国心理咨询与治疗的启示 [J]. 哈尔滨：现代生物医学进展，2009(11).

[136] 叶一舵. 我国大陆学校心理健康教育二十年 [J]. 福州：福建师范大学学报，2008(6).

[137] 叶一舵. 新课程背景下的公共心理学教程 [M]. 北京：高等教育出版社，2004.

[138] 俞国良. 未成年人心理健康教育的探索 [J]. 北京：北京师范大学学报，2005(1).

[139] 余秀英. 中学生学习焦虑与学习成绩的关系：时间管理、学习策略的调节效应 [D]. 上海：上海师范大学，2018.

[140] 岳晓东. 心理面面观 [M]. 上海：上海人民出版社，2007.

[141] 约翰·桑特洛克著. 发展心理学：桑特洛克带你游历人的一生 [M]. 5版. 倪萍萍，翟舒怡，李瑷媛，等译. 北京：机械工业出版社，2020.

[142] 张锋. 中学生时间管理自我监控量表的研究 [J]. 上海：心理科学，2007(3).

[143] 张国华. 初中生病理性互联网使用的发展及其与自尊的关系：同学关系的调节效 [J]. 北京：心理学报，2013(11).

[144] 张明国. 用主题周记做好学生的心理辅导 [J]. 北京：中小学心理健康教育，2013(8).

[145] 张志杰，黄希庭，凤四海，等. 青少年时间管理倾向相关因素的研究 [J]. 上海：心理科学，2001(6).

[146] 张大均，江琦. 教师心理素质与专业性发展 [M]. 北京：人民教育出版社，2005.

[147] 张德. 心理学 [M]. 长春：东北师范大学出版社，1993.

[148] 张瑞凯，屈宏华. 基于"铺路文化"建构社会支持系统的实践思考——以广州彭加木纪念中学心理健康教育为例 [J]. 南宁：求学，2021(23).

[149] 张文霞. 团体心理辅导 [M]. 北京：清华大学出版社，2022.

[150] 赵希斌. 好懂好用的教育心理学 [M]. 上海：华东师范大学出版社，2022.

[151] 赵小明. 互联网心理学 [M]. 北京：经济管理出版社，2017.

[152] 赵爱芹，庞吉成. 家庭教育对中学生心理健康的影响及对策分析 [J]. 北京：智慧健康，2021(10).

[153] 赵锋，高文斌. 少年网络攻击行为评定量表的编制及信效度检验 [J]. 北京：中国心理卫生杂志，2012(6).

[154] 郑秀. 人际交往心理学 [M]. 吉林：吉林大学出版社，2023.

[155] 朱秀婷. 漫画儿童心理 [M]. 北京：应急管理出版社，2022.

[156] 郑全全，俞国良. 人际关系心理学 [M]. 北京：人民教育出版社，2003.

[157] 郑雪. 社会心理学 [M]. 广州：暨南大学出版社，2004.

[158] 中公教育教师资格考试研究院. 教育知识与能力 [M]. 北京：世界图书出版公司，2012.

[159] 周树军，刘国权. 大学生心理健康教育 [M]. 北京：高等教育出版社，2012.

[160] 周宗奎. 现代儿童发展心理学 [M]. 安徽：安徽人民出版社，1999.

[161] Beard KW. Modification in the proposed diagnostic criteria for internet addiction[J]. Cyber Psychology & Behavior，2001，4(3).

[162] Chak K，Leung L. Shyness and locus of control as predictors of internet addiction and internet use[J]. Cyber Psychology Behavior，2004，7(5).

[163] Lin SSJ，Tsai CC. Sensation seeking and internet dependence of Taiwanese high school adolescents[J]. Computer Human Behavior，2002，18.